Von Halle nach Rom, Jerusalem und Nowgorod

Für Mirjam,
meine Gefährtin in den Abenteuern des Lebens

Schriftenreihe der Friedrich-Christian-Lesser-Stiftung, Band 46
Sondershäuser Kataloge XVI

Hartmut Kühne

Von Halle nach Rom, Jerusalem und Nowgorod

Das Gedenkbuch des Hallenser Apothekers Wolfgang Holtzwirth aus der Mitte des 16. Jahrhunderts

Lukas Verlag

Umschlagabbildung:
Ausschnitt aus Domenico dalle Greche (?): Holzschnitt mit einer Darstellung des Seegefechts zwischen dem Pilgerschiff und den Korsaren, Nachschnitt aus Prefat 1563, Nationalbibliothek der Tschechischen Republik, Prag, Sign. 54 B 324, gefaltet eingebunden nach Bl. V6v.

Gefördert durch:

Friedrich-Christian-Lesser-Stiftung
Stiftungsvorstand:
Dr. Helge Wittmann
Tel. +49 3601 / 45 21 42
Fax +49 3601 / 45 21 37
E-Mail: helge.wittmann@lesser-stiftung.de
Website: www.lesser-stiftung.de

Schlossmuseum Sondershausen
Schloss 1
D–99706 Sondershausen
Tel. +49 3632 / 62 24 20
E-Mail: schlossmuseum@sondershausen.de
Website: www.schlossmuseum-sondershausen.de

Erstausgabe, 1. Auflage 2024

Lukas Verlag für Kunst- und Geistesgeschichte
Kollwitzstraße 57
10405 Berlin
www.lukasverlag.com

Redaktion: Stefanie Schmerbauch, Friedrich-Christian-Lesser-Stiftung
Umschlag: Lukas Verlag
Reprographie, Gestaltung und Satz: Alexander Dowe (Lukas Verlag)
Druck: BALTO print, Vilnius

Printed in EU
ISBN 978-3-86732-449-6

Inhalt

Anhang

Geleitwort des Stiftungsvorstands der Friedrich-Christian-Lesser-Stiftung

Die Erschließung historischer Überlieferung als Grundlagenforschung ist der Friedrich-Christian-Lesser-Stiftung seit ihrer Gründung im Jahre 1992 ein besonderes Anliegen. Das Förderengagement der Stiftung ist dabei vorrangig auf Thüringen gerichtet, das sich in seiner jahrhundertelangen Geschichte zu einer beeindruckend dichten Kulturlandschaft entwickelt hat. Die Archive, Museen und historischen Bibliotheken im ganzen Land bewahren in Fülle noch weitgehend unbekannte Quellen für die Geschichtsforschung. Mit diesem Band wird der Ertrag eines Projekts vorgelegt, das in mustergültiger Weise davon Zeugnis ablegt.

Zu verdanken ist die Edition des Gedenkbuchs des Hallenser Apothekers Wolfgang Holtzwirth aus der Mitte des 16. Jahrhunderts dem Enthusiasmus, der Expertise und dem Engagement von Dr. Hartmut Kühne, der die in den Sammlungsbeständen des Schlossmuseums Sondershausen überkommene Handschrift in ihrer Bedeutung erkannt und wissenschaftlich bearbeitet hat. Die Stiftung hat diese Bearbeitung mit einer Stipendienvergabe ermöglichen können. Die anschließende Drucklegung der reich kommentierten Edition gelang als Gemeinschaftswerk. Wir danken dafür unseren Partnern, dem Autor Hartmut Kühne, dem Schlossmuseum Sondershausen, dem Lukas Verlag und allen anderen Beteiligten.

Eine besondere Freude ist es, dass die Bearbeitung der Handschrift unmittelbar weitere historische Forschungen angestoßen hat und so die Präsentation des vorgelegten Bandes im Rahmen der wissenschaftlichen Tagung »Lutheraner und Mediziner unterwegs nach Jerusalem« erfolgt. Das Schlossmuseum Sondershausen unterstreicht damit noch einmal, welcher Rang dem Haus als kulturhistorische Institution in der Region und im Freistaat Thüringen zukommt. Das Förderengagement der Friedrich-Christian-Lesser-Stiftung unterstützt dieses Wirken für eine lebendige geschichtswissenschaftliche Forschung in Thüringen.

Mühlhausen, im Februar 2024 *Dr. Helge Wittmann*

Geleitwort der Leiterin des Schlossmuseums Sondershausen

Dass sich hinter der Inventarnummer HS2 der Sammlung des Schlossmuseums Sondershausen ein ganz besonderes Objekt verbirgt, ist mir gleich zu Beginn meiner Tätigkeit im Haus deutlich geworden. Es handelt sich um die Reisehandschrift des 1522 in Halle geborenen Apothekers Wolf Holtzwirth, in der er seine Pilgerreise in das Heilige Land und weitere Reisen vor allem ins Baltikum in den 1540er und 1550er Jahren schildert. Als erster Lutheraner, der das Heilige Land bereiste, vermittelt das Manuskript einen authentischen Eindruck der abenteuerlichen Reisepraxis des 16. Jahrhunderts und von Menschen und Orten, denen Holtzwirth auf seinem Weg begegnete. In dieser Hinsicht ist es eine kulturgeschichtliche Quelle unschätzbaren Wertes.

Holtzwirths Bericht ist Teil der Fürstlich Schwarzburgischen Landesbibliothek »Schwarzburgica«, die zu Beginn der 1990er Jahre in den Bestand des Museums aufgenommen wurde und heute zu dessen wertvollsten Sammlungsbeständen zählt. Eine systematische bibliothekarische Erfassung der in der »Schwarzburgica« enthaltenen Bücher erfolgte erst relativ spät durch das unvergleichliche Engagement des Ehepaars Dr. Felicitas und Dr. Konrad Marwinski. Am Ende war es ihre Arbeit, die die Existenz der Holtzwirth-Handschrift in Sondershausen wieder einem größeren Publikum bekannt und Dr. Hartmut Kühne auf dieses ganz besondere Objekt aufmerksam gemacht hat.

Gleichwohl ist es als Glücksgriff zu betrachten, dass eine negativ beschiedene Leihanfrage durch Dr. Kühne den Kontakt zum Schlossmuseum Sondershausen nicht zum Erliegen gebracht hat. Zwar konnte die Handschrift, die sich zu dieser Zeit in einem sehr fragilen Zustand befand, nicht ausgeliehen werden, der Austausch miteinander zeigte jedoch bald, dass beide Seiten sich des großen Potenzials des Manuskripts bewusst waren und eine Edition, deren Bearbeitung zuvor schon durch die Friedrich-Christian-Lesser-Stiftung gefördert worden war, ein großartiges gemeinsames Projekt sein könnte.

Für Museen ist es bisweilen schwierig, die wissenschaftliche Arbeit an den eigenen Beständen in andere Hände zu legen. In diesem Fall ist eine Kooperation jedoch mehr als geglückt und ich bin Dr. Kühne überaus dankbar für sein Interesse und seinen leidenschaftlichen Einsatz dafür, das Projekt voranzutreiben. Auch der Friedrich-Christian-Lesser-Stiftung danke ich für die Förderung der Edition und der Tagung »Lutheraner und Mediziner unterwegs nach Jerusalem«, die im April 2024 in Sondershausen stattfinden wird und Holtzwirths Erfahrungsbericht zum Ausgang nimmt.

Ich bin zuversichtlich, dass sich die interdisziplinären Fragestellungen, die bereits in der Vergangenheit an Holtzwirths Bericht herangetragen wurden, nun erweitern und zu neuen spannenden Erkenntnissen führen.

Sondershausen, im Februar 2024 *Dr. Carolin Schäfer*

Vorwort

Es war eine glückliche Fügung, dass ich im September 2018 durch die Redaktion eines Aufsatzbandes auf die Frage nach dem Verbleib der hier vorgestellten Handschrift des Hallenser Apothekers Wolfgang Holtzwirth gestoßen wurde.[1] Im Zeitalter des Internets ließ sich ihr Verbleib in der Sammlung des Schlossmuseums Sondershausen – dort verzeichnet als Hs 2 – rasch klären. Ein Hinweis von Martin Sladeczek, Erfurt, auf die Erschließung der Sondershäuser Bibliotheksbestände durch Felicitas und Konrad Marwinski brachte mich zudem auf die Spur des von den beiden Bibliothekaren damals gerade publizierten Aufsatzes zu dieser Handschrift im »Püsterich«.[2] Allerdings konnte ich an die letzte Nummer dieser ohnehin in den großen deutschen Bibliotheken wenig verbreiteten »Sondershäuser Beiträge« nur schwer herankommen. In dieser Situation griff ich zum Telefon, um auf kurzem Wege einen Kontakt zum Ehepaar Marwinski herzustellen. Nach einem freundlichen und unkomplizierten Gespräch beschenkten beide mich nicht nur mit einem Exemplar ihres Beitrags, sondern legten mir auch eine weitere Bearbeitung der Handschrift ans Herz, da sie dazu nicht mehr in der Lage sein würden. Wie recht sie damit hatten, war im September 2018 noch nicht abzusehen.[3]

Im Mai 2019 konnte ich das Manuskript durch die freundliche Kooperation der damaligen Museumsleiterin Christa Hirschler nicht nur einsehen, sondern auch Arbeitsfotos für eine spätere Transkription anfertigen, weil damals noch kein Digitalisat vorlag. Zu dieser Zeit war ich mit der Vorbereitung einer Doppelausstellung in den Museen Lüneburg und Stade zum Thema Wallfahrtskirchen und Pilgerfahrten in Norddeutschland befasst. Deshalb hatte ich zunächst daran gedacht, die Handschrift Wolfgang Holtzwirths zum Nukleus für eine Ausstellungsstation über protestantische Pilgerfahrten nach Jerusalem zu machen. Verschiedene Umstände verhinderten aber 2020 die Ausleihe und auch eine weitere Bearbeitung der Handschrift, so dass im Begleitband zur Ausstellung nur en passant auf sie hingewiesen werden konnte.[4] Im Nachhinein erwies sich dies aber insofern als Glücksfall, als die zunächst liegengebliebene Aufgabe zum Ausgangspunkt für die hier vorliegenden Edition wurde. Einen ersten Anstoß zur Weiterarbeit gab die Einladung meiner Kollegin und Freundin Ruth Slenczka, Wolfgang Holtzwirth in Wittenberg als ersten lutherischen Jerusalempilger

1 Es handelte sich um den Tagungsband Kühne/Roth 2020, für den Mordechay Lewy einen Beitrag über das Verhalten protestantischer Pilger im Heiligen Land in der frühen Neuzeit beisteuerte, in dem Wolfgang Holtzwirth erstmals als erster protestantischer Jerusalempilger überhaupt angesprochen wurde. Vgl. Lewy 2020, S. 275f.

2 Marwinski/Marwinski 2017.

3 Felicitas Marwinski verstarb am 3. März 2019 und ihr Mann Konrad am 22. Juli 2019.

4 Kühne 2020a.

im Rahmen eines Vortrags bei der Stiftung Luthergedenkstätten in Sachsen-Anhalt vorzustellen. Zunächst habe ich es bedauert, dass der Vortrag Ende Mai 2021 wegen der damaligen Corona-Beschränkungen nur online stattfinden konnte. Die bis heute bestehende allgemeine Verfügbarkeit der Videodatei sorgte freilich für eine nachhaltigere Aufmerksamkeit, als es ein live vor Publikum gehaltenes Referat vermocht hätte. Die damals geäußerte Idee, im Hinblick auf den 500. Geburtstag von Wolfgang Holtzwirth am 3. Dezember 2022 eine Edition der Handschrift vorzulegen, traf bei der Friedrich-Christian-Leser-Stiftung und insbesondere bei deren Stiftungsvorstand Dr. Helge Wittmann auf offene Ohren. Der Stiftungsrat gewährte mir noch Ende 2021 ein halbjähriges Stipendium, um diese Idee umsetzen zu können. Für die unkomplizierte Förderung dieses auf den ersten Blick vielleicht abseitig erscheinenden Vorhabens möchte ich der Stiftung nochmals sehr herzlich danken.

Seit der zweiten Jahreshälfte 2022 hat mich die Arbeit an den knapp 170 handschriftlichen Seiten beschäftigt, begeistert und wiederholt auch verzweifeln lassen, insbesondere wenn sich einzelne Wörter oder Wortgruppen nicht sicher entziffern ließen oder das von mir Gelesene keinen rechten Sinn ergeben wollte. Waren daran meine manchmal etwas unscharfen Arbeitsfotos schuld, so erhielt ich dankenswerter Weise vom Schlossmuseum Sondershausen und namentlich von dessen Leiterin Carolin Schäfer Unterstützung durch hochwertige Digitalisate. Bei einem Besuch im Dezember 2022 konnte ich nochmals in die Handschrift Einblick nehmen. Half mir all dies nicht weiter, so durfte ich meine Freunde und Kollegen Tim Erthel, Erfurt, Johannes Mötsch, Meiningen und Jörg Voigt, Hannover, um Rat bei der Entzifferung fragen. Bei der Identifikation der von Wolfgang Holtzwirth erwähnten Hallenser Personen halfen mir Michael Hecht und Roland Kuhne, beide Halle. Für den Leipziger Aufenthalt Wolfgang Holtzwirths gab mir Enno Bünz, Leipzig, hilfreiche Auskünfte. Zur damaligen Aufbewahrung der von Holtzwirth erwähnten Bronzefiguren des Maximiliansgrabes erhielt ich von Lukas Madersbacher, Innsbruck, einen erhellenden Hinweis. Zum Aufenthalt Wolfgang Holtzwirths in Rom und im übrigen Italien konnte ich Andreas Rehberg, Rom, befragen und zu den beiden Stopps des Pilgerschiffes in Zypern Max Ritter, Mainz. Über die beiden deutschen Adligen, die gemeinsam mit Holtzwirth nach Jerusalem reisten, gaben mir Klaus Graf, Neus, Erwin Frauenknecht, Stuttgart, und Silke Schöttle, Ravensburg, hilfreiche Auskünfte. Viele knifflige Fragen zur Topographie des Heiligen Landes und den möglichen Itineraren der Pilgergruppe beantwortete mir Mordechay Lewy, Bonn. Für Detailfragen zur historischen Praxis der Jerusalempilger stand mir Folker Reichert, Heidelberg, mit Auskünften zur Verfügung und ebenso Sundar Henny, Basel, der mir auch bei nautischen Problemen weiterhalf. Niels Petersen, Göttingen, knobelte mit mir an Details zum Itinerar Wolfgang Holtzwirths im Jahr 1551. Jürgen Beyer, Tartu, orientierte mich zu archivalischen oder historischen Themen, die das damalige Livland betreffen. Zum Verbleib der Reisemitbringsel Wolfgang Holtzwirths wies mich Berit Wagner, Frankfurt a.M., auf die Sammlung seines Enkels Lorenz Hofman hin; sie identifizierte auch den Arzt »Gaspertus«, in dessen Hospital der Apotheker in Rom arbeitete. Zu Holtzwirths böhmischen Reisegefährten Ulrich Prefát erhielt ich hilfreiche Auskünfte von Jan Hrdina, Prag. Als ein besonderer Glücksfall erwies sich die Unterstützung durch den Prager Grafiker und Historiker Tomáš Rataj. Er übernahm dankenswerterweise die Aufgabe, die Karten für dieses Buch im Auftrag des Schlossmuseums Sondershausen zu zeichnen. Im Laufe der Arbeit entwickelte er ein großes Interesse an dem Text und steuerte so nicht nur vielfältige Hinweise zu Reisestationen und Personen bei, sondern stellte auch das Material für eine Biographie Ulrich Prefáts in nuce zusammen, die sich im vierten Abschnitt der Einleitung findet. Schließlich machte sich Tilmann Walter, Würzburg, freundlicherweise die Mühe, die fertige Transkription kritisch zu lesen. Allen genannten Personen danke ich sehr für ihre Unterstützung. Sollte ich jemanden in dieser Aufzählung vergessen haben, so geschah dies ohne Absicht und ich bitte dafür vorsorglich um Entschuldigung.

Bei der Transkription des Textes habe ich mich an den Richtlinien für die Edition landesgeschichtlicher Quellen des Gesamtvereins der Deutschen Geschichts- und Altertumsvereine orientiert[5], deren Regelwerk ich im Hinblick auf eine möglichst gute Lesbarkeit des Textes auch für Nichtfachleute liberal angewendet habe. Offensichtlich fehlende Worte im Text wurden in geschwungenen Klammern {…} ergänzt. Hinweise auf Ergänzungen, z. B. Zeichnungen im Text oder am Seitenrand, stehen in eckigen Klammern […]. In der Handschrift gestrichene Worte oder Satzteile wurde ebenfalls mit einer Streichung markiert.

Trotz der monatelangen Beschäftigung mit dem Text hat sich mir nicht jedes Wort erschlossen und blieben mir einzelne Sachverhalte dunkel. Dies muss im Falle einer Edition aber kein Schaden sein, denn mit dem Erscheinen dieses Buches ist die Arbeit am Text nicht abgeschlossen, sondern sie kann erst eigentlich beginnen, wenn sich neue Leserinnen und Leser mit dem Text beschäftigen und in ihm neue Sachverhalte und Aspekte entdecken werden, die mir verborgen geblieben sind.

Bei der Vorbereitung der Drucklegung entstand die Idee, hier auch jene Holzschnitte abzubilden, mit denen der gedruckte Jerusalem-Reisebericht des Ulrich Prefát von 1563 illustriert ist. Der Prager Jerusalempilger griff dabei teilweise auf Vorlagen zurück, die der Venezianer Domenico dalle Greche anfertigte. Prefát ließ dessen Blätter nachschneiden, was in zwei Fällen auch in den Beischriften erklärt wird. Der Venezianische Künstler hatte an derselben Pilgerfahrt wie Ulrich Prefát und Wolfgang Holtzwirth teilgenommen und sich anschließend, nämlich 1546, von Papst Paul III. sowie von der Venezianischen Signoria ein Privileg für die Publikation seiner Ansichten von Stätten des Heiligen Landes erteilen lassen.[6] Für unser Buch stellte die Nationalbibliothek der Tschechischen Republik, Prag freundlicherweise Scans aus zwei Exemplaren des Prefátschen Reiseberichts (Sign. 54 B 324 und Sign. 54 B 42) zur Verfügung. Auch bei der Beschaffung dieser Scans hat mich Tomáš Rataj tatkräftig unterstützt. Das Stadtarchiv Halle, namentlich dessen Leiter Ralf

5 Heinemeyer 2000.

6 Zu dem Künstler, seinen Palästina-Holzschnitten und deren Benutzung durch Prefát vgl. Chytil 1913; Empelen 2020.

Jacob, stellte freundlicherweise eine Abbildungsvorlage aus dem Ersten hallischen Bürgerbuch zur Verfügung.

Bei der Herstellung einer möglichst fehlerfreien Druckvorlage hat mich Stefanie Schmerbauch im Auftrag der Friedrich-Christian-Lesser-Stiftung durch ein sorgfältiges Lektorat tatkräftig unterstützt und mir auch einen Teil der Arbeit am Register abgenommen, wofür ich mich herzlich bedanken möchte. Die Friedrich-Christian-Lesser-Stiftung hat zugleich gemeinsam mit dem Schlossmuseum Sondershausen den Druck dieses Buches durch einen großzügigen Verlagszuschuss ermöglicht. Auch dafür möchte ich beiden Institutionen sehr danken. Nicht zuletzt war es mir eine Freude, dieses Buchprojekt mit dem Berliner Lukas Verlag und namentlich seinem Leiter Frank Böttcher sowie dem Gestalter Alexander Dowe realisieren zu dürfen.

Schönwalde, im September 2023 *Hartmut Kühne*

Zur Einleitung: Ein Hallenser Apotheker des 16. Jahrhunderts auf Reisen

Unter Mitarbeit von Tomáš Rataj[7]

Der Hallenser Patriziersohn, Jerusalempilger und Apotheker Wolfgang Holtzwirth, dessen um 1560 verfasste handschriftliche Rückschau auf seine Familie, vor allem aber auf seine ersten drei Lebensjahrzehnte mit dieser Edition erstmals allen Interessierten zugänglich gemacht wird, ist in der historischen Literatur kein Unbekannter. Nicht nur in seiner Heimatstadt hat sich der Gründer der bis heute bestehenden Löwenapotheke am Hallischen Markt ein gewisses Andenken bewahrt. Neben dem imposanten Bau der Apotheke haftet diese Erinnerung vor allem an seinen Nachkommen, zu denen so bekannte Persönlichkeiten wie der sächsische Hofmedikus Laurentius Hofmann (1582–1630), ein Enkel Wolfgang Holtzwirths[8], oder der Aufklärungsmediziner Friedrich Hoffmann (1660–1742), sein Ururenkel[9], zählen. Auch das auf dem Hallenser Stadtgottesacker errichtete Grabmal hielt die Memoria des wohl um 1579 verstorbenen Mannes fest.[10]

Dieses monumentale Gedächtniszeichen erinnerte zugleich an die Reise des erst 23 Jahre alten Apothekergesellen in das Heilige Land. Darauf weist das Jerusalemkreuz hin, um das Holtzwirth sein Wappen an dem äußeren Bogenfeld der Gruft ergänzte.[11]

Darüber hinaus ließ er das Privileg seiner Reise auch noch in ein aufwendiges Bildwerk umsetzen, das inzwischen verloren ist. Aber der Hallenser Geistliche und Historiker Gottfried Olearius (1604–1685) sah in der Mitte des 17. Jahrhunderts noch in dem Grabmal ein »feines Gemälde« mit der Darstellung der Kreuzigung Christi zwischen den beiden Schächern »nebst einem schönen prospect der Stadt Jerusalem«, vor dem die Figuren Wolfgang Holtzwirths, seiner Ehefrau Katharina und seiner fünf Töchter knien.[12]

---

7 Während der Arbeit an der Edition und diesem Text ergab sich ein intensiver Austausch mit dem tschechischen Historiker und Grafiker Tomáš Rataj, der für dieses Buch die Karten erstellte. Dabei flossen zahlreiche Informationen besonders zu Ulrich Prefát und seinem gedruckten Reisebericht in die Arbeit ein. Schließlich steuerte Tomáš Rataj die meisten Informationen zur Biographie von Ulrich Prefát bei, die hier in einem eigenen Abschnitt zusammengefasst wurden.

8 Vgl. Jäger 2012, Nr. 431(†).

9 Vgl. Eulner 1972.

10 Das Todesdatum ist nicht sicher zu ermitteln, da die Totenregister der Marienkirche in Halle, zu deren Pfarrbezirk Wolfgang Holtzwirth gehörte, erst ab 1579 erhalten sind. Die Angaben in der Literatur schwanken zwischen 1572 und 1579, vgl. Marwinski/Marwinski 2017, S. 183, Anm. 70.

11 Vgl. Jäger 2012, Nr. 47.

12 Olearius 1674, S. 49. Die Figuren sind nur durch die ebenfalls von Olearius überlieferte Inschrift zu identifizieren. Vgl. zu der Darstellung und ihrer Inschrift Jäger 2012, Nr. 196 (†).

1 Stadtgottesacker Halle, Bogen 47 mit den Gräbern der Familie von Wolfgang Holtzwirth (Foto: Hartmut Kühne)

Allerdings sorgte nicht dieses monumentale Grabdenkmal dafür, dass sich die Kunde von der Heilig-Land-Fahrt Wolfgang Holtzwirths bis heute erhielt. Vielmehr war es eine von ihm verfasste Handschrift, die sich spätestens seit Mitte des 17. Jahrhunderts im Besitz der aus Halle stammenden Theologenfamilie Olearius befand.[13] Johann Gottfried Olearius (1635–1711), der Sohn des eben bereits zitierten Hallenser Superintendenten und Stadtchronisten, notierte nämlich auf der Titelseite jenes Manuskripts im Jahre 1684 seinen Namen als Besitzer.[14] Er fügte eine inhaltliche Anmerkung hinzu, die seine Beschäftigung mit dem Text dokumentiert.[15] Olearius war

13 Wahrscheinlich kannte schon Gottfried Olearius den Inhalt der Handschrift, da er in seiner hallischen Stadtgeschichte im Anhang zum Jahr 1546 die Notiz ergänzte: »den 1. Septemb. ist Wolffgang Holtzwirth von Hall zum Ritter des H. Grabes wegen dessen Besuchung gemacht worden.« Olearius 1667, Anhang zu S. 259, Bl. Ttt2v. Auch wenn die Angabe über den Ritterschlag so nicht zutrifft, verrät die Datumsangabe des 1. September 1546, an dem Wolfgang Holtzwirth vor der Abreise aus Jerusalem zwei Zeugnisbriefe erwarb, eine gewisse Kenntnis des Textes.

14 Die Notiz »Possessor M.[agister] J.[ohann] G.[eorg] Olearius 1684« dürfte jedenfalls so zu deuten sein, vgl. Marwinski/Marwinski 2017, S. 185.

15 »N[ota] B.[ene] dieser Wolf Holtzwirth gedenckt fol. 19, 25, 33, 35 eines gesellens u.[nd] geferthens auf der reise von Venedig nach Jerusalem u.[nd] durchs gelobte land, mit nahmen Ulrich Preffat, aus Böhmen p.[er] anno 1546. / Dieser Ulrich Preffat hat solch seine Reisebeschreibung fleißig

zum Zeitpunkt dieser Niederschrift noch Diakon an der Hallenser Marktkirche, wechselte aber 1688 als Superintendent nach Arnstadt, wobei er die Handschrift mitgenommen haben dürfte.

2 Stadtgottesacker Halle, Bogen 47, Wappenschild mit Jerusalemkreuz (Foto: Franz Jäger)

Informationen aus dieser Handschrift tauchten in den letzten drei Jahrhunderten immer wieder an verschiedenen Stellen der historischen Forschung auf: sowohl in stadt- und regionalgeschichtlichen Werken, in Arbeiten zur Pilger- und Reiseliteratur oder in medizingeschichtlichen Zusammenhängen. Überblickt man diese Erwähnungen, drängt sich einem der Eindruck auf, die Handschrift bewegte sich gleichsam wie ein Unterseeboot durch die historische Überlieferung: Manchmal konnte man einen kleinen Teil, gewissermaßen den Turm des Unterseeboots, entdecken, gelegentlich waren es aufsteigende Luftblasen, die verrieten, dass hier ein Körper verborgen im Wasser unterwegs war. Das ganze Boot wurde freilich nicht sichtbar. Auch hatte die Forschung bislang nicht registriert, dass der Hallenser Apotheker der erste Lutheraner und damit auch der erste Protestant überhaupt war, der sich auf dem Weg in das Heilige Land machte. Seit Reinhold Röhricht, dem Nestor der Forschungen zur Heilig-Land-Pilgerliteratur, galt Daniel Ecklin aus dem schweizerischen Aarau – im Übrigen ebenfalls ein Apotheker – als der »erste Protestant, der Jerusalem im Jahre 1553 besuchte«.[16] Es war der Historiker Mordechay Lewy, der Wolfgang Holtzwirth im Jahre 2020 erstmals als ältesten protestantischen Jerusalempilger identifizierte.[17] Bevor auf die Handschrift und ihren Verfasser eingegangen wird, soll deshalb zunächst ein Blick auf die Rezeption der Handschrift in den letzten drei Jahrhunderten geworfen werden.

elaborirt und in böhmischer Sprache in druck gegeben 1563 in fol. (welchs unter meinen büchern zu finden). {Da}rinnen er auch Wolf Holtzwirths von Hall, unterschiedlich mit nhamen gedenket, cap. 5, fol. C iiij a«. Es ist nicht auszuschließen, dass Olearius jenes Exemplar besaß, dass Wolfgang Holtzwirth 1570 bei seinem Besuch in Prag im Hause Ulrich Prefáts geschenkt bekam, vgl. in der Handschrift Wolfgang Holtzwirths die S. 167. Im Folgenden verweise ich jeweils auf die Seitenzahlen der edierten Handschrift Wolfgangs Holtzwirths aus dem Schlossmuseum Sondershausen, die in der Edition in eckige Klammern gesetzt wurden und verwende das Kürzel »Handschrift Holtzwirth«.

16 Röhricht 1900, S. 226. So auch noch Reichert 2017, S. 43.

17 Lewy 2020, S. 275f.

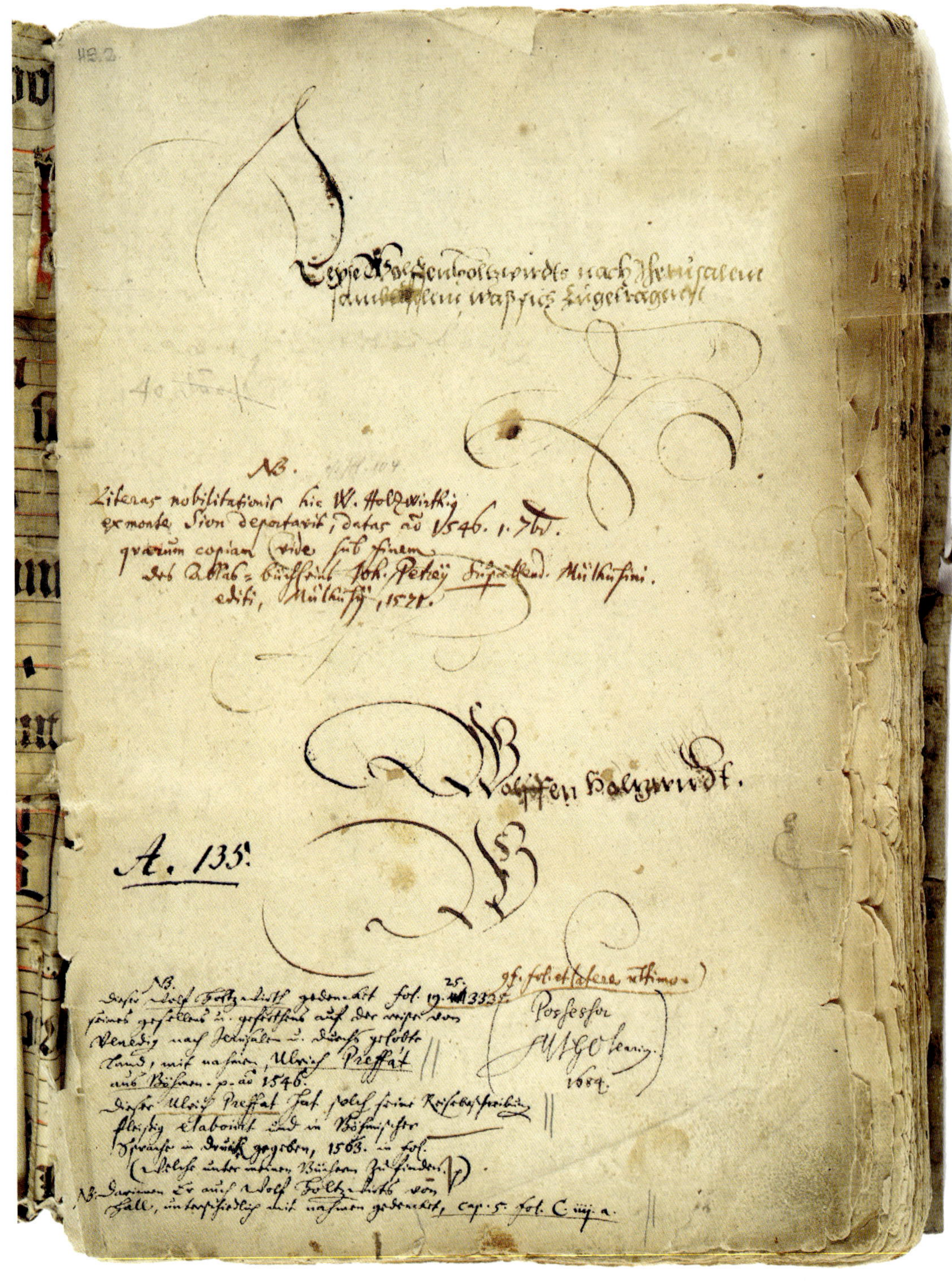

3 Handschrift Holtzwirth, Titelblatt. Die Notizen von der Hand des Johann Gottfried Olearius unten links.

Zur Rezeption der Holtzwirth-Handschrift vom 18. bis zum 21. Jahrhundert

Obwohl die Handschrift mit dem Weggang von Johann Gottfried Olearius nach Arnstadt vor Ort nicht mehr greifbar war, blieb das Wissen um sie in Halle erhalten. Der Jurist und Historiker Johann Christoph von Dreyhaupt (1699–1768) konnte in der ersten Hälfte des 18. Jahrhunderts noch für seine umfangreiche Arbeit zur Geschichte der Stadt Halle und des Saalkreises auf detaillierte Informationen aus ihr zurückgreifen. Im genealogischen Ergänzungsband zu seinem »Pagus Neletizi et Nudzici« beruhen die Angaben zum »Geschlecht derer Holtzwirthe« im Wesentlichen auf jenen Notizen, die Wolfgang Holtzwirth über seine Vorfahren und insbesondere seinen Vater und seine Geschwister zusammengestellt hatte.[18] Zur Lebensgeschichte Wolfgang Holtzwirths teilte Dreyhaupt hier Folgendes mit: »geb. 3 Dec. 1522, lernte die Apothekerkunst, gieng darauf mit M. Andr. Aurifabro nach Venedig und Rom, war eine Zeitlang unter der Päbstl. Leib-Garde, besahe ferner gantz Italien, und gieng auf des Doria Flotte von Neapolis mit nach Genua, that darauf eine Reise ins gelobte Land, und nahm seinen Rückweg durch die Türckey, Rußland, Liefland, Preussen und die Niederlande wieder nach Halle, allwo er sich besetzte und eine Apotheke anlegte, hat seine Reisebeschreibung im MSC. hinterlassen.«[19] Diese Angaben Dreyhaupts wurden wenige Jahre nach ihrem Erscheinen fast wortwörtlich in ein damals weitverbreitetes biographisches Sammelwerk übernommen, das der aus Wulfen stammende Pfarrer und Antiquar Johann Gottlob Wilhelm Dunkel (1720–1759) zwischen 1753 und 1760 zum Druck brachte.[20] Diese Übernahme sicherte dem Biogramm Holtzwirths eine weite Verbreitung, so dass es der livländische Jurist und Historiker Friedrich Konrad Gadebusch (1719–1788) in den zweiten Teil seiner livländischen Bibliothek übernahm; Holtzwirth erschien der livländischen Geschichtsschreibung durch seinen Versuch interessant, in Tallinn (Reval) zu Beginn der 1550er Jahre die Ratsapotheke zu übernehmen.[21]

Nach der Publikation der biographischen Angaben zu Wolfgang Holtzwirth durch Dreyhaupt scheint es in den folgenden 100 Jahren kein Interesse mehr an seiner Handschrift gegeben zu haben. Wo sie nach dem Tode ihres Besitzers Johann Gottfried Olearius verblieb, ist unklar. Erst als der schwarzburgische Pfarrer Johann Samuel Ferdinand Blumröder (1793–1878)[22] das inzwischen in seinen Besitz gelangte Manuskript dem gerade auf fürstliche Initiative hin gegründeten »Verein für deutsche Geschichte und Altertumskunde zu Sondershausen« übergab[23], weckte

18 Dreyhaupt 1750, S. 66.

19 Ebd.

20 Dunckel 1753–1760, Bd. 3, S. 530f. (Nr. 2594).

21 Gadebusch 1777, Teil 2, S. 96.

22 Vgl. zur Person Möller 1997, S. 92f.

23 Die Herkunft aus dem Besitz Blumröders und die Schenkung an den Verein teilt Irmisch 1875, S. 7 mit. Die Übergabe muss vor 1862 erfolgt sein, denn in diesem Jahr berichtet Thilo Irmisch erstmals

sie neuerlich Interesse. Dafür steht die Person des Sondershäuser Gymnasiallehrers Thilo Irmisch (1816–1879), der sich auch als wissenschaftlich anerkannter Botaniker betätigte. Was Irmisch zunächst an der Handschrift Holtzwirths interessierte, war eine Marginalie, nämlich das Zusammentreffen des jungen Apothekergesellen mit dem Mediziner und Botaniker Valerius Cordus (1515–1544) in Wittenberg. So wenig Raum diese Begegnung auch in der Handschrift einnimmt, war sie doch nicht ganz nebensächlich, da Holtzwirth von Cordus zu seinem Aufbruch nach Italien angeregt wurde. Allerdings kam die zunächst beabsichtigte gemeinsame Unternehmung beider nicht zustande.[24] Durch die knappen Bemerkungen von Holtzwirth konnte Thilo Irmisch die auf den Angaben des Humanisten Johannes Crato von Krafftheim (1519–1585) beruhende Chronologie der Italienreise des Valerius Cordus korrigieren und machte bei dieser Gelegenheit auch einige allgemeine Angaben zum weiteren Inhalt der Handschrift.[25]

Erst ein gutes Jahrzehnt nach der Benutzung der Holtzwirth-Handschrift für die Rekonstruktion der Cordus-Biographie publizierte der inzwischen auch als Heimatforscher engagierte Irmisch einen knappen Überblick zum Inhalt des Manuskripts im »Regierungs- und Nachrichtsblatt für das Fürstenthum Schwarzburg-Sondershausen«, dessen nichtamtlichen Teil er redigierte.[26] Dass sich der Gymnasiallehrer mit dem Autograph eingehender befasst hatte, dokumentieren zahlreiche zwischen den Zeilen notierte Übersetzungen einzelner Worte, die nach einem Schriftvergleich von Irmisch stammen dürften.[27] Dass ihn der Text auch inhaltlich interessierte, verrät Irmisch mit seiner Bemerkung: »Der in Form eines Tagebuchs geschriebene Reisebericht enthält viel Interessantes, und man erfreut sich nicht selten an der Anschaulichkeit der Darstellung. Vielleicht theile ich später Einzelnes daraus mit.«[28] Daraus ist aber nichts mehr geworden. Der gerade erst 63jährige Irmisch verstarb 1879 »nach einem Spaziergang, den er durch die grünen Pflanzungen des fürstlichen Parks gemacht hatte,« an einem »Gehirnschlag«.[29] Zuvor teilte er seine Lesefrüchte aber noch mit dem Bibliothekar und späteren Direktor der Berliner Staatsbibliothek Heinrich Meisner (1849–1929) und dem Berliner Gymnasialprofessor Reinhold Röhricht (1842–1905), dem Nestor der deutschen Kreuzzugs- und historischen Palästinaforschung.[30]

---

von der Benutzung der Handschrift, vgl. Irmisch 1862, S. 20. Wie sich aus Irmisch 1875, S. 7 ergibt, war die Handschrift damals bereits in den Besitz der Bibliothek des Fürstlichen Ministeriums in Sondershausen übergegangen.

24 Vgl. S. 7.

25 Irmisch 1862, S. 20–22.

26 Irmisch 1875.

27 In der Bibliothek des Schlossmuseums Sondershausen befindet sich unter der Signatur VI 0148b ein Band mit handschriftlichen Abschriften von Artikeln aus dem »Regierungs- und Nachrichtsblatt für das Fürstenthum Schwarzburg-Sondershausen«, das mir als Vergleichsmaterial diente.

28 Irmisch 1875.

29 Vgl. den Nachruf im Programm des Fürstlich Schwarzburgischen Gymnasiums zu Sondershausen Nr. 606, Sondershausen 1880, S. 4–13, das Zitat hier S. 4.

30 Vgl. zur wissenschaftsgeschichtlichen Rolle Röhrichts Mayer 2007.

Die beiden Berliner Gelehrten veröffentlichten ein Jahr nach dem Tode Irmischs ihr Kompendium zu den deutschen Pilgerreisen in das Heilige Land, in dem sich zum Jahr 1546 auch ein Eintrag zu »Wolf Holzwirth aus Halle« findet, dessen Inhalt man der »Gütige[n] Mitteilung aus der betreffenden Handschrift durch den inzwischen verstorbenen Herrn Prof. Dr. Irmisch in Sondershausen« verdankte.[31] Im Hinblick auf die Heilig-Land-Fahrt finden sich hier umfangreichere Angaben, als sie Dreyhaupt machte: »In Rom lernte er [Wolfgang Holtzwirth] in einer Apotheke den böhmischen Studenten Ulrich Prefat von Wilkenau aus Prag kennen [...] und beide beschlossen, nach dem heiligen Lande zu pilgern. Am 7. Juli 1546 segelten sie mit Junker Jacob von Hundtsbiss (Waltemiss), dessen Schwager Hans von Rechberg, Friedrich von Antwerpen und Hans von Berge oder Mecheln, welcher schon 3 Jahre vorher in Syrien gewesen war, ab. Sie landeten am 15. August in Jaffa und trafen am 17. August in Jerusalem ein; auf der Heimreise starb Jacob von Hundtsbiss. Am 20. December waren sie wieder in Venedig.«[32] Mit einigen Ergänzungen, die sich aus der Konsultation des parallelen Reiseberichtes von Ulrich Prefát ergaben, findet sich derselbe Eintrag auch in der von Reinhold Röhricht überarbeiteten Fassung der »Deutsche[n] Pilgerreisen nach dem Heiligen Land« von 1900.[33]

Aus den folgenden dreißig Jahren gibt es keine Hinweise auf die Benutzung der Handschrift durch andere Forscher. Allerdings wurde ihr Einband, ein Pergamentblatt aus einem spätmittelalterlichen Hymnar, 1913 durch Fritz Behrend (1878–1939), der als Archivar am Handschriftenarchiv der Deutschen Kommission an der Preußischen Akademie der Wissenschaften tätig war, untersucht.[34]

Erst in den 1930er bzw. zu Beginn der 1940er Jahre sind unabhängig voneinander zwei Wissenschaftler auf das Manuskript gestoßen und haben es ausgewertet. Beide publizierten ihre Eindrücke im Jahre 1947, der eine auf Deutsch, der andere auf Tschechisch, weshalb die Äußerungen des letzteren bisher in der deutschen Forschung nicht wahrgenommen wurden.

Als erster von beiden scheint der bis 1945 in Königsberg lehrende Studienrat und Pharmazeut Johannes Valentin (1884–1959) die Handschrift konsultiert zu haben. Er übernahm ab 1936 einen Lehrauftrag für Pharmaziegeschichte an der Universität Königsberg und hielt hier im Wintersemester 1937/38 eine Vorlesung über »Leben und Wirken bedeutender Apotheker als Repräsentanten ihrer Zeit«.[35] Wahrscheinlich ist er in diesem Zusammenhang irgendwie auf die Handschrift in der »thüringischen Landesbibliothek zu Sondershausen« aufmerksam geworden.[36] Allerdings veröffentlichte er die aus seiner Lektüre gewonnenen Eindrücke erst, nachdem ihn die Flucht vor der Roten Armee zunächst nach Dänemark und später nach Holstein verschlagen

31 Röhricht/Meisner 1880, S. 529.
32 Ebd.
33 Röhricht 1900, S. 220f.
34 Vgl. Marwinski/Marwinski 2017, S. 183, Anm. 72.
35 Friedrich/Seidlein 1984, S. 263f.
36 Valentin 1947, S. 472.

4 Handschrift Holtzwirth, Einband aus einem Pergamentblatt eines spätmittelalterlichen Hymnars

hatte, bis er schließlich 1947 eine wissenschaftliche Anstellung an der Universität Greifswald fand.[37] Sein 1947 in einer pharmazeutischen Zeitschrift erschienener Aufsatz über den »thüringischen Renaissance-Apotheker Wolf Holtzwirth« vermittelt keine wirklich neuen Informationen. Die fehlende historische Sachkenntnis verrät schon die falsche Apostrophierung Holtzwirths als Thüringer[38], wie sich überhaupt eine Reihe sachlicher Irrtümer in dem Aufsatz finden.[39] Valentin bietet vor allem eine kulturgeschichtlich-weltanschauliche Interpretation der Handschrift und ihres Verfassers, den er als »Repräsentanten der Renaissancezeit« wertet, als »eine von innerer Unruhe und stetem Streben beseelte Natur, die sich nicht mit dem von Schicksal vorgeschriebenen Lebenspfade zufriedengab, sondern – begeistert durch die Erfolge naturwissenschaftlichen Beobachtens und Denkens – sich aus eigener Kraft den Weg zur akademischen Bildung ebnete, dem die Heimat zu enge wurde und der dabei in dem Streben, sein Wissensgut durch Erfahrung zu vermehren, auf die Wanderschaft ging.«[40] Zugleich sei er ein »gläubiger Christ« gewesen, weshalb sich der Vergleich mit Paracelsus aufdränge.[41] Deshalb sei das »Holtzwirthsche Itinerarium« nicht »eine Reisebeschreibung gewöhnlicher Art [...], sondern eine Beschreibung einer Lebensweise«.[42] Für Valentin spiegeln sich in der Handschrift die »gewaltigen Erfolge, die [die] Erfahrungswissenschaften jener Zeit aufzuweisen hatten«, zugleich auch der »Gedankenrevolutionen durch die Entdeckung der neuen Erdteile oder damit das Wirken eines Kopernikus, Luther oder Paracelsus«.[43] »Unterbewußt liefert uns Holtzwirth in seinem Bericht den Nachweis, wie sich diese Wandlung in der Seele eines Durchschnittsmenschen vollzog«, weshalb sein »Itinerarium [...] auch vom kulturpolitischen Standpunkt aus ein wichtiger Beitrag für die Geistesgeschichte der Menschheit« sei.[44] Versucht man heute als Leser der Handschrift dieses euphorische Urteil nachzuvollziehen, so wird man größte Mühe haben, derartige Aussagen mit Belegstellen zu untersetzen, will man nicht jede Mitteilung über das Wachstum von Baumwolle[45],die Beobachtung eines Chamäleons[46] oder die Frucht des Bananenbaumes[47] als Ausdruck des Forschergeistes der Renaissance werten.

---

37 Vgl. FRIEDRICH/SEIDLEIN 1984, S. 263f.

38 VALENTIN 1947.

39 So behauptet VALENTIN 1947, S. 473, Holtzwirth sei 1543 Valerius Cordus nicht nach Italien gefolgt, weil er »eine akademische Ausbildung nicht unterbrechen« wollte, obwohl ihn tatsächlich der Gesellenvertrag mit Lukas Cranach an der Reise hinderte (vgl. S. 8). An derselben Stelle schreibt Valentin, Holtzwirth habe sich »an Bord einer von einem Deutschen geführten Galeere von Venedig aus« auf den Weg in das Heilige Land gemacht, was weder im Hinblick auf die Landsmannschaft des Kapitäns noch auf den Schiffstyp zutrifft.

40 Ebd., S. 472.

41 Ebd.

42 Ebd., S. 474.

43 Ebd.

44 Ebd.

45 Handschrift Holtzwirth, S. 36.

46 Handschrift Holtzwirth, S. 107.

47 Handschrift Holtzwirth, S. 140.

In den 1930er Jahren begann der tschechische Philologe und Spezialist für die frühneuzeitliche Reiseliteratur Karel Hrdina (1882–1949), der vor allem antike und humanistische Autoren ins Tschechische übersetzte, seine Edition des Heilig-Land-Reiseberichts von Ulrich Prefát vorzubereiten. Dabei stieß er auf die Handschrift in Sondershausen. Dem Gelehrten, der von 1919 bis 1941 am Ministerium für Schulwesen und Aufklärung gearbeitet hatte, gelang es, sich in der Zeit der deutschen Okkupation durch die Vermittlung des Direktoriums des Archivs des Prager Innenministeriums das Manuskript aus der Bibliothek in Sondershausen nach Prag schicken zu lassen.[48] Auch wenn sich Hrdina in seiner erst nach dem Ende des Krieges[49] erschienenen Edition kaum auf den Text Holtzwirths bezieht, so hat er doch das Gedenkbuch, zumindest soweit es die Heilig-Land-Reise beschreibt, gründlich gelesen. Dies zeigt sein wertender Vergleich zwischen den literarischen Produkten der beiden Reisegefährten im Nachwort seiner Edition. Während er den Stil Ulrich Prefáts als »feierlich« bezeichnet und betont, dass er über niedrige »naturalia« schweige, wie die Toiletten auf dem Schiff oder die Wanzen in den Herbergen, so erschien ihm Holtzwirth als das genaue Gegenteil, ein »ehemaliger Soldat, der neue Bekanntschaften machte, wo er nur konnte; er hatte eine lustige, etwas grobe Natur und erlebte viele Abenteuer. Er hatte viele Kenntnisse, die aber oberflächlich waren, und er erzählte alle möglichen Geschichten über sich selbst und Klatsch und Tratsch über seine Mitreisenden.«[50] Kennzeichnend sei etwa, dass Holtzwirth darüber berichtet, wie er und Ulrich Prefát sich am Morgen des 29. Juli 1546 auf dem Schiff zum Frühstück einen Rausch angetrunken hätten und der betrunkene Böhme sich daraufhin lange Zeit nicht wecken ließ.[51] Auch mokierte er sich über den »Lutheraner und Spötter« Holtzwirth, der trotz seiner kümmerlichen finanziellen Möglichkeiten in Jerusalem einen Wappenbrief für sechs Zechinen erwarb, während Ulrich Prefát trotz seines Reichtums darauf verzichtete, da dieser angeblich als gewissenhafter Mensch »in Zweifel war, ob er für die Zukunft alle Bedingungen schwören kann, durch die die Mitglieder des Ritterordens vom Heiligen Grab gebunden waren«.[52]

Hrdina hat mit dem Gedenkbuch Holtzwirths auch die Verlässlichkeit der Angaben Prefáts zu kontrollieren versucht. Er stellte fest, dass Holtzwirth einige Episoden ausführlicher beschrieb als sein böhmischer Reisegefährte, so die Ankunft im Heiligen Land oder auch die Seeschlacht mit den türkischen Korsaren auf der Rückreise von Jaffa. Einige Zahlenangaben differieren, so u. a. die der vermutlich bei der Seeschlacht verletzten Angreifer, die Holtzwirth mit 70 angibt[53], »während Prefát die Zahl der

---

48 Prefát 1947, S. 351. Ich danke Jan Hrdina, Prag, für diesen Hinweis.

49 Im Nachwort betont Hrdina, dass er die Edition während der Okkupation bewusst zurückgehalten habe, um der Gefahr zu entgehen, die tschechischen Ortsnamen unsinnig verdeutschen zu müssen, ebd.

50 Prefát 1947, S. 358.

51 Handschrift Holtzwirth, S. 32.

52 Prefát 1947, S. 359. Der Sache nach irrte Hrdina allerdings mit der Vermutung, dass Wolfgang Holtzwirth in der Grabeskirche den Ritterschlag empfing; er erwarb lediglich einen Wappenbrief.

53 Handschrift Holtzwirth, S. 129.

feindlichen Opfer vielmehr glaubwürdiger auf 20 schätzt«.[54] Auch wird die Anzahl der Pilger an Bord des Venezianischen Viermasters von Holtzwirth mit 150 beziffert, während Prefát von 140 Personen schrieb, »und andere Kleinigkeiten. Aber ansonsten sind sich die beiden in den sachlichen Angaben einig, sei es Ortsnamen, zeitliche Reihenordnung der Ereignisse usw.«[55]

Es ist erstaunlich, dass der ostpreußische und der tschechische Gelehrte die Aufzeichnungen Holtzwirths, die sie fast zur gleichen Zeit konsultierten, völlig unterschiedlich wahrnahmen. Der eine meinte, einen gewissermaßen »normalen« Renaissancemenschen entdeckt zu haben, gleichsam einen Paracelsus im Taschenformat. Der andere hielt Holtzwirth für einen grobianischen Witzbold und halbgebildeten Schlaumeier, der sich nicht scheute, Intimitäten in die Öffentlichkeit zu ziehen, die man besser für sich behält. Sehr wahrscheinlich hatte Karel Hrdina die bessere Nase für den Inhalt des Textes, auch wenn sein Werturteil inzwischen antiquiert ist. Denn gerade die »intimen« Passagen, in denen Wolfgang Holtzwirth Erfahrungen auf eine sehr persönliche Weise mitteilt, die man in dieser Zeit andernorts vergeblich sucht, machen seine Aufzeichnungen für uns originell und interessant. Wahrgenommen wurde in den folgenden Jahrzehnten – zumindest in Deutschland – lediglich der medizingeschichtliche Beitrag des Greifswalder Pharmaziehistorikers, der die Kenntnis der Handschrift und ihres Verfassers in der regionalgeschichtlichen Forschung zumindest punktuell und zeitweise wachhielt. So wird in der Sammlung Deutscher Apotheker-Biographien von 1975 Wolfgang Holtzwirth im Rückgriff auf Hans Valentin, der dort als einziger literarischer Verweis erscheint, als »Repräsentant der Renaissance-Zeit« apostrophiert.[56] Inzwischen befand sich die Handschrift im Übrigen in der Kreisbibliothek Sondershausen.[57] Der Historiker und Bibliothekar Heinrich Kramm formuliert in seinen Studien zu den Oberschichten der mitteldeutschen Städte selbständiger, aber letztlich doch völlig unter dem Eindruck des Aufsatzes von Johannes Valentins, in Wolf Holtzwirth habe »die Unruhe, der Wissens- und Reisetrieb der Renaissance, die nüchterne Naturerkenntnis und gläubige Pietät sich merkwürdig mit dem Drang einer vielseitigen Berufsfortbildung« gepaart.[58] In der Forschung zu den frühneuzeitlichen Pilgerreisen wurde der Aufsatz Valentins allerdings nicht wahrgenommen.[59]

---

54 Prefát 1947, S. 359.

55 Ebd.

56 Vgl. den biographischen Artikel von Wolfgang-Hagen Hein in: Hein/Schwarz 1975, S. 289f.

57 Diese Angabe findet sich ebd., S. 290. Bei der angegebenen Signatur »Hs.: IX R3« handelt es sich um die Altsignatur der Landesbibliothek Sondershausen.

58 Kramm 1981, S. 395. Dass Kramm die Handschrift nicht konsultiert hat, zeigt auch der Verweis auf die inzwischen veraltete Angabe zur besitzenden Bibliothek, die er dem Beitrag Valentins entnahm, vgl. ebd., S. 793, Anm. 49.

59 So beziehen sich etwa Cramer 1949, S. 139; Yerasimos 1991, S. 204 und auch noch Müller 2006, Bd. 4, S. 269–275 ausschließlich auf die Informationen von Röhricht/Meisner 1880, S. 529, bzw. Röhricht 1900, S.220f.

Seit der Benutzung der Handschrift durch Karel Hrdina und Johannes Valentin verging ein gutes halbes Jahrhundert, ehe wiederum ein Historiker sich dem Manuskript zuwandte. Wohl nach der Jahrtausendwende benutzte der in Leipzig mit einer Arbeit zur »Migration aus dem lateinischen Westen in das Osmanische Reich des 15./16. Jahrhunderts« promovierte Byzantinist Ralf C. Müller[60] die inzwischen in der Bibliothek des Schlossmuseums Sondershausen befindliche Handschrift. In Müllers »Prosopographie der Reisenden und Migranten ins Osmanische Reich 1396–1611«, in der er die Materialgrundlage seiner Promotionsschrift offenlegt, findet sich ein kursorischer Abriss zum Inhalt der Handschrift und Angaben zu 26 Mitpilgern sowie zu 12 weiteren von Holtzwirth erwähnten Personen.[61] In dem Steinbruch dieses nicht ganz leicht zu handhabenden Gesamtwerkes blieben die Angaben zu Holtzwirth aber gewissermaßen verschüttete. So war es dem kundigen Jenenser Bibliothekarsehepaar Felicitas und Konrad Marwinski vorbehalten, die Handschrift bei ihrer Beschäftigung mit den Sondershäuser Bibliotheksbeständen wiederzuentdecken und sie, ihre Provenienz, ihren Autor und den Inhalt seiner Erzählung in großen Zügen einem regionalgeschichtlich interessierten Publikum in einem 2017 publizierten Aufsatz vorzustellen.[62]

Ein Reisebericht? Zum Charakter der Aufzeichnungen Wolfgang Holtzwirths

Die Skizze zur Rezeption der von Wolfgang Holtzwirth hinterlassenen Handschrift hat deutlich gemacht, dass der Hallenser Apotheker von der Nachwelt vor allem als Reiseschriftsteller wahrgenommen wurde, wobei seine Fahrt in das Heilige Land im Zentrum des Interesses stand. Dies markieren schon die ältesten Titulaturen, die man am Umschlag und an dem von Wolfgang Holtzwirth nicht beschriebenen Titelblatt wahrnehmen kann. Auf dem Umschlag, einem Pergamentblatt aus einem lateinischen Hymnar, wurde an den Rand notiert: »ITINERARIUM Terrae Sanctae Wolfg.[ang] Holtzwirth« (vgl. Abb. 5). Auf der heute als Titelblatt erscheinenden ersten Seite findet sich ganz oben die von einem späteren Besitzer eingetragene Doppelzeile: »Reyse Wolffen Holtzwirdts nach Jherusalem sambt allem waß sich zugetragenn etc« (vgl. Abb. 6). Entsprechend dieser Wahrnehmung bezeichnete Johann Christoph von Dreyhaupt den Text als »Reisebeschreibung«.[63] Denselben Terminus wählte 200 Jahre später Johannes Valentin[64], der auch wiederholt von einem »Itinerar« sprach. Die Formulierung »Reisebeschreibung« übernahm auch Heinrich Kramm, der das Manuskript freilich nie in Händen gehabt hatte.[65] Thilo Irmisch, der beste Kenner des

60 Müller 2005, Holtzwirth oder Personen aus seiner Pilgergruppe werden hier nicht erwähnt.

61 Müller 2006, Bd. 4, S. 269–275.

62 Marwinski/Marwinski 2017.

63 Vgl. oben Anm. 1.

64 Valentin 1947, S. 472.

65 Kramm 1981, Bd. 1, S. 395.

Textes im 19. Jahrhundert, sprach von einem »in Form eines Tagebuchs geschriebene[n] Reisebericht«[66], was ebenfalls bis in die jüngste Zeit rezipiert wurde.[67]

Die Form eines Tagesbuchs lässt sich freilich allenfalls für den Bericht über die Reise in das Heilige Land behaupten, der den größten Umfang in der Handschrift einnimmt, nämlich 134 von insgesamt 167 beschriebenen Seiten. Auch jene elf Seiten, die der Reise Wolfgang Holtzwirths von Leipzig nach Rom 1544, seinen Aufenthalten in der Ewigen Stadt bis 1546 und der Tour durch Süd- und Mittelitalien im Sommer 1545 gewidmet sind, kann man als Reisebericht lesen. Ebenso spielte das Reisen bei jenen Unternehmungen eine wichtige Rolle, die den Apothekergesellen von 1547 bis 1553 von Padua über Villach, Krakau und Danzig nach Reval (Tallinn) führten und von dort weiter nach Antwerpen, nach Wittenberg und Halle, sogar nach Nowgorod und schließlich zurück in seine Geburtsstadt.

Trotz der gewichtigen Rolle, die das Reisen in der Handschrift spielt, ist die Qualifizierung als Reisebericht voreilig und spiegelt mehr die Interessen der Rezipienten als die Intention des Verfassers wider. Die Handschrift ist nämlich auf die Familie des Verfassers bezogen, die am Beginn der Handschrift vorgestellt wird und deren Geschichte durch die Person des Verfassers eine neue Wendung erhielt. So kann man den Text als den Lebensbericht eines nachgeborenen Patriziersohnes lesen, der durch den frühen Tod des Vaters den ihm gewissermaßen vorbestimmten Platz im Leben verlor. Nach verschiedenen Fährnissen durchlebte er ein abenteuerliches drittes Lebensjahrzehnt, das ihn durch Italien, die Levante, Osteuropa, das Baltikum und die Niederlande führte. Am Ende dieses Dezenniums stand eine gesellschaftlich und wirtschaftlich erfolgreiche Bilanz, ein fast nebenbei erworbener, bescheidener Reichtum, der es ihm erlaubte, die erfolgreiche Familientradition in Halle durch eine Apothekenneugründung fortzusetzen. Dieser auf die eigene Familie bezogene Erfolg – der Verfasser würde wahrscheinlich von »Glück« sprechen – dürfte den Verfasser veranlasst haben, zur Feder zu greifen, und nicht etwa die Absicht, eine Sammlung von kuriosen Reiseerinnerungen zu hinterlassen. Diese Intention wird deutlich, wenn man den Anfang der Handschrift betrachtet. Sie setzt mit einer Abschrift aus dem erzbischöflichen Lehnbuch ein, welche die Belehnung seines Ahnen Marquardt Holtzwirth im Jahre 1377 durch den Magdeburger Erzbischof Peter bezeugt.[68] Es handelte sich offenbar um den ältesten Nachweis seines Geschlechtes, der Wolfgang Holtzwirth zugänglich war. Die einleitende, knappe Darstellung der mit der Stadt Halle verbundenen Familiengeschichte, die ausführliche Schilderung der Verwandtschaftsverhältnisse seiner Geschwister und deren soziale Integration in die Elite der hallischen Stadtgesellschaft, an die sich die autobiographische Erzählung Wolfgang Holtzwirths anschließt, zeigt, dass er keinen Reisebericht verfassen wollte, wie es etwa sein Mitpilger Ulrich Prefát tat, sondern ein Familien- oder Gedenkbuch.

66 Vgl. oben Anm. 52.
67 Hein/Schwarz 1975, S. 290.
68 Vgl. in der Edition die Anm. 2–4.

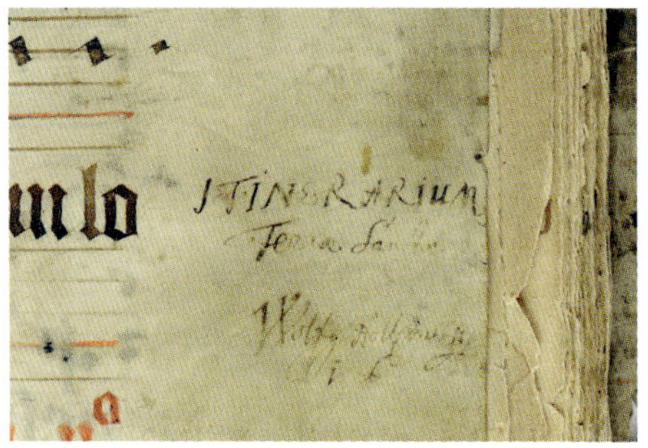

5 Handschrift Holtzwirth, Umschlag mit der Notiz »ITINERARIUM Terrae Sanctae Wolfg.[ang] Holtzwirth«

6 Handschrift Holtzwirth, Titelblatt mit der Notiz »Reyse Wolffen Holtzwirdts nach Jherusalem sambt allem waß sich zugetragenn etc«

Der vor allem an Beispielen aus Nürnberg diskutierte Gattungsbegriff des Gedenkbuchs ist in der Forschung unterschiedlich breit und differenziert gefüllt worden.[69] Jenseits dieser Diskussionen dürfte Konsens sein, dass es sich um Texte handelt, die »vor allem späteren Benutzern aus der Perspektive eines in seinem Geschlecht zentral stehenden Verfassers Aufschluss geben über familien-, gruppen- oder gesellschaftskonstituierende Verhältnisse und Ereignisse«.[70] In einer etwas anderen Diktion handelt es sich um das »Schrifttum patrizischer Familien, in dem von einem männlichen Familienvorstand als Ich-Berichterstatter über die Vergangenheit, den Besitz und die Zusammensetzung des eigenen Geschlechts ebenso Rechenschaft abgelegt wird, wie über relevante historische, politische, soziale und ökonomische Ereignisse«.[71] Das Schreiben von Gedenkbüchern zielt auf »die Selbstversicherung des Einzelnen in seinem Geschlecht«, wie der Text schließlich die »generationenübergreifende Gedächtnis- und Gemeinschaftsbildung der jeweiligen Familie« veranschaulicht.[72] Die Besonderheit des jeweils Berichtenden im Rahmen der Familiengeschichte kann dabei ganz unterschiedlich begründet sein. Unter den prominenten Beispielen aus dem spätmittelalterlichen Nürnberg stilisierte sich etwa Ulman Stromer in seinem »Püchel von meim geslecht und von abentewr« als Gründer der ersten Papiermühle diesseits der Alpen, während Nikolaus Muffels seine Rolle bei der Kaiserkrönung Friedrichs III. 1452 in Rom hervorhob. In dem »Familienbuch« von Hieronymus Köler dem Älteren (1507–1573)[73] spielen hingegen seine Reisen eine ähnliche Rolle, wie in dem Gedenkbuch von Wolfgang Holtzwirth.

Biographisch dürfte die Abfassung des Textes mit jener Wendung zu tun haben, die sich in den letzten Seiten des Berichtes andeutet: Wolfgang Holtzwirth änderte

69 Zur Diskussion vgl. Kirchhoff 2009, S. 16–22.
70 Ebd., S. 18.
71 Kirchhoff 2012, S. 59.
72 Ebd., S. 60.
73 Vgl. Amburger 1931.

seine Absicht, in Reval, also weit jenseits der Heimat, eine neue berufliche und damit auch familiäre Existenz zu begründen. Stattdessen kehrt er in die Vaterstadt zurück, sichert den prestigeträchtigen Besitz der Salzpfannen seiner Familie durch den Gewinn aus seinen Handelsspekulationen und demonstriert mit der Heirat der ältesten Tochter des einflussreichen Juristen Melchior Kling im Jahre 1554 seine neu- oder wiedergewonnene gesellschaftliche Stellung. Die Eheschließung wurde sogar in einem gedruckten Hochzeitsgedicht des neulateinischen Dichters Hieronymus Osius gefeiert.[74] Der Unterstützung durch seinen Schwiegervater, der als Rat des Erzbischofs Siegmund dessen Geschäfte führte[75], dürfte Wolfgang Holtzwirth die Erteilung eines Apothekenprivilegs durch den Erzbischof am 28. Juli 1555 zu verdanken haben. So war ihm die Gründung einer eigenen Apotheke in Halle – entgegen den städtischen Usancen – möglich. Sollte diese Erfolgsgeschichte den Abschluss des möglicherweise nur fragmentarisch zu Ende gebrachten Gedenkbuches bilden? Die letzten drei Seiten sind jedenfalls leer und hätten noch Raum für einen solchen Ausklang geboten.

Vergleicht man die Handschrift etwa mit den bekannten Nürnberger Gedenkbüchern, so fällt auf, dass den Aufzeichnungen Wolfgang Holtzwirths nicht jene Rezeption durch die nachgeborenen Mitglieder der Familie zuteilwurde, wie sie für die bekannten Beispiele kennzeichnend war. Schon die schlichte Form des Autographs, dem alle schmückenden Elemente wie Wappenbilder, Illustrationen etc. fehlen, verweist auf einen deutlichen Unterschied etwa zu den beiden Kölerschen Handschriften im British Museum und im Germanischen Nationalmuseum Nürnberg.[76] Die Handschrift Wolfgang Holtzwirths wurde offensichtlich in der Familie nicht gepflegt. Das signalisiert schon der auf dem Pergamentumschlag notierte Name »Samuel Görttler {15}85«, der sich auf einen Vorbesitzer beziehen dürfte, der die Handschrift bereits 1585, also nur wenige Jahre nach dem Tod ihres Verfassers, im Besitz hatte. Es war wohl ein glücklicher Zufall, dass das Manuskript schließlich in die Hände der geschichtsinteressierten Familie Olearius kam und so außerhalb der Familie, für die es eigentlich bestimmt war, überlebte.

Zur Genese des Textes

Die Papierhandschrift im Format 32,5 cm mal 22 cm umfasst 85 Blatt, von denen 167 der später durchgängig paginierten Seiten einspaltig beschrieben sind. Die letzten drei Seiten sind leer. Die Handschrift vermittelt den Eindruck, dass der gesamte Text in rascher Folge von ein und derselben Hand, nämlich von der Wolfgang Holtzwirths, in einer Kursivschrift niedergeschrieben wurde. Ein Vergleich mit der eigenhändigen

74 Hieronymus Osius: EPITHALAMION SCRIPTVM HONESTO VIRO VVOLFGANGO HOLTZuuirt ciui Hallensi & pudicae Virgini Catharinę, filiae uiri clarissimi Melchioris Kling Doctoris Iuris Cancellarij etc. […] Wittenberg 1554 (VD16 O 1304). An dem Druck beteiligte sich der spätere Lübecker Ratssekretär Christoph Messerschmidt, der 1554 noch in Wittenberg studierte.

75 Vgl. Scholz 1998, S. 72.

76 Vgl. die Handschriftenbeschreibungen bei Amburger 1931, S. 192–198.

Dienstverpflichtung Wolfgang Holtzwirths gegenüber dem Revaler Stadtrat aus dem Jahre 1550 bestätigt die eigenhändige Niederschrift.[77]

Die erste Seite zeigt die Absicht zu einer repräsentativen Gestaltung durch die einleitende Devise »Spes mea Christus«, bei der das »S« und das »C« in die Schäfte des »M« eingezeichnet wurden. Die Datierung und die Satzanfänge wurden durch eine vergrößerte und stilisierte Auszeichnungsschrift hervorgehoben, was im vorderen Teil der Handschrift noch an anderen Stellen begegnet, so etwa auf S. 19, wo der Anfang des Reiseberichtes von Venedig in das Heilige Land durch eine ähnliche Schreibweise hervorgehoben wurde. Auch hier ist dieselbe Devise in die Datierungszeile eingefügt worden. Diesen Ansätzen zu einer repräsentativen Gestaltung der Handschrift steht eine zwar durchgehend sauber geschriebene, aber dennoch häufig flüchtige Abfassung des Textes gegenüber. Stellenweise liest sich der Text wie ein Entwurf, der einer gründlichen Redaktion bedürfte, um sprachlich auch jene Dignität widerzuspiegeln, die sich in den einleitenden Formen ausdrückt. Schon auf S. 8 hat der Verfasser einen ganzen Absatz zu seinem Itinerar der Italienreise mit einem Verweiszeichen an späterer Stelle ergänzt. Etwa ab der Mitte des Textes nehmen Streichungen von einzelnen Wörtern und Satzteilen zu und es begegnen syntaktisch defekte Sätze. Am Ende des Textes scheint die Erzählung bei den von Halle nach Antwerpen zurückzulegenden Reisestationen abzubrechen. Man hat den Eindruck, dass dem Verfasser die Lust an der Erzählung ausging oder seine Energie erschöpft war. Erst mindestens ein gutes Jahrzehnt nachdem Wolfgang Holtzwirth die letzte Zeile auf S. 167 niederschrieb, ergänzte er seine Aufzeichnungen an zwei Stellen: Zunächst merkte er in seinem Bericht über den Besuch in Hebron am unteren Rand von S. 99f. an, dass er damals die Gelegenheit gehabt hätte, über den Berg Sinai in den Balsamgarten von El-Matariya und weiter nach Kairo sowie Alexandria zu reisen, um von dort nach Venedig zurückzukehren. Dieser Nachtrag dokumentiert wohl nicht zuerst die Kenntnis der geographischen Verhältnisse auf dem Sinai und in Ägypten, sondern drückt möglicherweise ein Bedauern über eine verpasste biographische Gelegenheit aus. In der zweiten Ergänzung berichtet Wolfgang Holtzwirth ganz am Ende der Handschrift auf S. 167 von einem Besuch in Prag zum Pfingstfest des Jahres 1570. Er hatte wohl darauf gehofft, seinen Reisegefährten Ulrich Prefát ein Vierteljahrhundert nach ihrer gemeinsamen Reise wiederzutreffen. Stattdessen erfuhr er in Prag von dessen Tod, wurde aber wohl vom zweiten Ehemann der Frau Ulrich Prefáts in dessen Haus eingeladen, wo man ihm ein Exemplar des gedruckten tschechischen Reiseberichtes schenkte.

Welche Informationen zur Entstehung des Textes lassen sich aus der Handschrift selbst entnehmen? Sie bietet zwei chronologische Anhaltspunkte. Da ist zunächst der Abbruch der Erzählung im Sommer 1553. Das letzte ausdrücklich genannte Datum ist der Aufbruch Wolfgang Holtzwirths am 12. Juli 1553 von Braunschweig, von wo er mit den Truppen des verstorbenen sächsischen Kurfürsten nach Halle zog. Die sich

77 Stadtarchiv/Rahvusarhiiv Tallinn (Reval), Apothekersachen.

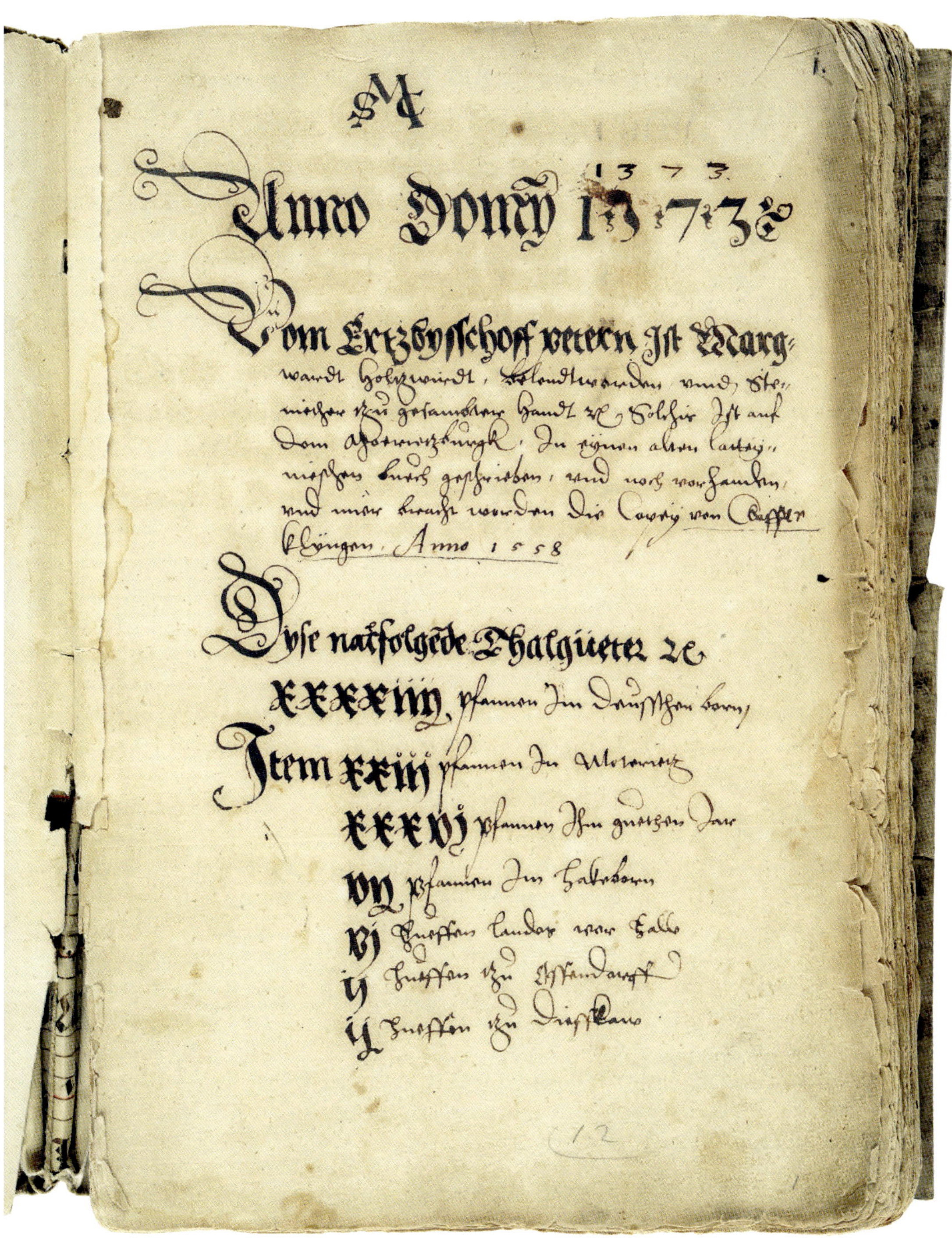

7 Handschrift Holtzwirth, Seite 1 mit der Devise »Spes mea Christus«

daran anschließende Reise nach Antwerpen wird nicht mehr datiert, dürfte sich aber wenigstens bis August oder September 1553 hingezogen haben. Ein zweites Datum nennt das erste Blatt der Handschrift, denn die einleitende Abschrift der Belehnung seines Ahnen Marquardt Holtzwirth im Jahre 1377 war ihm »bracht worden [...] von Casper Klyngen Anno 1558«.[78] Es liegt nahe, dass sich Wolfgang Holtzwirth diese Kopie im Hinblick auf die Abfassung seiner Handschrift besorgte. Man darf daher vermuten, dass die Niederschrift aus der folgenden Zeit, also wohl aus den Jahren 1558 oder 1559 stammt. Diesen Zeitraum legt auch die deutliche Veränderung der Handschrift nahe, da das Schriftbild der Handschrift dem erwähnten Autographen Holtzwirths aus dem Tallinner Ratsarchiv aus dem Jahre 1550 nähersteht, als dem Schriftbild des alten Wolfgang Holtzwirth nach dem Jahre 1570.

Bei der Niederschrift seines Gedenkbuches griff Wolfgang Holtzwirth auf verschiedene Vorlagen zurück. Für seine einleitenden familiengeschichtlichen Angaben dürfte er neben dem bereits genannten erzbischöflichen Lehnbuch auch städtische Überlieferungen genutzt haben. Dazu gehörte möglicherweise auch das im Stadtarchiv erhaltene erste hallische Bürgerbuch, das für jedes Jahr die Besetzung der Ratsämter nachweist.[79] (Abb. 8)

Für seine Erzählung über die Reise von Venedig in das Heilige Land stützte er sich auf Notizen, die er während der Reise gemacht hatte. Das auf der Fahrt mitgeführte Notizbuch erwähnt er im Zusammenhang seiner Ankunft in Jaffa, bei der sich alle Pilger einer Leibesvisitation unterziehen mussten, bei der die osmanischen Behörden Briefe oder andere schriftliche Mitteilungen finden wollten, die der Nachrichtenübermittlung an mutmaßliche Spione oder Kollaborateure dienen konnten. Bei dieser Prozedur wurde Wolfgang Holtzwirth auch sein »buechlin, dorinne ich mein reiß geschrieben hatte«[80], abgenommen. Allerdings erhielt er es schließlich zurück. Auf der Rückreise von Jaffa erwähnt Wolfgang Holtzwirth »mein buechlein, das ich geschriben habe« und das er in seinem »buesen« trug.[81] Bei dem Seegefecht mit den Korsaren, an dem sich Wolfgang Holtzwirth als Helfer des Büchsenmeisters beteiligte, trug er sein »buechlein im bueßenn«, so dass es nach dem Gefecht »vol bluedt« war, »wie mans noch siecht, das schreibebuechlein meyner reiß«.[82]

Allerdings ist die Beschreibung der Reise in das Heilige Land, wie sie die Handschrift bietet, keineswegs eine getreue Abschrift aus dem Notizbuch. Wahrscheinlich hat das Notizbuch lediglich das geographische und chronologische Orientierungsgerüst vorgegeben. Es dürfte sehr genaue Zeitangaben für die einzelnen Reisetage enthalten haben, weil sich nur so die stundengenauen Angaben zu Reisezeiten, Witterungserscheinungen oder anderen Aktivitäten der Pilger während des Aufenthalts im Heiligen Land erklären lassen. Der Verfasser folgte bei diesen Angaben

78 Handschrift Holtzwirth, S. 1.
79 Stadtarchiv Halle, Erstes hallisches Bürgerbuch.
80 Handschrift Holtzwirth, S. 45.
81 Handschrift Holtzwirth, S. 118.
82 Handschrift Holtzwirth, S. 119.

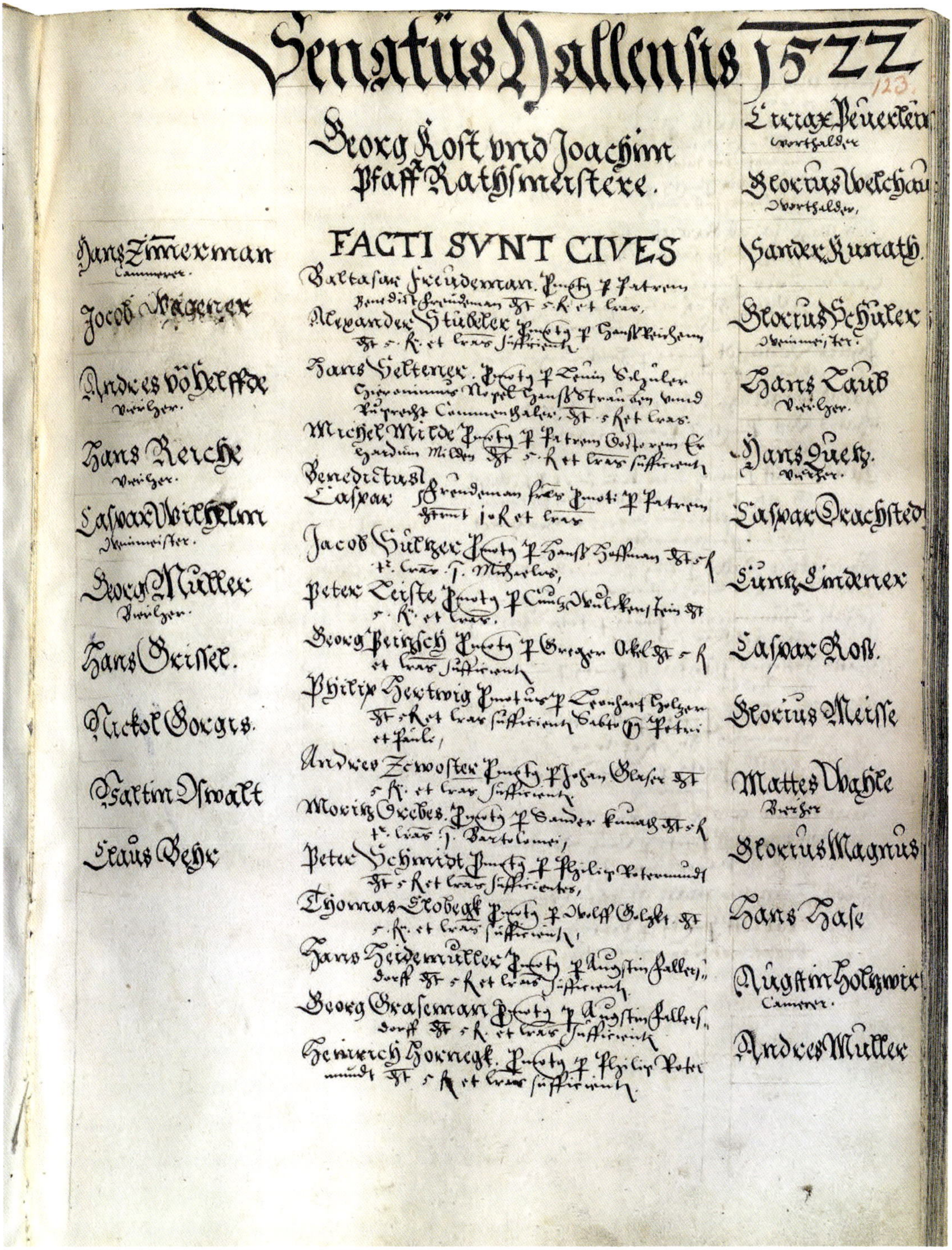

8 Erstes hallisches Bürgerbuch, Bl. 123r mit dem Nachweis über die Besetzung der Ratsämter im Jahre 1522, Stadtarchiv Halle. In der linken äußeren Spalte erscheint an vorletzter Stelle Augustin Holtzwirth als Kämmerer.

der in Italien – aber auch u. a. in Böhmen – üblichen Zählung von insgesamt 24 Nacht- und Tagesstunden, wobei die Zählung kurz nach dem Untergang der Sonne mit der ersten Stunde begann. Es handelt sich also um Angaben nach der »Großen italienischen Uhr«[83], im Gegensatz zur »Kleinen Uhr«, die je zwölf unterschiedlich lange Nacht- und Tagesstunden separat zählte. Solche genauen Stundenangaben finden sich nur innerhalb des Abschnitts zur Heilig-Land-Fahrt; im übrigen Text verweist Holtzwirth lediglich auf die Tagesdatierung oder gelegentlich auf Mittag, Abend etc.

Neben seinem »schreibebuechlein« und seinen Erinnerungen griff Wolfgang Holtzwirth bei der Darstellung seiner Heilig-Land-Reise auf ein weiteres Hilfsmittel zurück, nämlich auf den im 16. Jahrhundert bekanntesten »Reiseführer« des Heiligen Landes, der zugleich eine biblische Landeskunde bot: Gemeint ist die »Peregrinatio in terram sanctam« des Mainzer Domdekans Bernhard von Breydenbach, der selbst in den Jahren 1483/84 in das Heilige Land reiste und dabei auch den Sinai und Ägypten besuchte.[84] Nach seiner Rückkehr veranlasste er den Druck eines umfangreichen Reiseberichts in lateinischer und parallel in deutscher Sprache, dessen Texte überwiegend von dem Mainzer Dominikaner Martin Rath[85] kompiliert wurden, während der aus Utrecht nach Mainz zugewanderte Maler und Grafiker Erhard Reuwich die zahlreichen und meist großformatigen Holzschnitte schuf, die dem Werk eine besondere Anschaulichkeit verleihen.[86] Die Nachdrucke des Werkes, das auch in französischer, niederdeutscher und spanischer – allerdings nicht in tschechischer[87] – Sprache erschien, verweisen auf seine weite Verbreitung. Der 1536 in Wittenberg erschienene, auszugsweise Nachdruck der lateinischen Fassung[88] signalisiert, dass der Text auch im protestantischen Deutschland als biblische Landeskunde im akademischen Rahmen konsultiert wurde. Wolfgang Holtzwirth muss eine – wohl deutsche[89] – Ausgabe dieses Textes bei der Abfassung seines Gedenkbuches benutzt haben, denn nur so lassen sich die zahlreichen wörtlichen oder paraphrasierenden Entlehnungen aus Breydenbachs Werk erklären. Der Hallenser Apotheker nutzte den Text Breyenbachs nicht nur für die Beschreibung und Ausschmückung des im Heiligen Lande Erlebten, sondern auch

---

83 Vgl. Dohrn-van Rossum 1992, S. 111.

84 Vgl. zur Person Breydenbachs und seiner Mitreisenden Timm 2006, S. 53–66. Diese eigentlich kunsthistorische Arbeit gilt derzeit als maßgebliche Untersuchung zu Breyenbachs Werk. Vgl. aber auch die kritische Rezension von Eisermann 2009.

85 Vgl. ebd., S. 95.

86 Die Diskussion der Leistungen Reuwichs bilden den eigentlichen Gegenstand der Arbeit von Timm 2006, S. 99–265; vgl. auch hier die kritischen Einwände von von Eisermann 2009.

87 Bei der angeblichen Beydenbach-Ausgabe, die 1498 in Pilsen gedruckt wurde (GW 0508210N), handelt es sich um einen Auszug aus dem Pilgerbericht Hans Tuchers, vgl. Svátek 2018.

88 VD16 B 8260.

89 Dies darf man vermuten, da Wolfgang Holtzwirths Lateinkenntnisse nur rudimentär gewesen sein dürften und ihm deshalb des Öfteren Fehler in der Wiedergabe lateinischer Wendungen unterlaufen sind. Vor allem aber erklären sich einzelne schwer verständliche Passagen nur, wenn man den deutschen Text Breydenbachs zugrunde legt.

für Erläuterungen zu seinen mit dem Schiff angelaufenen Reisestationen, so etwa bei einer etymologischen Erzählung über die Herkunft des Namens »Corzica« für Korfu[90] oder von Zypern[91] und Kreta.[92]

Wolfgang Holtzwirth gibt an, während seiner Tour durch Süd- und Mittelitalien im Sommer 1545 neben anderen Habseligkeiten auch »etliche buecher« bei dem Schreiber der päpstlichen Garde deponiert zu haben.[93] Man könnte daher auf den Gedanken verfallen, dass sich eine Ausgabe Breydenbachs unter diesen Büchern befunden hatte. Der Pilger könnte es in diesem Falle mit auf seine Fahrt in das Heilige Land genommen haben. Dass Exemplare der Breyenbach-Drucke tatsächlich wie heutige Reiseführer von Pilgern im Heiligen Land benutzt wurden, ist zumindest in Einzelfällen belegt, etwa durch Hans von Sternberg, der 1514/15 eine Reise in das Heilige Land unternahm und sich auf der Hinreise in Rhodos bei einem deutschen Maler ein Exemplar auslieh, das er wie einen Reiseführer konsultierte.[94] Allerdings ist die Annahme, dass Wolfgang Holtzwirth einen solchen, relativ teuren Druck mit sich führte, eher unwahrscheinlich. Auch erwähnt er Breydenbachs Lektüre an keiner Stelle. Abgesehen von der Frage, ob Holtzwirth den Text mit sich führte, lässt sich zeigen, dass er den Text Breydenbachs nicht unmittelbar in sein Notizbuch aufnahm, sondern diese Passagen und seine Notizen erst in einem späteren Arbeitsgang kombinierte. Deutlich wird dies u. a. in der Beschreibung der Grabeskirche in Jerusalem, die mit einer langen Textentlehnung aus Breydenbachs Reiseführer beginnt, in der die Situation des Heiligen Grabes erläutert wird.[95] Am Ende der Beschreibung wird die Lage des Heiligen Grabes nochmals dargestellt, diesmal nicht nach der Vorlage Breydenbachs, sondern wohl nach den Aufzeichnungen Holtzwirths.[96] In der komplexen Schilderung der Grabeskirche scheint der Verfasser beim Schreiben die Übersicht verloren zu haben, so dass er die Informationen aus seinen eigenen Notizen nicht mit denen Breydenbachs kombinierte, sondern sie an unterschiedlichen Stellen nebeneinander referierte. Wo sich bei der Arbeit an der Edition Hinweise auf Übernahmen aus dem Text Breydenbachs ergaben, wurde in den Anmerkungen darauf hingewiesen; besonders markante Passagen werden als Zitate angeführt. Es wurde darauf verzichtet, alle Zitate in den verschiedenen deutschen Ausgaben (Mainz 1486 = GW 05077, Augsburg 1488 = GW 05078, Speyer 1502 = VD16 B 8258) zu vergleichen, sondern sie werden nach dem Mainzer Erstdruck zitiert. Da diese Inkunabel weder eine Blattzählung noch Druckbogensignaturen besitzt und die z.T. gefalteten Holzschnitte eine Durchzählung der Blätter erschweren, werden die Seiten nach der Bildnummer des digitalisierten Exemplars Ink B-911 der Bayerischen

---

90 Handschrift Holtzwirth, S. 23.
91 Handschrift Holtzwirth, S. 137f.
92 Handschrift Holtzwirth, S. 42f.
93 Handschrift Holtzwirth, S. 14.
94 Eisermann/Reichert 2007, S. 225f. und S. 244f.
95 Handschrift Holtzwirth, S. 71f. Die Vorlage lieferte Breydenbach 1486, image 96, vgl. Mozer 2010, S. 132 und S. 134.
96 Handschrift Holtzwirth, 79f.

Staatsbibliothek München angegeben.[97] Zusätzlich wird jeweils auf die parallelen Seitenzahlen der gegenwärtig maßgeblichen Edition des frühneuhochdeutschen Textes durch Isolde Mozer verwiesen.[98]

Neben der intensiven Benutzung der »Peregrinatio in terram sanctam« Breydenbachs ließ sich – neben der Bibel – nur noch ein weiteres literarisches Werk identifizieren, auf das sich Wolfgang Holtzwirth mehrfach bezog, nämlich der 1509 in Augsburg erstmals gedruckte Prosaroman »Fortunatus«.[99] Es ist die Erzählung über einen aus Zypern stammenden Patriziersohn, der wegen des wirtschaftlichen Bankrotts seines Vaters seine Heimat verließ und die Levante und Europa bereiste. Dabei wurde ihm von einer Glücksfee ein stets mit der gängigen Münze gefüllter Geldbeutel geschenkt, der zur Grundlage seines Reichtums und gesellschaftlichen Aufstiegs wurde. Der Fortunatus war ein im 16. Jahrhundert weitverbreiteter Lesestoff. Ob Wolfgang Holtzwirth sich in dieser Romangestalt selbst wiedererkannte? In jedem Fall kannte er den Roman und verweist bei der Schilderung seines zweiten Zypernaufenthaltes in Famagusta auf das angebliche Haus des Fortunatus und auch auf eine Episode, die im dortigen Hafenkastell spielen soll.[100]

Die Kindheit und Jugend des Verfassers nach seinem Bericht von 1522 bis 1544

Das Gedenkbuch setzt mit einem Auszug aus dem erzbischöflichen Lehnbuch ein, der den Besitz des ersten, historisch fassbaren Ahnen Wolfgang Holtzwirth, nämlich Marquardt Holtzwirth im späten 14. Jahrhundert, dokumentiert. Darauf folgen einzelne Nachweise über die Besetzung von Ratsämtern der Stadt Halle durch Träger des Familiennamens im 15. Jahrhunderts, die wahrscheinlich aus dem ersten hallischen Bürgerbuch stammen. Umfangreicher sind die Angaben zum Vater des Verfassers, Augustin Holtzwirth. Dessen Geburtsdatum kannte sein Sohn Wolfgang offenbar nicht, was in dieser Zeit nicht ungewöhnlich ist.[101] Als erstes Datum wird die Verlobung und anschließende Eheschließung mit seiner Frau Klara im Jahre 1505 erwähnt.[102] Diesen familiären Mitteilungen werden allerdings die Stationen seiner städtischen Ämterkarriere vorangestellt: Zunächst seine Funktion als Gemeinheitsmeister, d. h. als Repräsentant eines Stadtviertels, im Jahre 1506.[103] Darauf folgen die weiteren Karrierestufen ab 1510 zunächst als Bierherr, lange Zeit als Kämmerer, schließ-

97 http://mdz-nbn-resolving.de/urn:nbn:de:bvb:12-bsb00051699-1. Die Kurznummerierung bezieht sich auf die Webadresse des Digitalisats, die oberhalb der Ansicht angegeben ist, also etwa: https://daten.digitale-sammlungen.de/bsb00051699/image_1.

98 Mozer 2010.

99 Fortunatus 1509.

100 Handschrift Holtzwirth, S. 131f.

101 Selbst bei berühmten Personen wie etwa bei Erasmus von Rotterdam oder Martin Luther ist das Geburtsjahr nicht sicher zu belegen.

102 Handschrift Holtzwirth, S. 4.

103 Handschrift Holtzwirth, S. 3.

lich 1525 als Worthalter und 1527 als regierender Ratsmeisters.[104] Die gesellschaftliche Stellung der Familie dokumentieren die Namen der Taufpaten und Ehepartner der fünf Schwestern und des sieben Jahre älteren Bruders Martin.

Als Wolfgang als jüngstes Kind der Familie am 3. Dezember 1522 geboren wurde, war seine älteste Schwester Clara bereits fast sechzehn Jahre alt. Sie dürfte wenig später geheiratet haben; schon 1527 war sie Witwe.[105] Unter den Paten der Kinder tauchen die Namen prominenter Familien Halles auf, so die Brachstedts, die Drachstedts, die Rauchheupt, aber auch Personen aus dem Umkreis des erzbischöflichen Hofes in Halle: So etwa Siegmund von Brandenstein, der Hauptmann der Burg Giebichenstein, eine seiner Töchter und der Magdeburger Domherr und spätere Havelberger Bischof Busso II. von Alvensleben.[106] Wolfgang Holtzwirths Taufpatin, die gelegentlich als »erste Frau der Reformation« apostrophierte Felicitas von Selmenitz, war ein prominentes Mitglied der Stadtgesellschaft Halles; dass sie genau zu jener Zeit, als sie das Patenamt übernahm, von Thomas Müntzer geistlich beraten wurde und wenige Tage nach der Taufe Holtzwirths von Müntzers Hand das Abendmahl unter beiderlei Gestalt empfing[107], dürfte allerdings für die Funktion der Patin unwichtig gewesen sein. Der Taufpate Georg Winkler spielte als Stiftsprediger eine führende Rolle in der reformatorischen Bewegung der Stadt und wurde später als evangelischer Märtyrer angesehen. Aber auch dies lässt kaum auf die konfessionelle Orientierung der Familie Holtzwirth schließen, da der 1523 von Kardinal Albrecht zum Prediger bestellte Geistliche erst seit 1524 im Sinne der Reformation zu agieren begann.[108]

Für den Lebensweg Wolfgangs scheinen allerdings weniger seine Paten noch die seiner Geschwister ausschlaggebend gewesen zu sein. Vielmehr spielten die Ehepartner der Schwestern und des Bruders eine entscheidende Rolle. Das pharmazeutisch-medizinische Metier, in dem sich Wolfgang Holtzwirth später bewegen sollte, deutet sich schon in diesem familiären Umfeld an: Die älteste Schwester Clara heiratete in zweiter Ehe Johann Nikolaus Wyhe, den Leibarzt des Magdeburger Erzbischofs und zugleich Stadtphysikus in Halle. Die zweitälteste Schwester Ursula heiratet den Apotheker Hans Bugkler, der die »Neue Apotheke« in Halle führte. Nach dessen Tod 1535 übernahm der Schwager Ursulas, der eben schon genannte Johann Nikolaus Wyhe, formell die Apotheke und führte sie aufgrund eines Privilegs des Erzbischofs Albrecht als Hirschapotheke weiter.[109] Der ältere Bruder Wolfgangs, Martin, heiratete Katharina Bugkler, die Tochter des eben genannten Apothekers. Dieses familiäre Umfeld wurde für die berufliche Orientierung Wolfgang Holtzwirths entscheidend.

Allerdings gewann zunächst eine andere familiäre Beziehung für den Lebensweg des Knaben an Bedeutung, nachdem der Vater wohl im August 1529 an der damals

104 Ebd.
105 Vgl. in der Edition die Anm. 39.
106 Vgl. Handschrift Holtzwirth, S. 4–6.
107 Vgl. Koch 2004, S. 132f.
108 Vgl. Delius 1953, S. 33–35 und S. 40–42.
109 Das Privileg ist gedruckt bei Steinbicker 1934, S. 16–18.

grassierenden Pandemie des Englischen Schweißes starb, die sich seit 1528 von England aus in ganz West- und Mitteleuropa verbreitete.[110] Der beim Tod des Vaters Sechsjährige kam zur Erziehung an den Hof des Grafen Albrecht VII. von Mansfeld-Hinterort. Diese privilegierte Aufnahme zunächst im Eisleber Stadthaus des Grafen und später im Mansfelder Schloss erklärt sich durch die Heirat seiner 1511 geborenen drittältesten Schwester Gertrud mit dem Mansfelder Amtsschösser Jakob Paudernitz. Die Hochzeit wurde noch zu Lebzeiten des Vaters im Mansfelder Schloss gefeiert[111] – vielleicht 1528, als Gertrud 17 Jahre alt wurde.

Wie der unversehens zur Halbwaise gewordene Knabe diese Situation erlebte, lässt sich aus seinen knappen Bemerkungen kaum ablesen. Erzogen wurde er gemeinsam mit den um zwei bis vier Jahre älteren Prinzen Kaspar I. und Volrad IV. von Mansfeld-Hinterort, den Söhnen des Grafen Albrecht, mit Wolfgang Christoph von Mansfeld-Mittelort, dem Sohn des Grafen Gebhard VII., sowie mit den Welfenprinzen Ernst III. (IV.) von Braunschweig-Grubenhagen-Herzberg und Albrecht von Braunschweig-Grubenhagen, Sohn des Herzogs Philipp I. und seiner Frau Katherine von Mansfeld-Vorderort (1518–1567). Lediglich die Aussage, dass die Prinzen »semptlichen einen preceptorem« hatten – und Wolfgang wohl nicht – lässt auf eine gewisse Zurücksetzung schließen. Nach zwei Jahren der Erziehung am Mansfelder Hof folgte ab 1531 der Besuch der erst 1525 gegründeten Lateinschule an der Eisleber Andreaskirche, die von Johannes Agricola geleitet wurde. Auch hier dürfte Wolfgangs älterer Schwager Jakob Paudernitz und seine Schwester Gertrud ihre Hand im Spiel gehabt haben. Wolfgang Holtzwirths Vormünder, die beiden Hallenser Bürger Thomas Dugau[112] und Thomas Schueler – letzterer wohl ein Schulmeister – beschlossen Ende 1535 oder Anfang 1536, ihr Mündel von der Eisleber Schule zu nehmen und ihn in die Lateinschule nach Nordhausen zu geben. In der Reichsstadt lebte er im Hause des Stadtarztes Janus Cornarius. Im Gedenkbuch wird der Vorgang weder erklärt noch datiert. Da der inzwischen dreizehnjährige Knabe etwa ein Jahr in der Obhut von Cornarius blieb, bis der Arzt Nordhausen wohl Anfang 1537 verließ, ergibt sich der

---

110 Während die ersten Wellen dieser rätselhaften Krankheit in den Jahren 1485, 1506 und 1517 im Wesentlichen auf England beschränkt blieben, erreichte die Krankheit 1529 weite Teile Europas, vgl. Vasold 1991, S. 116–122. Für die Ausbreitung der Krankheit in Mitteldeutschland, die in der Regel nur eine kurze Zeit – etwa für zwei Wochen – an einem Ort grassierte, ist der Briefwechsel Luthers aufschlussreich. Nach einem am 27. August 1529 an Nikolaus Hausmann in Zwickau gerichteten Schreiben Luthers sollte die Krankheit damals in Zerbst und Zwickau grassieren, während Wittenberg noch verschont blieb, WA Br. 5, Nr. 1468, S. 138f. Zwei Tage später teilt Luther Wenzeslaus Link mit, dass in Magdeburg 800 oder gar 1000 Personen betroffen seien., WA Br. 5, Nr. 1469, S. 140. In Magdeburg brach die Krankheit um den 10. August 1529 aus, vgl. Hertel/Hülsse 1885, Bd. 1, S. 420. Bereits am 1. August 1529 teilte der sächsische Kurfürst Johann von Torgau aus der Wittenberger Universität mit, er habe Nachricht, dass »zu Halle und andern Enden, wie wir bericht, itzt das Sterben einfället«, zit. WA 5, Nr. 1468, S. 138f., Anm. 3. Die Hochphase der Krankheit dürfte damit in Halle in der ersten Hälfte des Monats August gelegen haben.

111 Handschrift Holtzwirth, S. 5.

112 Nicht identifiziert. Wahrscheinlich handelt es sich um ein Mitglied der Familie Dugaw/Dugau; ein Thomas Thugau ist 1475 als Bornmeister bezeugt, vgl. Erstes hallisches Bürgerbuch, Bl. 76r.

Jahreswechsel 1535/36 als ungefähres Datum für den Schul- und Ortswechsel. Der später als Mediziner der Marburger Universität berühmt gewordene Arzt wird von Wolfgang Holtzwirth nur in zwei Zeilen des Gedenkbuches erwähnt.[113] Möglicherweise hat der einjährige Aufenthalt in seinem Hause den ohnehin gerade in einer biographisch wichtigen Entwicklungsphase stehenden Knaben aber stärker geprägt, als der Schreiber des Gedenkbuches später ausdrückte. Der aus Zwickau stammende Janus Cornarius führte nämlich, nachdem er 1523 an der Universität Wittenberg sein medizinisches Lizentiat erworben hatte, »das Leben eines echten kosmopolitischen Wanderhumanisten«, das ihn nach Livland und Russland und von dort nach England, Frankreich, schließlich den Rhein abwärts in Richtung Italien führte, wobei er freilich die Alpen nicht überstieg, da er in »Basel hängen geblieben sei«; seine Wanderschaft endete, als er 1526 eine medizinische Professur an der Universität Rostock übernahm.[114] Ob der Mediziner seinem Zögling von seinen Reisen berichtete, wissen wir nicht. Dass Wolfgang sich später in einer ähnlichen biographischen Phase – ein gutes Lebensjahr jünger – auf dieselben Pfade begab, ist offensichtlich, kann freilich auch Zufall sein.

Mit dem Weggang von Cornarius aus Nordhausen, der Stadtarzt in Frankfurt am Main wurde, begann wohl um den Jahreswechsel 1536/37 für den nun Fünfzehnjährigen eine unstete Lebensphase.[115] Zunächst fand er Unterkunft bei einer Hallenser (?) Witwe, deren Kinder er »in die schuele« führte. Seine Vormünder gaben ihn aber bald in Magdeburg zu einem Kannengießer in die Lehre. Für diese körperlich schwere Arbeit war der Junge aber »zu schwach« und hatte auch »niecht luest dartzu«, so dass er seinem Lehrherrn entlief und kurzzeitig in der Schule seines Vormunds Thomas Schüler in Halle Aufnahme fand.[116] Seine Vormünder übergaben ihn aber bald der Obhut eines aus Olmütz stammenden Magisters am Leipziger Peters-Kollegium, bei dem er in die Lehre ging (»famulierte«). Diese biographische Odyssee endete durch das Eingreifen von Wolfgangs älterem Schwager, des Hallenser Stadtarztes Johann Nikolaus Wyhe, der inzwischen dessen älteste Schwester geheiratet hatte. Er brachte Wolfgangs Vormünder dazu, ihr Mündel in die gerade erst eröffnete Apotheke in Zeitz in die Lehre zu schicken und knüpfte sicher auch den Kontakt zu dem dortigen Apotheker Nikolaus Clement.[117] Möglicherweise beabsichtige der Mediziner, der kurz zuvor eine eigene Apotheke in Halle übernommen hatte[118], seinen Schwager später in seinem Betrieb zu beschäftigen.

---

113 Handschrift Holtzwirth, S. 6.

114 Clemen 1912, S. 40f.

115 Cornarius letzter gesicherter Aufenthalt in Nordhausen ist für den 1. März 1537 belegt; allerdings muss er sich bereits zuvor für eine kurze Zeit in Stolberg aufgehalten haben, wo er am 13. Februar 1537 eine Vorrede datiert. Daher dürfte auch Wolfgang Holtzwirth sein Haus bereits vor diesem Termin verlassen haben, vgl. Clemen 1912, S. 50f.

116 Handschrift Holtzwirth, S. 7.

117 Ebd. Zur Gründung der Zeitzer Apotheke vgl. Graepel 1989, S. 9f.

118 Vgl. Steinbicker 1934, S. 12.

Nach einer dreijährigen Ausbildung ging Wolfgang Holtzwirth als Apothekergeselle nach Wittenberg, wo er in der formell von Lukas Cranach betriebenen Apotheke eine Anstellung fand.[119] Nach Wittenberg dürfte ihn die Universität gezogen haben, an der er sich im Oktober 1543 immatrikulierte.[120] Er muss aber bereits einige Monate zuvor nach Wittenberg gekommen sein, denn er nahm an einem Privatissimum des Mediziners Valerius Cordus teil, das dieser über das Arzneimittelhandbuch des Dioscurides hielt.[121] Da Valerius Cordus Anfang Oktober 1543 zu einer Italienreise aufbrach[122], auf der ihn Wolfgang Holtzwirth gern begleitet hätte, müssen diese Vorlesungen in den Monaten zuvor gehalten worden sein. Im Kreis um Cordus lernte der Apothekergeselle den acht Jahre älteren Andreas Aurifaber kennen, mit dem er sich Ende August 1544 auf den Weg nach Italien machte.[123]

Er schreibt in seinem Gedenkbuch, ihn habe »die selbige tzeit luest tzu wandern« gepackt.[124] Die Reiselust erscheint als Motiv für das Unterwegs-Sein häufiger explizit erst im späten 16. Jahrhundert.[125] Wolfgang Holtzwirth ist daher ein früher Fall. Freilich, auch eine Generation zuvor wurde der spätere Bischof von Ermland, Johannes Dantiscus (1485–1548), der mit neunzehn Jahren eigentlich zum Studium nach Italien gehen sollte, in Venedig beim Anblick eines nach Syrien auslaufenden Schiffes von der Reiselust gepackt, so dass er spontan zu einer zweijährigen Reise durch die griechische Inselwelt, das Heilige Land und Arabien aufbrach und auf dem Rückweg Italien von Süden her durchstreifte.[126] Anders als der finanziell gut ausgestattete Johannes Dantiscus machte sich Wolfgang Holtzwirth nur mit zehn Talern im Beutel und einem eigenen Pferd auf den Weg nach Italien[127], was als Reisegeld auskömmlich war, aber nicht für einen längeren Aufenthalt ausreichte. Der Weg führte die beiden jungen Männer auf der gewöhnlichen Route zunächst über Nürnberg und Augsburg nach Innsbruck, wo Wolfgang Holtzwirth offenbar als einer der ersten das Goldene Dacherl als buchenswerte Sehenswürdigkeit notierte.[128] Zumindest bis Nürnberg, wo sie bei dem Pfarrer der Lorenzkirche und führenden Stadtgeistlichen Andreas Osiander wohnten, scheinen beide nur zu zweit unterwegs gewesen zu sein. Auf der weiteren Reise schlossen sie sich aber einer größeren »Gesellschaft« an, mit der sie über den Brennerpass und weiter nach Trient und Vincenza ritten.[129] Dort »liesen etliche von unser gesellschafft ihre pferde stehen«.[130] Wolfgang Holtzwirth

---

119 Handschrift Holtzwirth, S. 7.
120 Förstemann 1841, S. 208.
121 Ebd.
122 Vgl. Edition, Anm. 110.
123 Handschrift Holtzwirth, S. 8.
124 Handschrift Holtzwirth, S. 7f.
125 Vgl. die Beispiele bei Müller 2005, S. 166f.
126 Vgl. Hirsch 1876, S. 746.
127 Handschrift Holtzwirth, S. 8.
128 Ich danke Lukas Madersbacher, Innsbruck, für diesen Hinweis.
129 Vgl. zum Itinerar die Karte 1.
130 Handschrift Holtzwirth, S. 9.

verkaufte hier sein Pferd für 17 Kronen.[131] Für die Weiterfahrt mietete die Gesellschaft eine Kutsche nach Mestre, von wo man mit einer »Gondola« nach Venedig übersetzte. Für Andreas Aurifaber war Venedig nur eine Durchgangsstation, da er nach Padua unterwegs war, um dort den medizinischen Doktorgrad zu erwerben. Wolfgang Holtzwirth plante allerdings länger in der Lagunenstadt zu bleiben und hier eine Anstellung als Apothekergeselle zu finden. Dies misslang, da er »die welsche sprache niecht konte«.[132] So zog er nach vierzehn Tagen gemeinsam mit Aurifaber nach Padua. Aber auch dort ergab sich durch die fehlenden Sprachkenntnisse keine Gelegenheit zur Arbeit in einer Apotheke.

Wohl auch deshalb schloss sich Holtzwirth in Padua einer Gruppe von deutschen Bäckergesellen an, die auf dem Weg in die Ewige Stadt waren.[133] Die Zuwanderung deutscher Gewerbetreibender nach Rom seit dem 15. Jahrhundert ist ein bekanntes Phänomen. Sie siedelten sich besonders im Bereich des Tiberknies (Rione Parione) an; die Schumacher und Bäcker stellten die stärksten Berufsgruppen.[134] Auf dem in knapp zwei Wochen zurückgelegten Weg über Bologna und Florenz ergab sich unterwegs ein Kontakt zu einem ebenfalls nach Rom reisenden Gesandten des Straßburger Bischofs Erasmus von Limburg, der dem finanziell inzwischen »abgebrannten« Wolfgang Holtzwirth in Rom eine Stelle in der päpstlichen Garde vermittelte.[135] Hier lernte er Italienisch und hielt sich neben seinem Dienst in der Garde »tzu des babst apoteke in Sant Peters Munster«, so dass er von seinen Einkünften etwas zurücklegen konnte.[136] Ein wesentlicher Zugewinn, der ein Jahr später seine Reise in das Heilige Land ermöglichen sollte, kam durch einen Lotteriegewinn zustande: Bei einem für die päpstliche Garde veranstalteten »Glückstopf« setzte Holtzwirth dreizehn Lose ein und gewann eine goldene Kette, die »am golde 12 kronen« wert war.[137]

Im Frühsommer 1545 verließ Wolfgang Holtzwirth Rom, nachdem er eine schwere Angina-Infektion überstanden hatte, um mit anderen Deutschen nach Neapel zu reisen. Für das Reisegeld hatte er seine Stelle in der päpstlichen Garde an einen deutschen Adligen weitergegeben, der ihn für diesen Verzicht mit einem Monatssold entschädigte.[138] Mit der Reisegesellschaft bestieg er am 1. Juli 1545 in Ostia ein Schiff und erreichte schon am nächsten Tag Neapel. Hier fand er schnell Kontakt zu einem deutschen Hauptmann, der ihm eine Stelle als Landsknecht (»Trabant«) bei Ferrante Sanseverino (1507–1572), dem Fürsten von Salerno verschaffte, da dieser sich offenbar gerade in Neapel aufhielt.[139] In dessen Gefolge zog Holtzwirth nach Salerno

131 Handschrift Holtzwirth, S. 10.
132 Handschrift Holtzwirth, S. 9.
133 Handschrift Holtzwirth, S. 10.
134 Vgl. Schulz/Schuchard 2005, zu den deutschen Bäckern in Rom bes. S. 51–78 und S. 102–114.
135 Handschrift Holtzwirth, S. 10.
136 Ebd.
137 Handschrift Holtzwirth, S. 11.
138 Ebd.
139 Handschrift Holtzwirth, S. 12.

und von dort in der Entourage des Kanzlers Bernardo Tasso (1493–1563)[140] weiter in eine von Holtzwirth als Caniga bezeichnete Stadt, bei der es sich wohl um Reggio Calabria handelte.[141] Nach seiner kurzen Dienstzeit kehrte der Apothekergeselle wohl Mitte August nach Neapel zurück, wo am 15. August 1545 eine Genuesische Flotte unter Andrea Doria eingelaufen war. Holtzwirth scheint sich zunächst nach einer Anstellung in einer Apotheke in Neapel umgesehen zu haben.[142] Als diese Absicht fehlschlug, fuhr er – wiederum vermittelt durch einen deutschen Offizier – auf einer der Genueser Galeeren offenbar gratis mit nach Genua und machte sich von dort aus am 15. September 1545 auf den Rückweg nach Rom.[143] In Mailand schloss sich Holtzwirth der Entourage eines spanischen Kardinals an, der ebenfalls auf dem Weg nach Rom war. Wahrscheinlich handelte es sich um Francisco de Mendoza y Bobadilla (1508–1566), den Bischof von Curia, der von Papst Paul III. Ende 1544 zum Kardinal ernannt worden war und der deshalb 1545 an die Römische Kurie reiste.[144] Am 10. Oktober 1545 erreichte die Gesellschaft die Ewige Stadt.

Wolfgang Holtzwirth fand hier dank seiner inzwischen verbesserten Italienisch-Kenntnisse eine Anstellung in der Apotheke des Ospedale di Santa Maria della Consolazione in der Nähe des Kolosseums.[145] In dem folgenden halben Jahr verkehrte er in Rom in einem Kreis von Deutschen, die sich länger oder zeitweise in Rom aufhielten. Dazu gehörten die beiden am Ospedale di Santa Maria della Consolazione tätigen Ärzte Gisbert van Horst (gest. 1556) und der aus Memmingen stammende Cyriakus Weber (1524–1575), der später als Leibarzt des bayerischen Herzogs Albrecht V. wirkte. Er traf sich auch mit dem aus Nürnberg stammenden Paul Pfinzing (1523–1570) und mit dem für den sächsischen Herzog Moritz tätigen Juristen und Agenten Franz Kram (1516–1568).[146] Auch kümmerte er sich um einen Hallenser Mitbürger, der nach einem Gefängnisaufenthalt in Rom psychische Störungen zeigte.[147]

Im Frühsommer 1546, als es »widder kegen dem sommer ging und sehre boese luefft tzu Rhom«[148] war, begegnete Wolfgang Holtzwirth einem böhmischer »Studenten« aus Prag, Ulrich Prefát. Dieser berichtete ihm, dass in Venedig eine Gruppe u. a. deutscher Pilger auf das Auslaufen ihres Schiffes in das Heilige Land wartete. Daraufhin schloss sich der Apothekergeselle seinem neuen Bekannten spontan an. Er verkaufte die in der Lotterie gewonnene goldene Kette für 13 Kronen an den Schreiber der päpstlichen Garde, woraufhin beide über Loreto und Ancona nach Venedig zogen. Auf die Biographie des böhmischen Reisegefährten, der in den Aufzeichnungen über die Reise in das Heilige Land häufig auftaucht, ist im Folgenden Abschnitt ausführlich einzugehen.

---

140 Morace 2019.
141 Handschrift Holtzwirth, S. 12.
142 Handschrift Holtzwirth, S. 13.
143 Handschrift Holtzwirth, S. 14.
144 Vgl. Vercruysse 2000, S. 78f.
145 Handschrift Holtzwirth, S. 15.
146 Handschrift Holtzwirth, S. 15 und S. 17.
147 Handschrift Holtzwirth, S. 16.
148 Handschrift Holtzwirth, S. 17.

In Venedig führten die Mitreisenden jeweils separate Verhandlungen mit dem Patron des Pilgerschiffs über die Konditionen der Schiffspassage. Es gab auf dieser Reise zwei Kategorien von Passagieren: Die »Vollzahler«, welche einen Preis zwischen 40 und 50 Dukaten entrichteten und dafür auf der Überfahrt vom Patron mit Speisen und Getränken versorgt wurden. Auch die im Heiligen Land fälligen Steuern und Gebühren, u. a. für den Transport auf Eseln, sollten mit diesem höheren Preis abgegolten sein. Die »low-budget-Reisenden« zahlten hingegen lediglich zwanzig Dukaten für die reine Transportleistung und mussten sich um ihre Verpflegung unterwegs selbst kümmern.[149] Wolfgang Holtzwirth zählte mit gut zwanzig anderen Personen[150] zu diesen »low-budget-Passagieren«. Seine prekäre finanzielle Ausstattung schimmert an verschiedenen Stellen des Berichtes durch. Sein Gefährte Ulrich Prefát scheint ihn während der Reise häufig unterstützt oder freigehalten zu haben; dies legt jedenfalls eine Äußerung bei der Ankunft in Zypern auf der Rückreise nahe.[151]

Wolfgang Holtzwirths Reisegefährte Ulrich Prefát von Vlkanov (Oldřich Prefát z Vlkanova)

Die geadelte Familie »z Vlkanova« (von Vlkanov) lässt sich in der Prager Überlieferung bis in die erste Hälfte des 15. Jahrhunderts zurückverfolgen. Das Geschlecht teilte sich in verschiedene Zweige bzw. andere Familien verbanden sich mit ihm durch eine »Wappenvetternschaft«. Diese Zweige unterschieden sich durch jene Familiennamen, die vor das Prädikat »z Vlkanova« gestellt wurden: Cvok, Rauš (Rouš, Rous), Prefát, Sosnovec, Žába, Roh, Dačický. Sie alle führten einen halben Wolf im Wappen (Wolf = tschechisch vlk), wobei das Wappenbild später eher ein Windspiel zeigt.

Ulrichs Vater Jindřich (Heinrich) Prefát war ein reicher Tuchhändler aus der Prager Altstadt, der verschiedene Häuser erwarb. 1511 kaufte er mit seiner Ehefrau Ursula das Haus »Kamenec« oder »Na kamenci« am Altstädter Ring (heute Nr. 478/I). 1524 verkaufte er dieses Haus gemeinsam mit seiner zweiten Ehefrau Katharina. 1525 erwarb er das Haus Nr. 89/I in der Platnéřská ulice (Plattnergasse). 1527 kaufte er das westlich von Prag gelegene Gut Chrustenice, eine kleine Burg mit Maierhof und dem zugehörigen Dorf. 1544 kam er als Gläubiger des Herrn Adam Lev von Rožmitál (Adam Lev von Rosental) in den Mitbesitz der großen Herrschaft Rožmitál (Rosental), knapp 80 Kilometer südwestlich von Prag. 1545 wurde er in den böhmischen Ritterstand erhoben. Er starb am Ende des Jahres 1554. Er fungierte seit 1530 mehrmals als Ratsherr und Bürgermeister der Altstadt Prag.[152]

---

149 Handschrift Holtzwirth, S. 19.

150 Das ergibt sich aus Handschrift Holtzwirth, S. 56.

151 »Die weil aber meyn gesell Ulrich Prefath midt dem edelman tzu lande waren gefharen, hatte ich kein geldt.« Handschrift Holtzwirth, S. 124.

152 Zu Prefáts Leben allgemein vgl. Karel Hrdina in seinem Nachwort zur Edition der Reisebeschreibung, Prefát 1947, S. 353–360, und dann ausführlich und mit Quellenhinweisen Chytil 1913, vor allem S. 121–125, wo auch ältere Literatur verzeichnet ist. 1919 wurden in der Bibliothek des Prager Strahov-Klosters Prefáts autobiographische Notizen in dem Druck von Johannes Stöffler: Ephemeridum

Sein Sohn Oldřich (Ulrich) wurde von seiner zweiten Ehefrau Katharina am 11. Mai 1523 in Prag geboren.[153] Schon am Ende des 16. Jahrhunderts wurde sein Geburtstag irrtümlich auf den 12. Mai 1523 datiert.[154] Ulrich hatte zwei Schwestern. Eine von ihnen, deren Namen wir nicht kennen, war mit Pavel Cholupický z Cholupic verheiratet.[155] Die ältere Schwester Anna, die wohl noch aus der ersten Ehe des Vaters stammte, war drei Mal verheiratet: zunächst mit Chrysostom Hlavsa z Liboslavě, dann mit Václav Rauš z Vlkanova und schließlich mit Jindřich Podkova.[156]

Der gerade siebzehn Jahre alte Ulrich reiste am 9. Juni 1540[157] gemeinsam mit drei weiteren Bürgerssöhnen aus der Prager Altstadt nach Wittenberg, wo die vier jungen Männer am 17. Juni an der Universität immatrikuliert wurden.[158] Ulrich soll von seinem Vater nach Wittenberg begleitet worden sein und war mit einem Empfehlungsbrief des Altstädter Rats an Matouš Kolín z Chotěřiny (Matthaeus Collinus)[159] und zwei seiner Wittenberger Kollegen versehen.[160] Wolfgang Holtzwirth und Ulrich Prefát können sich nicht bereits in Wittenberg begegnet sein, da der Prager Bürgerssohn sich spätestens seit dem 1. Juni 1542 wieder in Prag aufhielt. Damals erhielt er Unterricht von Magister Sigismund (Zikmund Antoch z Helfenberka 1508–1552), dem Professor der aristotelischen Philosophie an der Prager (utraquistischen) Universität.[161] Dieser Unterricht endete schon am 29. Juni 1542, als er auch Abschied von Magister Gregor

---

opus, Tübingen 1533 (Strahov Bibliothek, Prag, AG XIV 29) entdeckt, vgl. die Edition in Straka 1919. Auf diese Arbeiten geht auch Hana Bočková im Nachwort zur neuesten Edition von Prefáts Reisebericht ein, Prefát 2007, S. 445–447.

153 Aus den autobiographischen Notizen Ulrich Prefáts (siehe vorausgehende Anm.) ergibt sich dieses Datum, vgl. Straka 1919, S. 346.

154 Diese Angabe stammt aus dem Werk des Prokop Lupáč z Hlavačova: Rerum Boemicarum Ephemeris sive Kalendarium historicum, Pragae 1584, zum 12. Mai: »XII. Maii A. D. 1523 Hora XI. nascitur Ulricus Praefatus, civis et patricius Pragensis, mathematicarum disciplinarum non ignarus.« Der Druck hat weder eine Seiten- noch eine Blattzählung und auch keine Bogensignaturen und wird nur durch die kalendarische Reihenfolge gegliedert.

155 Prefát 1947, S. 354 (der Name ist hier irrtümlich mit »Petr« angegeben). Der richtige Name ergibt sich aus Prefáts Testament von 1565, wo er Pavel Cholupický z Cholupic als seinen Schwager nennt, vgl. Winter 1897, S. 83.

156 Prefát 1947, S. 354.

157 In den autobiographischen Notizen wird die Abreise nach Wittenberg am 9. Juni 1540 vermerkt, vgl. Straka 1919, S. 348.

158 Die Wittenberger Universitätsmatrikel nennt unter diesem Datum folgende vier Personen: »Joannes Chmelyrion a Semechow Bohemus Pragensis [...], Sigismundus Wanttzeckh Bohemus Pragensis [...], Joannes Welick Bohemus Pragensis [...], Vlricus Prefatus a Wulkhenaw Pragensis«, Förstemann 1841, S. 181.

159 Zur Person des böhmischen Humanisten sowie Gräzisten und seiner Tätigkeit in Wittenberg vgl. Storchová 2020, S. 298–316

160 Vgl. Truhlář–Hrdina 1918, S. 393 und S. 400 (Anm. 3). Der Empfehlungsbrief befindet sich heute im Státní okresní archiv Domažlice (= Staatliches Kreisarchiv Domažlice), Archivbestand Archiv der Stadt Domažlice (Taus), Sign. I B 1. Er wurde durch die regionale Forschung irrtümlich mit der Geschichte der Stadtschule in Domažlice/Taus verbunden. Der Leiterin des Archivs Mgr. Radka Kinkorová ist für ihre Recherche zu dem Dokument zu danken.

161 In den autobiographischen Notizen zum Juni 1542 macht Ulrich Prefát die Angabe, dass er ihm im Juni 1542 zwei Mal Lehrgeld zahlt, vgl. Straka 1919, S. 348. Am 11. Juni 1542 kaufte er von ihm ein »astrolabium ligneum« für einen halben Joachimstaler, ebd.

(Gregor/Řehoř Orinus z Chocemic; Antochs Nachfolger an der Prager Universität, 1546–48 Rektor) nahm, um am folgenden Tag nach Chrustenice, auf den Landsitz seines Vaters, zu reisen.[162] Am 2. August 1542 brach er nach Ingolstadt auf, das er über Nürnberg erreichte.[163] Er immatrikulierte sich am 8. September 1542 an der Ingolstädter Universität, nachdem er zuvor bei einem gewissen Jakob Leichter eine Unterkunft gefunden hatte.[164] Er erhielt hier bei einem gewissen Ulrich Achelperger Unterricht im Flötenspiel; als seinen Lehrer an der Universität bezeichnete er den humanistischen Dichter Marcus Tatius, der seit 1539 die Professur für Poesie und Rhetorik in Ingolstadt innehatte.[165] Im Sommersemester 1543 wechselte Prefát an die Universität Leipzig, wo er als »Polonus« mit der vollen Gebühr von zehn Groschen immatrikuliert wurde.[166]

Das zeitlich nächste Lebenszeugnis betrifft einen Hauskauf in Prag: Am 9. Juni 1545 erwarb Ulrich Prefát das Haus »U železných dveří« (Zur Eisernen Tür) in der Prager Altstadt bei den Fleischbänken für 101 Schock böhmische Groschen.[167] Es handelte sich um die südliche Hälfte des späteren Hauses Nr. 621/I, ein Eckhaus an der Kreuzung der Straßen Masná (Fleischmarktgasse) und Týnská (Teingasse), an der heute das Haus Nr. 1053/I steht.[168] Das Haus wurde bis zum 17. Jahrhundert »Prefátovský« oder »Prefátovic«, also das »Prefátsche Haus« genannt. Ulrich Prefát zahlte die gesamte Kaufsumme sofort und vollständig; er ließ bei diesem Vorgang in das Stadtbuch die Notiz hinzufügen, dass er eine Reise »weg von diesem Land in andere Länder« plane; im Falle seines Todes soll das Haus an seine Mutter Katharina fallen.[169] Damit kann nur die im folgenden Jahr durchgeführte Reise in das Heilige Land gemeint sein. Er scheint seine beachtlichen finanziellen Mittel also vor seiner Abreise in diese Immobilie investiert zu haben und vermachte seinen Besitz für den Fall seines Todes testamentarisch seiner Mutter. Solche testamentarischen Verfügungen vor dem Antritt einer gefährlichen Pilgerfahrt sind aus dem späten 14., dem 15. und im frühen 16. Jahrhundert reichlich bezeugt.[170]

---

162 Straka 1919, S. 348.

163 Ebd.

164 Ebd. Die Immatrikulation wird zum einen durch Prefáts autobiographische Notizen bezeugt (vgl. Straka 1919, S. 348), aber auch durch die Universitätsmatrikel, Wolff 1906, S. 586: »Udalricus Brefath ex Prag«.

165 Zur Person vgl. Gindhart 2017.

166 Ehrler 1895, S. 644.

167 Chytil 1913, S. 123 spricht irrtümlich von 150 Schock als Kaufpreis, aber in der Edition des Kaufeintrags in der Beilage 1 werden »100 Schock Groschen und 1 Schock Groschen, böhmisch« genannt, ebd., S. 132.

168 In der Literatur wurde irrtümlich auch das Haus Nr. 511/I am Uhelný trh (Kohlenmarkt) als Besitz von Ulrich Prefát genannt. Auf diesen Irrtum hat schon Chytil 1913, S. 121, Anm. 4, aufmerksam gemacht. Dennoch wird dieser Fehler auch noch heute u. a. im Internet weitergeschleppt.

169 Vgl. Chytil 1913, S. 123 und S. 132, wo sich das unrichtige Datum des 26. Juli 1545 angegeben findet, was bei Prefát 1947 irrtümlich zum 26. Juni 1545 verwandelt wird. Das korrekte Datum »feria III p.[ost] Annam«, also der Mittwoch nach dem Tag der hl. Anna, war der 29. Juli 1545.

170 Zu den einschlägigen Lübecker Testamenten vgl. Dormeier 2012, S. 34f. Zeugnisse aus Görlitz bietet Speer 2007 und Speer 2010.

9 Standort des ehemaligen Hauses von Ulrich Prefát in der Prager Altstadt an der Ecke zwischen der Masná (Fleischmarktgasse) und Týnská (Teingasse) (Foto: Hartmut Kühne)

Über seine Abreise nach Italien gibt es keine genauen Angaben. Das erste Kapitel seines gedruckten Reiseberichtes verzeichnet ein detailliertes Itinerar, das von Prag über Budweis, Linz und Villach nach Mestre führt; die Strecke will der Verfasser selbst mit dem Pferd abgeritten sein.[171] Allerdings wissen wir durch Wolfgang Holtzwirths Gedenkbuch, dass sich Ulrich Prefát noch einige Wochen vor der Einschiffung von Venedig aus nach Rom begeben hatte, wo sich die beiden jungen Männer begegneten und beschlossen, die Fahrt in das Heilige Land gemeinsam zu unternehmen.[172] Wann die Begegnung in Rom stattfand und zu welchem Zeitpunkt Prefát sich nach Italien aufmachte, bleibt unklar. Denkbar ist etwa, dass er im Vorfeld des traditionellen Abfahrtstermins der Pilgergaleeren an Himmelfahrt Christi – im Jahre 1546 der 3. Juni – nach Venedig gekommen war und dort erfuhr, dass das Schiff erst zu Fronleichnam – am 24. Juni – auslaufen würde und deshalb noch nach Rom reiste.

Nach der Rückkehr aus dem Heiligen Land verbrachte Ulrich Prefát den Winter in Venedig, von wo er am 13. März 1547 den Rückweg zu Fuß nach Prag antrat; seine Heimatstadt erreichte er am 4. April 1547.[173]

---

171 Prefát 2007, S. 20–22.
172 Ebd., S. 17.
173 Ebd., S. 422; Straka 1919, S. 349.

Ob er schon kurz nach seiner Rückkehr Magdalena z Kynostu (z Kynastu, von Kynast, von Kinast) heiratete, wie man aus einer wohl irrigen Vermutung von Chytil[174] schließen müsste, ist fraglich. Jedenfalls notierte er das Datum nicht in seinen autobiographischen Aufzeichnungen. Auch die Geburtsdaten seiner zwei Söhne Andreas und Thomas sind unbekannt. Da die beiden nach dem Zeugnis Wolfgang Holtzwirths Zwillinge waren[175] und erst 1577 an der Jesuitenakademie immatrikulierten wurden[176], dürften sie erst wenige Jahre vor dem Tod des Vaters, wohl um 1563 geboren sein. Aus einer Notiz zum 22. Juni 1548 hatte Cyril Straka gefolgert, dass ein erster Sohn Ulrich Prefáts bereits kurz zuvor geboren war, was aber mit großer Sicherheit eine Fehlinterpretation ist.[177] Unter diesen Voraussetzungen dürfte Ulrich Prefát erst um 1560 geheiratet haben.

Da Prefáts autobiographische Notizen ab Mai 1548 in Italienisch oder in einer Mischung aus Italienisch und Latein abgefasst sind, hat Cyril Straka vermutet, dass sich der Schreiber zu dieser Zeit wieder in Italien aufhielt, wofür es aber keine weiteren Zeugnisse gibt. Tatsächlich machte er sich aber am 15. März 1550 zu Fuß auf den Weg von Prag nach Rom.[178] Am 7. April, dem Ostermontag, erreichte er Venedig, am 12. April Ancona und am 18. April trat er um 17 Uhr »durch die Goldene Pforte in die Kirche des heiligen Petrus im Vatican« ein.[179] Ulrich Prefát war also als Pilger zur Gewinnung des Jubelablasses im Heiligen Jahr 1550 nach Rom aufgebrochen – wohl unmittelbar nachdem der am 7. Februar gewählte und am 22. Februar gekrönte Papst Julius III. zwei Tage nach seiner Krönung die Jubiläumsbulle ausgesandt hatte.[180] Diese Unternehmung könnte man als Indiz für die konfessionell-katholische Orientierung Ulrich Prefáts ansehen, der auch in seinem Heilig-Land-Reisebericht alle zu erwerbenden Ablässe genau notierte. Mit dem Hinweis auf die im Heiligen Land von Prefát absolvierten Pilgerrituale hatte schon Justin Václav Prášek ihn als »eifrigen Katholiken«[181] charakterisiert. Dagegen hat František Michálek Bartoš 1944 vehement behauptet, Ulrich Prefát sei Protestant gewesen und habe sich den Usancen an den katholischen Pilgerorten im Heiligen Land und andernorts nur scheinbar und aus Nötigung unterworfen; eigentlich sei er aus wissenschaftlichem Interesse gereist, um andere Länder kennenzulernen.[182] Hinzu treten weitere Argumente wie der Besuch der Universität Wittenberg oder dass er im Heiligen Land nicht die Eucharistie

---

174 Vgl. Anm. 173.

175 Handschrift Holtzwirth, S. 167.

176 Vgl. unten Anm. 196.

177 Es handelt sich um die Notiz: »Ho parlato cum la dona Johana de le cose de mio fio.« Straka 1919, S. 350. Der Ausdruck »fio« bedeutet hier aber wohl »feudum«, also das Gut Chrustenice. Nach Chytil 1913, S. 122 verhandelte Ulrichs Vater Heinrich am 12. Juni 1548 mit Johanna, der Witwe des Jindřich z Hrobčic (Heinrich von Hrobčice), über das Gut Chrustenice, was gut zu dem Eintrag passt.

178 »Profectus sum e Praga pedestri itinere versus Romam«, ebd.

179 Ebd.

180 Vgl. zu diesen Ereignissen vgl. die knappe Darstellung bei Neuhausen 1994, S. 154.

181 »horlivý katolík«, Prášek 1903.

182 Bartoš 1944.

empfangen habe, weil er nur sub utraque kommunizieren wollte, was freilich im Reisebericht so nicht ausdrücklich gesagt wird.[183] Nur ein eindeutiger Beleg für das Festhalten an der Kommunion unter beiderlei Gestalt wäre ein stichhaltiger Beweis, denn allein dies bildete das Schibboleth zur Unterscheidung zwischen Katholiken und Utraquisten im damaligen Böhmen. Für die Mutmaßungen zur Konfession Ulrich Prefáts gibt es also nur Indizien, wie etwa sein Begräbnis in der utraquistischen Kirche St. Gallus in der Prager Altstadt, aber keine gesicherten Aussagen. Denn vieles von dem, was man heute für »typisch katholisch« halten mag, war ebenso Praxis bei den Alt-Utraquisten[184], denen die Familie Prefáts zugehörte – ebenso wie die überwiegende Zahl der führenden Familien in der Prager Altstadt.

Aber zurück zur Romreise Ulrich Prefáts! Am 5. Mai trat er die Rückreise aus der Ewigen Stadt zunächst in Richtung Ancona an, um die Marienwallfahrtskirche in Loreto zu besuchen, die er am 9. Mai erreichte.[185] Als er nach Venedig kam, sah er dort am Morgen des 17. Mai ein »Monstrum«, einen neun Monate alten Jungen, der vier Arme und Beine sowie zwei Penisse hatte, was er detailliert notierte.[186]

Am 5. Juni 1550 kehrte Prefát nach Prag zurück.[187] Seine autobiographischen Notizen enden am 11. Mai 1551, an seinem 28. Geburtstag.[188]

Von seiner Reise nach Santiago de Compostela, wo er sich im August 1552 aufhielt, wissen wir nur durch seinen gedruckten Reisebericht.[189] Wahrscheinlich auf der Rückreise aus Spanien besuchte er Trier. Er sah dort in der Abtei St. Maximin, die bei der Belagerung Triers durch den Markgrafen Albrecht von Brandenburg im September 1552 in Brand gesteckt worden war, wie alte Gräber aus der Zeit des Kaisers Konstantin ausgegraben wurden.[190]

Nach dem Tod seines Vaters, der am Ende des Jahres 1554 verstarb, besaß Ulrich Prefát zusammen mit seiner Mutter einen Teil der Herrschaft Rožmitál (verkauft 1555), das oben erwähnte Haus bei den Fleischbänken (Nr. 621/I) in der Prager Altstadt an der Ecke Masná/Týnská, in dem er wahrscheinlich wohnte, und auch ein Haus mit Garten auf der Prager Kleinseite (Nr. 447/III).

1563 kam es zu einem ernsten Streit um das Testament seiner Schwester Anna, die ihrem Bruder nur 50 ungarische Gulden vermachte; auch ihr letzter Ehemann Jindřich

---

183 Bartoš gibt die von ihm gemeinte Stelle nicht genau an; wahrscheinlich ist ein Passus am Ende des 31. Kapitels des Reiseberichtes gemeint, in dem über die Messfeier auf Golgotha gehandelt wird. Dort heißt es: »Und einige von den Pilgern, die es wollten – denn keiner von uns wurde dazu gezwungen – beichteten und empfingen da [das Sakrament des Altars].« Prefát 2007, S. 169.

184 Zu diesem der Geschichtsschreibung des 19. Jahrhunderts entstammenden Begriff und seiner Reichweite vgl. Eberhard 1981, S. 19–21 und S. 187–194.

185 Straka 1919, S. 350.

186 Ebd.

187 Ebd.

188 Straka 1919, S. 351.

189 Prefát 2007, S. 281.

190 Prefát 2007, S. 349. Prefát erwähnt seinen Besuch in Trier ohne Datum oder eine ausdrückliche Verbindung zu der Reise nach Compostela; diese – durchaus plausible – Interpretation geht auf Karel Hrdina zurück (Prefát 1947, S. 355).

Podkova erbte nur eine kleine Summe.[191] Der größte Teil ihres Eigentums sollte ihrem Arzt, Meister Jakub Kamenický, und dessen Enkelin Mariana zufallen. Ulrich Prefát und Jindřich Podkova verloren diesen Rechtsstreit 1563 vor dem Altstädter Rat. Sie haben daraufhin das Appellationsgericht angerufen, das erst 1576, also elf Jahre nach Ulrich Prefáts Tod, das ursprüngliche Urteil bestätigte.

1563 schloss Ulrich Prefát einen Vertrag mit dem Altstädter Buchdrucker Jan Kozel über die Herausgabe seiner Schrift »Cesta jeruzalémská« (Jerusalemer Reise). Kozel erhielt die Summe von 53 Schock meißnischen Groschen und stellte darüber vor dem Stadtrat am 22. Mai 1563 ein Zeugnis aus.[192] Das Buch wurde nach dem Kolophon am 30. Juli 1563 gedruckt.[193] Bis in die jüngste Zeit hielt sich in der Literatur die Legende, dass diese Reisebeschreibung schon unmittelbar nach der Rückkehr Prefáts nach Prag erschienen sei, nämlich 1547 oder 1548.[194] Diese Fehlinformation geht auf den böhmischen Polyhistor Bohuslav Ludvík Balbín (1621–1688) zurück, der in seiner »Bohemia docta« die Existenz eines Drucks von 1548 behauptete.[195] Titus Tobler verzeichnete 1867 drei Ausgaben des 16. Jahrhunderts: eine Quartausgabe von 1547, die Folioausgabe von 1563 und eine Quartausgabe von 1586.[196] In der tschechischen Literatur ist dieser Fehler schon im späten 18. Jahrhundert korrigiert worden[197], während er im übrigen Europa bis heute nicht ausgeräumt werden konnte.[198]

Am 21. Juni 1565 machte Ulrich Prefát, »von einer langen und schweren Krankheit heimgesucht«, sein Testament[199], mit dem er das Haus bei den altstädtischen Fleischbänken (Nr. 621/I) und das Haus mit Garten auf der Kleinseite (Nr. 447/III) sowie eine Rente aus den Weinbergen und alle bewegliche Habe seiner Mutter Katharina vermacht; nach ihrem Tod sollte freilich dies alles seinen – damals minderjährigen – Söhnen Andreas und Thomas zufallen. Er starb wenig später, am 26. Juli 1565, und wurde in der Kirche St. Gallus (sv. Havel) in der Prager Altstadt begraben.[200]

---

191 Vgl. auch zum Folgenden Winter 1895; Winter 1897.

192 Chytil 1913, S. 125.

193 Prefát 2007, S. 429.

194 Zuletzt so auch noch Marwinski/Marwinski 2017, S. 177.

195 Balbinus 1778, S. 235: »Editus est liber typis Pragae primum an. 1548 deinde post an. 1563 ipsius Ulrici impensis…«

196 Tobler 1867, S. 72.

197 Bereits durch Franz Faustin Procházka, den Herausgeber der zweiten tschechischen Ausgabe des Reisebuchs von 1786, vgl. auch Prášek 1894, S. 378, Anm. 1.

198 Vgl. Anm. 172.

199 Ediert in Winter 1897.

200 Darüber Prokop Lupáč z Hlavačova: Rerum Boemicarum Ephemeris sive Kalendarium historicum, Pragae 1584, zum 26. Juli: »Obiit Udalricus praefectus a Wlkanowa civis et patricius Reipublicae Pragensis, ad D. Gallum sepultus. Vir pius ac probus. Ingeniosus Mathematicorum instrumentorum artifex et Hierosolymitana ac Compostellana, tum et aliis longinguissimis terra marique peregrinationibus celebris atque clarus Hierosolymitanum sive Palaestinum iter, quod salvus atque sospes peregit, ipse populari sermone descripsit, quod et typis Pragae excusum extat. Vivitur ingenio, caetera mortis erunt.« Sein Grabmal in der Kirche St. Gallus ist nicht erhalten geblieben. Es ging wahrscheinlich während des barocken Umbaus unter, vgl. Loch 2014.

Seine Mutter starb bald danach und die Vormundschaft über den Besitz der Söhne ging 1567 an Ulrich Prefáts Ehefrau und deren Mutter Magdalena z Kynostu (z Kynastu, z Kheynostu) über. Nach dem Zeugnis Wolfgang Holtzwirths hatte sie vor 1570 eine neue Ehe geschlossen.[201] Beide Söhne wurden im Mai 1577 an der jesuitischen Akademie in Prag in der »classis humanitatis«, also der vierten Klasse des Gymnasiums, immatrikuliert.[202] Im Jahre 1581 erwarb Prefáts Ehefrau für sich und ihre Söhne Andreas und Thomas ein Haus auf der Kleinseite beim Sandtor (Písecká brána), an der Stelle, wo sich heute das Palais Waldstein befindet.[203] Das oben erwähnte Prefát-Haus in der Prager Altstadt verkaufte sie wahrscheinlich 1582.[204] Am 18. Juni 1583, kurz vor ihrem Tode, errichtete Magdalena ihr Testament, in dem ihr zweiter Ehemann allerdings nicht erwähnt wird. Er war wohl inzwischen verstorben, wie auch ihre beiden Söhne, denn im Testament wurde bestimmt, dass »die Bücher, die sie von ihren Söhnen hat, verkauft und das Geld den armen Leuten geschenkt werden solle«.[205] Möglicherweise starben die Söhne in jener Pestepidemie, die Prag zwischen Mai und Oktober 1582 heimsuchte.[206] Nach einem Bericht des Kleinseitner Stadtrates an die Böhmische Kammer sollten von 22. Juli bis zum 14. September 1582 in der Kleinseite insgesamt 1085 Personen gestorben sein, also durchschnittlich 20 pro Tag![207]

201 Handschrift Holtzwirth, S. 167.

202 Truc 1968, S. 28.

203 Der Kaufvertrag vom 27. Juli 1581 findet sich im Archiv hlavního města Prahy (= Archiv der Hauptstadt Prag), Handschriftensammlung, Nr. 2214, Kontraktbuch der Kleinseite 1571–1603, F 22, Bl. 155^{r-v}. Zur ehemaligen Bebauung dieser Hausstelle auf der Fläche des Waldstein-Palais vgl. Merhout 1934, S. 172f. Ich danke Jan Hrdina, Prag, für die Recherche, die diesen bisher unbeachteten Vertrag zutage förderte.

204 Wir wissen nur, dass das Haus bereits 1582 neue Besitzer hatte, nämlich Cyprián Karel Bolecký z Tišnova und Jan z Dubenče, vgl. Teige 1903, S. 443. Weitere Informationen sind nicht mehr festzustellen, denn die Altstädter Kontraktenbücher aus dieser Zeit sind 1945 verbrannt.

205 Das in der Forschung bisher unbeachtete Testament findet sich im Archiv hlavního města Prahy (= Archiv der Hauptstadt Prag), Handschriftensammlung, Nr. 2175, Testamentsbuch der Kleinseite 1568–1610, E 13, Bl. 130^{r}–131^{v}. In diesem Testament vermacht sie das Haus auf der Kleinseite beim Sandtor, in dem sie wohnt, und ein weiteres Haus »Na zámku« (»Auf dem Schloß«), wahrscheinlich auch auf der Kleinseite, das sie gerade erworben hatte, ihrer Mutter Kateřina z Kheynostu (Katharina von Kheynost). Diese erbt gemeinsam mit den Brüdern auch das Barvermögen. Kleinere Summen Geldes werden für das Franziskanerkloster St. Jakob in der Prager Altstadt (sehr nahe dem ehemaligen Prefát-Haus bei den Fleischbänken) zur Reparatur des Glockenturmes sowie für die Jesuiten zu St. Klement in der Prager Altstadt für die Anschaffung eine Glocke bestimmt. Dies deutet darauf hin, dass die Erblasserin katholisch war. Ich danke Jan Hrdina, Prag, für seine Recherchen, durch die dieses Dokument aufgefunden wurde.

206 Květová–Tošnerová 2020, S. 160f. Ich danke Tomáš Rataj, Prag, für diesen Hinweis.

207 Janáček 1987, S. 199.

Die Reisegruppe der Jerusalempilger

Die Pilger, die sich in Venedig nach Jaffa einschifften, reisten auf dem Schiff in einer großen Gruppe. Gemeinsam mit Wolfgang Holtzwirth und Ulrich Prefát sollen es »in alles midt den weibern 150 person«[208] gewesen sein. Allerdings hatten nicht alle Reisenden gleichermaßen viel miteinander zu tun, sondern es fanden sich schon vor der Reise Kleingruppen zusammen, die zwischen drei und zwölf Personen umfassten und eine »Compagnia« oder »Gesellschaft« bildeten.[209] Dabei spielte die landschaftliche Herkunft und die muttersprachliche Prägung eine entscheidende Rolle. Ulrich Prefát war der einzige Böhme auf dem Schiff. Er und Wolfgang Holtzwirth schlossen sich anderen deutschen Reisenden an. Bereits in Venedig hatten sie sich in dem besonders von deutschen Gästen frequentierten Gasthaus »Zum weißen Löwen« mit zwei deutschen Adligen »miet nhamen Junther von Hindtsbiß und Hanß von Recheberger«[210] bekannt gemacht. Wolfgang Holtzwirth schrieb: »war ich balt eins und rueste mich miet innen in gesellschafft«.[211]

Bei dem erstgenannten Adligen handelt es sich um den 1508 geborenen Jakob Humpiß von Waltrams, Herr zu Siggen, Brochenzell, Samletshofen, Kluftern und Efritzweiler.[212] Wolfgang Holtzwirth nennt ihn stets beim falschen Vornamen »Günter« oder »Jünter«; nur einmal verwendet er den richtigen Vornamen »Jacob«.[213] Die Humpis waren ursprünglich welfische Dienstmannen, die seit dem 14. Jahrhundert im Ravensburger Patriziat einen steilen wirtschaftlichen Aufstieg erlebten.[214] Dies dokumentiert vor allem die Geschichte der Ravensburger Handelsgesellschaft der Humpis, deren Bedeutung freilich seit dem Beginn des 16. Jahrhunderts mehr und mehr schwand. »Die Humpis in den Zeiten Karls V. hatten andere Neigungen als ihre Vorfahren«, denn sie »zogen [es] vor, als Grundherren auf einem Rittergut zu jagen und sich zu belustigen«.[215] Dies galt auch für Jakob Humpis, dessen Besitzungen im nördlichen Vorland des Bodensees lagen. Über seine Vita ist wenig bekannt. Er heiratete 1544 Katharina von Rechberg zu Hohenrechberg, die Schwester des Hans von Rechberg, des zweiten Adligen in der Holtzwirthschen Reisegesellschaft. Es

---

208 Handschrift Holtzwirth, S. 45. Prefát 2007, S. 55 spricht davon, dass sich an Bord etwa 50 Personen vom Schiffspersonal befanden und zusätzlich etwa 90 Pilger, von denen etwa 60 einen »Vollzahler«-Vertrag mit dem Patron hatten. Auf S. 57 ergänzt Prefát, dass auch einige Griechen mitreisten, vor allem Kaufleute, die zu verschieden Inseln reisten. Ohne diese nur zeitweilig Mitreisenden hätten sich auf dem Schiff stets etwa 140 Personen befunden.

209 Hagen 2007, S. 59f.

210 Handschrift Holtzwirth, S. 19.

211 Ebd.

212 Das Geburtsdatum und einige biographische Angaben, von denen in jedem Falle das Todesdatum »1548 in Kluftern« falsch ist, bietet das familiengeschichtliche Typoskript von Schreyer 1970, S. 73; vgl. auch Kindler von Knobloch 1905, S. 164 mit dem ebenfalls irrigen Sterbedatum 1552.

213 »Aber der deusche edelman den bandt sein schwager Hanß Reichenberger, den Hanß Rechenberger hadt Jacob von Hindtbiß schwester.« Handschrift Holtzwirth, S. 121.

214 Zur Familie vgl. Kindler von Knobloch 1905, S. 163–175.

215 Schöttle 1909, S. 55.

gibt verschiedene Träger dieses Namens. Durch die mit Jacob Humpis verheiratete Schwester Katharina kann aber nur ein Sohn Gaudenz I. von Rechberg zu Kronberg gemeint sein. Folglich handelte es sich bei dem Mitreisenden um Hans von Rechberg, Herr zu Konradshofen und Türkheim, später kaiserlicher Rat und Landvogt von Augsburg.[216] Hans von Rechberg hatte sich über die Venezianische Faktorei Anton Fuggers vor dem Aufbruch nach den aktuellen Usancen des Transfers von Venedig nach Jaffa erkundigt. Anton Fugger teilte ihm am 6. Mai die Auskunft seiner Faktorei über die Abfahrt der »nowe [= das Schiff] der pelegryni von Venedig nach Jerusalem« mit: Es sei »gemein geprauch [...], daß man kein schyff tzue solche abfart tzuerichte«, wenn nicht bekannt sei, »wievill und was fur pershonen nach Jerusalem faren wollen«.[217] Je nach der Anzahl würde »ein nave oder galle« ausgerüstet. Früher (»hievor«) seien die Pilgerschiffe immer am Himmelfahrtstag ausgelaufen, aber das Pilgerschiff fahre »waill Korporis Krysty desses iar«.[218] Anton Fugger wollte sich um die Verhandlungen mit dem Schiffseigner für Hans von Rechberg kümmern, so dass sich dieser erst »außgang des monats may« nach Venedig aufmachen solle.[219] Hans von Rechberg nutzte die Venezianische Faktorei auch als Bank und lieh sich dort vor dem Aufbruch nach Jerusalem und nach seiner Rückkehr in die Lagunenstadt insgesamt 500 Kronen.[220]

Die von Wolfgang erwähnten »6 deusche[n] knechte«, die die beiden Adligen nach Venedig begleitet hatten, kamen nicht alle mit auf die Fahrt. Nach dem Parallelbericht des Ulrich Prefát begleiteten nur drei Knechte ihre Herren: »Linhart Hoacher, der konnte gut italienisch, der zweite hieß Hans Schiling, der dritte Melcher Bok.«[221] Die beiden Adligen, ihre drei Knechte sowie Ulrich Prefát und Wolfgang Holtzwirth bildeten eine Reisegesellschaft: »Wir waren zu siebent in einer Gesellschaft zusammen (»a nás sedm jsme v tovarystvu spolu byli«).[222]

Wolfgang Holtzwirth berichtet, dass die beiden adligen Herren sich zu Grabesrittern schlagen ließen.[223] Sie nahmen auch an den zusätzlichen Exkursionen der Jerusalempilger teil. Sie waren unter jenen neun Pilgern, die kurz vor der Rückreise noch nach Hebron aufbrachen.[224] Sie müssen auch den Ausflug nach Jericho mitgemacht haben, denn Wolfgang Holtzwirth erzählt, wie Hans von Rechberg nach dem Bad im Jordan eine Flasche an den Mund setzte, in die sein Diener im Zionskloster Wein gefüllt hatte. Aber zur Überraschung des Edelmans enthielt sie nun Wasser: »Da lachten die Turcken. Do meindt der edelman, das die Turcken den

---

216 Vgl. Stammtafeln 1893, Tafel 7; Schwennicke 1988, Taf. 92.

217 Fürstlich und Gräflich Fuggersches Familien- und Stiftungsarchiv Dillingen, Kopialbuch FA 1.2.1 a, Bl. 121^r^. Ich stieß auf dieses Schreiben durch die Erwähnung bei Pölnitz 1967, S. 686, Anm. 44.

218 Pölnitz 1967, S. 686, Anm. 44.

219 Ebd.

220 Pölnitz 1967, S. 768, Anm. 77.

221 Prefát 2007, S. 54.

222 Ebd.

223 Handschrift Holtzwirth, S. 5.

224 Handschrift Holtzwirth, S. 99.

wein außgetruncken hatte, weil wir gebath hatten und wasser widder eingefullet.«[225] Hans von Rechberg scheint ein selbstbewusster Mann gewesen zu sein, der zumindest gelegentlich die den christlichen Pilgern im Heiligen Land abverlangten Verhaltensregeln missachtete. Als die Pilgergruppe zum zweiten Mal die Grabeskirche besuchte, standen am Eingang zur Stadt »viel turckische weiber, welcher alle ihr angesiecht miedt duechern bedeckt.«[226] Hans von Rechberg beging den Fauxpas und hob mit seiner Hand »eins Turcken weib das tuech auf, wolte sie ansehen. Aber sie schlueg im in das maul, das im maul und naß bluetet. Darnach durff er sich kein moel vor den weibern sehen lassen, den sie miedt steynen auf in worffen.«[227] Über Rechbergs Schwager Jakob Humpis berichtet Wolfgang Holtzwirth nur an einer Stelle seines Gedenkbuchs, im Zusammenhang des Angriffs von Piraten auf der Rückfahrt zwischen Jaffa und Zypern. In dieser Situation höchster Bedrängnis verlangte der Büchsenmeister des Venezianischen Seglers von Jakob Humpis und von dem Hallenser Apothekergesellen, dessen Laufbahn als Landsknecht offenbar bekannt war, sie sollten ihm bei der Bedienung des Geschützes zur Hand gehen.[228] Die auf die gegnerische Führungsgaleere abgegebenen Schüsse taten ihre Wirkung, denn es gelang, das feindliche Geschütz so zu treffen, »das die ahrm und koepfe von dem Turcken auf sprungen, also sprang diß stuecke um siech«.[229] Als die Galeere sich daraufhin zur Flucht wandte, wollte der Büchsenmeister sie mit einem weiteren Schuß endgültig vertreiben. Wolfgang Holtzwirth »und der edelman hundtpiß stonde iglicher an der buxen und iglicher ahn eynem rade auf beiden seyten«, damit sie das Geschütz zurückschieben konnten.[230] Durch eine geschützte Scharte schoss einer der Gegner mit einer Büchse und traf den Büchsenmeister am Arm. Ein weiterer Schuss traf »den deuschen edelman, der kegen mir ahn den andern rade schuebe, wie er siech buecket. Und scheust in in dem schoß den halben hirnschedel weg, das mir seyn gehirn unter mein angesichte sprang.«[231] Der Tote wurde mit den übrigen Opfern des Angriffs ins Meer versenkt, obwohl sein Schwager den Patron bat, den Leichnam auf dem Schiff nach Zypern zu bringen, um ihn dort ehrenhaft zu begraben. Die Bitten nützten nichts; Jakob Humpis wurde auf ein Brett gebunden – ohne ihn auszuziehen, was Hans von Rechberg verhinderte – und »wart er in seinem kleide und ein gulden ringk an seiner handt in das mher geworffen«.[232]

Katharina von Rechberg, die Ehefrau des Jakob Humpis, blieb nach dem Tode ihres Mannes gut dreißig Jahre lang unverheiratet und befasste sich mit »der Administration, unnd verwaltung [.] Irs lieben hern und Egemahls seligen verlasenschafft,

225 Handschrift Holtzwirth, S. 85.
226 Handschrift Holtzwirth, S. 71.
227 Ebd.
228 Handschrift Holtzwirth, S. 117.
229 Ebd.
230 Handschrift Holtzwirth, S. 18.
231 EBd.
232 Handschrift Holtzwirth, S. 121.

auch versehung Ir beider bey unnd miteinander Inn ehelichem stannd ertzeugter kinder« Hans Sigmund, Hans Jakob, Petronella und Maria Magdalena, wie ein Libell mit den Bestimmungen zur Gütertrennung aus Anlass ihrer Wiederverheiratung im Jahre 1567 erklärt.[233]

Trotz der traumatischen Erfahrungen auf der Rückreise soll Hans von Rechberg nochmals im Jahre 1554 in das Heilige Land gereist sein. Er brachte von dort angeblich eine Kreuzpartikel mit, die er der Pfarrkirche in Klimmach (heute ein Stadtteil von Schwabmünchen) übergab, woraufhin sich dort eine kleine Wallfahrt entwickelte.[234]

Neben der eigentlichen Reisegruppe aus sieben Personen scheint Wolfgang Holtzwirth und wohl auch Ulrich Prefát mit zwei Niederländern während der Reise in engerem Kontakt gestanden zu haben. Den einen von ihnen nennt Holtzwirth Friedrich von Antwerpen (»Frederich von Antorf«).[235] Nach der Reise traf Holtzwirth ihn 1551 in Antwerpen wieder, als die dortige Jerusalembruderschaft gemeinsam an der Palmsonntagsprozession teilnahm und ihn zu einer »Collation« einlud.[236] Er nennt ihn an dieser Stelle einen alten Mann. Unter den bekannten Mitgliedern der Antwerpener Jerusalembruderschaft findet sich in dieser Zeit keine Person mit dem Namen Friedrich.[237] Ein näherer Kontakt zu ihm scheint schlaglichtartig auf, als Wolfgang Holtzwirth berichtet, der Niederländer hätte einen seiner Träume ausgelegt.[238]

Der zweite Niederländer hieß nach Holtzwiths Angaben »Hanß von Berge oder Hanß vonn Mecheln«; er reiste gemeinsam mit seiner Frau »und einem kinde vor 3 jaren auf unserem schieff«.[239] Dieser Hans von Berge war angeblich drei Jahre zuvor schon einmal nach Syrien und Jerusalem gefahren und galt deshalb als landeskundig.[240] Holtzwirth behauptet, dieser habe »alle sein guet vorkaufft auf die reyse« und während der Fahrt durch Handelsaktivitäten dreitausend Gulden gewonnen.[241] Auch ihn traf der Hallenser 1551 in Antwerpen bei der Versammlung der Jerusalembrüder wieder.[242] Ulrich Prefát berichtet ebenfalls von zwei mitreisenden Niederländern, deren Namen und Familienverhältnisse er kannte – im Unterschied zu anderen Passagieren, die er nur nebenbei erwähnt, wie etwa zehn Minoriten oder eine allein reisende Niederländerin aus Antwerpen.[243] Ulrich Prefát nennt den einen Niederländer Jan Bormann

---

233 Landesarchiv Baden-Württemberg, Hauptstaatsarchiv Stuttgart, Bestand B 515 (Weingarten, Benediktinerkloster: Urkunden), U 764, Bl. 1^{r}. Ich danke Erwin Frauenknecht vom genannten Archiv für die Zusendung eines Digitalisats.

234 Steichele/Schröder Zoepfl 1934–1939, S. 107. Ich danke Klaus Graf, Neuss, für diesen Literaturhinweis.

235 Handschrift Holtzwirth, S. 25.

236 Handschrift Holtzwirth, S. 159.

237 Vgl. Schneider 1982, S. 247.

238 Handschrift Holtzwirth, S. 25.

239 Handschrift Holtzwirth, S. 41.

240 Ebd.

241 Ebd.

242 Handschrift Holtzwirth, S. 159.

243 Prefát 2007, S. 56.

aus Antwerpen. Dieser sei mit seiner Frau und seinem sechsjährigen Sohn gereist.[244] Unter den bekannten Mitgliedern der Antwerpener Jerusalembruderschaft findet sich dieser Name nicht.[245] Der zweite Niederländer hieß nach Prefát Tilman. Auch er kam aus Antwerpen, reiste mit einer kleinen Tochter und lässt sich nicht unter den Mitgliedern der Antwerpener Jerusalembruderschaft belegen. Es ist naheliegend, dass es sich bei den beiden Niederländern, von denen die Reisegefährten unter verschiedenen Namen berichten, um dieselben Personen handelt. Angesichts anderer von Wolfgang Holtzwirth nachweislich verballhornter oder verwechselter Namen ist der Überlieferung Prefáts an dieser Stelle der Vorzug zu geben.

Charakteristik des Jerusalempilgers Wolfgang Holtzwirth

Der Reisebericht über die Fahrt in das Heilige Land bietet im Hinblick auf das Itinerar sowie in der Darstellung der Reisestationen und der heiligen Stätten, die die Pilger aufsuchten, wenig Überraschendes. Die Schiffsroute durch die Adria und das östliche Mittelmeer bis Jaffa mit Stopps auf der Hinfahrt in Korfu, Zakynthos, Iraklion und Limassol entsprach dem Üblichen. Rhodos fiel seit dem Abzug der Johanniter von der Insel im Januar 1523 als Reisestation aus.

Der Viermaster brauchte für die Strecke 38 Tage, was leicht unter der durchschnittlichen Reisezeit von 40 Tagen liegt. Der Aufenthalt im Heiligen Land dauerte 26 Tage – eine gute Woche länger, als üblich, was mit verschiedenen Schwierigkeiten zusammenhing, die von den osmanischen Autoritäten ausgingen: Zunächst saßen die Pilger im Zionskloster einige Tage fest, weil der Patron die offenbar erhöhten Steuern für die Pilger dem Bey des Sandschaks Jerusalem nicht zahlen wollte.[246] Die Abreise verzögerte sich, weil ein mit den Pilgern inkognito reisender Jude die Gruppe in Jerusalem verließ und dort untertauchte.[247] Bei der Abreise aus Jerusalem musste die ganze Gruppe zudem eine erniedrigende und gefährliche Befragung über sich ergehen lassen.[248] Auch in Ramla verlangte der dortige Disdar Aga eine zusätzliche Gebühr, über deren Zahlung es zwischen dem Patron und den Pilgern zum Streit kam.[249]

Im Bericht Holtzwirths zeichnen sich deutlich jene Spannungen ab, welche die seit 1523 zunehmend problematischer werdende Koexistenz des Franziskanerkonvents auf dem Zionsberg mit dem im selben Areal liegenden, moslemisch verwalteten Davidsgrab prägten. Im Januar 1524 war der Konvent bereits zum ersten Mal vom Zion vertrieben worden, konnte aber 1525 nach Vermittlung durch die Republik Venedig in die Gebäude zurückkehren. Allerdings mussten die Franziskaner auf den Abend-

244 Ebd. Dieselbe Angaben macht Holtzwirth zu Hans von Mecheln, vgl. Handschrift Holtzwirth, S. 41f.

245 Vgl. Schneider 1982, S. 247.

246 Handschrift Holtzwirth, S. 51f.

247 Handschrift Holtzwirth, S. 103 und S. 109.

248 Handschrift Holtzwirth, S. 104f.

249 Handschrift Holtzwirth, S. 108f.

mahlsaal (Zönaculum) verzichten, der in eine Moschee verwandelt worden war.[250] Trotz der Sperrung des Zönaculums kletterte Wolfgang Holtzwirth am Morgen des 2. August, als die meisten Pilger noch in der Grabeskirche waren, mit Hilfe einer Leiter von der Seite in das Gebäude und »stighe miet groser furcht uber die maur«.[251] So erreichte er eine oberhalb des Abendmahlssaals gelegene Kammer, von der aus er in das Zönaculum schauen konnte: »So miech die Turcken gefunden hetten, so hette es mir mein leben gekost.«[252] Das fragile Zusammenleben der Franziskaner mit den muslimischen Geistlichen endete schließlich 1552 mit der endgültigen Vertreibung der Franziskaner vom Berg Zion.[253]

Trotz aller Spannungen war das Besichtigungsprogramm, das die Franziskaner für die Besucher abspulten, auch 1546 das übliche, d. h. das bereits aus den Berichten des 15. Jahrhunderts bekannte; zumindest abgesehen von den Improvisationen an den ersten Tagen, als die Pilger im Kloster und dessen näherer Umgebung festsaßen. Es umfasste den dreimaligen Besuch in der Grabeskirche mit dem Angebot des Ritterschlags, den Besuch an den Erinnerungsorten der Via Dolorosa, auf dem Tempelberg, der heiligen Stätten im Kidronthal, am Ölberg und in Bethanien, dazu einen obligatorischen Ausflug nach Bethlehem. Wer mehr vom Heiligen Land sehen wollte, musste dies separat organisieren und auch zusätzlich bezahlen. Wolfgang Holtzwirth und sein Gefährte Ulrich Prefát – mit 23 Jahren die beiden jüngsten Mitglieder der Gruppe[254] – nahmen mit, was sich anbot. Während die meisten Mitpilger wegen der unmittelbar zuvor durchwachten Nacht in der Grabeskirche offenbar ruhebedürftig waren, machten sich immerhin 44 Personen aus der Gruppe am Abend des 27. August kurz vor Sonnenuntergang auf den Weg nach Jericho zur Taufstelle Jesu am Jordan.[255] Trotz des nächtlichen Eselsritts und des ausgiebigen Bades im Jordan hatte Wolfgang Holtzwirth anschließend noch genügend Energie, um gemeinsam mit acht weiteren Pilgern auf den Berg Quarentena, den Berg der Versuchung Jesu, zu steigen. Diese Unternehmung endete für ihn fast in einer Katastrophe – diese Darstellung gehört zu den aufregendsten Passagen seines Gedenkbuches.[256] Für einen Ausritt nach Hebron konnten sich am Abend des 29. August nur noch elf Pilger begeistern, unter denen sich wieder Wolfgang Holtzwirth und Ulrich Prefát befanden.[257] In einem späten Nachtrag in seiner Handschrift bedauerte der alte Wolfgang Holtzwirth, dass er damals nicht weiter in den Süden auf den Sinai, nach Kairo und Alexandria gereist war.[258]

Auffällig ist, dass Wolfgang Holtzwirth an keiner Stelle von Konflikten berichtet, in die er als Lutheraner mit den Franziskanern oder altgläubigen Mitreisenden geriet.

---

250 Vgl. LEMMENS 1925, S. 179–190.
251 Handschrift Holtzwirth, S. 57.
252 Ebd.
253 Vgl. LEMMENS 1925, S. 199f.
254 Holtzwirth behauptet zwar, dass er unter den Passagieren des Schiffs »der jungste war« (S. 136), aber Ulrich Prefát, geboren am 11. Mai 1523, war ein halbes Jahr jünger als er.
255 Handschrift Holtzwirth, S. 81.
256 Handschrift Holtzwirth, S. 87–93.
257 Handschrift Holtzwirth, S. 98.

Spätere protestantische Jerusalempilger wurden regelmäßig durch die Frage nach der Beichte und der katholischen Kommunion unter einerlei Gestalt vor ein Problem gestellt, dem sie zum Teil auszuweichen suchten oder für das sie einen Kompromiss finden mussten.[259] Nicht so Wolfgang Holtzwirth! Nur an einer Stelle blitzt eine konfessionelle Spannung auf, nämlich als er von einem spanischen Mönch berichtet, in dessen Gesellschaft er den Berg der Versuchung erklomm. Dieser machte ihn mit seinem Gerede von der Erlösung aus dem Fegefeuer durch die Mühe des Bergsteigens »so schellig [= wütend], das ich meyn lebelang nicht keinen so luest habe ins angesiecht tzu schlagen gehadt als den munch«.[260] Gerne hätte er ihn an seiner Kutte gepackt und den Berg hinabgestoßen; aber der Gedanke an den Erlöster, der am selben Ort versucht worden war, beschwichtigte ihn offenbar, so dass er seinen Emotionen nicht nachgab. Das Fehlen von offen ausgetragenen konfessionellen Konflikten mag auch mit einer erstaunlichen Akzeptanz von heute als »katholisch« geltenden Überlieferungen durch Wolfgang Holtzwirth zu tun haben. An den während der Führungen durch die Jerusalemer Franziskanern vorgetragenen Heiligenlegenden und Ortserzählungen zweifelte Wolfgang Holtzwirth offenbar ebenso wenig wie an den unter dem Namen von Bernhard von Breydenbach niedergeschriebenen Überlieferungen. Nur an wenigen Stellen regte sich sein Widerspruch: Die Legende von Mariens Gürtel, den sie bei ihrer Himmelfahrt für den Apostel Tomas zurückgelassen hatte, kommentierte er: »Glaube es, wer will!«.[261] Bei der Behauptung, dass der hl. Hieronymus einst in Bethlehem begraben wurde, seine Gebeine aber inzwischen in Rom lägen und dort verehrt würden, spottet er: »Vix credo!«.[262] Auch die legendäre Wunderprobe des wiedergefundenen Kreuzes durch die Kaiserinmutter Helena hielt er für unglaubwürdig: »Glaube es, wer es glauben will«.[263] Freilich finden sich alle drei kritisierten Passagen in Referaten von Breydenbachs Text und so mögen Wolfgang Holtzwirths spöttische Einwürfe eher die des nach Hause zurückgekehrten Lesers als die des Pilgers vor Ort sein.

Lässt sich aus dem Gedenkbuch so etwas wie ein konfessioneller Standpunkt seines Verfassers ableiten? Aus der Darstellung seiner Kindheit und Jugend ergibt sich deutlich das lutherische Milieu, in dem er sich spätestens seit seiner Zeit in Eisleben unter der Obhut des »Reformationsgrafen« Albrecht von Mansfeld[264] bewegte. Seine dezidiert lutherische Haltung bringt etwa sein Urteil über die livländischen Städte zum Ausdruck, in denen »das wort Gottes lauter und rein gepredigt« werde und man die »predicanden theologie [...] sehre wol in ehren« halte.[265] Ein antipäpstlicher Affekt

258 Edition, Anm. 689. Zum Sinai als Pilgerziel im 15./16. Jahrhundert vgl. Reichert 2012.
259 Vgl. dazu Reichert 2017, S. 47f. und S. 51f.; Lewy 2020.
260 Handschrift Holtzwirth, S. 89.
261 »Si credere vas est!«, Handschrift Holtzwirth, S. 67.
262 »Fast glaubte ich es!«, Handschrift Holtzwirth, S. 60.
263 Handschrift Holtzwirth, S. 76.
264 Zum Umfeld des Grafen Albrecht vgl. den Tagungsband Bräuer/Kohnle 2014.
265 Handschrift Holtzwirth, S. 160.

scheint fast nebenbei im Zusammenhang seiner Reflexionen über die Heuchelei der »Türken« auf, die das Alkoholverbot ihres Propheten in aller Stille unterliefen. Unvermittelt folgt plötzlich die Anklage: »Aber sie haltens wie die Papisten daß fleischessen in den fasten.« Er selbst habe als »Trabant« der päpstlichen Garde gesehen, wie der Papst am Karfreitag, also am höchsten Fasttag, einen fetten Masthahn gegessen habe.[266]

Versucht man Spuren von Wolfgang Holtzwirths lutherischen Bildung zu fassen, wird man allerdings vielfach enttäuscht. Mit seiner Kenntnis der biblischen Bücher ist es nicht weit her, so dass ihm bei seiner Erinnerung an alttestamentliche Erzählungen immer wieder grobe Schnitzer unterlaufen: Nicht Noah habe nach der Sintflut den Weinstock angebaut und sei davon trunken geworden, wie in Gen 9, 20–23 zu lesen ist, sondern Loth.[267] Jakob und nicht Abraham habe seinen Sohn Isaak opfern sollen[268], während wiederum Abraham und nicht Jakob der Traum von der Himmelsleiter widerfahren sei.[269] Auch zählte er Adam und Eva unter die Patriarchen, die in der Höhle Machpela bei Hebron begraben liegen.[270] Holtzwirth dürfte seine Kenntnis der Bibel jedenfalls kaum aus einer deutschen Lutherbibel bezogen haben, denn meist gibt er wörtliche Zitate aus der biblischen Erzählung in Latein und nur selten in Deutsch wieder. Allerdings ist es müßig, den (inzwischen wohl auch obsoleten) Bildungskanon eines evangelischen Konfirmanden an Wolfgang Holtzwirth anzulegen, der mitten in eine Umbruchszeit hineingeboren wurde und zu dessen familiärem Umfeld altgläubige Prälaten ebenso gehörten wie reformatorische Neuerer.

Trotz der (kurzen) Studienzeit in Wittenberg spielen die großen Gestalten der von der Elbestadt ausgehenden Reformation, allen voran Martin Luther, in seinem Gedenkbuch keine Rolle. Luther wird von Wolfgang Holtzwirth nicht mit einem Wort erwähnt! Das Verhältnis zu Melanchthon, den er im Auftrag des Revaler Stadtrates 1552 mehrmals aufsuchte, war offenbar geschäftsmäßig; eine besondere Reverenz vor dem Praeceptor Germaniae lässt sich nicht erkennen. Unter den Gelehrten waren es offenbar nicht die Theologen, die ihn interessierten, sondern jene, die Medizin und Pharmakologie unterrichteten. Größere Bedeutung besaßen hingegen für ihn die politischen Führer der Reformation. Auf der Rückreise nach Venedig registrierte Holtzwirth in Zypern aufmerksam die »Neuen Zeitungen«, die über die militärischen Entwicklungen am Beginn des Schmalkaldischen Krieges umliefen.[271] Dass Wolfgang Holtzwirth ausgerechnet am Tag der Schlacht von Mühlberg, als »der hertzoeg Johannes Frideriek gefangen wardt«, in Padua von einem Italiener schwer am Kopf verletzt wurde[272], war für ihn wohl kein Zufall, sondern von symbolischer Bedeutung. Auch sein ausgedehnter »Spaziergang« von Antwerpen nach Mecheln im

266 Handschrift Holtzwirth, S. 85.
267 Handschrift Holtzwirth, S. 100.
268 Handschrift Holtzwirth, S. 81.
269 Handschrift Holtzwirth, S. 101.
270 Ebd.
271 Handschrift Holtzwirth, S. 126f.
272 Handschrift Holtzwirth, S. 152.

Jahre 1551, auf dem er sich besonders für den dort gefangenen hessischen Landgrafen Philipp interessierte[273], deutet in eine ähnliche Richtung. Diese »Wallfahrt« zum politischen Märtyrer der Reformation wurde belohnt, denn der schwer bewachte Landgraf schaute just als Wolfgang Holtzwirth vor seinem Gefängnis stand »oben tzu eynem fenster heraus«.[274]

In einigen Äußerungen Holtzwirths scheint so etwas wie persönliche Frömmigkeit auf. Dies zeigt sich besonders in seiner emotionalen Bewegtheit bei der Begegnung mit den Stätten der Geburt Christi in Bethlehem, auf dem Hirtenfeld, wo die Engel zu den Hirten kamen und »innen die erste boetschafft gebracht und den loeblichen gesang gesangen: »gloria in excelsis«. Alda lacht mir daß hertz im leibe vor freudenn.«[275] Diese emotionale Berührung ist auch im Bericht über den Besuch der Geburtsgrotte zu ahnen, die »ich selben [habe] miet meinen schuechen und fuessen gemessen«.[276] Dagegen war sein Interesse an der Grabeskirche, dem eigentlichen Höhepunkt der Fahrt nach Jerusalem, gering. Als die »low-budget-Pilger« beim ersten Besuch der Kirche nicht eingelassen wurden, kommentierte der Hallenser dies lapidar: »Das war ich vor mein teyl wol tzufrieden, den so ichs ein moel sehe, hat ichs gleich genueg etc.«[277] Zum dritten Besuch in der Grabeskirche vor der Abreise wusste Holtzwirth lediglich die zeitliche Dauer zu notieren, denn man habe »genuegsam gesehen«.[278]

Der persönlichen Frömmigkeit Wolfgang Holtzwirths kommt man freilich weniger in seinen Beschreibungen der biblischen Erinnerungsorte auf die Spur, als in der Schilderung seiner waghalsigen Erlebnisse, etwa seiner Klettertour auf dem Berg der Versuchung, bei der er sich von der Gruppe getrennt und in den Felsen verstiegen hatte: »Also stunde ich und schrei elendt. Aber da hoeret ich niehmandt und sahe niemandt. Also bevhal ich mich dem almechtigen scheffer und unserm Hern Jesu Christo, unserm mietler und erloeser. [...] Und thet mein gebeth gantz inniglichen. Den in solchen noeten lernt eyner bethen.«[279] Rettung aus Gefahren durch den Allmächtigen erwähnt Holtzwirth immer wieder, so etwa, als er sich 1552 mit dem Schiff auf dem Weg von Lübeck nach Reval befindet und der Segler durch einen Sturm in die Scheren vor Schweden getrieben wurde. Damals fielen Wolfgang Holtzwirth und seine Miteisenden auf die Knie und befahlen sich Gott: »In dem gab Gott gelueck, das siech der windt wante. Und wir quamen aus den schwedischen scheren in die offentliche sehe. Also half unß der almechtige Godt ...«.[280] Gott als Spender von Glück – einem heute kaum noch religiös konnotierten Begriff – erscheint mehrfach im Gedenkbuch. Als Wolfgang Holtzwirth im Frühjahr 1545 in Rom an der Diphterie erkrankte, gab »Godt der almechtige [...] mir geluecke«, da die Frau eines Kameraden

273 Handschrift Holtzwirth, S. 158f.
274 Handschrift Holtzwirth, S. 158.
275 Handschrift Holtzwirth, S. 58.
276 Handschrift Holtzwirth, S. 60.
277 Handschrift Holtzwirth, S. 54.
278 Handschrift Holtzwirth, S. 103.
279 Handschrift Holtzwirth, S. 90.
280 Handschrift Holtzwirth, S. 163f.

ihn gesundpflegte.[281] Selbst der Gewinn beim Glückstopf der päpstlichen Garde, der ihm eine goldene Kette einbrachte, wurde dem Allmächtigen zugeschrieben: »Also gab mir godt das gelueck …«.[282]

En passant offenbart eine Episode, dass Wolfgang Holtzwirth auch Träumen und ihrer Deutung eine lebenspraktische Bedeutung beimaß.[283] Wegen einer längeren Flaute lag das Schiff auf der Hinreise einige Tage bei Korfu vor Anker. Die drückende Julihitze ließ den Apothekergesellen eine Abkühlung im Meer suchen, da er im Jahr zuvor in Neapel das Schwimmen erlernt hatte.[284] Nachdem der »biß aufs plattes geseß« Entkleidete sich ins »tieffe mher gewagt« hatte, kam plötzlich leichter Wind auf und die Wellen schlugen höher, so dass der Schwimmer verzweifelt wieder an Bord zu kommen suchte, was ihm aber nicht gelang. Da entsann sich der immer mehr in Verzweiflung geratende Mann an den Traum der letzten Nacht, den seine Reisegefährten am Morgen als Vorzeichen des Todes gedeutet hatten. Dies machte ihn »sehre schwermuetig und furchtsam«[285], so dass er den Antrieb zum eigenständigen Erklimmen der Schiffswand verlor. Schließlich holten ihn die auf ihn aufmerksam gewordenen Schiffsleute aus dem Wasser.

Aber zurück zur Charakteristik des Heilig-Land-Pilgers Holtzwirth! Auch die Erwähnung von Erinnerungsstücken und Mitbringseln von seiner Reise offenbart etwas von seinen Interessen, wobei deren Interpretation eine Sache für sich darstellt. Eine bei Jerusalempilgern schon im 15. Jahrhundert beliebte Objektgruppe waren Ringe aus Gold, Paternosterketten oder Anhänger für letztere, die man meist aus der Heimat – teilweise auch im Auftrag von Freunden und Gönnern – mitbrachte, um sie mit den heiligen Stätten in Berührung zu bringen.[286] Im 16. Jahrhundert wird der Verkauf solcher Objekte vor den Toren der Grabeskirche häufig erwähnt. Ludwig Tschudi der Jüngere (1495–1530) aus Glarus berichtete von seiner Pilgerreise nach Jerusalem im Jahre 1519, man verkaufe vor der Grabeskirche »vil klein und grosse guldene kettinen/ Creutzlein/ guldene ring/ Edelgestein/ und mancherley kleinot/ Rossenkräntz von edlem gestein«, welche die Pilger »allenthalben an die Heylige örther auff Sion, im Thal Josaphat/ zu Bethlehem/ im Heyligen Grab/ und anderstwo/ da wir gewesen waren/ strichen«.[287] Auch Alexander von Pappenheim kaufte auf seiner Heilig-Land-Reise 1564 »Pater Noster vnd andere sachen […] bey dem heiligen grab«, die er an alle »heilige ort[e]« trug, um sie daheim seiner Mutter und anderen Freunden »zuuerehren.«[288] Ebenso kaufte Wolfgang Holtzwirth vor der Grabeskirche sechs Ringe. Allerdings erwähnt er an keiner Stelle, dass er diese

281 Handschrift Holtzwirth, S. 11.

282 Ebd.

283 Zur Traudeutung im Protestantismus des im 16. Jahrhunderts vgl. Bräuer 2000; Weiss 2008. Zur frühneuzeitlichen Traumdeutung allgemein vgl. Gantet 2010.

284 Auch zum Folgenden vgl. Handschrift Holtzwirth, S. 24f.

285 Handschrift Holtzwirth, S. 25.

286 Einen Überblick gibt Reichert 2011.

287 Tschudi 1606, S. 306. Ich danke Sundar Henny, Basel, für den Hinweis auf diese Textstelle.

288 Reinitzer 2020, Bd. 2, S. 121.

durch Berühren an heiligen Orten oder Gegenständen gewissermaßen zu Kontaktreliquien machte.

Das Sammeln von Steinen oder heiligem Staub hat Wolfgang Holtzwirth nur in Betlehem praktiziert. Aus der Milchgrotte, wo »die pilgren weise erde mehlen«, habe er dieses Gesteinsmehl »auch miedt bracht«.[289] Möglicherweise interessierte ihn dieser Stoff, weil er als Arznei galt, »so eynem weib die milch entgehet oder wenich milch hadt tzu stillen«.[290] Von einem Acker bei Bethlehem, den Christus verflucht haben soll, so dass auf ihm nicht wächst außer »kleine steine«, sammelte der Hallenser Pilger einige dieser Kiesel »und habe sie noch«.[291] Aus dem Garten Gethsemane brachte er Holz von Olivenbäumen mit, woraus er sich in der Heimat Zuckerbäckerformen schnitzen ließ, welche Szenen der Passion Christi darstellten.[292] Auch an der Taufstelle Jesu bei Jericho brach Wolfgang Holtzwirth den Zweig eines Johannisbrotbaums ab und brachte »ein stuecke dorvhon mit«.[293] In Jericho erwarb er einige Rosen von Jericho[294], von denen er allen seinen fünf Schwestern eine schenkte und zum Zeitpunkt der Niederschrift noch vier weitere besaß.[295]

Weitere Erinnerungsstücke aus dem Heiligen Land werden nicht genannt. Allerdings sammelte Wolfgang Holtzwirth auch während der Seefahrt Pflanzen und Mineralien. In Zypern schnitt er auf einem Feld Zuckerrohr ab, um es mitzunehmen, was ihm fast Prügel oder Schlimmeres eingetragen hätte, wäre er nicht behände den Wächtern des Feldes entkommen.[296] In Paphos sah er Zimt- und Bananenpflanzen (»Adamsäpfel«). Eine kleine Bananenpflanze ging Wolfgang Holtzwirth auf dem Schiff zugrunde; die Mitnahme der Zimtpflanze auf dem Schiff verweigerte der Patron.[297] Wahrscheinlich hätte der Apotheker auch gerne ein Chamäleon in die Heimat gebracht, da die Tiere in Ramla sein Interesse weckten.[298] Sein Reisegefährte Ulrich Prefát erwarb zwei dieser Tiere und nahm sie mit sich auf das Schiff.[299] In Paphos sammelte Wolfgang Holtzwirth Analcim-Kristalle, die er – wie schon Plinius in der Antike – für eine Art von Diamanten hielt; der Name »Paphos-Diamanten« wurde noch im 20. Jahrhundert für diese Mineralien gebraucht.[300] Er nahm 300 solcher Kristalle mit und hatte bei der Niederschrift noch acht davon.[301] Auch auf Kreta bei Iraklion will Holtzwirth »in den steinkluefften« Diamanten gefunden haben, die er sicher mitnahm.[302]

289 Handschrift Holtzwirth, S. 62.
290 Ebd.
291 Ebd.
292 Handschrift Holtzwirth, S. 64.
293 Handschrift Holtzwirth, S. 84.
294 Zu den Rosen von Jericho als Pilgersouvenir vgl. Kühne 2020, Nr. 4.3.e, S. 251.
295 Handschrift Holtzwirth, S. 87.
296 Handschrift Holtzwirth, S. 137.
297 Handschrift Holtzwirth, S. 140.
298 Handschrift Holtzwirth, S. 107. Auch der Nürnberger Prediger Salomon Schweigger interessierte sich 1581 sehr für diese Tiere, vgl. Reichert 2017, S. 57.
299 Prefát 2007, S. 300.
300 Vgl. Oberhummer 1903, S. 185f.
301 Handschrift Holtzwirth, S. 140.
302 Handschrift Holtzwirth, S. 145.

Das für einen Jerusalempilger des 16. Jahrhunderts vielleicht ungewöhnlichste Mitbringsel war ein »turckische[r] boegen«, der einigen bei Limassol gefangenen Türken abgenommen worden war und den er geschenkt bekam.[303] Auch diesen Bogen besaß Holtzwirth noch bei der Niederschrift seines Gedenkbuches. Er scheint sich in seiner Familie über Generationen hinweg erhalten zu haben, denn sein Enkel Laurentius Hoffmann erwähnt im Inventar seiner großen Wunderkammer »Tuerkische Bogen und Pfeile«.[304] Möglicherweise war auch die in dem Inventar erwähnte »Rose von Jericho«[305] eine von jenen, die Wolfgang Holtzwirth erworben hatte. In ähnlicher Weise blieb jedenfalls eine von dem Zürcher Jerusalemreisenden Peter Füssli 1523 erworbene Rose von Jericho bis in das 17. Jahrhundert im Familienbesitz.[306] Die gegenwärtig laufende Bearbeitung der verschollenen Sammlung von Laurentius Hoffmann durch die Kunsthistorikerin Berit Wagner wird möglicherweise noch weitere Kontinuitäten zwischen den Reisemitbringseln Wolfgang Holtzwirths und der Sammlung seines Enkels ans Licht fördern.

Überblickt man die Mitbringsel Wolfgang Holtzwirths als Gesamtheit und vergleicht sie etwa mit dem materiellen Ertrag, den ein eifriger Reliquiensammler wie der Adlige Degenhardt Pfeffinger ein halbes Jahrhundert zuvor auf seiner Heilig-Land-Fahrt einfuhr[307], stellt sich der Eindruck ein, dass Wolfgang Holtzwirth als Protestant der »verdinglichten« Frömmigkeit fremd gegenüberstand und sich mehr für naturkundliche Kuriosa als für »Reliquien« interessierte. Allerdings gehörten »natürliche« Kuriosa auch schon vor der Reformation zu den Souvenirs der Jerusalemfahrer: So brachte etwa der Mansfelder Graf Hoyer VI. von seiner Reise im Jahre 1504/05 »allerlei Gattung von seltsamen Tieren und wunderbaren Gewächsen« heim sowie einen betörend duftenden Tisch aus Zypressenholz, der in der Grafenfamilie weitergegeben wurde.[308] Es ist also Vorsicht vor allzu raschen Urteilen geboten, was sich aus den von Holtzwirth erwähnten Souvenirs über seine religiöse Haltung ablesen lässt.

Bemerkenswert ist der Eifer, mit dem Wolfgang Holtzwirth an möglichst vielen von Pilgern stark frequentierten Orten ein persönliches Erinnerungszeichen in Form seines Namens und des Wappens (»Merck«) seines Vaters hinterließ. Gleich zu Beginn seines Aufenthaltes in Jerusalem, am 18. August 1546, hieb Wolfgang Holtzwirth im Kreuzgang des Franziskanerklosters »meynes vaters merck« und seine Initialen »W« und »H« zusammen mit einem Christogramm in den Stein einer Fensterlaibung: »Das wirdt man noch so lange als daß closter stehet findenn.«[309] In Bethlehem schrieb er

303 Handschrift Holtzwirth, S. 130.
304 Hofmann 1625, Bl. G2r.
305 Ebd., Bl. N7r. Ich danke Berit Wagner, Frankfurt a.M., für den Hinweis auf die Belege aus dem Inventar Hofmanns.
306 Vgl. Schmid 2019.
307 Vgl. Bünz 2006.
308 Leers 1912, S. 256.
309 Handschrift Holtzwirth, S. 51.

seinen Namen in der Geburtsgrotte an die Wand.[310] Die Marmorverkleidung des Heiligen Grabes in Jerusalem untersuchte Holtzwirth genau, denn »ist es al wol von den pilgeren gesthochen mit messern und gerissen, ihre nhamen darin geschrieben«.[311] Deshalb war »kein rahum [...], das ich meynen nhamen konte darinnen miedt eynem messer schneidenn und krietzel«.[312] Schließlich muss es dem Hallenser aber doch gelungen sein, seinen »nhamen auch und meynes lieben vaters gemerck« an der Verkleidung des Heiligen Grabes zu verewigen.[313] Ebenso inspizierte Holtzwirth in der Golgatha-Kapelle die »uberauß viel nhamen der pilgeren«, die in den marmornen Boden »miedt messer eingegraben« waren. Dabei suchte er nach Inschriften von Landsleuten (»nehern landtsman«). Bis auf den Mansfelder Grafen Hoyer VI.[314] und wohl Wilhelm von Watzdorff[315] fand er aber keine weiteren Namen: »Alda bey diessen beyden hab ich meinen nhamenn auch geschrieben midt eynem messer und pfrimen in den roethen marmelsteyn tzwischen dem loech, da daß creutz gestanden und der steynrietzen vor dem altahr.«[316] Mit der dauerhaften Anbringung seines Wappens und Namens stellte sich Wolfgang Holtzwirth in eine aus dem Spätmittelalter stammende Tradition,[317] um ein auf künftige Rezeption zielendes Statement zu hinterlassen, das ein »durch Namen, Wappen oder Devise individualisierbares, implizites ›Ich-war-hier‹« beinhaltete.[318] Solche Gedenkzeugnisse wurden von den »Zeitgenossen selbst als ehrstiftende ›Namen und Wappen‹« verstanden.[319] Vielleicht gehört Wolfgang Holtzwirth mit seinem Eifer für die Herstellung dieser Gedenkzeichen aber gar nicht zu den Traditionalisten, die diese im 15. Jahrhundert besonders von reisenden Adligen geübte Praxis fortschrieben, sondern eher zu den Trendsettern. Nach einer Beobachtung von Detlev Kraack, des gegenwärtig besten Kenners dieser Materie, lässt sich »was die Reisetätigkeit ins Heilige Land und die Aufmerksamkeit gegenüber heraldischem Zierath und verwandtschaftlichen Beziehungen im Zusammenhang mit den bereits angesprochenen ›Namen und Wappen‹ angeht«, eine Wellenbewegung erkennen, die nach einer Hochzeit im 15. Jahrhundert zunächst abflaute.[320] Jahrzehnte nach der Reformation, »gegen Ende des 16. Jahrhunderts [tritt uns] eine erneute Häufung von Nachrichten entgegen, und diese ist wohlgemerkt keinesfalls auf katholische oder womöglich rekatholisierte Regionen beschränkt. Daß man sich wieder dafür interessierte, wer, wann, mit wem, wohin gereist war, und daß man noch am

310 Handschrift Holtzwirth, S. 61: »Uber dem selbiegen loch da bey hab ich meynen nhamen geschrieben.«
311 Handschrift Holtzwirth, S. 71f.
312 Handschrift Holtzwirth, S. 72.
313 Ebd.
314 Graf Hoyer VI. von Mansfeld-Vorderort besuchte 1504 das Heilige Land, vgl. Kühne 2007, S. 273f. mit Anm. 34–40.
315 Er besuchte 1441 Jerusalem, vgl. Röhricht 1900, S. 116.
316 Handschrift Holtzwirth, S. 78.
317 Vgl. Kraack 1997.
318 Kraack 2002, S. 56.
319 Vgl. Kraack 2002a.
320 Kraack 2002, S. 55.

Vorabend des aufgeklärten Zeitalters wie selbstverständlich eigene heraldische Erinnerungszeugnisse an den in der Ferne aufgesuchten Stätten hinterließ, stellt sich vor dem Hintergrund herkömmlicher Deutungsmuster als durchaus erklärungsbedürftig dar.«[321] Ob Wolfgang Holtzwirth ein früher Vertreter dieses neuerwachten Interesses an den ehrenvollen Namen und Wappen war, sollten künftige Forschungen klären.

In einem gewissen Gegensatz zu Wolfgang Holtzwirths Eifer beim Hinterlassen von Gedenkzeichen steht der Verzicht auf die ehrenvollste Auszeichnung eines Jerusalempilgers, nämlich den Ritterschlag am Heiligen Grab – und dies obwohl diese Würde den Pilgern 1546 ohne Adelsprobe offeriert wurde: »es lege niecht doran er sey edel oder niecht.«[322] Dennoch ließen sich nur sechs der etwa 150 Pilger zu Grabesrittern schlagen: Hans von Rechberg, Jakob Humpis und vier »Nidderlender, keiner von adel«.[323] Dieser Verzicht dürfte bei Wolfgang Holtzwirth nicht in konfessionellen Widerständen gegen den Ritus begründet gewesen sein, sondern ihn hinderten wohl die damit verbundenen Kosten, auf die gleich noch einzugehen ist. Die ältere Literatur hat gleichwohl behauptet, der Hallenser sei in Jerusalem zum Grabesritter promoviert worden, so schon Gottfried Olearius im 17. Jahrhundert,[324] aber auch Reinhold Röhricht[325] und Valmar Cramer.[326] Diese Fehleinschätzung mag dadurch gefördert worden sein, dass Wolfgang Holtzwirth sein Wappen später mit dem Jerusalemkreuz verband.[327] Über die Berechtigung dazu hatte er eine eigene Meinung, denn in seinem Gedenkbuch heißt es: »Und wer tzu Jerusalem ist gewesenn, der fhueret ein fuenfseihtigen kreutz«.[328] Diese Äußerung fällt im Zusammenhang seiner Eintragung in ein Register der Zypern besuchenden Jerusalempilger: »Und welcher in dieß buech geschrieben ist, der mag offentlichen das tzeychen in seynem wapen fhueren, ein halb rath und ein schwerdt dadurch«.[329] Wahrscheinlich führte Wolfgang also auch dieses halbe Rad des Zypriotischen Schwertordens, das an das Martyrium der hl. Katharina erinnerte, in seinem Wappen.

Im Zusammenhang der Wappenführung ist von Bedeutung, was Wolfgang Holtzwirth über die von den Franziskanern in Jerusalem ausgestellten Pilgerzertifikate berichtet. Danach gingen alle oder doch viele Pilger vor der Abreise zum Guardian, »umb testimonia und briefe« zu erhalten.[330] Diese »Testimonien« gab es nach Holtzwirth in drei Formen: als einfaches Pilgertestat (»bekendtnißbrif«) für zwei Zechinen bzw. mit einem Sozialrabatt für eine Zechine, als Adels- oder Wappenbrief für diejenigen, die nicht zu Grabesrittern geschlagen wurden, für sechs Zechinen und schließlich

321 Ebd.
322 Handschrift Holtzwirth, S. 54.
323 Ebd.
324 Olearius 1667, Anhang zu S. 259, Bl. Ttt2^{v}.
325 Röhricht 1900, S. 220f.
326 Cramer 1949, S. 139.
327 Vgl. oben Anm. 5.
328 Handschrift Holtzwirth, S. 134.
329 Ebd.
330 Handschrift Holtzwirth, S. 103.

10 Holzschnitt mit dem Siegel des Jerusalemer Zionsklosters nach der Vorlage des Originals am Pilgertestat Ulrich Prefáts, aus Prefát 1563, Nationalbibliothek der Tschechischen Republik, Prag, Sign. 54 B 324, Bl. S6v

für die Grabesritter, die zwölf Zechinen zahlten.[331] Aus der Verbuchung seiner Kosten geht nochmals klar hervor, dass Wolfgang Holtzwirth den Ritterschlag nicht empfangen hat: »Also must ich erstlich vor denn bekendtnißbrif 2 tziekin geben und vor dem adelsbriefe oder wapenbrief 6 tzikin.«[332]

Einfache Pilgertestate scheint der Jerusalemer Konvent seit den 1520er Jahren ausgestellt zu haben. Erstmals ist ein solcher Zeugnisbrief für den Glockengießer Peter Füessli aus Zürich belegt, der sich das bis heute erhaltene Dokument am 15. September 1523 ausstellen ließ.[333] Im Original oder auch abschriftlich erhaltene Testate sind allerdings sehr selten; bis zum Jahr 1835 sind bisher nur insgesamt 15 bekannt.[334] Die erhaltenen Texte zeigen, dass im 16. und auch noch im 17. Jahrhundert dasselbe Formular für die Ausfertigung der Testimonien verwendet wurde. Auch der Stempel, mit dem die Papiersiegel auf die Dokumente gedrückt wurden, scheint lange Zeit derselbe oder zumindest ein sehr ähnlicher gewesen zu sein.[335] Ulrich Prefát teilt den Text seines Testats im Druck seines Reiseberichtes mit und bildet das Siegelbild im Holzschnitt nach.[336] (Abb. 10) Das Zeugnis für Wolfgang Holtzwirth dürfte dem von Prefát entsprochen haben.

Ein Zeugnis über eine Ritterpromotion hat sich zuerst für den Berner Kaspar von Mülinen aus dem Jahre 1506 erhalten.[337] Das nächste bekannte Beispiel stammt bereits aus dem Jahr 1561.[338] Die von Holtzwirth für ein solches Zertifikat angegebenen Kosten von zwölf Zechinen decken sich in etwa mit den auch sonst im späten 16. Jahrhundert belegten Preisen, die zwischen zehn und maximal viertzehn Dukaten schwankten; im 15. Jahrhundert wird für den Ritterschlag eine Spende von etwa zehn Dukaten

331 Ebd.
332 Ebd.
333 Vgl. Uffer 1982, S. 71–73, Ab. hier S. 73. Das Dokument ist erhalten im Füesslibuch Ms A61, Bl. 295r der Zentralbibliothek Zürich.
334 Grundlegend ist Cramer 1948; vgl. zu den Zahlen Kühne 2020, Nr. 4.4.b, S. 256f.
335 Vgl. ebd.
336 Vgl. Prefát 2007, S. 293f. mit Reproduktion des Holzschnitts.
337 Vgl. Cramer 1949, S. 117–120, Abdruck des Textes S. 118f.
338 Vgl. ebd., S. 121f.

erwähnt.[339] Wahrscheinlich steckt der ursprüngliche Spendenbetrag in der Gebühr für die Ausfertigung der Zertifikate.

Eigentümlich ist die Angabe Holtzwirths über eine dritte Form von Zertifikaten, den Adels- oder Wappenbrief ohne erfolgten Ritterschlag, für den er lediglich sechs Zechinen zahlte. Eine ähnliche Angabe findet sich nur bei den beiden Schweizer Jerusalemfahrern Johannes Habermacher und Wolfgang Stockmann, die beide 1606 das Heilige Land besuchten. Habermacher war damals zum Grabesritter geschlagen worden und erhielt darüber ein Dokument auf Pergament »mit dem grössern sigel«, während die übrigen Pilger, die nicht den Ritterschlag bekamen, »ouch ein söllichen brieff« empfingen, »doch mit vnderscheid der ritterschafft halb vnd mitt geringerm jnnhalt vnd mitt einem andern sigel bewart«.[340] Auch der Mitpilger Wolfgang Stockmann, der ebenfalls zum Ritter geschlagen wurde, schreibt: »Aber anderen bilgeren, die nit riitter worden, gibt man ettwas geringeren brieff.«[341] Ob solche »geringeren« und entsprechend preisgünstigeren Wappenbriefe regelmäßig vom Guardian des Jerusalemer Franziskanerklosters ausgegeben wurden, oder Sonderfälle darstellten, wird sich erst sagen lassen, wenn unsere Kenntnis über die in der frühen Neuzeit für westliche Heilig-Land-Fahrer ausgestellten Zertifikate sich verbessert hat.[342]

339 Vgl. Cramer 1949, S. 115f.

340 Schmid 1957, S. 201.

341 Ebd., S. 367. Ich danke Folker Reichert, Heidelberg, für den Hinweis auf diese und die vorausgehende Textstelle.

342 Folker Reichert plant, eine entsprechende Arbeit vorzulegen.

Das Gedenkbuch Wolfgang Holtzwirths

Die Handschrift Hs 2 aus der Sammlung des Schlossmuseums Sondershausen

[S. 1] **S.M.C.**[1]
Anno Domini 1377
Vom Ertzbyschoff Petern[2] ist Margwardt Holtzwirdt belendt worden, unnd Steniecher[3] tzu gesambter handt etc. Solchis ist auf dem Moerietzburgk in eynen alten latteynieschen buech geschrieben und noch vorhanden.[4] Und mier bracht worden die Copey von Casper Klyngen[5] Anno 1558.

Dyse nachfolgende thalguetter etc.
XXXXIIII pfannen im Deuschen Born,
Item XXIII pfannen in Meteritz,
XXXVI pfannen ihm Guethen Jar,
VII pfannen im Hakeborn,
VI hueffen landes vor Halle,
II hueffen tzu Ossendorff[6],
II hueffen tzu Diesskaw[7],
[S. 2] **Item 1** hueff tzu Pietzlietz oder Pieglietz[8],
1 ½ hueff und eynen garten tzu Glaucha[9],
III marck weißsielbers und X schillingk newen pfennig auß der muentze,
I marck schnarrensielbers,
II marck weißsielbers,

1 Es handelt sich um die Devise »Spes mea Christus« (Christus ist meine Hoffnung).
2 Peter Wurst (Jelito), Erzbischof von Magdeburg von 1371–1387, zugleich Bischof von Olmütz, vgl. Gatz 2001, S. 514f.
3 Das Gemeinte erschließt sich nur durch einen Blick in das erzbischöfliche Lehnbuch, wonach »Marquart Holtwart et Steyndor coniuncta manu« belehnt werden, Hertel 1883, S. 132. Wohl derselbe Hallenser Bürger mit dem Namen »Steyndor« wird im Lehnbuch nochmals im Zusammenhang mit Claus und Marquardt Holtzwirth genannt, ebd., S. 117.
4 Es handelt sich um das Lehnbuch der Erzbischöfe Albrecht III. und Peter; vgl. die Edition von Hertel 1883, S. 1–176. Die von Holtzwirth kopierte und teilweise verlesene Passage zur Belehnung seines Ahnen »Marquart Holtwart« findet sich ebd., S. 132f. Ich danke Michael Hecht, Halle, für diesen Hinweis.
5 Nicht identifiziert; es dürfte sich weder um einen Sohn noch einen Enkel von Melchior Kling handeln, vgl. Dreyhaupt, T. 2, S. 649f.
6 Osendorf, heute zum Hallenser Stadtteil Ammendorf gehörig.
7 Dieskau.
8 Im Lehnbuch steht »Pychelitz«, vgl. Hertel 1883, S. 133. Möglicherweise ist Beuchlitz, heute ein Ortsteil von Holleben in der Gemeinde Teutschenthal, gemeint. Ich danke Michael Hecht, Halle, für diesen Hinweis.
9 Heute ein Stadtteil von Halle.

11 Handschrift Holtzwirth, Seite 3 mit der Devise »Spes mea Christus« in der ersten Datierungszeile

X pfannen in dem Hackenborn, so ertzbyschoffen Petern durch absterben ~~dem auß~~ Drewes Seligen[10] heymgefallen.
Diesse guetter seindt Margwardt Holtzwierdt[11] Anno 1373 in die lehn geben.

[S. 3] Anno domini 14 SMC[12] 15 Jars
Anno domini 1415 ist Hanß Holtzwirdt regierender radtmeyster tzu Halle gewesen etc.[13]

Anno domini 1418 ist Jorge Holtzwirdt regierender radtsmeyster tzu Halle gewest und volgendes 1421 im regerender radtsmeyster etc.[14]

Anno 1431 ist Koppe Holtzwirdt ein radts besytzender[15] und folgents 1434 regierender ratsmeyster.[16]

Anno 1432 ist Hanß Holtzwirdt ~~ist~~ ein oberburngmeyster[17] uber daß loebliche taelguedt tzu Halle etc.

Anno 1444 Levin Holtzwirdt ist ein rathperson gewesen.[18]

Anno 1506 ist Augustyn Holtzwirdt, meyn vater seliger, ein gemheinhoitshmeyster[19] und radtperson.

Anno 1510 eyn Biehrherre Augustini Holtzwierts.[20]

Anno 1513 Augustin Holtzwirdt eyn Cammerer.

Anno 1516, Anno 1519, item Anno 1522 allewege ein kamerer, folgendes aber

Anno 1525 ein wordthalter und darnach

Anno 1527 ist Augustin Holtzwirdt meyn vater seliger, regierender radts meyster tzu Halle in Saxen gewesen. Und entliech [S. 4] Anno 1529 als die schweyßkranckheit oder engelische schiecht daselbst gewaldiechlichen regierdt[21] auff seynem forbergk[22] tzu

---

10 Der Hallenser Bürger Drews Selige oder Siligin erscheint mehrfach im erzbischöflichen Lehnbuch, vgl. Hertel 1883, S. 118, 133, 140, 159.

11 Das Erste hallische Bürgerbuch verzeichnet ihn 1402 als Ratsmeister: Stadtarchiv Halle, Erstes Hallisches Bürgerbuch, Bl. 3r.

12 Die drei Buchstaben sind als Devise verbunden geschrieben: »Spes mea Christus«.

13 In den von Opel 1880 edierten Ratsverzeichnissen wird er als Ratsangehöriger in den Jahren 1412, 1415 (ebd., S. 505), 1429 (S. 507) und 1432 (S. 508) genannt.

14 In den Ratsverzeichnissen erscheint »Jurge Holtzwert« in den Jahren 1418 und 1421 (Opel 1880, S. 505).

15 Die Schreibung »besytz-tzender« ist durch die Worttrennung verderbt.

16 In den Ratsverzeichnissen erscheint »Coppe Holtzwert« in den Jahren 1431 und 1434 (Opel 1880, S. 508).

17 Oberbornmeister.

18 In den Ratsverzeichnissen erscheint »Leuin Holtzwert« im Jahr 1444 (Opel 1880, S. 511).

19 Gemeinheitsmeister. Je zwei Gemeinheitsmeister standen an der Spitze von einem der vier hallischen Stadtviertel.

20 Die genannten Ämter lassen sich am ersten hallischen Bürgerbuch, in dem jährlich die Ratsämter verzeichnet wurden, überprüfen. Darin werden folgende Funktionen für Augustin Holtzwirth genannt: 1506 Ratsherr (Bl. 107r), 1510 Bierherr (Bl. 111r), 1513 Cammerer (Bl. 114r), 1516 Cammerer (Bl. 117r), 1519 Cammerer (Bl. 120r), 1522 Cammerer (Bl. 123r), 1525 Worthelder (Bl. 126r), 1527 Ratsmeister (Bl. 128r).

21 Halle war von dieser bis heute rätselhaften Pandemie besonders in der ersten Hälfte des Monats August betroffen, vgl. Einleitung, Anm. 82. Daher wird der Vater sehr wahrscheinlich im August 1529 verstorben sein.

22 Obersächsisch für »Vorwerk«, vgl. Grimm, Bd. 26, Sp. 1927.

Demmitz[23], welche itzgertzeit[24] meyn schwager Jacob Paudergiz[25] angenhomen, vor der Stadt Halle gelegen, in Godt dem hern schlieslich entschlaffen, ohne schweyffel etc.

Diesse copey hatt mir Michaell Seust[26], eyns erbarn radts kammerschreiber geschworner Anno 1553.[27]

Anno 1513 an Sandt Catarinen Abent ist Blasius Holtzwirdt in godt erstorben etc.[28]

Anno 1519 ist die fraw Margareta Holtzwirdt, Blasius Holtzwerts hausfraw, in Godt gestorben.[29]

Anno 1553 den 19 Junii, Montags vor Johanne Baptista, ist meyne muetter Klara, Augustins Holtzwirts selige hausfraw, godt seliglichen entschlaffen in doctor Wiehes[30] hausse, welches meynes vatters gewest ist und {er} new gebauhet hatte.

Anno domini 1505 hat meyn vater Augustin Holtzwirdt loebnueß[31] gehabt. Und folgendes auf Dinstags nach außgehen des Magdeburgischen Marckts, war Fastnach[32], loebniesch gehabt, Montags nach Corporis Christi[33] wirdschafft[34] gehabt.

Anno 1507 ist meine elste schwester Clara, die doctor Wien[35] gehabt, geborn Montags vor Simonis {et} Judae.[36] Die gevattern seindt her Heinrich[37], und die Wiltwaldin[38] und Barber Francken.[39] Hadt erstlich Tzeysigk[40] gehabt.

---

23 Diemitz, heute ein Stadtteil der Stadt Halle.

24 Die Schreibung »itzger-gertzeit« ist durch die Worttrennung verderbt.

25 Jakob Paudernitz, Amtsschösser zu Mansfeld, Ehemann der 1511 geborenen Schwester Gertraud. Dreyhaupt Beilage B, S. 66 nennt ihn »Jakob Paudewitz«. Im Januar 1533 erscheint »Jacoff Paudernitz« als Faktor des Grafen Albrecht VII. von Mansfeld-Hinterort, vgl. Mück 1910, Beilage 110, S. 64. Ich danke Rosemarie Knape, Eisleben, für den Hinweis auf diese Quelle.

26 Nicht identifiziert.

27 Der Satz bricht hier ab.

28 Es dürfte sich um den Großvater von Wolfgang Holtzwirth gehandelt haben. Nach Dreyhaupt Beilage B, S. 66 war er 1467 »Vorsteher der Kirchen zu St. Gertrud«. Das Todesdatum, den 24. November 1513, dürfte Dreyhaupt aus der Handschrift Holtzwirths geschöpft haben.

29 Es dürfte sich um die Großmutter von Wolfgang Holtzwirth handeln.

30 Johann Nikolaus Wyhe, Stadtphysikus in Halle, der Ehemann der ältesten Schwester Clara; vgl. Dreyhaupt 1749/1750, Bd. 2, S. 348.

31 Verlobung

32 4. Februar, denn Aschermittwoch fiel auf den 5. Februar 1505.

33 26. Mai 1505. Fronleichnam fiel auf den 22. Mai 1505.

34 Hochzeit.

35 Vgl. oben Anm. 30.

36 25. Oktober 1507.

37 Möglicherweise Hans Heinrich; dieser erlangte das Hallenser Bürgerrecht 1510 (Erstes hallisches Bürgerbuch, B 1, 1 Bl. 111r). Denkbar wäre auch, dass hier ein Geistlicher mit seinem Vornamen Heinrich angesprochen wird. Möglicherweise handelt es sich dann um Dr. Heinrich Kloßmann, den letzten, 1516 gewählten Propst der Stiftskirche St. Moritz, vgl. Dreyhaupt 1749/1750, Bd. 1, S. 746.

38 Nicht identifiziert.

39 Barbara (?) Franke konnte nicht identifiziert werden.

40 Gemeint ist Thomas Zeise. Dies geht aus der Lehntafel zu Trinitatis 1527 (Landesarchiv Sachsen-Anhalt, Standort Wernigerode, Rep. Db Halle A II Nr. 2: Registraturen über die Lehntafel 1518–1563, Bürgerrechtsgewinn 1499) hervor: Der erste Ehemann Thomas Zeise war damals bereits verstorben und dessen Bruder Caspar sollte jene »Pfanne Deutsch« übernehmen, die Clara Holtzwirth als Mitgift in die Ehe gebracht hatte. Ich danke Michael Hecht, Halle, für diesen Hinweis.

[S. 5] Anno 1509 ist meyn ander schwester Ursula, welche erstlich Hanß Pueckler[41], den apoteker Unter dem Gulden Rinck[42] gehabt, darnach Wolff Habenich[43] genommen, der jungk worden im Helschen Margkt.[44] Die gefattern seintd her Willenfels[45], die Gelheuerin[46], Hede Prachstedt.[47]

Anno 1511 ist meyne driette schwester Ger{tr}udt, welche Jacop Paudernietz, Graff Albrechts schoesser tzu Mansfelt[48], genhomen und die zeit meynes vaters leben tzu Mansfelt hochtzeit in dem schloß gehabt. Ist geborn Dunnerstag vor Gertrudis in den Fasten etc.[49] Die gevattern {waren} her Frantz Horn von Nurnbergk[50], des hauptmans tochter zu Gewiechsteyn, fraw Carle[51], und die Alexis Drachsteth.[52]

Anno 1515 ist meyn bruder Marthin Holtzwirdt, welcher Hanß Pueglers[53], des apotekers tochter, unßers schwagers gefreyet, heyst Kete.[54] Mein bruder ist jungk worden Sontags nach Ursula vor miettagk.[55] Die gefattern seindt der prediger tzu Unser Lieben Frawen, her Niclas[56] und Wolff Bach von Koberch[57] und die alte Baefsnigk[58] etc.

Anno 1517 ist meyn virde schwester Margareta ~~welche~~ erstlich Heinrich Schleusser

---

41 Hans Bugkler gründete die »Neue Apotheke«, vgl. Steinbicker 1934, S. 12.

42 Das Haus »Zum Goldenen Ring« lag am Marktplatz von Halle.

43 Nicht identifiziert. Dreyhaupt Beilage B, S. 66 nennt ihn »Wolff Habichten«.

44 Nicht identifiziert.

45 Nicht identifiziert.

46 Möglicherweise ist die Ehefrau von Hans Gellenauer/Gelnauer gemeint, der 1498 und 1504 als Ratsmitglied genannt wird (Erstes hallisches Bürgerbuch, Bl. 99^{r} und 105^{r}) und 1509 sowie 1520 als Bürge erscheint (ebd., Bl. 110^{v} und 121^{v}).

47 Die Person lässt sich nicht eindeutig in die Genealogie der bekannten Familie Brachstedt einordnen, vgl. Dreyhaupt Beilage B, S. 21.

48 Vgl. oben Anm. 25.

49 10. März 1519.

50 Nicht identifiziert.

51 Es handelt sich um eine der beiden Töchter Siegmund von Brandensteins, seit 1503 Hauptmann der Burg Giebichenstein, vgl. Scholz 1998, S. 171. Markus Leo Mock hat mit guten Gründen vermutet, dass die beiden Töchter seiner Frau Ilse aus einem Konkubinat mit Erzbischof Ernst hervorgegangen sein könnten, vgl. Mock 2006, S. 292.

52 Gemeint ist wohl die Ehefrau des Pfänners Alexius Drachstedt, Dorothea, vgl. Dreyhaupt Beilage B, S. 30.

53 Siehe oben Anm. 41.

54 Dreyhaupt Beilage B, S. 66 nennt als erste Ehefrau Eva und erst als zweite Ehefrau Catharina Pugkler.

55 28. Oktober 1515.

56 Von späterer Hand wurde über der Zeile mit einem Verweiszeichen »Seedel« notiert und als dazugehörige Marginalnotiz »Vide B. Par. Halygrap. p. 74.« Dieser Hinweis bezieht sich auf die 1667 publizierte hallische Stadtgeschichte von Gottfried Olearius, in der zum Jahr 1508 ein »Nicolaus Seedel von Nürnberg/ erster (aus Nicol. Schiltbergs Stifftung) Prediger zu L. Frauen« genannt wird, vgl. Olearius 1667, S. 74.

57 Nicht identifiziert, wohl aus Coburg.

58 Nicht identifiziert.

59 Heinrich Schleusser der Alte erwarb das Bürgerrecht in Halle 1491 (Erstes hallisches Bürgerbuch, Bl. 92^{r}). Als Ratsmitglied erscheint er erstmals 1506 (ebd., Bl. 107^{r}) und in den Jahren 1510, 1515, 1518, 1521 und 1525 als Worthalter (ebd., Bl. 111^{r}, 116^{r}, 119^{r}, 122^{r}, 125^{r}). Als Bürge wird er noch 1526 und 1537 genannt (ebd., Bl. 127^{r}, 138^{r}).

den alten auf dem Sandtbergk gehabt[59], darnach Hanß Kecken genhommen.[60] Ist geborn Mietwoch nach Mathia die woche Invocavit in den Fasten.[61] Die gefattern her Bueß Alßleben, tumbrobst[62], und die heuptman Johan Bockman und uxor[63], Heinrich Raucheubt[64] etc.

[S. 6] Anno 1520 ist meyne funffte schwester Catharina, welche Pawel Behm von der Nawemburgk genhommen.[65] Ist geborn auf Martini Abend[66] [...].[67] Gefattern {waren} Segmundt von Brandstein[68], Michel Joeffeus weib[69] und die Boß Brachstet.[70]

Anno a nativitate Christi redemptoris nostri 1522 byn ich, Wolff Holtzwirdt, geborin ahn Sanct Barberen ~~tag~~ abent.[71] Die gefattern seindt der predieger im stiefft[72] und Wilhelm Untze[73] und Selmitzin bey Sanct Jorgen.[74]

Also byn ich nach meynes vatern todts seligen kenn Eyßleben geschieckt worden und bey dem jungen hern von Mansfeltd 2 jar gewest. Erstlich tzu Eißleben in graff Albrechts hauß[75], darnach tzu Mansfeldt in dem schluß. Do war beyeinander 2 hertzoegen von Braunschweig, hertzog Ehrich[76] und hertzig Albretichs[77], item graff

---

60 Joannes Keck, Visirer und Rechenmeister, erwarb das Bürgerrecht in Halle 1545 (Erstes hallisches Bürgerbuch, Bl. 146^{v}). Als Ratsmitglied und Weinmeister wird er genannt in den Jahren 1569, 1572, 1575, 1578, 1581 und 1584 (ebd., Bl. 171^{r}, 174^{r}, 177^{r}, Bl. 180^{r}, 183^{r}, 186^{r}).

61 25. Februar 1517.

62 Busso II. von Alvensleben, seit 1508 Domherr in Magdeburg, seit 1515 Brandenburger Dompropst, seit 1523 Bischof von Havelberg führte 1513 in Rom die Verhandlungen zur Bestätigung der Wahl Albrechts von Brandenburg als Magdeburger Erzbischof, vgl. zur Person Abb/Wentz 1929, S. 119f.; Gatz 1996, S. 20f.

63 Nicht identifiziert. Möglicherweise ist alternativ »Boekman« zu lesen.

64 Es scheint sich um Hans Rauchheupt, den Sohn des Hans Rauchheupt auf Sagisdorf, zu handeln, vgl. Dreyhaupt Beilage B, S. 216.

65 Paul Böhm aus Naumburg wurde nicht identifiziert. Ein Paul Behme, der 1449 das Bürgerrecht in Halle erwarb (Erstes hallisches Bürgerbuch, Bl. 50^{r}) und 1455 als Ratsmitglied genannt wird, scheidet aus chronologischen Gründen aus.

66 10. November 1520.

67 Nicht mehr lesbare Streichung.

68 Zu Siegmund von Brandenstein vgl. oben Anm. 51.

69 Nicht identifiziert.

70 Die Frau des Busso Brachstedt, vgl. Dreyhaupt Beilage B, S. 21.

71 3. Dezember 1522.

72 Sollte hier der Stiftsprediger Georg Winkler gemeint sein, der vor allem durch seine Ermordung im Jahre 1527 in Erinnerung geblieben ist? Nach Dreyhaupt 1849, S. 851 wurde Winkler, der zuvor »Capellan oder Hoffprediger« des Erzbichofs Albrecht war, von diesem 1523 am Neuen Stift »zum Prediger bestellet«. Er ist der einzige namentlich bekannte Stiftsprediger, vgl. Scholz 1998, S. 236.

73 Wilhelm Untze erscheint als Ratsmitglied erstmals 1495 (Erstes hallisches Bürgerbuch, Bl. 95^{r}), als Kämmerer 1511, 1520, 1526, 1529, 1533 (ebd., Bl. 112^{r}, 121^{r}, 127^{r}, 130^{r}, 134^{r}).

74 Gemeint ist Felicitas von Selmenitz, die nach dem gewaltsamen Tod ihres Mannes als Witwe seit dem Jahreswechsel 1520/1521 auf ihrem Gut in Glaucha beim Zisterzienserinnenkloster »St. Marien« mit der Georgenkirche (»St. Jorgen«) lebte. In dieser Kirche befand sich auch die Grablege ihres Mannes, vgl. Bagenski 1914, S. 48f.; Koch 2004, S. 131f. Im Übrigen wurde sie in jener Zeit, in der sie die Gevatterschaft für Wolfgang Holtzwirth übernahm, von Thomas Müntzer als Beichtvater beraten und empfing durch ihn zu Weihnachten 1522 das Abendmahl unter beiderlei Gestalt, vgl. Koch 2004, S. 132f.

75 Gemeint ist das gräfliche Stadtschloss des Grafen Albrecht VII. von Mansfeld-Hinterort, das heutige Hotel »Graf Mansfeld«.

Chrestoffel von Sebergk[78], graff Caßper von Mansfeldt[79] und sein bruder graff Volradt[80] und ein bannerhern von Beuhernn[81], hatten semptlichen einen preceptorem etc.

Darnach ginge ich tzu Eyßleben in die schuele. Do war magister Eyßleben[82], da war magister Jost, heist der schuelmeyster.[83]

Item darnach schickten mich meyne formunder Thomaß Thuhaus[84] und Thomas Schueler[85] ken Northaussen tzu eynem doctor heyst Cornelius.[86] Alda ging ich inn die schuele ein jar.[87] Darnach tzoeg der doctor kenn Basel.[88] So tzoeg ich tzu eyner widtfraw, heist die Toerieschin[89], der furdt ich kinder in die schuele etc.

[S. 7] Item darnach schieckten miech meyne vormunder ken Magdeburch auff den Breyten Wegk tzu eynem kannengiesser, Meyster Jacob[90], do sollte ich daß Handtwerck versuechen und lehren.[91] Die weill ich aber tzu schwach war, und niecht luest dartzu hatt, tzoeg ich widder ken Halle, in die schuele, bey Thomas Schueler.[92]

---

76 Es handelte sich um Ernst III. (IV.) von Braunschweig-Grubenhagen-Herzberg (1518–1567). Seine auch sonst bekannte Erziehung am Mansfelder Hof dürfte darin begründet liegen, dass seine Mutter, Katharina von Mansfeld-Vorderort (1501–1535), die älteste Tochter des Grafen Ernst II. von Mansfeld-Vorderort war, vgl. Spehr 1877. Ihm und dem jungen Grafen Kaspar I. von Mansfeld-Hinterort (vgl. Anm. 78) ist die Schulschrift Johann Agricolas »Ein Christliche kinderzucht« aus dem Jahr 1527 gewidmet, vgl. Agricola 1527, Bl. IIv-3v.

77 Sehr wahrscheinlich ist der Prinz Albrecht von Braunschweig-Grubenhagen (1521–1546), Sohn des Herzogs Philipp I. und seiner Frau Katherine von Mansfeld-Vorderort, gemeint. Ich danke Jörg Voigt (Hannover), für diesen Hinweis.

78 Christoph von Mansfeld (1520–1591), Sohn des Grafen Gebhard VII. von Mansfeld-Mittelort.

79 Kaspar I. von Mansfeld-Hinterort (um 1520–1542), Sohn des Grafen Albrecht IV.

80 Volrad IV. von Mansfeld-Hinterort (1520–1578), Sohn des Grafen Albrecht IV.

81 Diese Person konnte nicht identifiziert werden.

82 Johannes Agricola, seit 1525 Rektor der neu gegründeten Lateinschule an der Andreaskirche. Vgl. zu dessen Tätigkeit an der Eisleber Schule Kawerau 1881, S. 57–79.

83 Nicht identifiziert. Zu den weiteren Lehrern an der Eisleber Schule vgl. Kawerau 1881, S. 68f. Zwei von ihnen sind nur unter den aus einem Stück des Terenz entliehenen Namen »Syrus« und »Davus« bekannt.

84 Nicht identifiziert. Wahrscheinlich handelt es sich um ein Mitglied der Familie Dugaw/Dugau; ein Thomas Thugau ist 1475 als Bornmeister bezeugt, vgl. Erstes hallisches Bürgerbuch, Bl. 76r.

85 Nicht identifiziert, offenbar handelte es sich um einen Hallenser Schulmeister, vgl. unten Anm. 92.

86 Gemeint ist der Mediziner Janus Cornarius, vgl. Clemen 1912, S. 49f. Möglicherweise kam der Kontakt durch die Mansfelder Hüttenmeister Johann Reinecke und/oder Wilhelm Rink zustande, mit denen Cornarius im Austausch stand.

87 Cornarius ist letztmals am 1. März 1537 in Nordhausen bezeugt, hielt sich aber bereits zuvor in Stolberg auf, vgl. Clemen 1912, S. 50f. Daher dürfte Wolf Holtzwirth spätestens Anfang 1537 Nordhausen verlassen haben. Folglich wird er zum Jahresbeginn 1536 nach Nordhausen gekommen sein.

88 Cornarius wechselte von Nordhausen als Stadtarzt nach Frankfurt a.M. Der Hinweis auf Basel hat möglicherweise mit seiner Publikationstätigkeit zu tun, denn ein großer Teil von Cornarius' Publikationen wurde in Basel gedruckt.

89 Offenbar kehrte Wolfgang Holtzwirth von Nordhausen nach Halle zurück. Möglicherweise ist die Ehefrau von Michel Torritzsch gemeint, der 1511 das Bürgerrecht in Halle gewann (Erstes hallisches Bürgerbuch, Bl. 112r).

90 Nicht identifiziert. Auch im Stadtarchiv Magdeburg ließ sich kein Hinweis auf einen Handwerker dieses Namens finden; freundliche Mitteilung von Ines Schuchardt vom 15. Januar 2023.

91 lernen.

92 Es scheint sich also um einen Schulmeister gehandelt zu haben.

Darnach schieckten miech mein vormunder keigen Leypsigk, alda war ich bey eynem Magister von Ulmietz[93] auf dem Peters Colegio[94] in der Petersstrassen.[95] Dem famelirt ich, unnd ging mendacatum[96] midt. Der Magister gab mir eyn tag twen pfennig etc.

Alda wardt ich tzu Leipsieck deponirt tzu dem Guelden Kreutz[97], Balthaser Hoeffman[98] mein burge etc.

Anno 1539 wardt ich auß bevhel doctor Wiehes und meyner formunder ken Tzeitz[99] tzu dem apoteker Nicolae Clement[100] geschieckt. Alda disciplinirt ich bey im 3 jar, war sein erster discipel.[101]

Anno 1543 als ich aus disciplinieret hatte, tzoeg ich ken Wiettenbergk, als Lucas[102] Maler die apoteken hatte. Dem serviert ich ein jar.[103] Dasselbigs jar nam Casper Pfreund[104] Lucas Malers dochter[105] und war unser provisor.

Dasselbige jar tzoeg Valerius Cordus[106] welcher die selbige tzeit tzu Wiettenbergk den Dioscoridem[107] laß[108], und ein gewaltiger simplicist[109] war. Derselbiege tzoeg in

---

93 Olmütz, tschechisch Olomouc. Die Person konnte nicht identifiziert werden.

94 Das Petrinum oder Peters-Kollegium, ursprünglich im Besitz der Philosophischen Fakultät der Universität Leipzig, wurde 1504 der Juristischen Fakultät eingeräumt, vgl. Stübel 1879, Nr. 249, S. 303f.; Bünz 2009, S. 109.

95 Die letzten drei Worte über der Zeile ergänzt.

96 Das unverständliche Wort könnte eine Verballhornung von »mendicatio« (Betteln) sein, so dass Wolfgang Holtzwirth den genannten Magister möglicherweise bei Spendensammlungen unterstützte. Ich danke Enno Bünz, Leipzig/Würzburg, für diesen Hinweis.

97 Das seit dem 15. Jahrhundert belegte Haus »Zum Goldenen Kreuz« stand auf dem heutigen Grundstück Neumarkt 3 und ist seit 1550 als Gasthaus belegt, vgl. Müller 1996, S. 144.

98 Balthasar Hoffmann (gest. 1559) war Kramer in Leipzig und betrieb eine Materialwarenhandlung, vgl. Fischer 1929, S. 232; Kühne 2017.

99 Zeitz.

100 Vgl. zur Person Graepel 1989, S. 9f.

101 Die Zeitzer »Schwanen-Apotheke« wurde 1539 gegründet und befand sich im Rathaus. Da das erste Apothekerprivileg verloren ist, stellt die Mitteilung von Wolfgang Holtzwirth neben dem Eintrag des Zeitzer Bürgermeisters Jacob Thamm in die handschriftliche Stadtchronik zum Jahr 1539 (»Einn Apotecker al hier gewesenn, welcher dem Rahtt Hauß Zinnß gegeben.«, zit. Graepel 1989, S. 9) den ersten Hinweis auf die Gründung der Apotheke dar.

102 Mit Verweiszeichen am Rand ergänzt »Cranach«.

103 »Wolffgangus Holtzwirtt Hallensis« wurde im Oktober 1543 an der Universität Wittenberg immatrikuliert (Förstemann 1841, S. 208). Er dürfte aber bereits während des Sommersemesters 1543 nach Wittenberg gekommen sein, da er noch die Dioscorides-Vorlesung von Valerius Cordus – wenigstens zum Teil – hörte.

104 »Casparus Phrundtt Salueldensis« wurde im Oktober 1543 an der Universität Wittenberg immatrikuliert, vgl. Förstemann 1841, S. 208.

105 Caspar Pfreund heiratete die um 1520 geborene Anna Cranach. Der Zeitpunkt der Vermählung im Jahre 1543 war bisher unbekannt. Dieser Heirat verdankte Pfreundt nicht nur den Besitz der Apotheke, die er von seinem Schwiegervater übernahm, sondern auch seinen Aufstieg in die städtische Elite, vgl. Müller 1912, S. 22, Anm. 5.

106 Zur Biographie des Mediziners und Pharmakologen sind die in der Forschung aus dem Blick geratenen Arbeiten Thilo Irmischs, der im Übrigen als Einziger auch die Handschrift Holtzwirths benutzte, immer noch unersetzt: Irmisch 1862, Irmisch 1864.

107 Mit Verweiszeichen am Rande ergänzt: »extat Francofurti 1549«. Gemeint ist die unter dem Namen der Bearbeiter Valerius Cordus und Conrad Gessner 1549 bei Christian d. Ä. Egenolff in Frankfurt erschienene Ausgabe des Arzneihandbuchs des Dioscorides (VD16 D 2005).

Welschlandt.[110] Dieweil ich aber die selbige tzeit luest tzu [S. 8] wandern, und mein dinst noch niecht auß war, das ich miedt dem Valerio Cordo getzoegen were, also tzoeg ich nach ~~aufßpurg~~ außgang meynes dinsts miedt magister Andrea Aurifabri, welcher das jar decanus tzu Wiettenbergk, kegen Venedigk.[111]

Anno 1544 Sontag nach Bartolomei[112] tzoeg ich von Halle auß. Alda gaben mir meyn vormundern eyn pferdt und 10 taler. Also reyth ich kegen ~~Lep~~ Leypsieg, da wardt magister Andreas Aurifaber auf miech. Und ließ sein weib sampt seinen kindern, Hanß Luffts dochter von Wiettenbergk[113], tzu Leiptziegk.

Und folgendes Montages[114] tzoegen wir von Leiptzig auf Weyßfels[115], auf Nuewenburgk[116], [*Einfügungszeichen*][117] auf Jhenne[118], auf Kahll[119], auf Salfeldt.

---

108 Die Nachrichten zur Lehrtätigkeit des Cordus in Wittenberg beruhen im Wesentlichen auf einem späteren Bericht des Johannes Crato von Krafftheim. Danach habe Cordus in Wittenberg drei Mal den Dioscorides gelesen; zum letzten Mal als Privatissimum vor seiner Abreise nach Italien, was sich nur auf das Sommersemester 1543 beziehen kann, vgl. unten Anm. 110. Andreas Aurifaber wird als einer seiner eifrigsten Zuhörer genannt, vgl. Irmisch 1862, S. 13, der freilich irrtümlich von Johannes Aurifaber, dem Theologen und Bruder des Andreas Aurifaber, spricht.

109 Mit »Simplicia« sind im Gegensatz zu »Composita« Arzneimittelgrundstoffe gemeint, aus denen die Arzneien zusammengesetzt werden.

110 Gegen die Angabe von Johannes Crato, Cordus sei schon 1542 nach Italien gezogen, hat bereits Irmisch 1862, S. 20f. auf das Zeugnis von Wolfgang Holtzwirth verwiesen. Cordus erhielt von der Universität Wittenberg 1543 ein Stipendium für seine Italienreise in Höhe von 40 Gulden jährlich, das ab Michaelis (29. September) 1543 gezahlt werden sollte, vgl. WA Br 12, S. 434, Anm. 15. Die Abreise dürfte Anfang Oktober erfolgt sein, da Melanchthon einen auf den 1. Oktober 1543 datierten Brief an Hieronymus Baumgartner durch seinen aus Nürnberg stammenden Schüler Hieronymus Schreiber überbringen lässt, vgl. Scheible 1977–2021, Bd. 3: Regesten 1540–1543) (1979), Nr. 3328, S. 431. Schreiber zog gemeinsam mit Valerius Cordus nach Italien. Er wollte auf dem Weg seine Mutter in Nürnberg besuchen und Baumgartner für das von ihm gewährte Reisestipendium danken.

111 Der preußische Herzog Albrecht gewährte dem damals in Danzig als Schulrektor tätigen Andreas Aurifaber ein dreijähriges Stipendium zum Studium der Medizin. Während Aurifaber das erste Jahr in Wittenberg oder Leipzig studieren sollte, verlangte der Vertrag für die folgenden zwei Jahre ein Studium in »Welschland«, vgl. Anselmino 2003, S. 42. Der gemeinsame Versuch von Luther, Bugenhagen, Camerarius und Melanchthon, den Herzog mit einem Brief vom 8. Oktober 1543 davon zu überzeugen, dass ein Studium in Italien nicht notwendig und auch gefährlich sei (»... das Magister Andreas nicht in Jtalien zihen, sondern bej seiner hausfrauen und kindern bleiben solt, den sie sind beide jung, und wie die sitten in Jtalien sindt, ist unverborgen«) verfing nicht, vgl. WA Br. 10, Nr. 3923, S. 415f., das Zitat hier S. 416.

112 31. August 1544.

113 Aurifaber hatte am 18. Februar 1538 die älteste Tochter Hans Luffts, Helena, geheiratet, vgl. Oehmig 2022, S. 145f. mit Anm. 216.

114 1. September 1544.

115 Weißenfels.

116 Naumburg.

117 Das Einfügungszeichen bezieht sich auf den folgenden Absatz: »auf Kale [Kahla], Nuestlin [?], Roetelstorfft [Rattelsdorf], Coberck [Coburg], Forcheim [Forchheim], Rothen [Roth], Weißburgk [Weißenburg], Bleyfelt [Pleinfeld], Olinge [Ellingen], Weyseburgk [Weißenburg in Bayern], Diethfort [Dietfurt, OT von Treuchtlingen], Waingendorfs Kloster [?], Donawerdt [Donauwörth], Droß [?], Narwendorf [Nordendorf], Mietlingen [Meitingen], Girßstorff [Gersthofen?], Außburg [Augsburg].«

118 Jena.

119 Kahla.

Zu Noremburgk[120] lagen wir 3 tage stille bey dem suprattenten Oseander.[121] Am Rand notiert: »Das wasser heist Pegnitz«] Darnach tzoegen wir auf Außburgk.[122] Alda lagen wir tzwen tage stiel auf dem weyn marckt kegen des Fuekers hauß[123] ober etc.[124]

Darnach tzoegen wir von Außburg auf die Klause[125], darnach kegen Ißbrug.[126] Do sahe ich ein dag[127] miedt golde verguldt.[128] Und vor dem thor in eyner Muelein[129] viel contrafey gegossen.[130] Und 2 meil dieseit in eyne felß da Maximielilas[131] nach gemsen[132] gestiegen ist. Ein Crucifix im holen wege.[133] [S. 9]

Von Ißbruch auf Botzen[134], von Botzen auf Trenta[135], auf Viteoba.[136] Alda liesen etliche von unser gesellschafft ihre pferde stehen und fhueren auf eyner kuetzenn auf dem anger kegen Masteriech.[137] Alda liesen wir etliche die pferde stehen.

Zu Mesterich alda hatten wir noch ein deusche meil kegen Venedig auf dem wasser auf den jundelein[138] tzu schiffen, den man biß auf ein deusche meile nahe auf dem lande niecht kommen den tzu wasser.

Also sassen wir zu Mesterich auf eine guedele[139] oder schiefflein und fhueren auf dem mher ken Venedich eyn deusche meyl, durfften keyne buxen miedt in die stadt nhemen.

---

120 Nürnberg.

121 Andres Aurifaber heiratete 1550 in zweiter Ehe Agnes, die Tochter von Andreas Osiander. Im Zusammenhang dieser Eheschließung erwähnt Osiander in einem Brief an Hieronymus Besold vom 28. Januar 1550, er habe Aurifaber im Hause seines Schwiegervaters, des Nürnberger Stadtarztes Johannes Magenbuch, kennengelernt. Anschließend habe ihn Aurifaber in seinem Haus besuchte *(»ac me quoque domi visitaverit«)*, SEEBASS 1994, S. 300. Diese von Osiander nicht datierte Begegnung wird in der bisherigen Literatur auf die Hinreise Aurifabers nach Padua im Herbst 1544 bezogen, so etwa ASSION/TELLE 1972, S. 378. Also hätten die beiden Reisenden nicht bei Osiander Quartier gefunden, wie Wolfgang Holtzwirth schreibt, sondern bei dem Stadtarzt Magenbuch. Naheliegender scheint es aber zu sein, dass sich Osianders Äußerung auf einen früheren Besuch Aurifabers in Nürnberg bezieht.

122 Augsburg.

123 Am Weinmarkt, der heutigen Maximiliansstraße, ließ Jakob Fugger ab 1512 seine Stadtresidenz, die Fuggerhäuser, errichten.

124 Hier folgt der Einschub mit den Stationen von Kahla bis Augsburg, vgl. oben Anm. 113.

125 Unklar; ist hier das Südtiroler Klausen, italienisch Chiusa, gemeint?

126 Innsbruck.

127 Dach.

128 Gemeint ist das »Goldene Dacherl«, der 1498–1500 dem »Neuhof« angefügte Prunkerker.

129 Wahrscheinlich handelt es sich nicht um eine Mühle, sondern um den Ort Mühlau.

130 Hier sind die von Maximilian I. für sein Grabmal in Auftrag gegebenen Bronzefiguren, die »Schwarze Mander« gemeint, die zunächst in dem der Gießerei angeschlossenen »Bildhaus« im Innsbrucker Vorort Mühlau untergebracht waren.

131 Verschrieben für »Maximilian«. Gemeint ist der römisch-deutsche König und spätere Kaiser Maximilian I.

132 »gemsen« wurde über der Zeile nachgetragen.

133 Gemeint ist die Kaiser-Maximilians-Grotte in Zirl. Die Erzählung von der Gemsenjagd stammt aus dem 20. Kapitel des Theuerdank, vgl. THEUERDANK 1517.

134 Bozen.

135 Trient.

136 Holtzwirth scheint hier Villorba gemeint zu haben; die Reise führte dann – wie auch sonst weithin üblich – von Trient über Feltre und Treviso.

137 Mestre.

138 Von »Gondola«, vgl. WIS 1955, S. 134f.

139 Vgl. vorausgehende Anm.

Also quamen wir in ein wiertzhauß, das heist »Al Aquilo Negro«, »Tzu dem Schwartzen Adler«[140], war ein deuscher wirdt, niecht weidt von dem deuschen kauffhauß, »Al Fontigo« genandt.[141]

Also lagen wir bey 14 tage tzu Venedig stiell. Die weil ich aber die welsche sprache niecht konte, kont ich bey keynem apoteker condicionen[142] uberkommen. Und tzoege mitt denn Anders Aurifaber ken Padua. Da fueren wir auf dem mhere ein deusche meil biß ken Luxifasina.[143] Alda tzoege man unser boecka[144] oder barcka schieff miedt eyner winde ~~od~~ auff rollen auß dem mher, in ein friesch flisenst wasser. [Am Rande mit Verweiszeichen ergänzt: »die Brenta«.] Do hatten wir noch 4 mheilen auf dem wasser ken Padua. Da tzoegen uns 2 pferde an seilen biß ken Padua. [S. 10] Dieweyl ich aber tzu Padua dasselbige mhal der sprache halben niecht ankommen koende, ließ ich den Magistro [geschwärzte Streichung] Aurifaber tzu Padua und ich tzoeg mitt etlichen deuschen beckersgesellen in der gesellschaft kegen Rhom.

Also tzoegen wir ohngeferlich den lesten Octobris an S. Wolfgang dack[145] von Padua auf Ferrahre[146], von Ferrahre auf Penonia[147], auf Florentza[148], auf Munta Flascon[149], da wechtzet guete muscatel[150], auf Starparia[151], da mhan die seltzame ~~mher~~ nueßer[152] vorkaufft, auf Sietes[153], eyn schoene universitet[154], auf Viterba[155], das ist ein warm batt[156], auf Montaroß.[157]

Also quamen wir in 13 tagen von Padua biß kegen Rohm. Dieweil ich miech aber fast vertzert und niecht viel mher gelt hatte, den ich mein pferdt ehr ich kenn Venedig kam vorkaufft vor 17 kronen, die waren fast alle, den meysten theil tzu Vendig

140 Das Gasthaus »Schwarzer Adler« war bei deutschen Jerusalempilgern bereits im 15. Jahrhundert eine beliebte Anlaufstelle, vgl. Röhricht 1900, S. 9. In der Herberge hinterließen deutsche Jerusalemfahrer ihre Wappen, vgl. Kraack 1997, S. 455.

141 Gemeint ist der Fondaco dei Tedeschi.

142 eine Anstellung.

143 Gemeint ist der Ort Fusina, heute im Stadtgebiet von Venedig gelegen, für den die älteren Namensformen Lixa Fusina oder Lizza Fusina bezeugt sind. Der Ausdruck Lixa oder Lizza verweist wohl auf das Rutschen der Boote, die hier durch eine in den 1430er Jahren erbaute Mechanik in einen Kanal zur Brenta gezogen wurden. Ich danke Tomáš Rataj, Prag, für die Identifikation des Ortes.

144 Der zweite und dritte Buchstabe ist durch einen Tintenfleck kaum lesbar.

145 31. Oktober.

146 Ferrara.

147 Bologna.

148 Florenz.

149 Montefiascone.

150 Muscatellerwein, eine Rebsorte, vgl. Wis 1955, S. 198.

151 Scarperia.

152 Möglicherweise sind hier Trüffel (Tartufo) gemeint, die Holtzwirth irrtümlich für Nüsse hielt. Ich danke Andreas Rehberg, Rom, für diesen Hinweis.

153 Über der Zeile: »Senes«, also Siena.

154 Die Universität von Siena bestand seit 1240.

155 Viterbo.

156 Gemeint ist die etwa drei Kilometer westlich von Viterbo gelegene Therme Bullicame, die schon Dante Alighieri in seiner Göttlichen Komödie (14,79) besang. Ich danke Andreas Rehberg, Rom, für diesen Hinweis.

157 Monterosi.

vortzert. Also kam ich durch vorbietd eynes gesanten von wegenn des bischoffs von Straßburch[158], welcher unterwegenn miedt unß ein weil gerietthen waß, und er tzu Rhom miedt das tuleiken[159] bekanth war, gab mir der heuptman[160] die selbigen wochen dinst in das pabst Papa Paulus tercius gewardia. Gab mir so baldt eine monat soldt 4 kronen und ein kleidt. Also lernt ich erst tzu Rhom die sprache und hielt miech tzu des babst apoteke in Sant Peters Munster. Also verdienet fast von dem babst und apoteken, das ich etwas erubert. Also blieb ich tzu Rhom in fastnacht ober.

[S. 11] Anno 1545 die fastnacht riechtet unser heubtman der Tueteskui[161] und der leutenampt und Hanß Fuchs, der schreiber, und der fenriech eyn gelueckdoepff[162] ahnn unter den deuschen knechten in der gewardia. Darin war daß beste eyn silbern dolch von 30 taler, item etliche gulten keten und viel guldin ringe. Alda legeten wir auf eynen tzedel julier[163], ist also viel als ein martzel.[164] Also gab mir godt das gelueck, das ich ein gulden keten, welche am golde 12 kronen ~~weg~~ gewehn. {Ich} hatte 13 tzedel hineynn gelegt.

Als nhun der sommer herbey kam und es tzu Rhom sehre heiß war und begunte sehre tzu sterben, also uberkham ich die prenne[165] und war sehre krangk. Aber Godt der almechtige gab mir geluecke, das miech meins porßgesellen[166] weyb wol warte. Und do ich widder tzu paß wardt, besprach ich mich miet etlichen teuschen, das wir wollten von Rhom nha Neapolis tziehen. Also war eyn teuscher knecht, ein edelman da, welcher gerne were an des babst dinst gewesen, konte aber niecht. Also gab mir derselbiege ein monat solt und kaufft mir meine rüstung abe, und {ich} ließ in an mheine stadt in den dinst tretten.

Also tzoege ich miedt der geselschafft den ersten Julii von Rhom auf dem Tyber biß kenn Ostia, ist ein fest schloeß des babst. Alda fleust die Tieber, das wasser, daß durch Rhom fleust, kumpt von Ostia in das offenn mher. Also schiefften wier von Ostia in 24 stundenn kegen Neapolis.

---

158 Erasmus von Limburg war 1541 zum Bischof von Straßburg gewählt worden, vgl. Gatz 1996, S. 426f. Möglicherweise war sein Kanzler Dr. Christoph Welsinger oder der Straßburger Domherr Bernhard von Eberstein der namenlose Gesandte.

159 Unklarer Ausdruck; gemeint ist offenbar der Kommandant der päpstlichen Garde.

160 Wahrscheinlich Kaspar von Silenen d. J., der Sohn des gleichnamigen ersten Kommandanten der päpstlichen Leibgarde, der 1546 verstarb, vgl. Lütolf 1859, S. 26f.

161 Wohl vom italienischen »tedesci« (Deutsche) abgeleitet. Nach dem Untergang der ersten päpstlichen Schweizergarde im Sacco di Roma 1527 wurde die päpstliche Garde aus deutschen Landsknechten neu gebildet. Diese wurde 1547 von Papst Paul III. entlassen und es kam im folgenden Jahr zur Neugründung der Schweizergarde, vgl. Surchat 1991, S. 117f.

162 Der Ausdruck »Glückstopf« meint entweder das Gefäß zur Aufbewahrung bzw. Ziehung der Lose oder auch allgemein eine Lotterie, vgl. Grimm, Bd. 8, Sp. 407–410.

163 »Julier« oder auch »Gulio« war ein silberner Grossos (Groschen), der seinen Namen von den Prägungen Papst Julius II. (1503–1513) erhielt.

164 Marzell, Marcelli, Marcelle, bei Holtzwirth meist als Mutzinger oder Muntzinger bezeichnet: Silbermünze der Republik Venedig im Wert einer halben Lira. Sie ist benannt nach dem Dogen Nicolo Marcello (1473/4) und zeigt auf der Vorderseite den vor dem hl. Markus knienden Dogen, auf der Rückseite ein Christusbild. Zum Terminus vgl. Wis 1955, S. 189.

165 Die »Bräune« war ein Ausdruck für die Angina, vgl. Grimm, Bd. 2, Sp. 325.

166 »borsgesell« oder »bursgesell«, von lateinisch »socius bursae«, vgl. Grimm, Bd. 2, Sp. 245.

[S. 12] Neapoliß ist eyne sehre schoene stadt, gehoert itz dem keyser[167], leidt 25 deusche meyl vonn Rhom. Alda kam ich tzu einem deuschen heuptman, welcher unter den Spanniern auf dem hohen schloeß kont warthin. Der vorschafft mir, das ich tzu dem Duca de Salerna[168] kham vor eynen trabanten.[169] Bey dem war ich etwa 2 monath und tzoeg miet im nach Salerna[170], ein stadt leidt 8 deuscher meylen von Neapolis an der see. Darnach tzoeg ich miet dem cantzlare[171] vollent in Calabria, in eyne stadt heist Caniga.[172] Alda samlet man die Mama Calabrosa.[173] Gehoret dem Duca de Salerna, leidt an der see kegen die insel Sicylia uber.

Den ersten tag Augusti 1544 tzoeg ich widder miet dem hertzoeg de Salerna kegen Neapolis. Alda hatte der Spannier den ersten abent Augusti auf dem mher und auf dem schloeß, das auf der sehe in eynem fels leidt[174], viel kortzweil mit feur und schiessen. Die stadt Neapolis hadtt drey gewaltige schloesß. Eins heist Castel Sanct Martin, leidt auf eynem hoehen berge in der stadt.[175] Das ander heist Castel Nepha, leit unten an der see, stehet viel frantzosiesch geschuetz darinnen.[176] Daß driette schlosß heist Castel Ofa[177], leidt in der see, in dem mher auf eytel felß. Und das mher gehet geringst um und umb[178] etc.

Am 15 Augusti 45 kam der Andrea Dory[179], ein gewaltiger kriegsman auf den galeryhey, fueret stets 12 gelerenn. Der bracht viel tuerken und moeren, jungk und alt, und vorkauft sie tzu Neapolis. Die andern, so er nicht vorkauffen kunth, schlueg er an kethen [S. 13] auf die galehen. Tzu Neapolis ist ein bergk Pistola[180], der ist holl, das man unten dadurch reitten und pfaren mueß. Und ist sehre lang, in der mietten ist ein loech, das giebt ein wenig ein schein, sonst ist gar finster.

Dieweil ich aber tzu Neapolis nicht luest hatte tzu bleiben, und konte in keine apoteken niecht kommen, also war auf eyner galera ein deuscher bevhelhaber, den bath ich, das er miech auf seyner galera ken Jenua[181] nemen wolte. Also war er sehr

167 Seit dem Tode Ferdinands II. von Aragonien im Jahre 1516 regierte formell der spätere Kaiser Karl V. das Königreich Neapel.

168 Ferrante Sanseverino (Ferdinando de Sanseverino y Aragón) (1507–1572), der letzte Fürst von Salerno.

169 Soldat oder Landsknecht, vgl. Grimm, Bd. 21, Sp. 941–951.

170 Salerno.

171 Es handelt sich um Bernardo Tasso (1493–1563), den Vater des Dichters Torquato Tasso, vgl. Morace 2019.

172 Gemeint ist wohl Reggio Calabria.

173 Könnte hier die Bergamottefrucht gemeint sein?

174 Gemeint ist wohl das Castel dell'Ovo.

175 Gemeint ist das Castel Sant'Elmo, neben dem sich das Kartäuserkloster Certosa di San Martino befindet.

176 Gemeint ist das Castel Nuovo.

177 Vgl. Anm. 174.

178 rings herum.

179 Andrea Doria (1488–1560), genuesischer und kaiserlicher Admiral, der eigentliche Machthaber in der Republik Genua.

180 Dem Namen nach scheint es sich um den Krater der Solfatara im Stadtgebiet von Pozzuoli zu handeln. Der Beschreibung nach muss aber eine der unterirdischen Tuffsteinhöhlen Neapels gemeint sein.

181 Genua.

willigk und vorschafft miech auf der galera frey kost und tzerung. Also fhur ich miet dem Andrea Dori von Neapolis auf seine galeren. Als miehr ungeferlichen ein deusche meil umb Neapolis hinder den berck[182], der da stedes brent[183], kamen, alda waren in der hafft 3 galeren wolgerust, gehoerten dem babst. Also rueckt der Andrea Dori miet seinen galern tzu hauff, als er innen wardt, das es des babst galern waren, rueckte er hintzu und nham sie ohn alle gewher gefangen. Und fhueret sie miet siech biß ken Jenua. Die ursach aber wahr, das er dem babst eyn tzeit gedienet, und ~~weil~~ niecht[184] betzalet war worden. Also behielt er die galeern bey siech tzu Jhenua. Und schrieb dem babst, so er im betzalt, so wolt er im seine galeern widder senden. Also wir also fast bey 9 tagen auf der see oder mher waren, sahe ich meynen jammer, wie sie auf den galeern miet den gefangnen Tuerken, welche an eysenketen geschmiedt und ruedeln mueste wie die pferde. Welcher niecht ruedeln [S. 14] wollte, schlueg der muker[185] miet eyner remernpeitze[186] so lang, bis er sterben mueste. So warff er innen dornach in das mher und schmiedt ein andern an die stadt.

Als ich nhun ken Jenua[187] kam, gehordt dem keyser, do wonet der Andrea Dori. Und ließ seine galehern an dem mher unter der stadt stehen und ging den berg hinnauf in seinem pallast, welcher gantz schoen und schoen gewest von seltzamen brunnen uberauß.[188]

Den Septembris 15 tzoeg ich von Jenua auf eine stadt heist Alexandria[189] durch eytel castanien waldtnuß. Darnach kam ich ken Pavia, da die schlacht und der Frantzoeß im thiergarten ist gefangen worden.[190] In welchen thiergarten ein kleine maur gehabt byß an ein cloester, heist Certusa de Pavia.[191] Liegen noch viel toedte schettel do. Von Pavia in das closter ist ein meil in thiergarten. Dornach von dem kloster 4 meyl ken Meylandt. Ist ein sehre schoen kloester, herbergt iderman uhmsonst.

Also kam ich in den 20 Septembris kein Meylandt. Ist ein gewaltige schoene stadt und ein sehr feste schloeß. Alda waren deusche trabanten[192] innen. Also kam ein spaniescher cardinal, der wolte kegen Rhom tziehen fast miet hundert pferden.[193] Und dieweil ich aber noch etliche buecher und die keten, so ich so ich inn toepf gewhan,

---

182 Von späterer Hand ergänzt »Pizola«, d.h. Pozzuoli.
183 Gemeint ist wahrscheinlich der 1538 ausgebrochene Vulkan Monte Nuovo in den Phlegräischen Feldern.
184 Über der Streichung ergänzt.
185 »Muccaro«, »Muecro«, »Mucker«, wörtlich Eseltreiber, hier ist der Aufseher über die Ruderer gemeint, vgl. Wis 1955, S. 197.
186 Gemeint ist wohl eine Riemenpeitsche.
187 Genua.
188 Die Villa del Principe a Fassolo.
189 Alessandria. Am Rand von späterer Hand: »auf dey land dort heist sie Allessandria«.
190 Gemeint ist die Gefangennahme des französischen Königs Franz I. am 24. Februar 1525.
191 Certosa di Pavia, etwa neun Kilometer nördlich von Pavia.
192 Vgl. oben Anm. 169.
193 Es dürfte sich um Francisco de Mendoza y Bobadilla, Bischof von Curia, gehandelt haben, der von Papst Paul III. am 19. Dezember 1544 zum Kardinal ernannt worden war und 1545 an die Römische

dem schreiber Fuchs miet der eignen handt hatte tzu vortrauwen geben, im wellens von Neapolis widder auf Rohm tzu tziehen. Also reyste ich mit dem spanischen cardinal von Meylant widder [S. 15] kegen Rohm. Und tzoegen von Meylandt, Parma und auf Placentz[194], welche stete der babst seynem son, Signor Perloiso[195] eingeben hadt. Aber durch sein groß tiranney wardt er von der gemein in der stadt durch list in seinem schloß erstochen und tzu eynem fenster den hunden vorgeworffen.[196] Diesser hielt auch deusche knechte.

Vonn Parma tzogen wir auf Ponponia[197], auf Muta Flasco[198], auf Scorporia[199], auf Senes[200], auf Viterba[201], auf Monteroß.[202] Und kam wiedder den 10 Octobris kegen Rhom. Dieweil ich aber fast 6 monath von Rhom war und die sprache etwas begrieffen, wolt ich mich niecht widder in das babst dinst geben. Sondern es war ein medicus, hieß doctor Gaspertus[203], ein Niedderlender, und ein junger doctor Cyriacus Weber von Memigen.[204] Die waren beide physici ober dem reychen spiettal a Consolacione Maria, nicht weit von dem Colloseo.[205] Die hulffen miech, das ich apoteker in der apoteken wardt neben eynen gesellen. Und ist ein sehr kostliche apoteken in dem spiettel. Man nimpt nicht iderman hineyn, allein waß buerger seint und keinen der morbum gallicum[206] oder leprosus[207], sonden die febricieren oder sonst tzufellige kranckheit habenn, werden sehre wol tractirt. Also hat ich alle monat 4 kronen und mein freyen tiesch unnd guete bibalia.[208] So ein Roemer darin gesundt wordt, schenckt er viel tranckgelt etc.

Kurie reiste, vgl. Vercruysse 2000, S. 78f. Unwahrscheinlich ist, dass Holtzwirth den im selben Konsistorium zum Kardinal ernannten Bartolomé de la Cueva y Toledo traf, da dieser erst 1546 nach Rom gelangte, vgl. ebd., S. 79.

194 Piacenza. Die Reihenfolge von Parma und Piacenza ist vertauscht.

195 Pier Luigi Farnese (1503–1547), unehelicher Sohn von Alessandro Farnese, dem späteren Papst Paul III.

196 Pier Luigi Farnese übernahm am 23. September 1545 das Herzogtum Parma und Piacenza, also etwa gleichzeitig mit der Durchreise Holtzwirths. Er wurde am 10. September 1547 in Piacenza ermordet.

197 Bologna.

198 Montefiascone. Steht hier in der falschen Reihenfolge, denn es müsste zwischen Siena und Viterbo genannt werden.

199 Scarperia.

200 Siena.

201 Viterbo.

202 Monterosi.

203 Es handelt sich um den aus Amsterdam stammenden Gisbertus Horstius (Gisbert van Horst), der 1556 in Rom verstarb. Ich danke Berit Wagner, Frankfurt a.M., für diese Identifikation.

204 Es handelt sich um den 1524 geborenen Sohn des gleichnamigen Memminger Stadtarztes Cyriakus Weber, der später als Leibarzt des bayerischen Herzogs Albrecht V. wirkte und 1575 verstarb, vgl. Weisshaar-Kiem/Weisshaar 2011/2012, S. 59–62.

205 Das Ospedale di Santa Maria della Consolazione.

206 »Franzosenkrankheit«, die Syphilis.

207 Aussatz.

208 Getränke.

[S. 16] Dasselbige jar kam Wolff Krauß[209] ken Rhom und schlueg sich miet eynen soltato in der stadt Rhom und wardt von dem parasello[210] eingetzoegen. Als er aber auß dem gefengnuß kam, ward er gar unsinnieg, also daß ich im muste stedts mit tzweyenn weiber ~~be~~ dagk und nacht bewaren lassen auf die Campo Santo[211] bey dem kuester. Darnach nham ich in inn den spiettal Maria de Loreto[212] und ließ in curiern. Und schriebe auf der post kegen Noerenbergk und kegen Halle an seynen bruder Valten[213], welcher auch tzu Rhom bey mier gewesen war. Also kam Valten Krauß und magister Kelner[214] auf der post kegen Rhom. Aber Wolff Krauß, dieweil er siech begunt tzu besinnen und er viel seltzam possen tzu Rhom angeriecht, war er drey tage tzuvhor wegk, ehr sein bruder kam. Also gab mier sein bruder 20 kronen, so ich vor im in seiner schwacheit außlege, widder. Und tzogen beide den dritten tag widder von Rhom und hatten Wolffen tzu Pononia[215] antroffen. Die selbige fastnach[216] kam magister Frantz Kram[217], welcher auß schieckung des churfursten hertzog Morietz war vieleicht kegen Rhom kommen.[218] Es war auch der junge hertzoeg von Braunschweig, der mietler[219], auch dar in Rhom, welcher von dem babst sehr wol in das signor Davits Perloßo ~~solchs~~ sons pallast[220] tractirt worden. Es war auch Julius Pfluek[221],

---

209 Ein Riemer mit Namen Wolff Krause aus Hettstedt erwarb 1564 das Bürgerrecht in Halle (Erstes Hallisches Bürgerbuch, Bl. 165r). Sollte es sich um die hier gemeinte Person handeln?

210 Der »Barisellus« oder »Bargello« war gewissermaßen der päpstliche Polizeichef, vgl. Rehberg 2010, Sachindex (Stichwort: barisellus).

211 Campo Santo Teutonico.

212 Möglicherweise das Hospital bei der Kirche Santa Maria di Loreto.

213 Valentin.

214 Ein Magister Kelner erwarb 1528 das Bürgerrecht in Halle (Erstes hallisches Bürgerbuch, Bl. 129r); er erscheint 1530 und 1538 als Bürge für weitere Neubürger (ebd., Bl. 131r und Bl. 139r).

215 Bologna.

216 Um den 14. März 1546 (Sonntag Invocavit).

217 Franz Kram (1516–1568) nahm 1542 ein Jurastudium an der Universität Leipzig auf und war zugleich als Agent für den sächsischen Herzog Moritz tätig. 1546 stieg er zum sächsischen Rat auf und erhielt 1552 eine juristische Professur in Leipzig, vgl. Scheible 1977–2021, Bd. 12: Personen F–K (2005), S. 456.

218 Kram unterrichtete Herzog Moritz am 10. Februar 1546 von Augsburg aus über die Planungen seiner Italienreise (Brandenburg 1904, Nr. 861, S. 520 f) und berichtete am 22. April 1546 aus Rom (ebd., Nr. 888, S. 567–569).

219 Philipp Magnus (1527–1553) zu Braunschweig-Lüneburg, der Sohn des durch Philipp von Hessen 1545 gefangengesetzten Herzogs Heinrich II. von Braunschweig-Wolfenbüttel. Franz Kram berichtete am 22. April 1546, der Herzog sei »gestern [also am 21. April] selb funfte von Padua allher gegen Rom kommen«, Brandenburg 1904, Nr. 888, S. 568.

220 Sehr wahrscheinlich ist die Residenz des Kardinals Alessandro Farnese, des ersten Sohns von Pier Luigi II. Farnese (vgl. oben Anm. 195) gemeint. Dies bestätigt auch Franz Kram, der am 22. April 1546 schrieb, der Herzog stehe beim Papst und »sonderlichen bei dem cardinal Farnesio […] in grossen gnaden«, Brandenburg 1904, Nr. 888, S. 568.

221 Julius von Pflug, 1541 vom Domkapitel zum Bischof von Naumburg-Zeitz erwählt, musste 1542 dem durch den sächsischen Kurfürsten unterstützten Gegenbischof Nikolaus von Amsdorff weichen, vgl. Wiessner 1997/98, S. 969f.; Sames 2017. Möglicherweise kannte Wolfgang Holtzwirth Julius von Pflug bereits aus seiner Lehrzeit in der Zeitzer Apotheke, da dieser 1541 das 1539 von Herzog Philipp von Bayern erteilte Apothekerprivileg seines Lehrherrn erneuerte, vgl. Cottin/Kunde 2017, Kat. Nr. VI,4, S. 327.

welcher lange tzu Padua studiert hatt [S. 17] auch tzu Rhom. Item Pfintziegers son von Nurenbergk[222], Fuchsen son von Leipsch[223], Balthaser Lotwiegk.[224]

Dieweil also meyne lantzleute viel tzu Rhom waren, da riecht ich und der doctor ein gastgebott, und bath Frantz Kram, Pfintziger von Nuerenberg, Fochs von Leiptzieg, ein von Luenenborg[225], Lottnigk.[226] Den gab ich erstlich schieldtkroet, darnach frosch, schnecken und 2 kaphan, war ahm palmtag.[227] Und tzue trincken vinum grecum, mangawerda[228], und romaniske, und sie waren alle wol betzecht.

Es war auch Valerius Cordus miet Jheremio Schreiber[229] tzu Rhom vor mir gewest. Aber er war vonn wegen des gekocht mueß im febre quotidiano gestorben.[230] Leidt tzu Rhom in eyner kirchen, heist Maria de Populo.[231] Magister Frantz Kram sagte mir tzu, er wolte mir ein epitaphium uber den Valerium Cordum machen, und wollte miers ken Rhom schiecken, wollte ichs in ein stein lassen machen, aber es verblieb also etc.

Dieweil es aber widder kegen dem sommer ging und sehre boese luefft tzu Rhom die selbiege tzeit ist, do war ein Bhoem von Praga[232], ein student[233], tzu Rom, der sagt mir, wie ein schieff und viel deusche tzu Venedig legen, die wollen kegen Jerusalem schieffen. Also waren wir beide kurtzen raths und beschlossen miet einander, wir wellen miedt in terram sanctam schieffen. Also nham ich orlob und vorkauffte mein catena[234] dem schreiber in des babst gewardia vor 13 kronen und tzueck von Rhom. Von Rhom auf Sanct Maria de Loreta[235], leidt auf ein bergk ahn der [S. 18] der (sic!) sehe oder mher. Ist viel walpfarten da. Darnach tzogen wir nach Ancoma[236], ist des babst. Zu Ancoma sassen wir auf ein schieff und schiefften kegen Venedig: Und kamen erst kegen Zsosa[237], leidt 2 meyl von Venedich. Darnach frue schiefften wir auf ein insel kegen Venedig. Auf[238] Zosa kompt viel salat und gertner von Zsosa kegen Venedich.

---

222 Wahrscheinlich handelte es sich um Paul Pfinzing (1523–1570), den Sohn von Martin Pfintzing, der im Juli 1546 an der Universität Ferrara immatrikuliert wurde, vgl. BIEDERMANN 1748, Tabula 408.

223 Wahrscheinlich handelt es sich um den Leipziger Händler Hans Fuchs den Jüngeren, vgl. KROCKER 1925, S. 116.

224 Wohl »Balthasar Ludwig«, offenbar der im Anschluss genannte »Lottnigk« aus Lüneburg; nicht identifiziert.

225 Lüneburg.

226 Offenbar der eben genannte Balthasar Ludwig.

227 18. April 1546. Der Speisezettel war – abgesehen von den Kapaunen – der Fastenzeit angepasst.

228 Wohl verballhornt für Malvasier, vgl. Anm. 292.

229 Hieronymus Schreiber, vgl. Anm. 110.

230 Der am 25. September 1544 erfolgte Tod des Valerius Cordus war die Folge einer Entzündung seines Beins nach einem Pferdetritt, vgl. IRMISCH 1862, S. 24–27. Die Meinung, der Genuss von Lebensmitteln sei der Auslöser seiner Erkrankung gewesen, wird aber bereits im zeitgenössischen akademischen Klatsch greifbar, vgl. ebd., S. 25, Anm. 80.

231 Valerius Cordus wurde in der Kirche Santa Maria dell'Anima und nicht in der Klosterkirche Santa Maria del Popolo begraben.

232 Prag.

233 Ulrich Prefát, vgl. dazu die Einleitung, Anm. 157–166.

234 Kette.

235 Loreto.

236 Ancona.

237 Chioggia.

238 aus.

Also ich kegen Venedich kam, ungeferlich 8 tage vor Corporis Christi[239], do sach ich einen Turckenn auf eiyner leine, welche leine auf S. Marcusplatz unten ahn einer steinen seulen gebunden und das ander theil an Sanct Marcusthorn[240], welche spietze ist mietd golde uberguldt[241], auf dem seile hinnauf gehn. War sehre viel gelt darauf vorwedt etc.

[S. 19] **Anno domini 1546 S.M.C.**[242]

Volget von meiner Reyse von Venedig auff dem mher kegen Jerusalem in palastinam terram Sanctam etc.

Als ich ken Venedig kam, da fandt ich miet meynen gesellen, Ulrich Prefat, etliche deusche edelleudt miet nhamen Junther von Hindtsbiß[243] und Hanß von Recheberger[244], eyn freyher. Beyde schwega waren. Die hatten 6 deusche knechte, lagen in der herberge Leon Beancka, Tzu dem Weysen Leben.[245] Die wolten auch kegen Jerusalem. Also war ich balt eins und rueste mich miet innen in gesellschafft.[246] Nhun wart ein iglicher in sundheit miet dem patrun des schieffs, welches heist Napha de Leona. Etliche vordinget siech in alles miedt den patron vor kost und geleidt. Etliche aber die gaben nicht mher den wie sie miet dem patron uber tzu fueren vonn Venedig kegen Jerusalem und widder ken Venedieg. Die gaben in 20 ducaten und kaufften in selbes essen und trincken aufs schieff nach nottuerfft. Die andern gaben 40 auch etliche 50 Zikin. Ein Zikin ist also viel als ein ungersch gulden.[247]

Alß wier nhun miet dem patron eins waren, hat eyn iglicher pilgram einen kasten und oben gemacht auf dem casten tzwen fluegel, welche man auf [S. 20] man auf (sic!) machen konte. Und ein pedt und als weidt und lang der kasten rauhm nam, so weidt muest ein iglicher pilgram genueg haben. Und in dem kastenn sein vitalia und seine kleider.

Also gaben unß die Venedieger miedt eynen dolmesch oder trosselmhan.[248] Der selbiege must uns alle und eynem idern bey seinem nhamen aufschreiben und dem

239 Um den 16. Juni; Fronleichnam fiel auf den 24. Juni 1546.

240 Gemeint ist der fast 100 Meter hohe Campanile von San Marco.

241 Die vergoldete Spitze des Campanile wird später nochmals erwähnt (vgl. Anm. 938), so dass hier tatsächlich diese und nicht etwa eine der Kuppeln von San Marco gemeint ist.

242 Devise »Spes mea Christus«.

243 Jakob Humpis von Waltrams, vgl. Einleitung, Anm. 212ff.

244 Hans von Rechberg, Herr zu Konradshofen und Türkheim, vgl. Einleitung, Anm. 216ff.

245 Die Herberge »Lion Biancho« (Weißer Löwe) wurde am Ende des 15. Jahrhunderts von dem deutschen Peter Bender betrieben, vgl. Hagen 2007, S. 57 mit Anm. 4. Es wurde 1528 als Gasthaus für deutsche Kaufleute erwähnt, vgl. Simonsfeld 1887, Bd. 1, S. 404.

246 Von den sechs Dienern reisten nach dem Bericht Ulrich Prefáts nur drei mit den beiden Herren, nämlich »Linhart Hoacher, der konnte gut Italienisch, der zweite hieß Hans Schiling, der dritte Melcher Bok«. Prefát 2007, S. 54. Die beiden Adligen mit ihren Knechten bildeten zusammen mit Ulrich Prefát und Wolfgang Holtzwirth während der Reise eine Gemeinschaft: »… a nás sedm jsme v tovarystvu spolu byli.« (Wir waren zu siebent in einer Gesellschaft zusammen), ebd.

247 Zechine oder Zecchine heißt der in Venedig von 1284 bis 1797 geprägte Dukat oder Gulden.

248 Dolmetscher, wohl von arab. »targumân«, ital. »turcimanno« in verschiedenen Formen wie »Trozelman«, »Dröschelmann«, »Truczelman« u.ä. verbreitet, vgl. Wis 1955, S. 260; Grimm, Bd. 22, Sp. 1439.

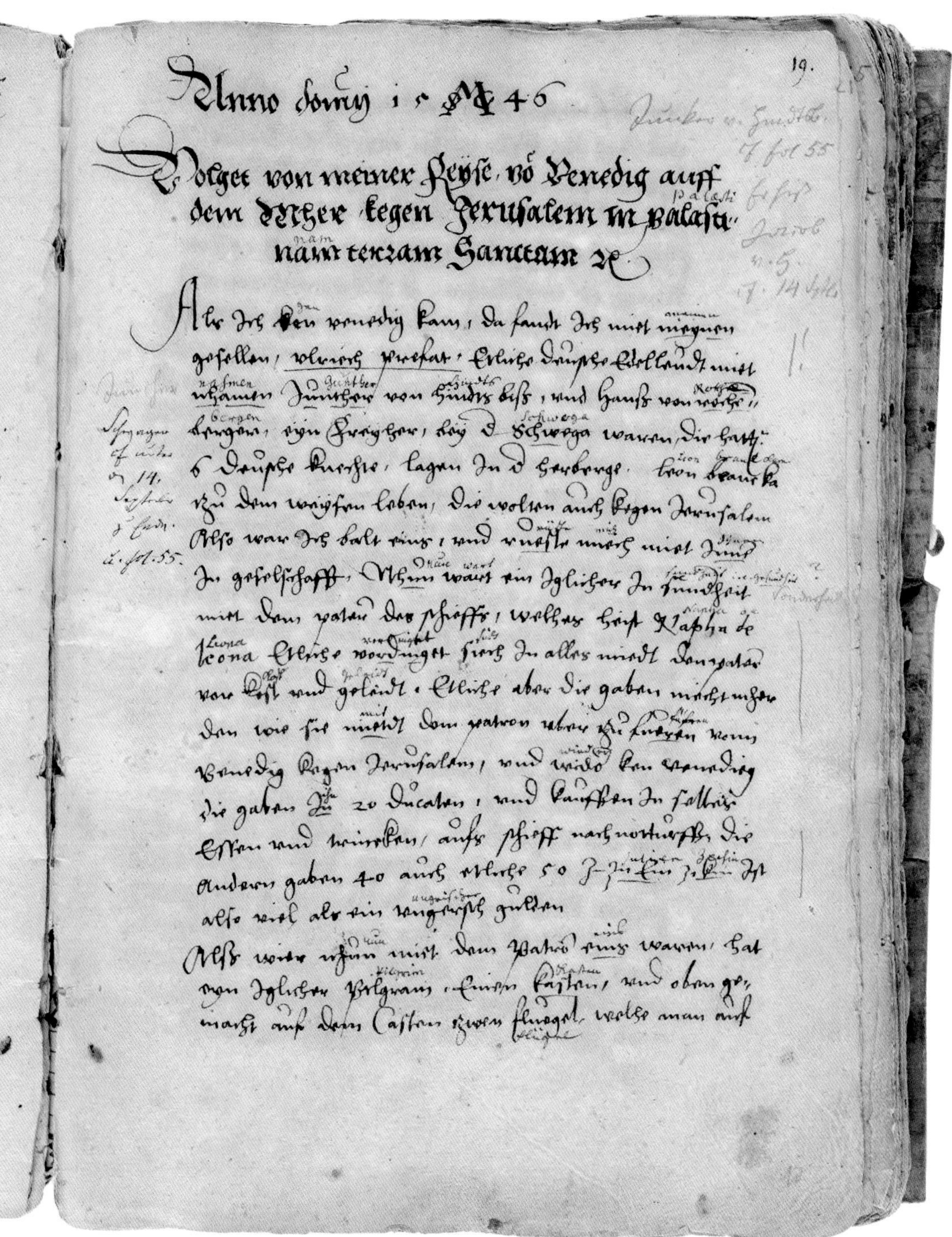

Anno domini 1546

Volget von meiner Reyse vo Venedig auff dem Mher kegen Jerusalem in Palestinam terram Sanctam &c.

12 Handschrift Holtzwirth, Seite 19, Beginn der Heilig-Land-Reise mit der Devise »Spes mea Christus« in der ersten Datierungszeile

Signora tzu Venedig[249] unsere nhamen uberantworten. Auch mueste der patron vorwilligen, so eyn pilgram stuerbe unterwegen sein guet, so der pilgram gehabt, widder kegen Venedig uberanthworten und gewiesse kundtschafft geben. Es wardt unß auch ein capitanier[250], ein balbierer[251], 2 buchsmeyster[252] miedt geben und sehre guedt geschuetz und wehr etc. Als es auf den tag Corporis Christi[253] kam, ist der gebrauch, daß ein igliecher pilgram, so kegen Jerusalem tziehen will und angeschrieben ist, der mueß miedt in der proceß gehen. Also gaben die hern des radts, die Signorio genandt, eynem iglichen pilgram ein weiß waxliecht und drueck ein gefuert[254] kreutz vorn ahn seine roeck.[255] Und ging ein iglicher radther und furt ein pilgram auf die rechte handt. Und mueste der pilgram sein waxkertze angetzundt tragen. Und wirdt al das silbergeschier in der proceß, so zu Venedig ist, eyn getragen.

Am Miettwoch frue um eyn Uhr, als der tag anbrach, den 7 July schieket der patron des schieffs und ließ eynen igliechen pelgram gebiethenn, miet seiner geredschafft und vitalia auf [S. 21] daß schieff tzu fhueren. Also nhun die pelgram alle tzu schieff waren, und ein iglycher mied nhame geleßen.

Also die weyl der windt begundt guet tzu werden, umb 16 Uhr[256] kegen abent, als die sonne unterwas, waren unser angker aufgetzoegen. Und fhuren in nomine domini nostri Iesu Christe[257] miet freuden in eynen regen und starcken wind von Malamucka[258] hart vor Venedig abe, do die tzwey schloss ahm mher legen von Venedig abe 8 welsche meyl. Da lassen die Venediger kein schieff durch, sie wollen, konnen sie es tzu boeden schiessen. Und sthet ein windtmuele tzu negest bey dem eynen schloeß. Auf dem andern siehet, wan man von Venedieg kegen Malamuka[259] fehrt, ist 8 welsch meil von Venedieg. Und heist in dem hohen mher, do die geladen schieff pflegen vor ancker liegen.

Den 8 tag Julii haben wier gesehen auf der lincken handt Parentz[260], auch Histria.[261] Parens ist in Histria gelegen, den Venedigern tzu gehoerig, leidt 100 welche

249 »Signoria« hieß die venezianische Stadtregierung.
250 Zur Bedeutung vgl. Wis 1955, S. 151f.
251 Barbier.
252 Büchsenmeister waren mit der Herstellung, Reparatur und der Bedienung von Feuerwaffen befasst, vgl. zum damaligen Berufsprofil Leng 1996.
253 24. Juni 1546.
254 Wohl im Sinne von »gevierte« Jerusalemkreuz, also eines großen gleichseitigen Kreuzes mit vier kleinen Kreuzen in den Winkeln; so jedenfalls im Parallelbericht Prefát 2007, S. 35.
255 Während die Übergabe der Wachslichter an die Pilger in zahlreichen Berichten erscheint, ist die Kennzeichnung mit einem Kreuz auf der Kleidung ungewöhnlich, vgl. Denke 2001, S. 172f.
256 Wolfgang Holtzwirth gibt die Uhrzeit nach der italienischen »Großen Uhr« an, d. h. die 24 Stunden werden beginnend mit dem Sonnenuntergang bzw. eine halbe Stunde nach dem Sonnenuntergang gezählt, so dass 24 Uhr dem Sonnenuntergang entspricht, vgl. Dohrn-van Rossum 1992, S. 111.
257 Im Namen unseres Herrn Jesus Christus.
258 Malamocco auf dem Lido.
259 Siehe letzte Anm.
260 Poreč/Parenzo.
261 Istrien.

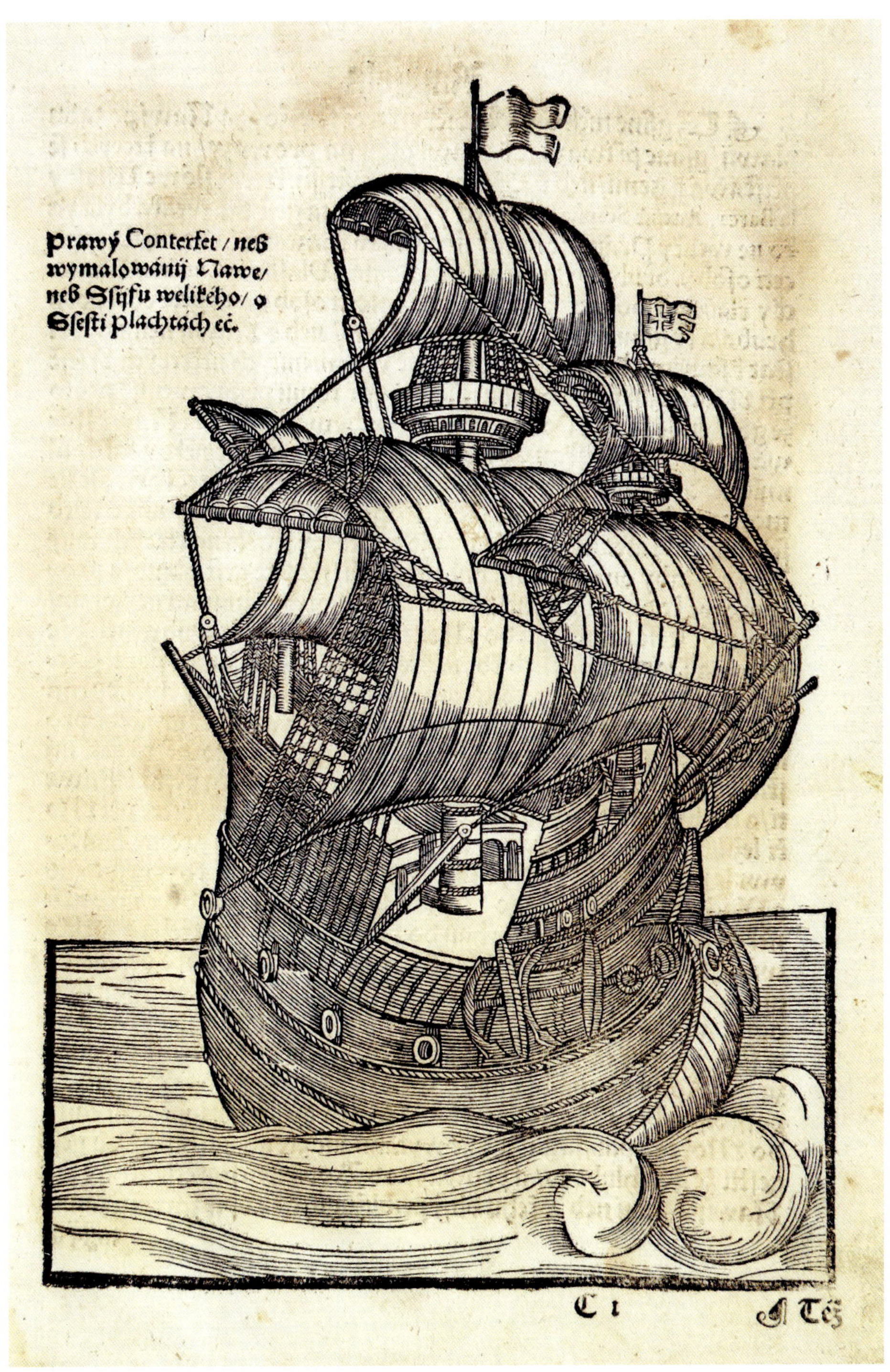

13 Domenico dalle Greche (?): Holzschnitt mit der Ansicht des Pilgerschiffs, Nachschnitt aus Prefát 1563, Nationalbibliothek der Tschechischen Republik, Prag, Sign. 54 B 324, Bl. C1r

meyl von Venedig am lande. Kan auch tzu fueß hin kommen. Parieß[262] hat seine galeern in Troya alda geruestet.[263]

Den 9 Julii haben wir noch altzeit das landt gesehen, auf der linken handt Dalmacia. Erstlich auf der linken handt Zara[264], gehort dem ertzbischoff in Sclavonia, 100 meyl von Parentz, welsche meil. Alda sol der alte Simeon und der Prophet Joel begraben liegen. Sahen auch Raguß[265] 100 Meil von Zara, ein grosse stadt ist vor sich selbst.[266]

[S. 22] Den 10 Julii seindt mir vor 3 inseln im mher geschiefft. Ein heist Sant Andrea, da ist ein kloster, seint 2 munche in.[267] Die ander heist Lißa.[268] Ein grose insel, hort den Venediegern. Die 3 heist Bußa[269], auch den Venediger. Den selbigen abent ließ der windt abe, das wier niecht mehr schieffen kunden.

Den 11 Julii da uberkamen wier widder kleinenn windt. Da sahen wir der Stropietzen[270] landt auf der lincken handt, nach mietternacht gehoert dem Turcken.

Den 12 Julii haben wir viel kleiner inseln gesehen im mher, die keynen nhame gehabt. Habe auch eine insel gesehen, heist Babalen[271], gehort dem Tuercken. Nach mietternacht auf der turcken handt, da wir vom geburg eyn weysen streum herab sahen, wusten niecht, ob es berg oder wasser war.[272] Umb essenttzeit seindt mir in ein kanal kommen, auf beiden seiten landt.[273] Nach meridie auf der rechten handt seint wir nach essen in eyn insel kommen, heist Corphu, gehoert den Venediegern. Seindt friesche pommerantzken, melonen, item von wein gueten revall.[274] Die leute in diesser insel reden griehiß, greci seins. Corphu leidt 700 welsche meyl von Venedig, gehort den Venediegern. Alda hebet sich Grecia ahn. Da seint mir in die kirchen komen, da sol Sanct Spirat[275] lege. Und die stadt ist niecht sonderlich groß, ein flecken. Hat auch kein stadmaur, den sie ist von Tuerken tzerstoeret worden. Aber es

262 Der trojanische Prinz Paris.

263 Zur etymologischen Legende der Ableitung des Stadtnamens Parentzo von Paris vgl. Reichert 2014a, S. 73.

264 Zadar.

265 Dubrovnik/Ragusa.

266 In der Beschreibung der Orte von Poreč bis Zadar folgt Holtzwirth der Vorlage des Bernhard von Breydenbach, der allerdings die Etymologie von Poreč nicht erwähnt, Breydenbach 1486, image 51, vgl. Mozer 2010, S. 86.

267 Sveti Andrija. Das dortige Benediktinerkloster ging formell 1799 unter.

268 Vis/Lissa.

269 Biševo/Isola Busi.

270 Der Ausdruck bezeichnet hier die Albaner. In einer späteren Passage über albanische Reitersöldner auf Cypern taucht er nochmals auf, vgl. unten in der Handschrift die S. 130. Das Lemma »strohputz(e)« für Strohpuppe bei Grimm, Bd. 19, Sp. 1675 weist mehrere Verwendungen der Form »stroputze« oder »strohbutze« nach, allerdings keine für Albaner oder eine andere Volksgruppe.

271 Der Name ist unklar. Der Route nach muss es sich entweder um die Insel Sazan oder um die Halbinsel Karaburun handeln.

272 Möglicherweise ist die schneebedeckte Spitze des Mali i Çikës (Mädchen-Berg) gemeint.

273 Gemeint ist die Straße von Korfu.

274 Gemeint ist der sonst als »Reinfal« o.ä. bezeichnete süße Wein der istrischen Rebulo-Traube, vgl. Wis 1955, S. 225f.

275 Der hl. Spyridon.

hat tzwen grosse castel oder schlosß, die legen auf dem berge. Darinnen haben die Venediegern 200 soldatin, lantzknechte, Italiener. Die haben wardien oder wachen, kann niemandt hineyn kommen, er muß erst durch [S. 23] die drey wache vor dem understen schloß biß tzu dem obersten kommen. Seint sehre fest, wie wol der Tureck lange darfur gelegen und die stadt vorwuestet. Aber den castelle niechts konnen abgewinnen, den es in ein steinfelsenbergk gebawet ist. Legen beyde kegen einander uber auf dem berge. Mueß erst durch das eyne gehen, ehe man tzu dem andern kompt. Von muentz nimpt man muetzimeger[276] und eßberlein[277] und bagatini.[278] Ein eßberlin turecks gelt 3 schilling venedisch.

Den 13 Julii seindt wir tzu Corphu stil gelegen. Di insel Corphu heist auch Corzica von eyner frawen Corza erfunden, welche eynen bock gehabt, die stets in der insel geswem und feist worden. Und ist dem boeck nach geschiefft. Heist auf grekisch Lyrna, darum das Herculis dochter viel tzeit do gewonet hat.[279]

Den 14 Julii seint wir von Corphu gantz frue weggefaren, haben halben windt gehabt. Seindt mietd dem windt etwan 6 welcher meil getzoegen. Do hatten wir den windt entgegegen, ein weille auf der seyten gehabt. Und haben laphirt.[280] Und haben altzeit die insel Corphu, welche 100 welsche meil in die ronde hat, auf der lincken handt. Mietternach des Turken landt ein schloß gesehen. Und das mher in dem canall ist ungeferlich 6 oder 7 meil breidt.

Den 15 Julii seindt wier noch in dem canall gewesen und kein windt gehabt, haben stedes hin und widder laphiert.

Den 16 Julii niechts anders gewesen und noch in dem canal gewesen. [S. 24]

Den 17 Julii des Sonnabents frue haben wir ein wirwelwindt[281] gehabt, der hat gewert biß an essenstzeidt. Darnach ists gar still gewesen. Seindt ungeferlich 30 welsche meyl von der stadt Corphu gewesen und seindt und seindt (sic!) ahm ende der insel gewesen. Und umb vespertzeit, dieweil wir kein windt hatten, so haben wir ein ancker einwerffenn lassen, und seindt die nacht stiel gelegen.

---

276 Meint den venezianischen Marcello, die halbe Lira, vgl. Anm. 164.

277 Meint den osmanischen Akçe, die erste osmanische Silberprägung, sonst meist »Asper« genannt.

278 Bagattino, ursprünglich der Denaro picolo, später eine venezianische Kupferprägungen, vgl. SCHRÖTTER 1970, S. 53f.

279 Holtzwirth referiert hier in knapper – und so schwer verständlicher – Form den Text von Bernhard von Breydenbach: »Die insel heysset auch Corzica von eyner frawen Corza genant, die diße insel zum ersten hat erfunden. Und das geschahe also: die ytzgenant frawe hett eynen bock, den sy weydet nahe an dem mer. Der bock schwam oft und dick uber mer yn eyn insel vor unbekant. Und so er wider heym qwam, was er allwegen satt, fett und wol gemestet. Die fraw sich des verwundern, begeret zu wissen, wo der bock also gutt weyde gefunden hette. Darum fur sye in eynem schifflyn dem bock nach unnd fand diße fruchbar innsel. Do das die andern ynwoner der insel Ligur genant von dannen die obgemeld fraw Corza was erfuren, zogen sy da hyn in schyffen umb wegen der gutte und fruchtberkeyt der insel. Und viengen sye an zu buwen und ynwonen. Und gaben yr den namen Corzica als ob bestummet ist. Aber in kriechescher sprach heyßet sy Cyrne, von des wegen das Cyrna, herculis dochter do selbet vil zeit hat gewonet.« BREYDENBACH 1486, image 58, vgl. MOZER 2010, S. 92.

280 laviert.

281 Tornado.

Den 18 Julii haben wir noch stille gelegen, das ist auf ein Sontag gewesen. Umb vesperzeit, die weil es sehre war wahr{m}, haben die schiefleudt ein weyl im mher gepadt. Dieweil ich aber etwas kuen und zu Neapolis offt im mehr geschwommen hatte, so habe ich mich außgetzogen biß aufs plattes geseß, und habe mich auch ins tieffe mher gewagt. Es war gewißliechen tieff, den der roete thorm tzu Halle hoch ist[282], den der ancker lag 98 klaffter tieff in dem mher. Und {ich bin} ein guete weil geschwummen von dem grosen schieff hinden an die bargk, die hienach schwam, und an das grosse schief gebunden. Letzlich aber begundt der windt tzu kuelen. Und die schiefleudt auf das schieff behendt waren und der windt die wellen erhoeben. Und ich habe wollen widder auf das schieff. Und {ich bin} nach dem schieff geschwummen, haben miech die wellen tzu ruecke getrieben. Habe ich mietd noth das hinderschiff erlangen, das an dem grosen angebunden ist. Endlich aber hab ich miech auß dem kleinen boetlein oder schieff gegeben, und an das seil gehalten. Und tzu dem grosenn schiff kommen, da der demant[283] ist. Do habe ich ein seil ergrieffen und miech an dem ßeil [S. 25] bemuehet, auf das große schieff tzu steigen. Und als ich bey 4 ellen hoch ahn dem seil bemhuet auf tzu steigen, hat das seyl nach gelassen und bin widder ins mher gefallen. In dem ist mir eingefallen, das mich die nacht getreumet von meyner schwester, die da wirtschafft[284] {hielt}, auf welcher loebete[285] ich erstlich weck tzoeg. Den selbigen Sontag frue hatte ich miet meynen gesellen Ulrich Prefat und medt Frederich von Antorf[286] gereth von den treumen. Und Frederich leget mir den traum auß. Es bedeutet nichts guets, den von hochtzeit treumen bedeut sterben. Die selbige wort des traums sindt mir gleych eingefallen, wie ich miet dem seyl ins mher fiel. In dem wardt ich sehre schwermuetig und furchtsam, auch tzum teyl mich muede in dem mher geschwummen. Miet dem allen ward ich gantz muedt und schwam etwan 3 schriedt tzu dem grosen schieffe widder und uberkham ein ander seyl an dem schieff. Do ich aber entlich muede whar und schwermuetig, hielt ich mich an das seyl, aber ich war niecht so stargk und mechtig, an dem seyl auf daß schieff tzu steigen. In dem rieff ich die schieffleut, sie solten mir helffen. Miet dem liessen sie eyn seyl miedt eynem stecken tzu mir heraf, darauf saetz ich miech und sie tzogen miech hinnauf, sonst het ich miessen ersauffen. Aber meyne gesellen spoetten meyner wol, ich sollte mher schwimmen und baden etc.

Den 19 Julii frue haben wir windt uberkommen. Do haben wir den tagk bey 150 welsche meyl geschiefft und gesiegelt. Alda haben wir unterwegen gesehen tzwen

282 Der Rote Turm in Halle war mit etwa 84 m Höhe das höchste Bauwerk der Stadt im 16. Jahrhundert.

283 Am Rande von anderer Hand nachgetragen: »Compaß ist«.

284 Hier im Sinne von »Hochzeit«.

285 Die Lesung ist unsicher, eindeutig ist »loebe«. Grimm, Bd. 12, Sp. 1092 kennt »löbte« als Verlöbnis, was hier Sinn ergibt.

286 Es könnte sich bei diesem Mann um denselben Reisenden handeln, den Ulricht Prefát als Niederländer aus Antwerpen mit Namen Tilman ansprach und der mit seiner kleinen Tochter reiste, vgl. Prefát 2007, S. 56. Bei Holtzwirths Unzuverlässigkeit in der Wiedergabe von Namen ist Ulricht Prefát hier der Vorzug zu geben.

inseln, die eyne heist Paxon[287], do wonen leuth. [S. 26] Die ander heist Antipaxon[288], do wonen keyne leuth. Denselbigen tag um veßpertzeit hat ein schieffman pech uber das feur gesetz und wolte die rohre tzu der pumpen piechen[289], do miet man das wasser auß dem schieff pumpet. Und das pech ging ahn und hatte baldt das schieff angetzundet, so hetten wir alle mueßen vorderben im mher. Aber Got der almechtige holffe, das es geleschet wart. Das war das ander ungefell.

Den 20 Julii gantz frue sindt wir {an} ein insel kommen heist Sancta[290], gehoert auch den Venediegern, seint auch Greci darinnen. Ist von weyn, huener und eyer gantz wolfeile, also daß ich vor eynen patzen, ist 6 venediger schilling 30 eyer gekaufft, auch ein guete henne um 4 schilling. Item ein beullen wein, das ist eyn eimer, vor 2 muzinger.[291] Ist guet wein wie malvasia.[292] Item die insel ist gantz kreutz weiß.[293] Und die stadt[294] leidt lengst ahn dem mher. Und oben ein langk castel oder schlos auf eynem hoehen berge. Ist aber gantz tzerstoeret, das iderman hinneyn kann kommen. Hinden sein etliche kleine losament[295] gebauhet. Darin halten die Venedieger etliche soltaten und eyn heuptman, Italianer und etlich geschuetz. In der mitten ist ein brun. Dieselbige nacht seint wir alle widder von der insel nachdem mher[296] vitalien[297] gekaufft und frisch wasser geladen, widderum auf unser schieff gefharen. Mhan findt in diesser insel niecht so viel pommerantzken noch meloenen. [S. 27]

Den 21 Julii seindt wir gantz frue auftziehen den ancker miet kleinem windt von Santa gefaren, unter wegen 40 meyl italianisch. Von Santa haben wier gesehen 2 inseln, eyne groß und kleine, heist Sant Maria[298] & Strieffa.[299] Ist ein kloster dorinnen, aber in der kleinen[300] ist niemandt, gehoret den Venediegern, leidt auf der rechten handt nach mittagk.

Den 22 Julii seindt wir aber miet kleinem windt fort geschiefft. Und um den miettag haben wir auf der lincken handt mitternacht Modona[301] gesehen, das landt, aber die stadt haben wir niecht eygentlich konnen sehen. Nach vespertzeit aber haben wir nach mitternacht haben wir aber gesehen Morom (sic!). Den unser reyß stedts nach aufgang gericht ist. Gehoert beides dem Tuercken, ist aber erstlich den

287 Paxos.
288 Antipaxos.
289 Mit Pech bestreichen, verpichen.
290 Zakynthos/Zante.
291 Gemeint ist der Marcello, vgl. oben Anm. 164.
292 Malvasier, Malvasia oder Malmasier u.ö., eine Rebsorte, deren Name sich von der Stadt Monemvasia auf der Peloponnes herleitet, zum Wort vgl. Wis 1955, S. 184f.
293 Ist hier »kreuzförmig« gemeint?.
294 Gemeint ist Zakynthos.
295 Unterkünfte.
296 wir.
297 Verpflegung
298 Arpia, zur Gruppe der Strofades gehörig.
299 Stamfani, zur Gruppe der Strofades gehörig.
300 Gemeint ist Arpia.
301 Methoni/Modon.

Venedieger gewest.[302] Aber in der nacht haben wir grosen windt gehabt. Den abent, ehr der starcke windt kam, sahen wir viel mherschwein[303] auf werffen und volgent, so wir pfieffen, dem schieff nach.

Den 23 Julii haben wir noch gueten windt gehabt. Und den morgen haben wir von ferne gesehenn ein insel heist Jerigo.[304] Und gleich umb die selbige gelegendt hat unser patron gewisen, das ein schiff das jar tzuvhor ist untergangen, den der patron auch auf dem schieff gewesen. Aber er ist selbdriette mietd dem koch und macra [am Rand ergänzt: »der miedt dem pfeifflen blest«][305] auß geschwummen und darvon kommen. Umb vespertzeit seint wir kegen obent seindt wir (sic!) tzu der insel Jerigo, etwan 2 welschs [S. 28] meyl darneben hin geschiefft. Haben in der insel eynn schoen schloeß gesehen auf dem berge.[306] Darynnen saget man, das die Venedieger 50 soltaten halten und schoen geschuetz, sol wegen 6500 lb.[307] Und ein halbe welsche meyl gleich kegen die insel und schloß uber ist ein einn bergk, ein steinen felß, leidt auch im mher.[308] Die insel gehort den Venedigern. Ist 4 meilen weidt und breit. Item von der insel Jerigo saget unß der patronn, das durch die insel gantz Troia tzerstort ist worden und die Helena sey in die insel gefuert worden.[309] Wir haben auch nach mietternacht auf der lincken handt vil kleiner inseln im mher gesehen, aber die nhamen hab ich niecht alle erforschen konnen. Aber ehr wir tzu der insel kommen, haben wir auf der lincken handt gleich kegen die insel Zerigo uber, heist Coron.[310] Und es wardt geschaezt 3 oder 4 hundert welsche meil das mir noch hetten biß ken Troya. Und darnach 350 meil terra ferna (sic!) ider landt biß ken Constantinopel. Also daß mir noch 450 italische meylen, das ist noch niecht 100 deuscher kegen Constantinopel hatten, nach mitternacht. Aber auf der rechten handt mit miettag kegen Zerigo uber hatten wir etwan ein 10 welsche meil von Zerigo gelegen, sehen ein ander insel, heist Zezirigo.[311] In der selbigen insel seint keine leuthe wonhafftig, allein vil capri silvatici[312] oder gemsen. Ist ein klein insel. Ist etwan 10 welsche meilen weidt und breidt. Und die von Zerigo und die von Canda[313] in die insel Zezerigo faren und fangen die gemsen

302 Methoni wurde 1498 von osmanischen Truppen erobert.

303 Delphine.

304 Kythira/Cerigo.

305 Hier ist wahrscheinlich der auch sonst von Holtzwirth »Muccaro« oder »Mucker«, d. h. der »Eseltreiber« genannte Schiffsmaat gemeint, vgl. Wis 1955, S. 197. Ulrich Prefát beschreibt die Funktion folgendermaßen: »Der vierte ist derjenige, der sich um die Segel kümmert, und dieser heisst auf italienisch ›luggiero‹ und hat das Amt und die Arbeit, die Segel zu verwalten. Und er hat auch eine silberne Pfeife am Hals, und wenn er die Pfeife bläst, melden sich alle Schiffsknechte bei ihm und er befiehlt ihnen, was nötig ist: die Segel zu drehen, niederzulassen, hochzuziehen und was anderes zu tun nötig wäre.« Prefát 1947, S. 50 (deutsche Übersetzung von Tomáš Rataj).

306 Gemeint ist die Burg von Chora.

307 Pfund.

308 Gemeint ist die Kythira südlich vorgelagerte Felseninsel Chytra.

309 Zur lokalen Helenatradition vgl Reichert 2014a, S. 74 mit Anm. 42–44.

310 Sachlich dürfte die Insel Elefonisos gemeint sein. Möglicherweise verwechselt Holtzwirth sie mit dem messenischen Ort Koroni.

311 Andikythira.

312 Waldböcke

313 Kreta, italienisch Candia.

auf. Auch rechent [S. 29] man von der insel Zezerigo 50 welsche meil biß ken Candia oder Creta, da sich die insel anhebt. Aber Zejerigo auf der rechten handt schetz man 20 meyl von der insel Creta, da die sich erstlich anhebt.

Den 24 Julii des morgentz frue seint wir der insel Creta oder Candia gleych gewesen auf der rechtenn handt meridies ~~auch stedts nach miettag~~, da sich die insel erstlich anhebt und haben gueten windt gehabt von mietternacht.

Den 25 Julii haben wir keinen windt gehabt, aber gleichwol keinen ancker eyngeworffen, altzeit auf windt gewardt. Auch stets nach mittags auf die rechte handt die insel Creta gehabt, nach mitternacht niechts den wasser etc.

Den 26 Julii auf dem Montag frue sahen wir die stadt Candia.[314] Den wir in der nacht tzuvhor windt kriegten. Den selbiegen tag seint wir gelegen 14 welsch meylen vor der stadt. Do haben wir angker geworffen, aber der ancker hat niecht wollen hafften, den es tzu tieff wahr. Seint tzwen steinworff noch tzu dem lande geschiefft, do hat der ancker gehafft. Und haben ein seyl an eyne steinkluefft gebunden und seint auf daß landt unser etliche gefharen. Alda haben wir ein frischen brun gefunden. Darbey stundt ein feygennbaum. Und stehet darbey ein alte kirchen und ein wuest hauß. Alda ist ein schoner portus, da die schieff pflegen eintzulauffen und wasser laden. Leidt 7 italische meil von Candia, der stadt. Also blieben wir die nacht noch alda. Und auf dem schieff do teileten[315] die pilgram ein toepf auß miet 24 ringen[316] und waren gueter dinge etc. [S. 30]

Den 27 Julii seint wir 3 stunden vor tage in unser kleine schiefflein gesessen und seint midt einander in die stat Candia gefharen und gantz frue hinein kommen. Und in die herberg gangen, die weil es noch gantz frue war, assen wir weintrauben und truncken malvasia. Darnach gingen unser etliche miet einander spacieren in der stadt. Seint wir in ein closter kommen, S. Peter, seint munche dorynnen.[317] Do fuert uns ein welscher munch nauf auf das kloster, weist uns ein bergk, sol der hoechste bergk zu Krita sein, darauf S. Paulus geprediegt. Die weil sie in aber nicht haben hoeren wollen, hat er den staub auß seinen schuen geschuet und ist darvon tzogen, gleich wie in den actis sthet.[318] Ist der hoechste bergk, aber er ist niecht so groß, alß der bergk Iden[319], den man neneth Jovisberg, da Jupiter auf sol begraben liegen. Der hohe berg, do Paulus auf gewesen, halten die Griechen die gantze fest fast innen. Leidt 6 italianische meyl von Candia. Item gleich kegen die stadt 3 oder 4 italianische meilen leidt ein groser bergk, den heist man den Jovis bergk, darauf sol der Jupiter geborn sein, heist auch Mons Ida.[320] Und der berg Ida scheint von ferns

314 Iraklion.

315 Eine spätere handschriftliche Anmerkung liest »terlen«.

316 Der Ring scheint hier eine Maßeinheit zu bezeichnen.

317 Es handelt sich um das Dominikanerkloster St. Peter und St. Paul in der Nähe des Hafens.

318 Die Apostelgeschichte 27,12f. berichtet, das Schiff sei mit Paulus an Kreta vorbeigefahren, von einem Aufenthalt auf der Insel wird nichts berichtet. Allerdings bezeugt Paulus im Titusbrief 1,5, er habe Titus auf Kreta zurückgelassen.

319 Der höchste Berg des kretischen Idagebirge ist der Psiloritis mit 2456 Metern.

320 Gemeint ist die Idäische Grotte, etwa 50 km südwestlich von Iraklion gelegen.

ein manßkoepf so enlich, als wen man in malen solt. Item in der stadt Candia hat es ein platz, darauf ist ein radthauß.[321] Darnach gehet man auf dem platz kompt man in ein dor, da sietzen soltaten. Und vor dem dohr hat man allerley feile melonn, die gantz sueß wie tzuecker, und gruene citrullen.[322] Es hat von muentze in der stadt Candia mutzinger[323] und kleine schwartz pagalini.[324] Stehet auf einer seyten ein kreutz, [S. 31] auf der ander seyten Marcus. Ein mutzinger gelt 3[325] schilling und ein schilling 4 bagalin. Um 7 schilling habe ich ein junck huen kaufft, 2 eyer um 1 schilling. Die Venedieger kronen wolten sie nicht haben, sie wollen sie niecht hoeher nhemen den vor 5 mizinger und 18 schilling. Aber tzu Venedig tzu 24 schilling oder marcari thut ein mizinger und 12 bagalin ein schilling und 2 batzen 1 schilling. Es ist kein muentze besser von Venedig biß tzu dem Heyligen Lande als mitziner und zikin.[326] Ein zikin gilt 7 mutzinger, daß sindt tzu Venedig 7 Pfund und 18 schillinge, ein pfundt ist 20 schilling.

Die insel Creta ist gantz luesstig und das mher fleust gerings herumb. Die heuptstadt heist Candia, seindt Greci darinnen, reden grichis und italianisch. Diesse insel hatd 14 tausent dorffer, aber nich viel stete, wie es vor tzeiten gehabt, hundert stete, darum sie man Centumpolii genent hatt.[327] Item ein laborent[328] leidt 30 italianisch meil von Creta in ein felß gehauwen. Und leidt do selbst noch einn stadt sehr lustig, heist Cania.[329] Leit in Grecia, gehoert den ~~Ver~~ Venedieger. Die insel Creta helt 400 welsch meyl umb siech, leidt mietten in der weldt.[330] Man findet kein giefftige thier dorinnen, so es hinein bracht wirdt, so sturbts. Allein so einen die weiber in diesser insel beysen oder kratzen, das kann niemandt heilen.[331] Leit 1400 von Venedig, 700 meil von Corphiri[332],

---

321 Das 1541 erbaute Rathaus stand an jener Stelle, an der heute das in den Jahren 1626–1628 von Francesco Morosini errichtete Rathaus, die »Venezianische Loggia«, steht.

322 Wassermelonen, vgl. Grimm, Bd. 31, Sp. 1679.

323 Marcello, vgl. oben Anm. 164.

324 Bagattino, vgl. oben Anm. 278.

325 Von späterer Hand darüber gesetzt: »60«.

326 Zechine heißt der in Venedig geprägte Dukat, eine Goldmünze mit etwa 3,44 Gramm Feingehalt.

327 Auch hier schreibt Holtzwirth den Text Bernhard von Breydenbachs nach: »Item diße insel ist vor zyten mit hundert edelen stetten gezyret gewesen, dem nach sie Centapolis (das ist hundert stettick) ward genant.« Breydenbach 1486, image 68, vgl. Mozer 2010, S. 98.

328 Labyrinth.

329 Chania.

330 Auch hier ist Holtzwirth von Breydenbach abhängig: »Disse insel Candia ligt ynn grecia [...] nach sage der poeten lyget sie yn mittel der welt«, Breydenbach 1486, image 68, vgl. Mozer 2010, S. 98.

331 Breydenbach bildet auch hier die Vorlage: »Item diß insel hatt gar vil vyheß schaff und geyß und der glichen, aber wenig gewild, wolff und fusch und sollich schedlich thier hatt sye uber all nit. Keyn schlang und keyn gifftiger wurm wechset dar yn oder ob er ußwendig dar yn wurd gebracht so stürbet er von stund an. Doch ist war das ettlich gifftig spynnen dar yn werden gefunden. Auch ist das ubel dar yn daz frawen bysse oder mit negeln rissz ist in der innsel gar gifftig schedlich und todlich. Also daz wan eyn frauwe in der insel eyn man bysset oder mit den negeln kratzt/ so müß der man von stund an sterben/ als ob er von der aller gifftigesten wurm wer verletzet worden«. Breydenbach 1486, image 74, vgl. Mozer 2010, S. 100. Das Erzählmotiv taucht in den 1480er Jahren zuerst in der Pilgerliteratur auf und hält sich dort bis zur Mitte des 17. Jahrhunderts, vgl. Müller 1999, S. 210–212.

332 Korfu.

200 meil von Rodiß, italische meyl. Die stadt Candia in der insel Creta hat ein starke befestigung. Heusser vor dem thor ahn dem mher legen, miet viel geschuetz, seindt welsche soltaten darin. Die Venedieger halten stets einen obersten [S. 32] dorynnen. Kegen dem schloß uber stehet ein muel, die tziehen sie ein floß holtz, das niemandt kan in die hafen faren, portus. Die stadt ist halb wueste von heusernn. Die heuser haben keynne techer, seindt oben eytel esseriech[333] gossen. Es hadt ein doppelte maurenn um die stadt, und eynen graben dorahn bawet man noch und macht es feste. Auf dem bergk Ida wechts vil diptann cretensis[334], auch sere viel gestrauchs, daran laudanum[335] wechts, das die schafe, so darein weiden, ahn der wollen klebt. Und die hirten von den schaffen abnhemen[336], item thimus.[337] Man findet kein ander wein als malvasia und muscatell. Aber der beste wein wirdt alle kegen Venedig geschieff. Ein eimer muscatel keuft man um 24 schilling, malvasia vor 20 schilling, ein metzinger. Ein einmer ist 7 bukel oder kruege, gantz woll feyle. Mhan fhuert alle jar hundert tausent große butten malvasia und muscatel. Es hat die insel auch sehre kostlieche wasserquell. Item es hat viel repfhuener, die haben roethe schnebel, roete augen, roete fueß und seindt gruen.[338] In summa die insel ist wie eynn paradiß.

Den 28 Julii haben sie auß unserm schieff viel wharen gefhuert in die stadt biß um essenstzeit. Also nach dem wir alle tzu schieff waren gefordert, tzoegen wir die ancker auf, und von der stadt Candia ein welsche meil gewandt, biß der patron auf unser schieff kommen ist. Und um vespertzeit seindt wir gefharen. Auf der rechte handt nach miettag haben wir Cretam gehabt, auf der lincken handt ist ein kleine insel gewest, heist [S. 33]

Standia[339], leidt 8 welsche meil von Candia. Ist niemant darauf den barvuser muench in eynem kloster. Item so haben wir geschieft miet kleinem winde biß kegenn die nacht, aber alle tzeit auf der rechten handt Creta gesehen. Uber nacht haben wir ein uber auß grossenn windt gehabt und kegen morgen die insel Candia niecht mher gesehen.

Den 29 Julii haben wir ein vollen windt uberkomen und der mehrschwein sehre viel gesehen auf dem mheer in die hohe werfen. Und haben umb essenstzeit nicht mehr gesehen. Und seindt recht in das Mare Mediterannia kommen, niechts gesehen den mher und wolken. Den morgen habe ich und meyn gesell Ulrich Prefat von eynem huen gessen, und haben uns beyde volgetruncken. Und haben uns oben bey das compast

333 »esterich« oder »estrich«, vgl. Grimm, Bd. 3, Sp. 1173.

334 Diptam, auch Aschenwurz oder Eschenwurz, giftige Heilpflanze, vgl. Müller 1986.

335 Ladanum oder Laudanum ist das Harz der Zistrosen, das als Arznei und in der Parfümerie Verwendung findet.

336 Diese Methode der Gewinnung des Ladanums wird bereits in dem antiken Arzneimittelbuch des Dioscorides beschrieben: »Auß diesem wirdt gemacht das Ladanum, denn wenn die Geyssen unnd Geyßboeck die blaetter dieses Cisti abweyden, so bleibt ihnen an den Baerden und harechten Fuessen die zaehe feystigkeit augenscheinlich bekleben.« Pedacii Dioscoridis Anazarbaei Kraeuterbuch […], Frankfurt a. M. 1610, S. 59.

337 Thymus vulgaris, Thymian.

338 Gemeint sind Chukarhühner.

339 Dia.

schlaffen gelegt. Alda ist mein gesell im schlaff aufgefaren, seindt die schieffleut tzu ~~i~~ miehr kommen und miech geweckt, ob mein gesell krang were. Aber er schlieff und wollte siech niecht ermuentern lassen. Kegen abent haben wir nach mitternach der lincken seiten 2 inseln gesehen, die eyne ist wuest und kleine, heist Casa.[340] Die ander do hinden ist groser, heist Starpa.[341] Darinnen wonen leute, gehoert den Venediger.

Den 30 Julii haben wir in der nacht uber auß grossen windt gehabt, und den morgen auch, das die schieffleudt schatzten, das mir halben weg von Candia kegen Cipro[342] gebracht heten 350 meil, den Cypro vonn Candia leidt 700 italische meyl. Und umb den miettag haben die pilgram verhofft Rodiß[343] tzu sehen, so hat uns der windt so sehr abgetragen. Etwan den selbiegen miettag [S. 34] gleych kegen uber vor Rodiß gewesen 100 welsche meil. Habe aber dißmal Rodiß niecht sehen konnen von wegenn des windts und wasserwogen.

Den letzten Julii hadt der windt nachgelassen, etwan 3 stunden vor dage gantz wenig windt gehabt. Auch dem selbiegen morgen gantz ~~schel~~ schwol und heiß gewesen wie in den hundtstagen. Also haben wir niechts den wolken und wasser gesehen.

Den ersten Augusti wenig windt gehabt, das ~~man~~ kaum daß schieff vorgangen ist. Also seindt wier um veßpertzeit haben (sic!) die insel Cipro gesehen und etwas um 24 Uhr dem insel Cypro gleich gewesen, nemlich da sich die insel anfehet. Haben alda ein weyssen bergk vhorn angesehenn. Da bey sol ein kostlich brun wasser seyn, heißt Fontania de Amorosa.[344] Da kommen gemeiniglich viel fuesten[345] und Turcken dahin und laden wasser.

Den 3 Augusti auf ein Dinstag tzu nacht um 22 Uhr seindt wir an die insel Cipro ahnkommen an ein flecken ahm mheer heist Mißa oder Libißo.[346] Alda seint 2 galera von Venedig gewesen. Wie sie unser schieff wargenomen, ist uns die eine galea entkegen kommen, hat ein weiß kreutz und noch fenlin gefhueret und ein pilgrimkreutz.[347] Da haben wir geschossen wie gebreuchlich und geschrien und sie empfangen. Die weil wir etwas weidt vom lande waren, so liessen wier die segel nidder und banden unser schief ahn die galera. Und sie rudelten unß tzu lande. Alda worfen wir ancker.

Den 4 Augusti hat man uns gar frue tzu lande und in daß dorff gefueret, alda haben wir uns getheilet und in die heuser gangen. So haben wir widder[348] fleisch noch [S. 35] brodt noch wein niechts uberal komen umbs gelt kriegen. Im dem gehe

340 Kasos.

341 Karpathos/Scarpanto.

342 Zypern.

343 Rhodos.

344 Fontana Amorosa, Bucht im äußersten Westen der nördlichen Küste Zyperns. Da das Schiff nach Limassol weiterfuhr, kann Holtzwirth diese Bucht aber nicht gesehen haben.

345 Fuste u.ä., ein schmales und wendiges Schiff mit Lateinersegel und Ruderern, das gerudert und gesegelt wurde, zum Begriff vgl. Wis 1955, S. 276f.

346 Die verwendeten Ortsnamen sind unklar; nach dem Parallelbericht Ulrich Prefáts ankerte das Schiff vor Limassol, vgl. Prefát 2007, S. 86.

347 Gemeint ist das Jerusalemkreuz.

348 weder.

ich und mein gesel Ulrich Prefat und suechten daß gantze dorf auß, aber wir konten niechts uberkommen. {In} den tzwen wirtzheusser ilustria da funden wir weyn und brot. Die[349] liesen wir unß ein halbe pukal[350] wein bringen, kost 5 gartzin[351] und tzwen gartzin vor brodt. 4 gartzin ist ein venedisch solich[352] oder schilling. Die garzin haben auf eyne seit ein χ[353] auf der ander ein leben[354], seint wie venedischs pagatin[355] etc. Nach mittag batte[356] wir im mher. Und nach dem ginge wir widder in das dorff ßpatzieren. So funden wir ahngefer in ein hauß, da waren 8 unser geselschafft, die hatten ein castrat oder tzieglin kaufft, das brieten sie halb und kochten es halb. Wie ich und meyn gesel marckten, daß ihr tzu viel waren, so gingen wir wegk und kamen in eyn hauß, do kriegten wir 5 eyer. Die soethen wir. Und 7 fiesche liessen wir uns braten und drancken ein bueckel wein. Darnach gingen wir widder nach unserm schieff und kamen tzu dem 8 pilgram, die das castrat brieten. Da klagten sie, das {sie} kein brott konte uberkommen im gantzen dorff. Tzuletz war eyner von den galern, ein Deuscher, der hatte pißcodte[357], hardt brodt, das gab er inn, daß sie das fleiß essen kunten. Aber sonst vor weintrauben, melonen und pommerantzn, in summa: keine fruecht war in dem torff uberkommen. Das gaben sie den galeern schuldt, die hettens alle auf kaufft. Das dorff hat ein 4ecket castel oder schloß, ist gantz verstort, ist niemandt dorin. Item es ist um die gegent so heiß, das niechts waxen kann vor hitze. So hatten die pauren uberall 4ecket brunnen gemacht miet einem rade gemacht, daran tzent[358] ein roß, und als den leufft das wasser in die greber [S. 36] umb die ecker, die umgraben sein. Damitt fruchten sie ihre ecker. Aber in die nehe des dorffs haben wir von weinwax und getreide niechts gesehen. Allein eytel baumwolle wext 2 spspannen (sic!) hoch auf und bluet geel.[359] Und nach der bluet werden 4ecket spietziege knoeff, als die welsche nueß[360] groß. So der knopf reyf wirdt, so birst er auf und ist vol baumwolle. Und hat inwendig korner, die essen die pferde und esel. Hat bletter wie hoepfen oder feygen. Item wen sie ihre getreide auß weschen, so strauwen sie es auf ein runden platz und haben ein breidt bredt, darauf leidt ein großer stein. Und ahn dem bredt ist geßpannet ein ochs und eynn esel nebeneinander. Und tziehen das bredt rundt im kreiß umb. Und der paur stehet hinden auf dem bredt. Und also reiben sie das getrede aus. Die nacht seint wir widder tzu schieff fharen.

349 Dort.
350 Von italienisch »boccale«, Becher, vgl. Wis 1955, S. 108.
351 Carzia, eine venezianische Silbermünze, die für die Herrschaft Zypern geprägt wurde, vgl. Meyer 1984, S. 186.
352 Solidus, meint hier den Dukaten.
353 Der griechische Buchstabe »chi«.
354 Löwen.
355 Bagattino, vgl. oben Anm. 278.
356 badeten.
357 Biscotten, Piscote u.ä. = Zwieback, vgl. Wis 1955, S. 107f.
358 zieht.
359 gelb.
360 Wallnuss.

Den 5 Augusti bin ich widder miet dem patron und etliche pilgern in das dorff gefharen. Aber die ~~al~~ andern pilgern wolten niecht vom schieff, die weil in dem dorf niecht tzu essen whar. Aber der patron war niecht wol tzu frieden, do er sie auf dem schieff speisen mueste. Die nacht fur er widder ins schieff etc.

Den 6 Augusti fur ich noch miet etlichen pilgern in das dorff. Da war gleich fest. Da gingen wir in die kirchen. Da hielten sie meß auf griekisch. Da hatten sie auf ein tisch 2 schuesseln, darinn war gekochte ge[r]sten, granatkern, mandeln und rosinken, und tzwei schuessel miet preceln, und 2 pecher miet wein, und ein wasserkrueg. Wie die meß auß gesungen war, und die [S. 37] pfaffen wie sie gebrauch haben, wen der pfaff das sacrament nimpt, so nimpt er eyn brot, schneit es in 4 stueck, consecreret, und ist ein stuecke darvon. Das ander thuet er in ein schuessel und tregt sie mietten in die kirchen. Und da gehet tzu alle, die in der kirchen seint, giebt ithlichem ein byssen und tzu letz den weybern, biß das consecreret brot al auf gessen wirdt. Und sie boetens uns auch an. Letzlich druegen sie die obgenanten schuesseln und preceln und wein um und gaben eynen igliechem, so in der kirchen waren, darvon. Das ~~sie~~ thun sie von wegen des festes. Und alle fest thun sie also. Und von diessem fest bis auf Unser Lieben Frawen Himelpfardt[361] essen sie kein fleisch. Die Greci oder Griechen von diesser insel Cipro wil ich weiter schreiben, da wier widder heim schifften. Um essentzeit furen wir widder tzu schieff. Alda brachten sie eynen bischof, der auf den galeern gewesen, auf unser schieff, war von Venedig. Da schoß unser patron ettliche 10 stuecke loß, dem bischoff tzu ehren. Und als der bischoff auß[362] unserm schieff stiege, da tzogen wir die ancker auf und unser segel, und schiefften um miettag wegk vonn Cipro miedt guetem winde Godt lob. Und liessen die insel Cipro auf der lincken handt. {Bis} mittesnacht schiefften den selbigen tagk noch so weidt, das wir Cipro niecht sahen.

Den 7 Augusti haben wir noch altzeit gueten starcken windt. Und um den abent umb 24 Uhr sagten die schieffleut, die oben auf der kila[363] oder marsen[364] sassen und wach hilten, mhan [S. 38] sahe von fern das Heyliege Landt. Aber unten im schieff konde es man niecht sehen. Um mitternacht also, es schier begunt ~~dauck~~ tag tzu werden, da sahe man das Heilige Landt von ferne.

Den 8 Augusti ahm sondagk gantz frue stunden die pilgram auff und sungen das Te Deum Laudamus und darnach um 13 Uhr ungefher waren wir tzum negst am Heiligen Lande und sahen eynen thurm auf der lincken handt. Do aber der patron keinen[365] auf dem schieff hatte, die vor hin die gelegenheit von[366] Joppen oder Jaffa

361 Mariae Himmelfahrt, 15. August.

362 auf.

363 »Geba«, »Keba« o.ä. meint den Mastkorb, vgl. Wis 1955, S. 123. Erscheint im Text nochmals in der Form »kela«, vgl. Anm. 781.

364 Gemeint ist hier der Mast.

365 Die Stelle ist durch Tintenfraß kaum lesbar, zu erkennen ist »ke«; die Lesung ist nach den angebrachten Notizen Irmischs ergänzt.

366 Vgl. vorige Anm.

wusten, schiefften wir tzu dem thurm[367], den wir sahen oder gleychwol tzweivelten sie ob es Jaffa were. Und Jaffa hat 2 thorm. In dem schiekte der patron unser jundelen[368] miedt den schieleuten und den patron miet. Und fhuren nach dem thorm. Die weyl warten wir daß schieff und lavihren widder hin und her, biß das jundelen widder kam. Als wir etwan 15 welsche meil von dem lande waren nach mittag, kumpt unser jundelen widder und sprachen: Wie sie seindt etwan ein welsche meil von landt gewesen, haben sie am lande gesehen bey 50 turkisch roß wol gerust miet Turcken und bey 100 person miet turkischen boegen und pfrietzpfeilen.[369] Und eyner von dem Turcken ist dem jundelenn entgegen schwummen und alle tzeit geschriehen: Christ, Christ. Die weil aber die wellen so groß sein gewesen, hat er niecht tzu innen konnen schwimmen. Die ander Turcken ahm lande hatten den unsern gewingket [S. 39] miet der handt, sie sollten an daß landt schieffen. Aber gleich wol die andern Turcken hatten ihre pfeile auf die sene gelegt und die puxen gestelt tzu schiessenn. Aber die unsern haben siech niecht tzu nahe haben wollen dartzu machen, sondern haben geschrien auf griechisch, wo Jaffa liege. Aber sie haben einander niecht konnen so weit vernhemen. Aber die Turcken haben etliche geweist auf die rechte handt, etliche auf die lincke seyten. Miet dem haben die unsern siech gewandt, miedt dem jundelem, und seindt widder tzu uns kommen und uns ertzelt, wie es innen gangen wehr. Mit dem liessen wir ein bley fallen und vorsuchten, ob wir grundt hetten. Also wir grundt funden, worfen wir die ancker eyn. Und der patron schiecket den mukero[370] der das schieff miet dem pfeifflein regiert, mit dem jundelem unser klein schiefflein selb5 widder nach dem rande.[371] Wie sie tzu lande seint kommen, haben sie keinen menschenn funden. Aber sie haben sich niecht tzu dem thum, da das schloß ist, wollen begeben. Seint etwan ein stunde tzu lande gewesen und niemandt gesehen. So seint sie widder kommen umb 23 Uhr aber wo wir seindt. Also seindt wier die nacht stille gelegen.

Den 9 Augusti gantz frue haben wier den ancker auftzoegen und starcken windt gehabt. Und haben dem winde nach geschieffet in hoffnung Jaffa oder Joppen antzutreffen. So hadt unß der windt getrieben in das hoehe mher, haben kein landt mher gesehen noch antroffen und niemandt [S. 40] gewust, wo wir hin schieffen. Miet dem hatten siech die schiffleut miet beradtschlagt und die pilgram des gleichen miet der mappa[372] und etliche befunden das der thurm und daß landt da wir erst gewesen, sey Cesarea Philippi[373], der orth, do Paulus den centurea bekert.[374] Auch das er[375] das

367 Vgl. vorige Anm.
368 Gondel, kleines Schiff, vgl. Anm. 138.
369 Flitzepfeile, vgl. Anm. 764.
370 »Muccaro«, »Muecro«, »Mucker« = Eseltreiber, vgl. Wis 1955, S. 197.
371 Evtl. verschrieben aus »lande«?
372 Eine Seekarte.
373 Tatsächlich handelt es sich um Caesarea Maritima und nicht um das am Rande der Golanhöhen liegende antike Caesarea Philippi, das heutige Banyas.
374 Gemeint ist hier wohl die Erzählung von der Bekehrung des Hauptmanns Kornelius, der nach Apg 10 allerdings von Petrus und nicht von Paulus in Caesarea Maritima getauft wurde.
375 Am Rand von späterer Hand nachgetragen »der Salvator«.

zeichen[376] mietd dem teuffel austreiben, welcher in die hert schwein fhuer und alle ins wasser stuertzen.[377] Und darnach etwan um 24 Uhr des abents hatte der patron das schieff widder auf die lincke handt mitternacht gestelt. Und seint miet halbem winde widder nach dem lande geschiefft.

Den 10 Augusti ahn S. Loerentz tag frue haben wir widder auf der lincken handt landt gesehen. Da haben die schieffleut und der patron gesagt, es sey Jaffa. Aber die weyl der windt unß entgegen war von dem lande, musten wir hin und widder auf dem mher lavieren, biß siech der windt vorkeret, das sie konte tzu landt faren. Aber die pilgram waren niecht wol tzu frieden. Und eyner diß, der ander daß bedacht, dieweil wir ungewiß waren und in das Turcken lande. Ich aber vor mein person war aber sere ubel tzu frieden, die weil ich mich niecht miedt dem patron in die kost vordingt. Mietd etlichen auch war mein wein auß, den ich in Candia kauffte. Desgleychen mein brot war gar vorschimmelt und das wasser in meynem feßlin war gantz stinckent. In summa ich hatte niecht mher tzu essen noch tzu trinken. Auch begundt es miet etlichen mher auch also tzu werden etc. [S. 41] Den 11 Augusti fueret uns der windt in der nacht widder vom lande, das wir das land niecht mher sahen. Und kerten unser schieff widder um mittag auf die lincke handt. Und kegen den abent haben wir widder auf der lincken handt landt gesehen und widder fro worden, doch tzweifelten etc.

Den 12 Augusti in der nacht wante sich der windt und fhueren widder, das wir den morgen kein landt sahen. Aber kegen den abent kamen wir widder auf der lincken, das wir landt sahen. Und etwan um 24 Uhr in der nacht sahen whir den thurm widder, den wier den 8 Augusti den ~~sen~~ sontagk tzuvhor gesehen hatten, Cesariam Philippi.[378] Da waren wir fro, das wir wusten, wo wir wahren. Die uns aber den windt so lange entgegen war und musten laviren hin und widder. Kunten wir niecht nach Jaffa tzu lande fharen, welchs noch hoech nach mittag war.

Den 13 Augusti am Freitag frue sahen wir gantz ferne einen schwartzen bergk und auf beiden seiten weise berge in dem mheer. Also schifften {wir} miet halbem winde, liesen das landt altzeit auf der lincken handt liegen. Dor sahen wir etwan um 13 Uhr tzwen thorm. In dem wollten etliche, es were Jaffa[379], etliche aber niecht. Aber die weil der meiste theil judicirt, das es Jaffa war und in sonderheit war eyner auf unserem schieffe, heist Hanß von Berge oder Hanß vonn Mecheln, welcher miet seins weib und einem kinde vor 3 jaren auf unserem schieff war.[380] Und alle sein guet vorkaufft auf die reyse, so er mit weib und kindt widder keme, wie den auch geschach. Und viel, etwan [S. 42] bey 3 tausent gulden auf die reise gewhan. Als denn die Nidderlender sehr gebrauch haben und auf die reise vorkauffen. Derselbige Hanß

376 Wunder.

377 Diese Erzählung spielt nach Mk 5,1–20 allerdings in Gerasa (im heutigen Jordanien) bzw. nach Mt 8 in Gadara am See Genezareth.

378 Vgl. Anm. 373.

379 Irmisch las hier »etliche es vor Jaffa halten, etliche…«.

380 Diese Person ließ sich nicht identifizieren, vgl. dazu auch die Einleitung, Anm. 239–244.

von Mecheln war 3 jar tzuvor auch im Heiligen Lande gewest. Der Hanß von Mecheln oder Berge beschloß eygentlich, die weyl er vor 3 jaren tzu Jerusalem war gewest, es weren die 2 thorner, die wir sahen, Jaffa oder Joppen. Also waren wir semptlich eins und schifften nach den tzwen tormen tzu. Dieweil aber der strom und das wasser widder uns war, und der windt auch halb vom lande kham, hilten wir unser schieff so sehre wir konten nach den 2 tormen tzu. Umb 20 Uhr begunte sich der windt tzu wenden und wir riechtenn die segel nach dem lande. Etwan um 22 Uhr kegen den abent kamen wir kegen Jaffa oder Joppen. Etwan 3 welsche meyl darvhon warfen wir 2 angker ein. Und der capitanier ließ 2 buxen loeß schiessen auf redernn. Nach dem kam uns ein klein schiefflin entgegegn, aber es blieb auf halben wege etwan auß forcht. Kam niecht gar tzu unserm schieff. Miet dem liessen wir unser judelein vom schieff. Und unser capitanier, dem es[381] geleidt von den Venediegern war tzu gegeben, der nham die brief unsers geleits halben miet siech. Und saß auf das jundeln und schieffte selbst tzu lande etc.

Diesse tzwen thorme ist der fleck und orth, da vor tzeiten die stadt Joppen, die man itz nhennet Jaffa italiesch. Und leidt unden ahm mher und ist der rechte portus oder hafen, dor in die schieff, so die kegen Jerusalem wollen, muessen ahnlauffen. Es hadt tzwen [S. 43] weyse altveters thorner. Einer leidt ein wenig hoeher den der ander. Stehen kegen ein ander ungeferlich 3 welsche meil besser nauff nach miettag. Ahm lande sahen wir 2 felsch[382] weyse berge am mheer liegen. Oben dem lande gleich entgegen ein schloeß. Do ist Petrus gewesen miedt seynem schiefflein.[383] Ahn dem felß, da Christus tzu im kommen ist und er gefieschet und niecht gefangen hat. Und Christus inn hieß in die tieffe fharen und sein netze ein werfen. Und er auf sein wort das netze ein warff und ein groß menge fische uberkam, daß auch das netze tzu reiß, wie die Evangelisten solches beschreiben. Aber es trifft miedt den Evangelisten mehr ubereyn, daß Petrus alda solt gefyschet haben, das das mher heist Mare Mediteraneum. Aber das ander heist die sehe Jenatzeret.[384] In Jaffa findet man ja kein hauß, allein tzwen thorn. Da ist ein capitanier innen, der muß wache halten, die weyl eyn portus da ist. Und die schieffe pflegen alda ahntzukommen, muß der capitanier auf sehen dem Turcken tzum besten.

Den 14 Augusti kumpt unser jundelin miedt 2 Turcken, die brachten weintrauben in 4 korben. Und die pilgram drungen sich sehre dorum. Item nach essentzeit liß der muker[385] den eynen grosen angker, den man tzu balt eingewurffen hatte, widder auf ~~schien~~ tziehen. Die weil aber der ancker fest steckt under de winden umtziehen miet gewalt, so gehet die winde tzu rueck und die marinarii konte sie niecht halten. So schlegt sie eynem schieffman das beyn im lincken entzwey. Darnach umb ein halbe stundt, wie sie widder ein ancker tziehen an der winde, so reist das miettel theil entzwei

381 das.

382 felsige.

383 Luk 5,1–11.

384 See Genezareth.

385 Eseltreiber, vgl. oben Anm. 185.

und schlegt eynem pilgram tzu [S. 44] tzu (sic!) boden und ein munch an eyn beyn. Den 6 mieth auf unser schieff waren. Letzlich reiß das grose seil, daran der ancker hengt. Und der ancker felt in das mheer und kunten in niecht widder finden, wardt geschatz vor 100 kronen. Etwan umb 23 Uhr kegen abent kumpt unser gundelein und bringt den wardian von denn munchen von Jerusalem midt siech, welcher in Rama[386], 4 deutsche meil von mheer, von Jaffa, gelegen whar.

Den 15 Augusti, in Ascensionis Maria[387], umb essenstzeit kamen 6 Turcken, welcher midt dem wardian[388] in geleidt von Rama kommen waren auß dem jundelnn auf unser schieff. Und sie satzten siech nidder mitten auf das schieff, ahn die erde auf ire beyn, wie sie gebreuchlich sein. Und unser patron hat in malvasia geschenckt und von tzuecker gebacken pistaken.[389] Also assen sie und druncken die Turcken, wie wol sie sonst niecht dorffen wein trincken nach dem Machomettischen gelauben. Nach deme seindt die Turcken widder tzu lande gefharen und haben ahm ufer am bergelein ein getzelt auf geschlagen. Darnach hat man unß pilgram alle semptlich tzu lande gefordert. Und die Turcken haben uns gefordert eynem nach dem andern in das getzelt. Hat aber unser keyner keine wehre dorffen auß dem schieff an das landt nhemen, sondern alle unser wehr im schief lassen. Also haben die Turcken unsern dolmesch und trosselmhan {aufgefordert}, er sollte die Frantzosen, Teusche und Nidderlander, Italianer ein igliche part allein stellen. Da ordenert er die Nidderlender, Frantzosen und Teusch tzu sammen und Welsche und Spanisch auch tzu sammenn [S. 45] und sprach ein teyl wehren alle Frantzosen und die andern weren venedisch, den der Turck sehr wol miet dem Frantzosen stünde. Also waren die Turcken tzu frieden und man ließ uns alle tzu sammen gehen. Und fingen ahn eynem nach dem andern alle tzu besuechen.[390] Und wir musten die wammes hembden und alles auf auf binden und besuchten unß uberal, nhamen aber niemandts niechts. Allein wenn sie brieffe oder papier geschrieben bey eynem funden, die nhamen sy tzu sich und wolten sie niecht von siech geben. Wie es aber den Turcken tzu lange wolt werden, einen iglichen sonderlichen tzu besuchen, sahen gleichwol, daß die niechts boeses bey unß funden, liessen sie durch biedt des patrons {ab} und liessen den halben theil unbesucht. Den es waren unser pelegrim in alles midt den weibern 150 person. Und die briefe, so sie gevhonden hatten, gaben sie unserm patron auf seynen glaubenn widder. Und er gab sie eynem yglichen pilgram widder. Mein buechlin, dorinne ich mein reiß geschrieben hatte, nhamen sie mir auch, aber der patron gab mirs widder.

386 Ramla.

387 Himmelfahrt Mariae.

388 Gwardian, Guardian u.ä., Vorsteher des Franziskanerklosters, vgl. Wis 1955, S. 139. Prefát 2007, S. 125 schreibt, dass der neue Guardian Pater Bonaventura Corsetti mit der Reisegesellschaft auf demselben Schiff aus Venedig kam. Allerdings amtierte während Holtzwirths und Prefáts Aufenthalt im Heiligen Land noch der auch »Presidente« genannte Vicarius Pater Felice da Venecia als Nachfolger des seit 1542 amtierenden Guardians Dionysius, vgl. Verniero di Montepeloso 1930–1937, Bd. 4, S. 152. Ich danke Mordechai Lewy, Bonn, für diesen Hinweis.

389 Pistazie, venezianisch »pistacio«, vgl. Wis 1955, S. 215; Grimm, Bd. 13, Sp. 1871.

390 Im Sinne von durchsuchen oder visitieren, vgl. Grimm, Bd. 1, Sp. 1691.

Den die Turcken besorgten siech allein um der vorretherey der brieffe halben, den der Barbaroßa war neulichen gestorben, der ihr oberste war auf dem mheer.[391] Dor entgegen war von wegen der Christen, kegen den Barbaroßa der Andrea Tory von wegen des keyßers, welche stedts einander auf dem mher, wo sie kontenn, angrieffen. Nach deme liß man uns einer nach dem {andern} den bergk herab gehen. Und 4 Turcken stunden und tzalten unß. Unser in alles 2 hundert waren pilgerin. Darnach fueret uns mhan an das mheer [S. 46]. Da waren 2 alte gewelb in dem berg gehauwen, in dem stunden esel und camel.[392] Also muesten wir die nacht in dem loch oder gewelb bey den eseln schlaffen. Aber der patron fur ~~widder~~ miet dem Turcken widder in unser schieff. Und musten dem Turcken vor etliche 100 kronen tuech und ware schencken. Nach dem so kamen sie widder auß dem schieff. ~~Und die turcken~~ Da schossen sie 4 buxen loeß in unser schieff. Und die Turcken etlich tzoegen den abent widder nach Rama. Darnach kam unser patron und fordert von iglichem pilgeren, in sonderheit die siech selbs bekostigen und niecht mit im in alles eins worden war tzu Venedig, 32 schilling vor tzol tzu geben.

Den 16 Augusti gantz frue 3 stunden vor tage weckt uns der patron in dem loche oder gewelbe auf. Wir solte unß schicken in dy esel. Den 15 tag {Augusti} kamen wir[393] ahn von Rama. Und die turckische pauren warten auf unß. Also ließ der turkische heuptman wachen fure bei dem gewelb und losoment[394] da wir innen lagen die nacht. Und so eyner unter uns wolte hinnauß gehen ahne bevhel des patrons, so schlug er in midt dem turkischem boge, den er in die handt hatte, auf den koepf. Dernach muesten also wir alle dem eynen Turcken gehorsam sein. Da kamen die Christe midt dem gurttel[395] von Sanct Paulus[396] glaubene, brachten uns hineyer[397] und brodt. Hiesen Christen de cinctura.[398] Drogen gebranst [darüber die Zeichnung eines gemalten griechischen Kreuzes] auf der handt.[399] [S. 47] Etwan eyn

391 Khair ad-Din (Chaireddini), in Europa Barbarossa genannt, Korsar und osmanischer Großadmiral, verstarb am 6. Juli 1544 in Istanbul.

392 Zum Peterskeller in Jaffa vgl. Reichert 1998, S. 30; Denke 2011, S. 156.

393 sie (nämlich die Esel).

394 losieren, eine Wohnung nehmen, vgl. Grimm Bd. 12, Sp. 1198.

395 »Gürtelchristen« ist eine Bezeichnung für die syrisch-orthodoxen Christen.

396 Diese Formulierung entnahm Holtzwirth seiner Lektüre von Breydenbach: »fur die selbig höle kommen die christen von dem gurtel von iherusalem und Rama von sanct Paulus glauben genant«, Breydenbach 1486, image 87, vgl. Mozer 2010, S. 114. Die Charakterisierung der orthodoxen Christen als »von Paulus Glauben« erscheint bereits bei Wilbrand von Oldenburg und Jacques de Vitry (vgl. Brincken 1973, S. 85 und 88). Bei deutschen Jerusalempilgern des 15. Jahrhunderts begegnet die Formulierung häufig. So schreibt Arnold von Harffes zur Erklärung, dass die Griechen »bei dem Gesetz und der Lehrmeinung bleiben wollen, die ihnen der heilige Paulus, der Apostel, gegeben hat, der zu ihnen sprach: Behaltet dieses Gesetz, das ich euch gegeben habe, bis ich wieder zu euch komme«, Harff 2009, S. 102. Ich danke Folker Reichert, Heidelberg, für den Hinweis auf diese Stelle.

397 Hühnereier.

398 Gürtelchristen, vgl. Anm. 395.

399 Es handelte sich offenbar um Tätowierungen, die den Westeuropäern damals noch unbekannt waren, vgl. Lewy 2003; Lewy 2020.

stunde vor tage, da kam unser capitanier und unser patron des schieffs und furten unß tzu der insel. Alda nham iglicher eynen kleinen esel, welche große holtzsattel hatten. Und riethen also ken Rama. Und kamen erstlich in ein dorff, heist Azura[400], 5 italianische meyl von Jaffa. Da war eyn kirche auf der rechten handt miedt viel weisen ~~roden~~ ronden knoepfen[401] gemacht. Darnach kamen mher[402] vor essens{zeit} kegen Rama. Aber hardt vor Rama musten wier absteigen und tzu fueß hin gehen vor dem Turcken. Rama leidt auf der rechten handt nach mittag und hadt ein schon kastel und hadt eynen schoene weysenn 4ckten hohen thorn.[403] Alda fueret man uns alle tzu sammen in eyn hauß, welchs ein hertzoeg von Burgunden[404] den pilgrim tzu ersten gekaufft hatte. Alda khamen die Christen von dem gurtel. Haben keyne andre tracht den die Turcken, allein das sie [Zeichnung eines griechischen Kreuzes] auf den ahrm gebrandt haben.[405] Und tragen bloehe blynden[406] auf dem kopff. Die brachten unß breite, weyse brodt, gesoethene eyer 8 um 2 schilling, gekocht huener eyns umb 4 schilling, ein kapaun[407] 8 schilling. Item trauben, angurien[408], feygen, genuegk und wolfeyl. Sie nhamen die venedische mietzinieger und venedische schilling durch auß. Und 4 venedische schilling thun ein turckisch eßberlin.[409] Den selbigenn abent blieben wir tzu Rama. Die heusser seindt niecht hoch, oben keine decher. Alda sahen wir tzu negest [S. 48] ahn unserem hauß wie die Turcken aßen miedt ihren weybern. Eyn iglicher Turck mag so viel weiber haben, als er will, darnach er sie getrawet tzu ernheren. Essen alle an der erden.

Nach miettag blieben wir tzu Rama. Auf dem obent um 24 Uhr satzen wir uns auf die esel und rietten mied dem geleidt etlicher Turck von Rama. Und ritthen 15 welsch meyl von Rama tzu eynem brunnen, der heist Fons Machebeorum.[410] Da schlieffen wir eyn weyl auf dem felde etwan bey 3 stunden. Darnach stunden wir auf vor tage und ritthen ~~und wi~~ auf unsern eseln widder und kamen balt an das gebirge.

400 Yazur.

401 Bedeutet hier runde Kuppeln.

402 wir.

403 Der »Weiße Turm« von Ramla war ursprünglich der Glockenturm einer im 13. Jahrhundert erbauten christlichen Kirche und wurde später zu einem Minarett umfunktioniert. Er ist bis heute das Wahrzeichen der Stadt.

404 Auch hier scheint Holtzwirth dem Text Bernhard von Breydenbachs zu folgen: »welches huß Philippus ettwan eyn hertzog von burgundien loblicher gedechtbüß hatt zu eyner herberg den bilgeren gekauffet…«, Breydenbach 1486, image 88, vgl. Mozer 2010, S. 116. Zur Unterstützung Herzog Philipps II. von Burgund für den Erwerb des Hospitals vgl. Lemmens 1925, S. 83–85.

405 Es handelt sich auch hier um die Beschreibung von Tätowierungen, eine für Wolfgang Holtzwirth unbekannte Technik, vgl. Anm. 397.

406 »Binden« meint hier Turbane.

407 Ein kastrierter Hahn, vgl. Grimm, Bd. 11, Sp. 182.

408 Angurien, Wassermelonen, vgl. Wis 1955, S. 92. Prefát 2007, S. 98 beschreibt die von ihm »angury« genannte Frucht ausführlich.

409 Akçe, vgl. Anm. 277.

410 Es wird sich um das Dorf Modi'in gehandelt haben, aus dem der Stammvater der Makkabäer, Mattatias, stammt und wo er begraben wurde (1 Ma 2,1.15.23). Das heutige Modi'in ist allerdings nicht identisch mit dem Dorf, sondern eine moderne Planstadt.

Den 17 Augusti etwan umb 12 Uhr frue kwamen[411] mir tzu der stadt, darin geboren ist der Prophet Jeremias[412], leidt auf der rechten handt nach mittag. Stehet eine kirche ahn dem orth, leidt im ein je thal tzwischen tzwenn bergen im grunde. Niecht weidt darvon kamen wir tzu eynem schoene brunnen, ist tief uber der erdenn. Und wen man hinunter steiget, so gehet mhan 3 oder 4 schridt under eynem gewelbe. Dar ist ein schoener küeler brun, der mag miet seyner breite uber dem brun ein schaten. Alda haben wir tzu mittag ruehe gehabt. Alda leidt negst ein hauß am berge, auf der lincken handt kegen mitternacht. Den ort heist man Ebro[413] nach dem gebirge, wechts vor hietze niechts dorauf. Auf der rechten handt nach mietag haben wir hoch auf einem ronden berge eyn alt wuest schloß gesehn. [S. 49]. Haben niecht gewust, wie es heist. Niecht weidt dorvhon khamen wier von dem gebirge in eynen grundt. Da steht alt gebew. Alda hat der koning Davidt den grossen Goliat miet der schleuder todt geworffen.[414] Zu negst etwan 7 schretd ist ein kleine bruecken, alda fleust im winter tzeidt der bach, torrens terre mietum.[415] Under diesser bruecken hadt der kunnig Davidt 5 steyne außgelosen inn seine schleuder.

Darnach seindt wier gar balt an einen großen hohen bergk kommen, bey 2 welsche meiln hoech an dem berge hinnauff gerietthen. Als wir den berck hinauf kamen gerietthen, da haben wir auf der lincken handt nach mietternach auf eynem berge gesehn das Castell Emauß.[416] Haben ein halbe welsche meyl gerietten und habenn Jerusalem gesehen. Alda seindt uns etliche Turcken auß der stadt geleits halben entgegen kommenn auf turckischen pferden wol gerust. Und haben unß pilgram tzwen mal getzelt. Aber ihre knechte haben unß angeriethen. Und so sie eynen senckel bey eynem gesehen, haben sie darnach gegrieffen und genhomen und gesagt »prende«.[417] Das ist ein senckel, denn sie uberauß gerne senckel haben wollen, alle

411 kamen.

412 Nach Jer 1,1 und Jer 29,27 stammte Jeremia aus Anatot. Die Lage dieses Ortes ist unklar. Der Ort kann nicht identisch sein mit dem heutigen Anata, nordwestlich von Jerusalem. Wahrscheinlich beschreibt Holtzwirth hier aber das biblische Kirjat-Jearim, oberhalb des heutigen Dorfes Abū Ġōš. Der Ort ist nach Jer 26,20 die Heimat des Propheten Urija ben Schemaja, der gleichzeitig mit Jeremia Unheil für Juda vorhersagte und auf Befehl des Königs Jojakim hingerichtet wurde. Holtzwirth dürfte Jeremia und Uria verwechselt haben.

413 Wahrscheinlich meinte Holtzwirth den Berg Ephron nach Jos 15,9. Dessen Lokalisierung ist umstritten.

414 Die Lokalisierung des Kampfes nach 1. Sam. 17 in Emek Ha'ela, dem Terebinthental, verweist auf eine Ortschaft südlich des heutigen Bet Shemesh, was aber nicht zum Itinerar passt. Auch Alexander von Pappenheim kam 1563 auf dem Weg nach Jerusalem zu einem »zerbrochenem flecken, Goliat genanat«, mit einem Brunnen, an dem David die Steine für den Kampf gesammelt habe; der Ort lag »inn einem gar tiefen thal«, vgl. Reinitzer 2020, Bd. 2, S. 115.

415 Die Formulierung ist nicht ganz klar: Soll hier zitiert werden »torrens terre fetum« aus Pacuvius' Tragödie Antiopa, also »austrocknend die fruchtbare Erde«. Oder geht es um einen Anklang an Psalm 110,7?

416 Gemeint ist wohl das Dorf El-Qubeibeh, etwa zehn Kilometer westlich von Jerusalem, das von den Franziskanern seit dem Spätmittelalter mit dem biblischen Emmaus identifiziert wurde.

417 Hier ist nicht das italienische Verb »nimm!« gemeint, sondern nach dem Parallelbericht Ulrich Prefáts wollte man tatsächlich Schnürsenkel oder -bänder (»banda«) haben. Ich danke Tomáš Rataj, Prag,

Turcken. Auch haben unß etliche turkische jungen tzeitenweil 2 welsche meyl nach gelauffen, und geschrien: »Christiani, prende«. Haben wir ihr wollen loß werden, so haben wir in muessen senckel geben. Und so einer kegen Jerusalem wil tziehen, der nheme kunlichen vor drey ducaten senckeln miedt siech, wil er friede vor den Turcken haben. Expertus sum.[418] [S. 50] Den 17 Augusti, Dinstags seindt wir tzu Jerusalem eingerietten. Seindt erstlich kommen auf der lincken handt. Alda hadt die stadt ein gantze news maur, starck und fest vonn marmelstein gemacht. Und seindt gerietten biß tzu eynem thor. Seindt niecht tzu dem thor hinnein gerietthen, allein auf der rechten handt altzeidt außen der mhauren einen hohen bergk hinauf gerietthen. Darnach widder auf der lincken handt einen hoehen bergk hinnauf geriethen. Wie mir seindt hinauf kommen, seindt wir gerhuet ahn der maur. Und auf der rechten handt seindt wir in ein groß pallast kommen, dorinnen wonen die fratres minores, barfueser munche, haben in kleines kloester darinnen. Und wen man hynnhein kompt, so yst erstlichen ein schoener brunen. Darnach ein klein kreutzgangk. Stehet ein sehr alter olivenbaum alda, hadt unser herre Godt miedt seinen jungern des nachtmhal gessen. Und alda seindt viel gewelb, da unser Herr Gott miedt seinen jungern gewest und wunder gethan hadt. Und diesser bergk, da die stadt drauf leydt, heyst Syon. Und die hoehe, da der munche closter drauf leidt, alda hat der konnig Salomon gewontd. Denn hart unter dem closter ist ein teych. Alda hadt die Betsaba ihre fueß gewaschen, welches Davidt gesehen und sie holen lassen.[419] Und ihren man Uriam im kriege lassen umbringen.

Den 18 Augusti, die weyl uns die munche die voriege nacht essen gaben, so gaben sie uns diessen morgen auch essen. Darnach wie mir gessen hatten, [S. 51] sprach der wardian des closters, wir sollten tzu hauff legen geldt, so wolten sie unß eßßen kauffen, und woltens uns kochen. Da legt der mhan[420] ein halben zikin, das ist ein halber ungerischer gulden. Item ich habe muessen dem patron geben ein muntziniger

---

für diesen Hinweis. Ulrich Prefát schreibt: »Es ist auch bei den Türken und türkischen Knaben der Brauch, dass sie, wenn sie einen Pilger sehen, ihn anschreien, er solle ihnen ein Band geben, und sie wollen kostenlos ein Band von einem haben. Ich fragte, ob es überall in dem türkischen Land üblich sei, bei den Christen und Pilgern um Bänder zu bitten. Und sie sagten mir, es sei nicht so, nur in und um Jerusalem sei es so. Denn es wurde ihnen von den Pilgern beigebracht, die dorthin reisen, und manchmal kann man bei einem Türken für ein Band mehr kaufen als für einen halben Maydin, also für vier unserer böhmische Weißpfennige. Ich und fast alle Pilger wussten es schon in Venedig, weil es uns gesagt worden war, und wir kauften die Bänder, und ich kaufte in Venedig acht Dutzend davon und diese waren immer noch nicht genug für mich, denn wenn du durch die Stadt Jerusalem gehst oder durch ein Dorf fährst, überall laufen die Knaben, manchmal auch alte Leute zu dir und rufen: »Christian, Banda!«, das heißt: »Christ, ein Band!«, fast so ähnlich wie man bei uns zu den Juden manchmal sagt: »Jude, gib die Würfel!«. Und sie ziehen diese Bänder in die Röcke oder die Kittel vorne statt Knöpfen ein, und sie quälen einen Menschen damit wirklich sehr, wenn sie von ihm ein Band kostenlos haben wollen.« Prefát 2007, S. 113 (deutsche Übersetzung Tomáš Rataj).

418 Ich habe es erprobt.

419 2. Sam 11,1–4.

420 jedermann.

und 8 venedische schilling tzu Jaffa vor tzeoll dem Tuercken. Darnach im closter tzu Jerusalem müssen geben dem patron 5 muntzinger vor tzoll und vor die esel von Jaffe bis kegen Jerusalem. Item des closter leidt auf eynen hoehen bergk, das man sich um und umb besehen kan. Der Ertzhertzog von Burgundia hadt diessen mhan jerlieches tausent ducaten vormacht, Philippus genand.[421] Auch ist ein klein gewelpt kirchen darbey, dorinnen ich habe im hoeffe im kreutzgange in ein fenster oder ladenstein meynes vaters merck[422] eingehauen, also »W [Christogramm] H«. Das wirdt man noch so lange als daß closter stehet findenn etc.

Den 19 Augusti hadt uns der patron frue angetzeigt wie uns der Turcke niecht wolle tzum Heiligen Grabe lassen, es geben im die pilgern 100 zikin, mher den tzuvhor der gebrauch gewesen ist. Es ist tzuvhor der gebrauch gewest, von eyner person 9 zikin[423] und der patron tzuvhor ein stuecke damaßken[424] dem Turkenn muessen geben. Und wie der patron durch den dolmesch den damaßken dem Turcken geschieckt, da hatt er den dolmesch hart 2 stunden an keten gelegt und miedt boesen worten gesprochen, er solte gehn und den pelgran sagen, sie solten im noch ein scharlacken[425] [S. 52] daruber geben und 100 zikin extra ordinarii. Wo niecht sollten sie es lassen und niecht viel unnuetze machenn, sonst wolle er etwaß anders thuen. Damidt hadt unser patron den scharlack auf sein unkost vorwilliget tzu geben, aber die 100 ziekin niecht wollen gebenn ohne steur der pilgram. Darumb wardt gelegt auf ein person ein tzikin uber den venedischen vortragk[426] etc.

Den 20 Augusti sindt wir aber im closter blieben, aber niecht außgangen und niechts gesehen. Die pilgeren, die wolten niecht vorwilligen eyner ein zikin tzu geben. Etliche musten doch ohn daß dorch dem capitanier des schieffs ~~tzur herberge~~ geben tzum Heiligen Grabe. Dennselbigen abent furt man uns vor das kloster und tzeighett uns die eysene thor, leidt am closter ahn eyner dreppen. Da ist unser Her Godt miedt seinen jungern hinauf gangen und das abendmal gessen und das newe testament auf dem saal eingesatz. Die munche haben es innen gehabt. Aber wie Rodiß ist genhnumen worden, haben es die turcken genhommen und tzugeschlossen.[427]

421 Auch hier folgt Holtzwirdt den Angaben Breydenbachs, der schreibt, die Klosterkirche sei »gar hubsch gezyret was mit kostlichen gewirckten tebichen die yne ein hertzo von Burgundia Philippus genant [...] auch mit dusendt dücaten jerlicher gultt da hyn geben hatt«, Breydenbach 1486, image 93, vgl. Mozer 2010, S. 126. Zur Unterstützung des Sionsklosters durch Herzog Philipp III. von Burgund vgl. Lemmens 1925, S. 109–113.

422 Wappen.

423 Prefát 2007, S. 116 schreibt, man habe »3 oder 4 cikyn« geben müssen.

424 Damast.

425 Scharlachstoff, vgl. Grimm, Bd. 14, Sp. 2200–2203.

426 Vertrag.

427 Im Januar 1524 wurden die Franziskaner erstmals auf Befehl des Sultans Süleyman I. aus ihrem Kloster vertrieben und der Abendmahlssaal wurde in eine Moschee verwandelt. Im folgenden Jahr wurde den Franziskanern zwar ein großer Teil der Klostergebäude zurückgegeben, nicht aber der Abendmahlssaal; dieser wurde 1528 durch eine Mauer für den Besuch gänzlich gesperrt, vgl. Lemmens 1925, S. 188–191.

14 Domenico dalle Greche: Holzschnitt mit der Ansicht Jerusalems vom Ölberg aus gen Westen, Nachschnitt aus Prefát 1563, Nationalbibliothek der Tschechischen Republik, Prag, Sign. 54 B 24, nach Bl. N5v. Die Niederlassung der Franziskaner auf dem Zion erscheint ganz links im Bild.

Bozij Hrob
Kudy Krystus weden
Brana Damaſſka
Plac Kostela Bozijho Hrobu
Duom Bohatcuo
Kde Ortel wydán
Duom Swaté Marty
Duom Pilátu
Duom Herodeſu
Kostel narozenj Pány Marye
Zlatá Brána

Wollen niemandt hinnauf lassen. Uber diessem sael stehet ein alte kammer, ist oben nicht tzu gedeckt, aber die monche kommen niecht hinneyn. In der kammer ist der Heilige Geist uber die junger kommen miedt feurigen flammen.[428] Auch ist unser Her Christus durch {die} vorschlossene thuer tzu seinen jungern kommen, ist 60 schuch weidt. Tzue nehest bey der eysener thuer tzeigt man unß ein [S. 53] stein. Da ist S. Sebastian tzu eynem bischoff erwelet.[429] 40 schuech darnach ist ein stein, da hadt man S. Mathiam tzu einem apostel ordiniert.[430] 16 schuch kegen uber do hadt Maria entzw[431] entpfangen. 4 schuech darvon do ist ein 4ecket pletzlin miet seynen geringst umb leidt dorinnen. Dorin ist Maria nach Kristus geburdt[432] gewonet und ist da gestorben und Johannes bey ihr gewest und leidt getragen sol messe sungen. Tzu negest darbey ist ein stein, do seint die junger vorsamleth gewesen und Christus bey innen gewest, und gesprochen: »Gehet hin in alle weldt, predicate verbum« Mathei ultima.[433] Es seindt 11 steynen stueffen von den ride tzu der thuer Cena Domini.[434] Nicht weiht dorvon hadt er unß gefueret tzu Pilaty hauß.[435] Hadt alda getzeigt die eysene thuer, ist kleyne. Da ist unser {Herr}, da er gefangen ist worden, ein halben nacht behalten worden. Alda ist viel geschen, wie die passio außweyset.

Zu nechst 16 schuech weidt an der selbigen mhaur, wen man ahn die ecken kompt, ist eyn steyn, dorynne seindt grueben gemacht. Ahn die mauren do hadt Maria siech miedt dem koepf angeleindt und durch die maure gehordt, wie es midt dem Hern hinauß gehen worde. Und gefraget, wen imandts von den junger herauß ist gangen. Den selbiegen wegk gehet man auf den Oelbergk. Darnach hatt uns der gewardian des chlosters widder nach dem closter gefueret und unß getzeichnet[436] eynen stein, 66 schuech weidt von dem vorigen ort, [S. 54] do ist Sandt Stephanus nach dem er gesteinieget ist worden, tzum andern mael begraben. 37 schuech darvon do ist ein grosser stein wie ein herdt gemacht, do hat man das osterlemlein aufgebraten. Leidt zu nehest ahn dem saal, da der Herr das nachtmael gessen hadt. Ist ein gewelb wie

428 Diese »Kapelle des Heiligen Geistes« gehörte zu den durch den Herzog Philipp von Burgund unterstützen Bauvorhaben; allerdings wurde der Neubau 1452 gestoppt und teilweise zerstört, weil er sich oberhalb des Davidsgrabes befand, vgl. LEMMENS 1925, S. 110f.

429 Die Herkunft dieser Angabe ist unklar, denn der römische Märtyrer Sebastian kann nicht gemeint sein, zumal er nicht Bischof war. Ist hier der Erzmärtyrer Stephanus gemeint, der zeitweise auf dem Zion begraben gewesen sein soll? Oder wird dieser hier von Holtzwirth mit dem Hohepriester Hannas zusammengeworfen, der u. a. von Breydenbach als »bischoff«, BREYDENBACH 1486, image 91, vgl. MOZER 2010, S. 122, apostrophiert wurde? PREFÁT 2007, S. 118 spricht hier von »svatý Jakub Menší«, also von dem hl. Jakobus dem Jüngeren.

430 Apg 1,15–26.

431 Wohl »entzwei«. Der Sinn des Wortes bleibt unklar. PREFÁT 2007, S. 118 schreibt, es handle sich um den Ort, wo Maria das Sakrament der Letzten Ölung empfing.

432 Üblicherweise wird der Ort als jenes Haus bezeichnet, an dem Maria nach der Kreuzigung Jesu gelebt habe, so auch bei PREFÁT 2007, S. 118.

433 »Matthaei am letzten«; gemeint ist der Missionsbefehl im letzten Kapitel des Matthäusevangeliums, Mt 28,19: »Darum gehet hin und lehret alle Völker…«.

434 »Des Abendmahls des Herrn«, d. h. zum Abendmahlssaal.

435 An dieser Stelle irrt Holtzwirth, denn den Pilgern wurde das Haus des Kaiphas gezeigt, vgl. PREFÁT 2007, S. 119.

436 gezeigt.

ein thuer dran, sprechen do sey Davidt begraben ~~wellen~~ worden.[437] Leidt 25 schuech von dem andern orth. Und wen die Moren und Tuerken kommen und fragen, ob Davidt do begraben sey, sagen sie »neyn«. Den wen es die Turcken eygentlich wusten, so musten die munche auß dem chloster. Den es leidt hartdt ahm kkoster (sic!). Ist die meyste orsach, das sie die thuer Cena domini tzu geschlossen haben, den die Turcken und Mhoren viel von Davidt halten. Tzu nehest dorbey seindt 2 steyne, dorauf ist Christus gesessen, wan er geprediegt hat seinen jungern, auf dem ander Maria. Nach dem hadt man uns widder in das closter gefuert. Und wier seindt schlaffen gangen. Auf dem platz, da man uns die obgeschriebene orter geweyst, ist vorzeiten ein grosse kirchen gestandenn. Und ist die erste christliche kirchen gewest. Und man heist diessen bergk oder locum[438] Mons Sion noch heutiges tages.

Den 21 Augusti seindt wir noch in dem chloster blieben. Und tzu miettag, wie wir gessenn hattenn, haben die Turcken lassen auschreien, das alle pilgram frey und macht haben, frey geleidt in die stadt und [S. 55] uberal tzu gehen. Etwan um vespertzeit hadt man nach uns geschribt und uns tzum Heiligen Grabe gefuert. Und erstlich hadt man im closter vorkundigt, wer da siech tzum rietter schlagen lassen {will}, der sol siech schreiben lassen, es lege niecht doran er sey edel oder niecht. Allein das er die artikel halte, die man im vorlist und sein lebelang mietd keinem handel umgehe[439] etc.

Also liesen siech schreiben 6 person, darunter waren 2 deusche edeleut. Einer hiß Hanß von Rechenbergk[440], ein freyher, der ander hieß Junter von Hindtbiß vhon Waltemiß[441], tzwene schweger. Die ander 4 warenn Nidderlender, keiner von adel. Den abendt sendt wir tzum Heiligen Grabe gangen. Und wie wir tzum Heiligen Grabe wolten, gingen wir von unserm closter nach der stadt, die do nahe an dem kloster leidt. Und gingen tzu dem thor hinnhein, welchs neulich gemacht ist worden.[442] Den Jerusalem leidt itz gar an der hohe am berge, da vorhin die Eiserste Porten ist gewesen.[443] Die leidt itzundt mietten in der stadt, den da ist das Heilige Grab miett der kirchen etc. Der Berg Calvaria ist itziger tzeidt mietten in der stadt. Aber tzuvhor ist {er} außer der stadt gewesen. Die stadt ist niecht groß und die heuser stehen gar entzlich einnander hoch, {haben} keinn dach allein miedt esterich begossen. Und wie wir seindt tzum Heiligen Grabe kommen, haben wir bey 2 stunden warten muessen aussen vor dem thor der kirchen. In dem seindt viel Tuercken weiber tzu unß kommen, haben alle vor dem angesiecht gruen oder [S. 56] blaw tuecher gehabt, das man die angesiecht niecht haben konnen erkennen. Und haben gebracht viel

---

437 Das Davidsgrab befindet sich unter dem Abendmahlssaal. Die Verortung des Davidsgrabes im Bereich des Zionsklosters erfolgte erst im 15. Jahrhundert, vgl. LEMMENS 1925, S. 93 und 110.

438 Ort.

439 Vgl. dazu CRAMER 1949, S. 107–115.

440 Vgl. Einleitung, Anm. 216–220.

441 Vgl. Einleitung, Anm. 212–215.

442 Die noch heute in weiten Teilen erhaltene Stadtmauer wurde zwischen 1537 und 1541 errichtet; gemeint ist hier das damals ebenfalls neu errichtete Zionstor.

443 Vgl. zur angeblichen Lage der »porta ferrea« und der Bedeutung dieser Überlieferung im 16. Jahrhundert KRÜGER 2020, S. 229.

edelgesteinn, turckiß und ringe von jammie[444] gemacht, welcher ringe ich auch 6 kaufft umb 2 ducaten. Darnach, wie die Turcken kommen sein, welche gewaldt und die schlussel tzum Heilien Grabe gehait, haben sie siech vor die thuer niedder gesetz. Und die pilgram, so miedt dem patron tzu Venedig uberal eins worden seindt, das er vor sie betzalen {soll}, waren auß bevhel des dolmeschs hinneyn gelassen. Die anderen muesten herauß bleiben. Also blieben unser mher den 20 haussen[445] deusch, welsch, weiber und mhann, die wir niecht bey gelt waren. Aber welche so forwietzieck[446] waren und tzum ersten hinnein miedt woltenn gehen, musten den Turcken 9 ziegkhin geben. Also blieben unser 20 besammen auß radt und hoffnung der munche, den die munche sagten, das man die pilgram 3 mhol in das Heiligen Grabskirchen lest. Darnach konten wir wol midt geringer kost[447] tzur lest hinnein kommen. Das war ich vor mein teyl wol tzufrieden, den so ichs ein moel sehe, hat ichs gleich genueg etc.

Aber haussen vor der kirchen waren wir in 4 capellen. Die eyne capel leidt unter eyner stiegen, da ist S. Johnnes midt Maria gestanden unter dem kreutz, leidt unter dem Bergk Calvaria. Die ander capell daneben auf der rechten handt, da man hinnein in die kirchen gehen will, heist Capella angelorum.[448] Die dritte heist S. Johannes Capell.[449] Miedt dem [S. 57] seindt wir pilgeren, die niecht 9 tzikin geben wolten, widder in unßer kloster gangen.

Den 22 Augusti Sontag frue, die weyl wenigk munche und keine Turcken bey unß im kloster waren, allda weiß[450] mhir ein nidderlendischer munch oben die gebeuw. Und ich fandt ein alte leiter, die lent ich an die mhaur und stighe miet groser furcht uber die maur. Und stieg hinnab in eyne kammer, da der Heilige Geist ist am Pfingstag uber die junger kommen.[451] Item alda sach ich durch ein pfenster in den saal, das die Turcken vorschlossen haben, do unser Her das nachtmal innen gessen. So miech die Turcken gefunden hetten, so hette es mir mein leben gekost.

Item den selbiegen tag seindt die andern pilgeren widder auß dem Heiligen Grabe kommen. Also seindt wir nach essen von Jerusalem nach Betlahem getzoegenn. Aber etliche pilgram blieben im kloster. {Betlehem} leidt 5 welsche meyl von Jerusalem. Erstlichen haben wir gesehn auf der rechten handt ein welsche meil von Jerusalem den thurm, do Simeon innen gewonet hat.[452] Nach miettag seindt wir tzu eynem alten hauß komen, da ist der patriarch Jacop innen gewest.[453] [Am Rand ergänzt: »ist auch alda des patriarchen Jacobs weib unter der Eychen begraben etc.«[454]] Und dar ist

444 Das Wort ist unklar.
445 draußen.
446 Durch Worttrennung verschrieben »forwietztzeck«.
447 Kosten.
448 Engelskapelle, vgl. die Beschreibungen bei Breydenbach 1486, image 98, vgl. Mozer 2010, S. 134.
449 Holtzwirth lässt die vierte Kapelle, nämlich die der Maria von Ägypten, unerwähnt.
450 weist.
451 Zu dieser »Kapelle des Heiligen Geistes« vgl. oben Anm. 428.
452 Gemeint ist Simon der Prophet, vgl. Luk 2,25–35.
453 Vgl. zum Ort Breydenbach 1486, image 109, vgl. Mozer 2010, S. 162.
454 Vgl. ebd.

15 Domenico dalle Greche: Holzschnitt mit der Ansicht der Grabeskirche von ihrem südlichen Vorplatz, Nachschnitt aus Prefát 1563, Nationalbibliothek der Tschechischen Republik, Prag, Sign. 54 B 324, nach Bl. H2v

der engel kommen, dem Abbekueck bey den haren genhommen in dem hauß, dem Daniel essen tzubringen.[455] Tzu nehest dorbey seindt wir tzu eynem therbenthinbaum kommen, darunter hadt Maria mit irem lieben kindt geruehet, wie sie widder von Jerusalem purificationis[456] ken Bethlaem gingen. Tzu negst dor bey Bethlehien auf [S. 58] auf dem wege haben wir ein grosen ronden brun gesehen. Alda haben die drei konnige den stern widder gesehen, den sie tzuvhor verloeren hatten.[457] Darnach seindt wir nahe ken Bettlahem kommen, aber wir seindt niecht hinnein gerietten und seint ein italisch meil vor Betlahem geriethen. Da stehet ein weinbergk, gehort den munchen. Und stehen oliven und feigenbeum alda. In dem selbiegen weinberge

455 Gemeint ist der Prophet Habakuk aus dem Danielbuch, Dan 14,33–42. Zum Ort vgl. Breydenbach 1486, image 109, vgl. Mozer 2010, S. 162.

456 Purificatio Beatae Mariae Virginis oder Mariae Reinigung, wird als Marienfest am 2. Februar gefeiert und bezieht sich auf Luk 2,21.

457 Breydenbach 1486, image 109, vgl. Mozer 2010, S. 162.

ist ein capel unter der erden, gantz vorwuestet, da seint die hirten gewesen und die nacht ire herdt gehuedt.[458] Und die Engel seint tzu inn gekommen und innen die erste boetschafft gebracht und den loeblichen gesang gesangen: »gloria in excelsis«. Alda lacht mir daß hertz im leibe vor freudenn etc.

Nach dem seindt wir widder tzurueck tzoegen auf Bethlahem. Alda haben sie uns getzeigt ein alte vorfalen capellen. Alda ist der engel tzu Maria kommen und befolen, sie solte miet irem kinde nach Egipten tziehen vor dem tzorn Herodis etc.[459] Tzu nehest bey Bethlaem auf eynem berge hadt man uns in ein gruben oder holen under der erden {geführt}. Ist sehre lang gewesen und tieff hinneyn. Dorinnen stehet ein steinene taffel. Alda hadt Maria miedt irem lieben kinde {sich} verborgen, {als sie} in Egipten tzoegen ist.[460] Darnach seindt wir in Betlahem in eyne lange kirchen kommen.[461] Und wir haben alle waxliechte kaufft und seindt in einer proceß auß der kirchen hinnab gangen.

Erstlich 7 steynen taffeln[462], alda ist ein eysenthuer wolgebaut durch graben. Vor der eisene thuer seindt [S. 59] noch 6 steinnen taffeln von marmelstein. Alda ist ein capellen, 3 schuech lang, unter der stueffen. Alda ist ein althar. Alda ist ein schoener marmerstein. Und an dem althar unten der mauren ist geschriebenn »Hic de Virgine Maria Ihesus Christus nasci dignatus est.«[463] Und unter dem altar ist ein schoener marmelstein. Alsda seindt etliche kleine fleck an der erden wie bluet. Und mitten in dem steine ist ein rundt loech wie ein teller groß. Ist im rundt herum gemacht wie eyn sternn. Alda ist Christus geboren und auf diese erden kommen von Maria.

Zue nehest dorbey kegenuber ist ein loech gemacht wie ein krippen. Ist ein schoener weiser marmelstein. Alda ist auf eyner seiten auf der rechten handt ein grawer marmelstein. Alda ist S. Jeremias[464] angesicht abcontrafeit. Zu nehest doran ist ein altar. Alda seindt die drei konnigen kommen und die geschenck bracht. Die kapel ist 33 schue lang unnd 9 schuech breit und alles gepflastert. Und auf der seyten miet bunten marmelstein weiß und gra{uen} steynen, ist der marmelsteynen, der altar, da Jesus entpfangen ist, 6 schuech langk an der erdenn. Von dem ort unden 6 schuech langk do seindt 3 stuffeln[465] hinab und 4 schuech von den stueffeln, do ist die crippen, locus nativitatis Christi.[466] Auf der rechten handt wie man hinnein gehet presepia[467] auf der lincken handt. Und 5 schuech lang von der presepia tzu dem

458 Vgl. Breydenbach 1486, image 111, vgl. Mozer 2010, S. 166.
459 Nach dem biblischen Bericht Mt 2,13 erschien der Engel Joseph, nicht Maria, wie es auch bei Breydenbach 1486, image 111, vgl. Mozer 2010, S. 166, berichtet wird.
460 Es handelt sich um die Kapelle der Milchgrotte, die südlich von der Geburtskirche liegt.
461 Gemeint ist die Geburtskirche.
462 Stufen.
463 Die Inschrift lautet tatsächlich: »Hic de Virgine Maria Jesus Christus natus est.« (Hier wurde Jesus Christus von der Jungfrau Maria geboren).
464 Hieronymus.
465 Stufen.
466 Der Ort der Geburt Christi.
467 die Krippe.

altar der 3 konnige. Es stehet ein rote [S. 60] steinne seule, unterscheidt die stueffen. Es gehen aus der kirchen hinnab in die kleine kapel tzwen treppen und unten in der capell kommen sie tzu sammen. Solches altar hab ich selben miet meinen schuechen und fuessen gemessen.

Auß der capellen gehet man hinnauß auf der rechten. Alda stehet ein altar, darunter ist ein brun, do seindt die unschuldiege kindtlein innocentes[468], durch Herodem getodt, hinnein geworffen. Kegen uber ist ein loech. Alda ist ein langer steinn, alda ist erstlich S. Jeremias[469] begraben gewest. Aber leidt itz tzu Rom.[470] Vix credo.[471] Darnach seint wir widder herauß gangen an ein ander ort hinnauff in das hauß, da die munche wonen. Den tzu Betlahem seint altzeit 6 munche von dem barvusenminche.[472] Wonen nehest an der kirchen und alda haben wir tzu nacht gessen. Die nacht seint wir blieben tzu Bettlahem nach essen, weil etliche geschlaffen, seindt unser etliche miet waxliechten die nacht widder in die capell gangen und gesehn: Erstlichen stehet ein rothe marmelsteynnene seule stehet (sic!) an den 3 stueffen an der ecken und scheidt: auf eyner seiten seindt die heiligen 3 konnige eingangen, auf der ander seyten ist das oxlein und eselein eingangen und vor der krippen gestanden. Das ronde loch Nativitatis Christi[473] ist gruen und rundt[474] unter einander von marmelstein. Die capel ist oben gewelbt, wie ein tzweig boegen.[475] Ist gemhalet gewesen oben ahn, aber der kalck ist herab [S. 61] gefallen, sach gar fleckent. Hancken[476] 6 lampen vor dem althar Nativitatis Christi. Am winckel tzu unterst auf der rechten handt ist 33 schriedt. Vor dem althar stehet ein stein. Ist im winckel an der maur. Doryn ist ein rundt loech, alda ist der stern uber den drey konnigen stille gestanden. Uber dem selbiegen loch da bey hab ich meynen nhamen geschrieben.

Außerhalb ist ein schoene große kirchen. Darnach gehet man auß derselbigen grossen kirchen in die capell die dreppen herab, da Christus geboren ist. Umb den altar Nativitatis stehet mitten den 2 lange treppen. Und wen du die capel durch gehest 33 schuech lang, gehestu[477] durch ein thuer, kommest tzu den altar auf der rechten handt, da der brun ist. Umb den {Brunnen} pueris innocentis[478] auf der lincken seiten

---

468 die unschuldigen [Kinder], vgl. Mt 2,16–18.

469 Gemeint ist der Kirchenvater Hieronymus, der 420 in Bethlehem verstarb.

470 Auch hier bezieht sich Holtzwirth auf Breydenbach: »... und giengen aber ettlich steyne staffeln ab in eyn capel yn der ere sancti Jeronimi gewyhet da auch syn lyb vil zyt ist begraben gelegen der ytz zu Rome ad sanctam mariam majorem ruget und rastet.« Breydenbach 1486, image 110, vgl. Mozer 2010, S. 164.

471 »Ich glaube es fast!«; hier im abwertenden Sinne von: »Wer es glaubt, wird selig«, oder »Glaube es, wer wolle«.

472 Barfüßermönche, umgangssprachlich für Franziskaner.

473 der Geburt Christi.

474 Die Schreibung des ersten Buchstabens ist durch einen nachträglich (?) gezogenen Strich zu einem »p« verändert.

475 gebogen.

476 hingen.

477 gehst du.

478 der unschuldigen Knaben.

gehet man in ein gewelb, dorin ist ein capelle. Ist ein marmelsteynn, darinn ist Sanct Jeremias innen gewest und hat die biblia ~~gelesen~~ geschrieben.[479]

Im mitternach seindt wir aufgestanden. Etliche von den unsernn seindt hinnab gangen in die capell. Darnach seint wir widder ein wenig tzu ruhe gangen.

Den 23 Augusti seindt wir gantz frue etliche außgetzoegen. Alda seindt wir miet den munchen hinnaus gangen tzu dem hausse, da Jacob innen gewest tzu nehest um den brun der Heiligen Drei Konnige. Alda ist ein acker, den funden wir vorstunden, so man in die erde grub, funden wir steyne wie kichern.[480] Alda hatt ein seheman gesehet und der Her Christus ist voruber gangen und gefraget, was er sehe. Hat er [S. 62] freventlich geantwortet, es sehe steine. Alda hadt Kristus geantwortet: »So sey{en} es steyne«. Und wext heutiges tages niechts auf dem acker, sagen sie, den solche kleine steine. Habe auch solche miet bracht und habe sie noch.

Auch leid diesser orth niecht {weit} vo[n] Betlahem, da siech Maria in verborgen hadt, do sie in Egipten ist getzoegen. Auß der fellsiegen[481] hole, wie vor geschrieben[482], die pilgren weise erde mehlen[483] viel, ist in der hole gemein.[484] Die sol guet sein so eynem weib die milch entgehet oder wenich milch hadt tzu stillen. Ich habe ihr auch miedt bracht. Und seind widder nach Betlahem gerietthen. Darnach haben wie unser reiseweg genhommen von Betlahem auf das Gebirge Juda. Haben etliche auf der lincken handt geßehn, auf einem hohen berge spietz die stadt Betheel.[485] Darnach seindt wir kommen tzu einem brun, da Philippus einen mhoren getaufft hatt.[486] Darnach seint wir kommen ahn ein bergk auf der rechte handt. Alda ist ein alt hauß[487], alda solt Johannes buß innen ~~gethan~~ prediget.[488] Darnach seindt wir kommen in ein hauß Zacharia. Alda stehen oben auf gemele von proheten. Alda hat Zacherias midt dem engel

479 Hieronymus übersetzte ab 385 in Bethlehem zahlreiche Bücher des Alten Testaments und gilt als Schöpfer der maßgeblichen lateinischen Bibelübersetzung, der Vulgata. Auch hier scheint Holtzwirth Breydenbach zu folgen: »An dem selben end hatt er sanctus Jeronimus [...] die heilig Bybel gewendet uß hebreo yn latin und kriechesche sprach...«, Breydenbach 1486, image 110, vgl. Mozer 2010, S. 164.

480 Kichererbsen, vgl. Grimm, Bd. 11, Sp. 659.

481 Die Wortmitte ist durch Tintenfleck kaum lesbar.

482 Gemeint ist die Kapelle der Milchgrotte, vgl. oben Anm. 460.

483 Offenbar ist hier das Abschaben des Kalksteins gemeint.

484 Marienmilchreliquien sind in der lateinischen Christenheit seit dem Hochmittelalter verbreitet, vgl. Schreiner 1994, S. 202–204.

485 Der Name ist eine Verballhornung entweder von Beith Jala oder von Beitar. Ich danke Mordechai Lewy, Bonn, für diesen Hinweis. Prefát 2007, S. 191f. unterscheidet hier zwischen zwei Orten: Zunächst nennt er »Betez«, in dem angeblich nur Christen leben, womit wohl Beit Jala gemeint ist. Nach der Station an dem Brunnen des Philippus spricht er von »Betel«, was wohl Battir sein wird. Ich danke Tomáš Rataj, Prag, für diesen Hinweis.

486 Vgl. Apg 8,36–38. Die Taufstelle wird seit dem 4. Jahrhundert in Bet-Zur bei Hebron lokalisiert. Dieser Ort kann hier aber nicht gemeint sein. Vielmehr bezieht sich die Angabe auf eine Quelle im Dorf Ein el Hiniye. Ich danke Mordechai Lewy, Bonn, für diesen Hinweis.

487 »Da wurdt gezeuget die statt der geburt sancti Johannis deß teuffers und ist vor zyten gewesen eyn schone gewelbte kyrch aber ytz zerbrochen uff eym cleynen berg gelegen.« Breydenbach 1486, image 111, vgl. Mozer 2010, S. 166.

488 Über der Streichung (von späterer Hand?) ergänzt.

gereth unden. In dem hauße alda ist Maria tzu Elisabeth kommen und sie gegrusset. Und alda hat Maria daß Magnificat gesungen.[489] Etwan ein steinworf darvhon alda vor ist ein brun, kumpt auß dem gebirge.[490] Darnach ein steynworf darvhon dem brun [S. 63] ist ein alt gebew und ein alte kirchen. Dorinnen ist eyn altar, darauf ist Johannes beschnitten worden. Aber itz haben die Turcken ihre esel dorinnen stehen.[491] Aber der orth daselbst ist sehre lustig ahn im selbst. Es hadt auch ein lustige aw[492] und grunde alda, sol Lothd und Abraham seyner schaeff geweidet haben. Und die hirten seintd uneins worden, da sie siech getheilet haben.[493] Darnach seindt wir kommen tzu eynem flecken, alda ist der baum gewaxen, darvon mhan das heylige creutz gemacht hadt. Stehet itz ein alte kirchen und ein altahr uber dem orth. Darnach seindt wir widder kommen in Jerusalem gerietthen, und tzu nehest bey Jerusalem auf dem berge, da die Juden ihren radtschlack gehabt, und Judas das geldt von innen nhommen, leith kegen Jerusalem uber. Die kirche, da der baum gestanden, ~~hadt~~ heist[494] das Heilige Kreutz. Dorinn waren griechische munche von S. Paulus.[495] In der selbigen kirchen hinter dem hohenn althar ist vortzeiten gestanden eyn baum und gewaxen ein stecken, darvon der steik[496] ist gemacht worden uber den bach Cedron, darnach das heilige creutz ist gemacht worden.[497] Und der orth heist tzum heiligen kreutz.

Den 24 Augusti ahm Tage Bartholomey seindt mher widder auß dem kloster gangen vor Jerusalem. Seindt erstlich kommen eyn steynworf [S. 64] oder tzwen, von dem orth, da unse Liebe Fraw gestorben ist. An der maur hadt man uns den locum geweist und sie sagten, die Juden hettn wollen die boere[498] nehmen, da man den leychnam hadt wollen tzu grabe tragen.[499] Aber sie haben niecht gekondt. Darnach seindt wir ahn die stadtmaur den bergk hinnab gangen. Ein steinworff davon alda seindt 2 steyn, do hadt Petrus auf gesessen und pietterlichen geweinet, da er auß

489 Gemeint ist die Kirche in En Kerem. Auch hier folgt Holtzwirth im Wesentlichen dem Text von Breydenbach 1486, image 111, vgl. Mozer 2010, S. 166.

490 Der noch heute vorhandene Marienbrunnen im damaligen Dorf En Kerem/Ein Karem.

491 »dar ynn vyhe als esel und ochsen sten etc.« Breydenbach 1486, image 111, vgl. Mozer 2010, S. 166.

492 Aue.

493 Vgl. Gen 13,3–7.

494 Über der Streichung ergänzt.

495 Das Kreuzkloster war eine georgische Gründung und wurde erst Ende des 17. Jahrhunderts an griechische Mönche übergeben. Auch hier schrieb Holtzwirth bei Breydenbach ab: »da ist ein closter genannt zu dem heiligen crutz dar ynn kriechesch monch wonen von sant Paulus glauben.« Breydenbach 1486, image 112, vgl. Mozer 2010, S. 168.

496 Steg.

497 »In der selben kyrchen hynder dem hohen altar ist vor zyten gestanden eyn baum und gewachsen eyn stock da von das holtz gehauwen ist worden dar uß eyn steck wardt und her nach das crutz christi gemachet.« Breydenbach 1486, image 112, vgl. Mozer 2010, S. 168.

498 Bahre.

499 »Czum ersten kamen wir an die statt do die juden als die junger cristi den heyligen lychnam der wirdigen muter gottes marie trugen zu begrebnüß yn das tall josaphat wolten den selben mit gewalt nemmen.« Breydenbach 1486, image 91, vgl. Mozer 2010, S. 122.

Caiphas hauß gegangen und er Christum vorleuchnet hatte 3 mahl.[500] Als wir schier den bergk herunter quamen an der stadtmaur ahm ecke, alda gehet ein winckel tzu, alda stehet die kirche, do unser Liebe Fraw begraben ist 4 g jar gewest. Ist ein groß breite stiegen da außwartz der mhaur gewest. Aber itz hadt der Turcke die stiegen abgebrochen und die stadtmaur darin gesetz. Man siech[501] aber noch an der maur, wie ein thor ist eingemhauret, da zu vor die treppen eingangen ist. Wie whier den bergk nahe kommen unter der stadt Jerusalem ein ende, alda seindt whir uber ein klein steynnen bruegklein gangen. Alda stehet ein 4ecket capel und oben ein steyne spitze. Do ist Absolon hin begraben.[502] Dor innen werffen die Turcken viel steine tzu spoett, das er seynen vater verfolget.[503] Unter den steynnen bruegklein auf der rechten handt ist ein breiter stein, da seint [S. 65] rechte naturliche fußstappen in dem steyn. Alda sol unser Hergodt gestanden seynn. Und unter der bruecken fleust ein bach, kompt tzischen den tzweien bergen geflossen, tzwischen den bergk Sion, da Jerusalem leidt, und auf der ander seyten der berck Oliveti.[504] Seindt tzwene große berge kegen einander. Und der bach heist Cedron.[505] Da ist der steig uber gewesenn, davhon man das Heylige Kreutz gemacht und Sibilla niecht hadt wollen darueber gehen.[506] Darnach kamen wir an den berck Oliveti. Stiegen den bergk hinnauff. Alda stehet ein alt gebeut, ist gewesen das hauß S. Jacob.[507] Tzu nehest dar bey ist ein capellen, darinnen ist das sepulchrum Zachariae[508], alles auf der lincken handt unden am berge Oliveti. Auf der rechten handt im grunde liegen steyne eyn hauffen. Alda ist der feygenbaum gestanden, dem unser Herr vormaladeyt hadt.[509] Auch leidt niecht weidt darvhon unten ahm berge ein hauffen steyne. Alda ist eynn baum gestanden, daran siech Judas gehenckt. Und lassen derhalten die Juden gemeinigliech ihre fest

500 »...kamen wir glich bald an die statt do sanctus Petrus nach der dritten verleugnuß unsers herren ußgangen uß Cayphe huß ylet yn eyn höle dar ynne er gar bitterlichen weynet.« Breydenbach 1486, image 91, vgl. Mozer 2010, S. 122.

501 sieht.

502 Das Absalom-Grab im Kidronthal ist ein hellenistisches Grabmal aus der Zeit des Zweiten Tempels. Sein Name bezieht sich auf den Sohn König Davids nach 2. Sam 18,18.

503 Vgl. 2. Sam 15–18. Auch hier adaptiert Holtzwirth Breydenbach: »do ist eyn grosser steyn huffe wan die heiden dar fur gende werffen steyn durch eyn fenster yn den thurm yn gemüt zu vollen rechen die ungehorsamkeyt Absalons wyder syn vatter David beweysen welchen er verjaget unnd vervolget.« Breydenbach 1486, image 108, vgl. Mozer 2010, S. 160.

504 Ölberg.

505 Kidron.

506 Holtzwirth folgt auch hier Breydenbach, allerdings verwechselt er die Königin von Saba mit der Tiburtinischen (?) Sibylle: »und hatt eyn steyne bruck von sant Helena gemachet an dem ende da das heilig holtz ist gelegen dar uß das crutz cristi ist gemachet worden. Man saget auch daz das selbige holtz sy gewesen eyn steg uber die selbig bach und das die kongin Saba nit wolt gen uber das holtz oder mit yren fußen beruren wan sie erkant ym geyst daz der erloßer der welt solt todt und marter dar an lyden.« Breydenbach 1486, image 106, vgl. Mozer 2010, S. 152.

507 Gemeint ist der Apostel Jakobus der Jüngere.

508 Das »Grab des Zacharias« ist ein in hellenistischer Zeit aus dem Felsen geschlagener Monolith ohne Grabkammer. Er wird in der jüdischen Tradition mit dem Priester Zacharias Ben Jojada nach 2. Chr 24,20f. in Zusammenhang gebracht.

509 Mt 21,18–22.

auf dem plaetz. Auch hatten Juden, so tzu Jerußalem waren, welcher viel seindt, denn pelgeren tzu spoetd in die fußtappen hoffiert[510], da Christus solt gestanden seyn. Den die Juden wusten, das die pilgram pflegen auß dem fueßtappen tzu trincken, den der bach torrens[511] hadt ahn diessen flueß, und war die tzeidt sehre druebe.

[S. 66] Eynn wenigk den berck hinnauff da stehet das hauß Simonis Leprosi[512] tzue nehest. Da ist ein weingarte darinnen, ist ein klein hauß. Wie whier hinnhaus gingen auf der lincken handt, gingen wier in eyn klein gewelb. War eyn kyrchlein dorinnen. Ist Maria Magdalena tzum Herrn kommen und ihn die fuesse gesalbet. Stehet itz ein ochs und esel darinnen. Wie wir den bergk hinab gingen, etwan ein steynworff von dem genanten hauß, do gehet man in eyn kirchen auf der rechten handt. Wen man hinneyn gehet, ist an der erdenn eyn ronder platz miedt marmelsteyn und ein altar. Da ist Lazarus erwegkt.[513] In derselbiegen kirchen gehet man 3 stueffen, da kumpt man unter der erden {in} eyn klein gewelbe. Darinnen hat Maria Magdalena bueß gethan. Wie wir auß der kirchen gingenn, stiegen wir widder ein bergk hinnauff, etwann eyn buxenschoeß weydt. Auf dem berge auf der rechten handt do hadt Maria Magdalena gewonet. Stehet ein alt tzufallens hauß da. Bey 2 steynnworffe auf der lincken handt kegen dem alten hauß uber ist ein platz. Da ist Marta hauß en gewesen, da unser Herre ist gewesen und gesagt: »Martha solicita es, sed Maria eligit optimam partem« etc.[514] Etwan 10 schuech darvhon ist ein grosser stein, darauf der Herr gesessen und geruehet hatt, und Martha tzu im kommen {und gesagt:} »Herre, werstu hie gewesen, mein bruder wer niecht gestorben«.[515] Und diesse orther seindt alle ahn dem orth [S. 67] gewesen, dar vortzeiten Bethania hardt doran ist gewesen. Von dem genantten steyn tzu Bethania sassen wir widder auf die esel. Bethania leidt niecht weit von Jerusalem und rietthen den Oelberg hinnauf. Kamen dornach widder in ein grundt, dar hebet siech der bergk an Betphage. Ist ein kleiner platz Betphage. Wie wir den bergk hinnauff riethen auf der rechten handt in dem berge ist ein loech. Da seindt die esell beide angebunden gewesen, welche der Her bevholen hadt auf tzu loesen.[516] Und tzu nehest dorbey ist das castell gestanden. Wie wir auf den berck gar hinnauf quamen auf der lincken handt, da stehet tzu aller hohest einne ronde capell,

---

510 Als Euphemismus für »kacken« seit dem 15. Jahrhundert belegt, vgl. GRIMM, Bd. 10, Sp. 1685f.

511 Das Wort »torrens« im Sinne von Sturzbach wird hier offenbar mit Anklang an Psalm 110,7 verwendet.

512 Simon »der Aussätzige« soll Jesus in Bethanien empfangen haben Mt 26,6–13, par. Mk 14,3–9.

513 An der Stelle des Lazarusgrabes in Bethanien (heute das Dorf Elzariya) befand sich bis 1187 ein Frauenkloster, auf dessen Mauern im 15. Jahrhundert eine Kapelle existierte. Hier erbauten die Osmanen im 16. Jahrhundert die heute noch dort befindliche al-Uzair-Moschee. Der Zugang zum Lazarusgrab erfolgte seither durch einen unterirdischen Gang.

514 Holtzwirth zitiert hier Lk 10,41f. nach dem Vulgatatext, der vollständig lautet: »Martha, Martha, sollicita es, et turbaris erga plurima, porro unum est necessarium. Maria optimam partem elegit, quae non auferetur ab ea.« (Martha, Martha, dur machst Dir viele Sorgen und bist wegen viele Dinge unruhig. Aber nur eines ist notwendig. Maria hat den besten Teil gewählt und der soll ihr nicht genommen werden.)

515 Joh 11,21.

516 Mt 21,1–3.

die neulich durch das wetter tzu spalten.[517] In diesser ronden capellen ist ein stein, da stehet unden ein rechter fuestappe. Alda ist unser Her Christus tzu himmel gefharen. Ibi est locus, da der engel Maria ein palmentzweig brachte.[518] Alda ist auch ein hauß, da ist der orth, da Christus gesagt: »preibo nos in galilea«.[519] Leidt tzu oberst auf dem berck Oliveti. Darunter ist ein steynen platz, da unser Her Godt die stadt Jerusalem ahngeweinet {et} dixit:[520] »So du wuest die tzeit deiner heimsuchung, aber itzund ist es gar tzu niechte«.[521] Alda ist ein steyn, da solle Maria tzu himmel sein gefharen und iren gurtel dar gelassen, den Tomas solle gefunden haben.[522] Si credere vas[523] est.[524] Sed sacra scriptura non indicat, ergo non est credendum.[525] Diesser orth leidt 3 italianische meylen vor der stadt Jerusalem etc.

[S. 68] Eyn wenig bas hinnauff dem berge do kumpt man ahnn ein platz, do stehet ein kirchen.[526] Alda gehet man hinnab etwan 49 stueffen. Alda stehet auf der rechten handt ein weiß marmelsteinalthar, ein weiß steinen taffeln. Do ist Unse Liebe Fraue tzum andern mal hinbegraben. Darin hengen 16 lampen auf der lincken handt. In der kirchen ist ein schoener friescher brun, wir musten dem trincken. In der kirchen {musste man} tzwen venedische schillingk {zahlen} ein ider. Niecht weyt dovhon ist der orth, da der Her hatt pluetiegen schweiß geschwietz.[527] Ist auf der lincken handt, so man auß der kirchen gehedt. Auf der rechten handt, wen man auß der kirchen gehet, am berge, da ist der orth und steynn, da Stepfanus gesteiniget ist worden.[528]

---

517 Die Himmelfahrtskapelle auf dem höchsten Punkt des Ölbergs.

518 Dies scheint ein verkürztes Referat des Textes von Breydenbach zu sein: »Noch hoher uffgende quamen wir an das ende da der ertzengel Gabriel als man saget eyn palm hatt gebracht der iungfrauwen marie ee dan sie schied uß disser zyt und yr verkundet die stund yreß todes.« Breydenbach 1486, image 107, vgl. Mozer 2010, S. 156.

519 Gemeint ist die Rede des Engels zu den Frauen am leeren Grab nach Mk 16,7, die nach der Vulgata lautet: »Sed ite, dicite discipulis ejus, et Petro, quia praecedit vos in Galilaeam…« (Aber geht und sagt seinen Jüngern, besonders Petrus, dass er euch vorausgeht nach Gallilea…). Die Identifikation des Ortes findet sich auch bei Breydenbach: »von dannen quamen wir uff eyn bühel uff dem ölberg gelegen genant galilea und ist eygentlich die stat von welcher der engel saget verkunnende die ufferstennung cristi synen jungeren und sprechende Er wurt uch fur gen in galilea…«, Breydenbach 1486, image 107, vgl. Mozer 2010, S. 156.

520 hat gesagt.

521 Lk 19,41–48. An dem Ort steht heute die 1955 erbaute Kapelle »Dominus flevit«, die auf den Fundamenten einer spätantiken Kirche ruht.

522 Dies bezieht sich auf den Text von Breydenbach: »Von dannen giengen wir baß uffwertz an das ende do sant Thomas apostolus enpfieng den gurtel der jnnfrauwen (sic!) Marie do sie zu hymel fure.« Breydenbach 1486, image 107, vgl. Mozer 2010, S. 156.

523 »fas est«, es ist erlaubt.

524 »Wenn es zu glauben erlaubt ist« im Sinne von »Glaube es, wer will«.

525 Aber die Heilige Schrift meldet davon nichts, also muss man es nicht glauben.

526 Das Mariengrab im Kidrontal. Breydenbach zählte 48 Stufen und gab an, dass das Grab »von wißem marmel gemachet eyn wenig witter dan das grab cristi«, Breydenbach 1486, image 106, vgl. Mozer 2010, S. 152.

527 Die heutige »Grotte des Verrats« im Garten Gethsemane wurde seit 1392 von der franziskanischen Kustodie als Ort des Gebets Jesu identifiziert.

528 Apg 7,54–60.

Etwan ein steinworff von dem gewelb, do Christus gebeth und bluetigen schweiß geschwietz, da liegen 3 grosse steine, darauf die junger geschlaffen haben und siech medden gesetz S. Petrus, S. Johannes, S. Jacob.[529] In dem garten ist ein stein, da unser Her seyne 8 junger gelassen und die andern drey miedt sich genhommen, leidt wenn [S. 69] mhan aus dem garthen widder den bergk hinnab gehet. Darnach seindt wir widder den Oelbergk hinnab komen tzu dem steinen brueck torrens fluvius[530] in dem thal Siloa und gingen den bergk Syon widder hinnauf in unser chloster.

Den 25 Augusti gantz frue seindt wier gangen den wegk widder hinnab an der stadtmaur tzu dem bach Cedron in dem thal Josaphat bey das sepulchrum Jacop und Zacharia. Und widder tzu dem stein kommen, da Christus ist auf gestanden.[531] Und hadt getruncken, auf das der psalm erfuellet wardt & spricht: »De torrente bibet propterea exaltavit (sic!) caput«.[532] Darnach kommen wir tzu eynen brun, heist man den brun Maria, gehedt man 31 stuepfen hinnab.[533] Do kommen wir in das Thal Syloe, da unser Her ein blinden sehen gemacht und hadt siech aufs[534] diessem brun waschen muessen. Disser brunn heist der brun Siloe[535] Johannes.[536]

Darnach kamen wir tzu einem baum an das endt, daran ist der propheta Esaias angebunden und miedt eynner holtzenen segen auß bevhel des kunnigs so dorch entzwei geseget, miedt einer holtzinne sege.[537] Es seindt auch viel hoeller loecher ahn dem berge, dorinnen siech die junger des Hernn sollen verborgen haben auß forcht der Juden.[538] Darnach seindt wir hinnauff gangen auf denn Acker Acheldanioch, das ist tzu dem bluetacker, welcher vorkaufft ist umb 30 silbering tzum begrebnuß, so die fremden pilgeren noch heutiges tages sterben [S. 70] dahin begraben werden. Und drei der silbern pfennig machen eynen ziekin, das ist ein ungerischer gulden. Und diesser bluedt acker ist gestaldt wie eyn wall, der in 4 ecken oder torm gefasset miet mauren und oben gewelbt. Hadt 6 unterschiedtlicher loecher. Oben durch die loecher lest man die totten pilgeren ahn eynem seyl hinnab und scharret sie niecht tzue,

529 Mk 14,32–42.

530 Im Hintergrund steht wohl Psalm 110,7.

531 darauf gestanden.

532 Zitiert wird Psalm 110,7: »de torrente in via bibet propterea exaltabit caput« (Er wird trinken vom Bach auf dem Wege; darum wird er das Haupt emporheben). Der Psalm wird in der christlichen Tradition als messianische Weissagung Davids auf Christus interpretiert.

533 »Am ende disses tales Syloe vindet man eyn claren brunnen eyn wenig under der erden uff quellen dar ob die jungfrauw maria die thuechlyn offt hatt geweschen dar yn sye yr liebes kynt pfleget wynden.« Breydenbach 1486, image 108f., vgl. Mozer 2010, S. 160–162.

534 aus.

535 Gemeint ist der Teich von Siloah, vgl. Breydenbach 1486, image 108, vgl. Mozer 2010, S. 160.

536 Hier fehlt offenbar die Kapitelangabe Joh 9,1–7.

537 Auch hier ist Breydenbach als Vorlage greifbar: »Dar nach quamen wir an das ende by eym baum do ysaias der prophet mit eyner hultzin segen ward uß geheyß des konigs Sedechte entzwey gesegt«, Breydenbach 1486, image 109, vgl. Mozer 2010, S. 162. Die Erzählung stammt aus der Ascensio Jesaiae 1–5.

538 Es handelt sich um eine Übernahme aus dem Text Breydenbachs: »Da selbet umb syn auch vil hulen dar yn die aposteln und ander heiligen menschen umb forcht wegen der juden sich verborgen zu zyt der vervolgung der cristen.« Breydenbach 1486, image 109, vgl. Mozer 2010, S. 162.

den es inwendig hoel ist wie ein keller.[539] Alda lagen noch vil toedenbeyn, welcher corper vorroethet waren. Und diesser acker hadt umb siech 53 schuech breidt und 74 schuech langk.[540]

Darnach seindt wir hinnauf gangen auf einen hohen bergk.[541] Alda haben die Juden den rath beschlossen uber Christum und Judas tzu innen kommen und 30 silbernig von innen empfangen. Man sagt auch, das der Machomedt da sol gewonet haben.[542] Darnach stiegen wier den berg widder hinnab. Und an dem berge hatten die munche einen weynberg. Do assen wir weintrauben und stiegen darnach den bergk widder hinnauff nach Jerusalem. Und kamen den wegk widder hinauff bey den teych, da die Beesaba die fueshe gewaschen und der konnigk Davidt sie gesehen. Und seindt widder in ~~das~~ unser[543] chloster gangen und gessen etc.

16 Domenico dalle Greche (?): Holzschnitt mit der Darstellung einer verschleierten »türkischen« Frau, Nachschnitt aus Prefát 1563, Nationalbibliothek der Tschechischen Republik, Prag, Sign. 54 B 324, Bl. T1v

Den 26 Augusti seindt wir pilgeram alle in die stadt gangen tzu dem Heiligen Grabe. Und die pilgram, die man erst niecht hadt hinnein gelassen waren, die gaben dem Turcken 2 zieckin. Also sparet wir 8 tzekin und sahen erstlich, wie man in die stadt hinnein gingen, stunden [S. 71] viel turckische weiber, welcher alle ihr angesiecht miedt duechern bedeckt. Also nham[544] der eyne Deusche, her Hanß Rechenpergk, die handt und hueb eins Turcken weib das tuech auf, wolte sie ansehen. Aber sie schlueg im in das maul, das im maul und naß bluetet. Darnach durff er sich kein moel vor den weibern sehen lassen, den sie miedt steynen auf in worffen.

---

539 Auch dieser Abschnitt wurde von Breydenbach übernommen: »Von dannen quamen wir zu dem acker Acheldemach das ist zu dem acker deß bluts der mit den xxx pfennigen ward kaufft da mit cristus ward verkaufft zu eyner begrebnuß der bilgeren unnd machen dry der selbigen pfennig eyn ducaten. Und ist der selb acker yn gestalt eyns thurnß yn vier muren vervasset und oben gewelbet habende vii underscheydlich locher oben ab da durch man die todten corper yn wurfft«, Breydenbach 1486, image 109, vgl. Mozer 2010, S. 162. Prefát 2007, S. 241 hat dieselben Angaben wie Breydenbach.

540 Bei den Angaben weicht Holtzwirth von den Angaben Breydenbachs ab: »der ist funfftzig schw breyt und lxxvii schw lang.« Ebd.

541 Der Jebel Deir Abu Tor. Prefát 2007, S. 242 nennt den Berg »mons Gion«.

542 Prefát 2007, S. 242 meint, der Prophet Mohammed sei dort geboren.

543 Über der Streichung ergänzt.

544 Ergänzt über einer schwer lesbaren Streichung.

Von dem Heyliegen grabe etc.

Also kamen wir in die stadt Jerusalem und kamen tzu der kirchen. Ausser der kirchen ist ein platz, da leidt ein breiter stein, ist strieffich. Da ist Christus niedder gefallen auß angst miedt seinem kreutz dragendt. Diesser tempel oder kirchen ist etwas rundt und hadt uber in der breit 71 meyner schuech. Und die seyten haben auf beiden seiten von der maurenn 9 schuech uber das grab.[545] Und uber der capellenn des grabes ist ein rondt loech offen, das das grab unter dem blossen himmel stehet mietten in der kirchen. Aber die kirche des Berges Golgata ist miet eyner mhaur ahn diesser kirchen gefasset gleich wie eyn chor, aber stehet alles unter eynem dache.

Die capel, darynnen das grab unsers herrn ist, hadt an der lenge 9 schuech und an der breite 8 schuech. Ist außwendich gerinchs[546] miedt marmelstein bedeckt und umbgeben. Aber inwendigk ist es ein felß. Außwendig herumb seindt breite glatte marmelstein. Alda ist es al wol von den pilgeren gesthochen [S. 72] mit messern und gerissen, ihre nhamen darin geschrieben. Also das ich kein rahum hatte, das ich meynen nhamen konte darinnen miedt eynem messer schneidenn und krietzel. Alda stehet mein nhamen auch und meynes lieben vaters gemerck. In diesser capel gehet eyne thuer vhom ausgang niedderig. Und so man nhein gehet, ist das Heilige Grab auf der rechten handt an der wandt kegen mietternach von grauen marmelstein, ein althar, etwan einer ellen hoech von der erden, 9 schuech langk. Und ist sehre enge darinnen, hadt auch kein festen[547], sondernn es hengen stedes 9 lampen, die geben liecht. In diesser capellen haben die barfuessermunch ihre messe stedts. Und sie muessen die lampen mietd oel halten. Aber ausem dem Heiligen Grabe ist ein ronde capellen, gleich lang und breidt. Dorinnen leidt ein groser stein, graw, der ist auß des herrn grawe gelegen und der engel weck gewelst. Und so einer von außwendig diesse capel ansiecht, meindt eyner, es sey eyne capellen. Aber wen mhan von außen hinneyn gehedt eyne stueffen hoech, kompt man hinnhein, so siehet man, das sie inwendiech unterschieden ist miedt einander. Und von der kirchen vom tempel des grabes ist 100 und 7 schuech biß tzu dem berge Calvaria.[548] Da steiget {man} hinnauf etliche stueffen, 19 schuech hoech. Da ist eyn loech, dorinne das kreutz gestanden ist, so weith, das man kann den koepff hinneyn stecken.[549] Und ist 3 spannen tieff. Und tzu nehest dorbey ist ein rieß [S. 73] gehet tieff hinnunter. Do siechet man noch etlich bluettroepffen. Und diesser rieß ist geschenn, da unser Her am kreutz gestanden hadt.

545 Von dieser Stelle an übernimmt Holtzwirth den Text Breydenbachs bis zur Beschreibung von Golgatha, Breydenbach 1486, image 96, vgl. Mozer 2010, S. 132, 134.

546 Eigentlich »ringsum«. Die Form ergibt sich aus der unvollständigen Übernahme des Textes von Breydenbach: »… zu ring umb ußwendig mit marmel bedecket und umbgeben.« Breydenbach 1486, image 96, vgl. Mozer 2010, S. 132.

547 Fenster.

548 Diese Angabe fand Holtzwirth bei Breydenbach: »Item der berg Calvarie uff dem unser herr gecrutziget ist worden ist sieben hundert schw verr von der statt des heiligen grabs.« Breydenbach 1486, image 98, vgl. Mozer 2010, S. 134.

549 Auch hier bildet wohl Breydenbach die Vorlage: »Das loch deß selben velsen ist so wyth daz eyn mensch syn haubt mag dar yn thun.« Breydenbach 1486, image 97, vgl. Mozer 2010, S. 134.

Item an dem selbiegen ende ist ein schwartz altar, darauf die Greci ihre ceremonien {feiern}. Und es seindt die wende miedt marmelsteyn umtzoegen und von lauteren golde miet mosieben[550] wergk getziert.[551] Und das loech aber, dorinnen das heilige kreutz ist gestanden, ist miedt kuepffer in bekleidet und midt 4 pueckeln[552] beschlagen. Unter diesser capellen gehet man widder 21 stueffen herab. Da ist ein alte capellen unter dem bergk Calvaria, dadurch der rieß gehet. In der selbige stedt ist Adam unßers ersten vaters haupt funden worden.[553] Du solt auch mercken, das in diesser kirchen stes[554] pro rata[555] wie in eynem closter verschlossen seindt vierley nacion. Nemlichen auf dem Berge Calvaria, wie man tzu der kirchen hinnein gehet auf der rechten handt, alda seindt die Greci. In der mietten der kirchen, da das Heilige Grab ist, darinnen halten die barfueßmunch ihre messen und gebet. Auf der rechten handt in einer capellen da seindt die Armenier. Auf der lincken handt in einer capellen die Schurianer.[556] Und hadt ein iglicher ein sunderlichen glauben ahn Christum. Diesse kirchen des Heiligen Grabs hadt ahn der maur viel kleiner capellen und orter, die weil sie rundt ist. Erstlich so man tzu eynem thor in die kirchen gehet, da kumet man tzu eynem althar, da hadt der engel Mariam die boetschafft bracht, das der Her erstanden sey. Darinnen [S. 74] seindt viel waffen.[557] Tzu nehest darbey auf der rechten handt, da ist ein 4ecket schrengklein miet eynem eysernen drodt[558] vormacht.[559] Alda ist vortzeiten einn stueck von dem heiligen kreutz gestanden. Auf der lincken handt gevhur[560] ahn dem gemelten althar da stehet ein stueck von der seulen, ist roedtlich unnd stehet[561] von fornes als wen bluetstropffen darahnn wehren. Darahn sol unser Hergott gegeyselt sein worden. Seindt 2 staffel auf, da vor tzu striehen.[562] Ist ein eysern gitter davor vor dem loech. Da seindt 9 schuech lang. Da ist ein graw ronder strieffender marmelstein. Alda hadt S. Helena miedt dem kreutz Christi, so sie widder gefunden in dem holen, eynen toden auff erwegkt, sagen die monche.[563] Diesse 4 stueck stehen in eyner capellen, do[564] ist 4ecket. Ist 8 schridt lang und 9 schridt breidt. Und der stein

---

550 Mosaiken, vgl. Wis 1955, S. 195.

551 Auch hier adaptiert Holtzwirth Breydenbach: »und die wende mit marmel uberzogen und von lutherem goldt mit mussyrtem werck getzieret.« Breydenbach 1486, image 97, vgl. Mozer 2010, S. 134.

552 Knauf, Buckeln, vgl. Grimm, Bd. 2, Sp. 485.

553 »An disser statt ist auch das haubt unsers ersten vatters Adam gefunden worden.« Breydenbach 1486, image 102, vgl. Mozer 2010, S. 144.

554 stets.

555 anteilig.

556 Syrer.

557 Wappen.

558 Draht.

559 verschlossen, vgl. Grimm, Bd. 25, Sp. 831.

560 In der Bedeutung »ungefähr«?

561 Gemeint ist wohl »siehet«.

562 Ausdruck unklar.

563 »Im mittel der selben Capel ist eyn ront marmelsteyn ligende an dem ende do eyn todte frauwe berurt mit dem crutz cristi ward erqwicket vom tod zum leben zu der zyt der vindung des selben«. Breydenbach 1486, image 99, vgl. Mozer 2010, S. 136–138.

564 die.

ist an der erden 4 {Schritt} lang, ist rondt, leidt mietten in der capellen. Auß diesser capellen seindt 4 stueffeln hinnab in die kirchen. 3 schuech darvon ist ein ronder weiser marmelstein ahn der erden. Da hat unser Her auf gestanden und Maria in vor eynen gertner angesehen.[565] Ist 5 schuech breidt der steyn 13 schuech langk. Von dem genanten steyne ist noch ein ronder stein, alda ist Maria Magdalena auf gestanden und der Her hadt tzu ihr gesprochen: »Noli me tangere«.[566] Und der stein ist auch rundt, 4 schuech breidt, ist rother stein. Von dem stein, do unßer Her ~~da~~auf gestanden ist, da hadt man gleich an der maur, auf der lincken handt nach mietten, gehet 3 stueffel hinnab in die klein capellen. [S. 75] Ist gewelbt und ist 13 schuch langk, 15 schuech breidt. Und 13 schuech von den 3 schueffeln alda stehet ein kleyner altar. Darunter ist ein 4ecket loech, 3 schuech lang und 2 schuech breidt und anderthalb ellen hoech. In dem loech ist unser Hergodt sessen, biß man das creutz preparirt hadt. Und es leidt ein runder grawer marmelstein vor dem loech. So man auß der genandten capellen gehedt, gehedt man widder tzu rueck. Alda gehet man ahn der andern mhaur der kirchen, den die kirche ist unterschietten. Und von dem genanthen loech seindt 150 schuech weidt, da kumpt man auf der lincken handt an der maur. Alda ist eyn altar. Do hadt man dem Heren essigk und gallenn gemiescht ahn dem orthe und dem Hern am kreutz tzu trincken geben.[567] Item 50 schuch weidt von dem genanthen althar alda ist der orth, da die Juden gespielet habenn umbs Heren kleid und roeck.[568] Ist erstlich 2 stueffeln, darnach ein und aber eyn darnha.

Von dem genanthen althar seindt 28 schuech weidt, so kumpt mhan tzu eyner thuer. 5 schuech vonn der thuer da gehedt man einne dreppe, die hadt 29 stueffeln. Und die treppe ist gewelbt, wie eyner in eyn keller ginge. Und darunden kompt man in S. Helenen capellen. Ist 30 schuech lang. In diesser capellen stehen 4 marmelsteynen seulen. Die capel ist 4eckig und eyn schoner altar darinnen. 13 schuech weidt von dem genanten altar kumpt man auf der rechten handt widder tzu eyner treppen. Gehedt man 11 stueffeln hinnab. Da kumpt man in eynn alte capella oder spelunca.[569] Ist rundt. Auf der rechten handt im winckel ist ein roeth creutz gemalet, [S. 76] hencken 4 lampen dovhor. Alda ist vortzeiten eyn loech innen gewesen. In dis loech oder capellen haben die Juden die drey creutz geworffen. In der tzerstoering im winter ist das loech voller wasser. Alda seindt die drey [gemaltes griechisches Kreuz] 50 jhar innen gelegen, ehr sie die Helena gefunden hadt. Denn 50 jhar nach Christy leiden hadt Veßpanianus[570] die stadt gar tzerstort.[571] Ist S. Helena 50 jhar darnach

565 Joh 20,14–17.

566 »Rühr mich nicht an!«, Joh 20,17.

567 Mk 15,36.

568 Diese antijüdische Zuspitzung stammt von Holtzwirth. Joh 19,23f. spricht von den Soldaten, welche die Kleider Jesu teilten. Auch Breydenbach spricht nicht von den Juden, sondern nennt »die crutziger cristi« Breydenbach 1486, image 101, vgl. Mozer 2010, S. 140.

569 Höhle.

570 Der römische Kaiser Vespasian (reg. 69–79).

571 Tatsächlich wurde Jerusalem durch Vespasians Sohn Titus im Ersten Jüdischen Krieg im Jahre 70 eingenommen, wobei auch der Tempel zerstört wurde.

gekommen[572] und hadt alda eynen alten Jueden funden. Hadt Davidt geheissenn. Den hadt sie geschwungen[573], das er ihr alle die loca[574] hadt muessen weysen, da unser Hergott gewesen ist. Also hadt er ihr diessen orth auch geweiset, da die drey creutz in den stadtgraben geworffen sindt. Also hat S. Helena diesse kirche gebawet und die orter, wie sie itzundt stehen, bemachen[575] lassen. Und als sie die 3 kreutz gefunden, hadt sie niecht gewust, welcher des Heren kreutz ist gewesen. So hadt sie ein toette fraw auf eins und ander gelegt. Aber da sie es aufs dritte kreutz die fraw gelegt, ist die lebendig worden. Wer es gleuben wiel. Diesse capellen ist 29 schuech breidt und 23 langk. Stehet tzu nehest an dem roethen kreutz, das an die wandt ist gemhalet. {Ist} gewelbt wie eynn tzweigboegen und seind drey loecher 4ecket oben in den decken. Und ist ein rinnstein, davon das wasser hinweg {geht}. 15 schuech weidt von dem Helenaalthar, so man auß der capellen kumpt, so gehet man tzu eynem althar, do hadt Christus gesessen, als er ist gekront worden. Von dem althar 15 schuech weidt kamen wir tzu dem Bergk Calvaria. Erstlich gehet man auf der lincken [S. 77] handt 6 stueffen hinnauf und wendet sich darnach auf die rechte handt. Gehedt man follende hinnauf, ist ein thur von holtz. Von diesser thuer seindt noch 11 stueffen hinnauf. Do gehedt man auf der lingken handt 6 schuech weidt. Alda ist ein stueffel. Alda ist ein 4ecket platz, 12 schuech lanng und 8 schuech breith. Auf diessem platz stehet ein rundt loech, ist ein spannen breidt und groß, das man ein koepf dorin stecken kan. Item 4 schuech weidt und ein handt breidt. Von dem genanten loech auf der lincken handt ist ein rietz in eynem fels. Do[576] ist geborsten, als Christus ist am creutz gestorben. Und gehedt durch und durch. Und die klueffɫ ist ahn eynem orth 2 spannen breidt und 6 schuech langk. Und uber dem loech hengen 4 straußeyer und 33 lampen {in} 2 tzeylen. Und gleich uber dem loech, da das kreutz gestanden ist, henget ein groß lampen. Auff diessem berge seindt die Greci, halten die lampen miedt oell.

Auf der rechten handt, da das loech {ist}, stehet ein althar. 6 schuech von dem althar da ist der stein. Auf dem althar ist Jesus auf gelegt, da man in hadt vom kreutz genomen. 21 schuech von dem loech, auf der lincken handt, stehet eyn althar. Do ist ein crucifix angemacht an ein tuech. Daß ist der orth, da man Christum an das creutz an die erde gelegt hadt und ahn das creutz genagelt seinen heiligen leychnam. Der platz oben den bergk Calvaria nenth ist 4ecket. Ist 29 schuch in der breyte und 34 in die lenge. Vor dem loch, wen mhan von dem althar gehet, ist eynne stueffel, gehet lengest durch diesse capellen. Ist sehre huebsch gepflastert miedt eynem marmelsteynen und miedt schoener erbeydt, masirt[577] wie sternlein mit kleinen roeten marmelsteinlin [S. 78] und vorguldt. Und da das loech ist, da das Heilige Kreutz

572 Die Auffindung des Kreuzes, an der die Kaiserinmutter Helena beteiligt gewesen sein soll, fand um 326 statt, also gut 250 Jahre nach dem Ende des Ersten Jüdischen Kriegs.

573 gezwungen.

574 Orte.

575 Zur Form vgl. Grimm, Bd. 1, Sp. 1457.

576 Der.

577 »Masicht« oder »masig«, also gefleckt, vgl. Grimm, Bd. 12, Sp. 1702.

auf gestanden, ist um her ein roether breiter marmelstein. Und auf den marmelstein seindt uberauß viel nhamen der pilgeren miedt messer eingegraben. Alda habe ich keynen nehern landtsman gefunden, der seinen nhamenn auf geschrieben hette auf den Bergk Kalvaria, den ein her von Mansfelt, Graff Hoier genandt.[578] Der hadt ein edelman miedt siech gehadt, hat geheisen Wartzdorff.[579] Alda bey diessen beyden hab ich meinen nhamenn auch geschrieben midt eynem messer und pfrimen[580] in den roethen marmelsteyn tzwischen dem loech, da daß creutz gestanden und der steynrietzen vor dem altahr.

Alß wir von dem berge Calvaria abstiegen 44 schuech weidt von der treppen, kamen wir tzu eynen langenn schwartzen marmelstein, leidt gleych wie man tzu der thuer hinneyn gehedt. Auf diessem orth oder steyn hadt man Christum in das grab balsamirt. Von der thur der kirchen, da man hinneyn gehet, seindt 36 schuech langk tzu dem steine, da Christus balsamirt ist. Und es hencken 8 lampen daruber. Und ober iglicher lampen eyn straußey. Und von diessem genandten stein gehet man gleich vor sich ein die lincken handt herumb, so hadt man 68 schuech biß tzu der rondenn capellen, da unser Her begraben ist. Und erstlich ist aussen vor der capellen des Heiligen Grabes eyn stueffel also gemacht: [hier ist eine Zeichnung eingefügt, vgl. Abb. 17]. Und auf der stueffel legenn 3 lange schoene graw marmelstein. Darnach ist [S. 79] eyne thuer, gehedt man hinneyn. Alda ist ein klein runde capellen, ist 9 schuech breidt und 9 schuech langk. Und in der mietten leidt ein grawer marmelsteynn, ist ein schuech und ein halben breidt. Der ist auf dem grabe gelegen. Und diesse capellen ist inwendig miedt eyner mauren underschieden. Und oben uber der thuer, da man in das Heilige Grab gehet, stehet ein lang tzedel geschrieben: »Christi mortem, Christiani, plango sero atque mane, in jolanta gaudias«.[581] Alda ist in der capellen ein kleyne nidderiege thuer, also das man sich buecken muß. Alda kumpt man in das Heilige Grab. Alda stehet auf der rechten handt.[582] In der runden capellen ist eyn klein thuer, nidderig, das wir unß muesten buecken. Gehedt man eben hinnein, keyne stueffeln, den ein uber die doerschwelle. Alda ist auf der rechten handt nach mietternach ein altar midt grawen marmelstein und hengen 9 lampen. Darin ~~ist~~ acht schuch langk, ist gar finster, hadt keyn fenster. Aber es ist von dem altar und der maur niecht mher rahum, den das siech ein menschs uhmwenden khan. Es konnen uber

578 Graf Hoyer VI. von Mansfeld-Vorderort besuchte 1504 das Heilige Land; zu den wenigen bisher bekannten Daten seiner Reise vgl. Kühne 2007, S. 273f. mit Anm. 34–40.

579 Möglicherweise handelte es sich um Wilhelm von Watzdorff, der 1441 als Jerusalempilger gut belegt ist, vgl. Röhricht 1900, S. 116. Sollte diese Vermutung zutreffen, standen die beiden Namen nur zufällig nebeneinander.

580 Ein Pfriem ist eine in einer Halterung befestigte Eisenspitze, die mit der Hand gut zu greifen ist, vgl. Grimm, Bd. 13, Sp. 1793f.

581 Christi Tod, o Christ, beklage früh und abends, und im Klagen freue Dich! Es handelt sich um zwei Verse aus dem Gedicht »Recordare sancte crucis« des Johannes Bonaventura, vgl. Bonaventura 1484, Bl. 179[r]. Die beiden letzten Worte hat Holtzwirth offenbar falsch gelesen, denn sie lauten »in planctu gaudeas.«

582 Hier setzte Holtzwirth wohl an, um das mitzuteilen, was im übernächsten Satz steht.

6 personen niecht darinnen neben eynander stehen. Außwendig ist die capellen 40 schuech umbher entpfangen[583], 21 schuech hinden breidt das grab entpfangen. Ist geringst umher midt grossen 4ecketen marmelsteynen bekleidt, darin viel fromder pilgram nhamen stehen. Ist meyn nham auch dorahn. Oben uber der capellen, da das grab umbpfangen ist, stehet ein ronder thorm. Der ist miedt kuepper[584] gedeckt und oben an der decken [S. 80] der kirchen ist ein weidt rondt loech, das ist gar offen und gehen roethe streimen[585] wie sonnenstreymen miedt sternen gemacht herumb. Also das diesse capell des Heyligen Grabes gleich unter dem offen loech stehet und unter dem bloesen himmel. Wen man auß der thuer des Heiliegen Grabes gehedt nach aufgang[586] fast mietten in der kirchen, {da} ist ein 4 ecket loech, ein wenig erhaben. Da sagen sie, es wirdt das centrum genandt und sey mietten in der weldt.[587] Darum auch das mher Mare Mediterraneum genandt wird, darauf man hinnen schieffet. In der kirchen gerings[588] in das ronde herumb stehen viel marmelsteynenne seulen. Kegen dem grab stehen erstlich 2 seulen. Darauf stehen auf eyner seyten 2 kleinen ineinander außgehaben wie ein chor. Darnach 2 große ronde seulen. Darnach 2 vierecket seul. Item darnach drei ronde seulen, das nach[589] 2 4eckete seulen, darnach 2 ronde, item widder 2 seulen und oben 2 kleinen auf eyner großen seulen an einander außgehawen. In summa 20 seulen stehen in dem chor, da das Heilige Grab leidt. Und in dem Heiligen Grabe ßeindt die barfuesermunche alle 14 tage messen. 2 auß dem chloster in diesser kirchen bleyben. Unter der capellen des Heiliegen Creutz ist ein capellen, ist 39 schuech langk und 20 breidt. Alda gehet die rietzen darnach von dem creutz hinab. Alda ist Adam seynn haupt gefunden. Man gehet auch oben dem berg Calvarie durch ein tuerlin auß der mauren, da stehet [S. 81] ein alter baum. Alda hatt Jacob[590] seinen soen Isack wollen opfern und ist ein bock an dem baum gehangen.

Den 27 Augusti frue gingen wir auß der kirchen des Heiligen Grabes. Und man fueret uns in der stadt Jerusalem uhmme. Khamen erstlich in ein kirchen, alda stehet auf der lingke handt eyn kleine capellen.[591] Da ist unter ein althar ein rondt loech. Da ist S. Jacop gekopfft worden.[592]

Etwan 4 steinworff darvon kamen wir tzu dem hauß Hanaß.[593] Alda stehet ein alter olivenbaum. An dem baum ist unser Hergodt gebunden gewest, wie er tzu Annas gefuert ist worden.[594] In demselbiegen hausse tzu nehest an dem baume gehedt man 3 stueffeln hinnab. Alda stehet ein granatbaum for der thuer ehe man in die kirchen

583 Möglicherweise ist hier »umfangen« gemeint?
584 Kupfer.
585 Strahlen, vgl. Grimm, Bd. 19, Sp. 1307.
586 nach Osten.
587 Zum Umbilicus Mundi in der Grabeskirche vgl. Reichert 2011a, bes. S. 559–566.
588 rings.
589 darnach.
590 Darüber von späterer Hand »Abraham«, vgl. Gen 22,2–8.
591 Gemeint ist die armenische St.-Jakobus-Kathedrale.
592 Apg 12,1f.
593 Heute die »Kapelle der Erzengel« hinter dem armenischen Kloster.
594 Joh 18,12–24.

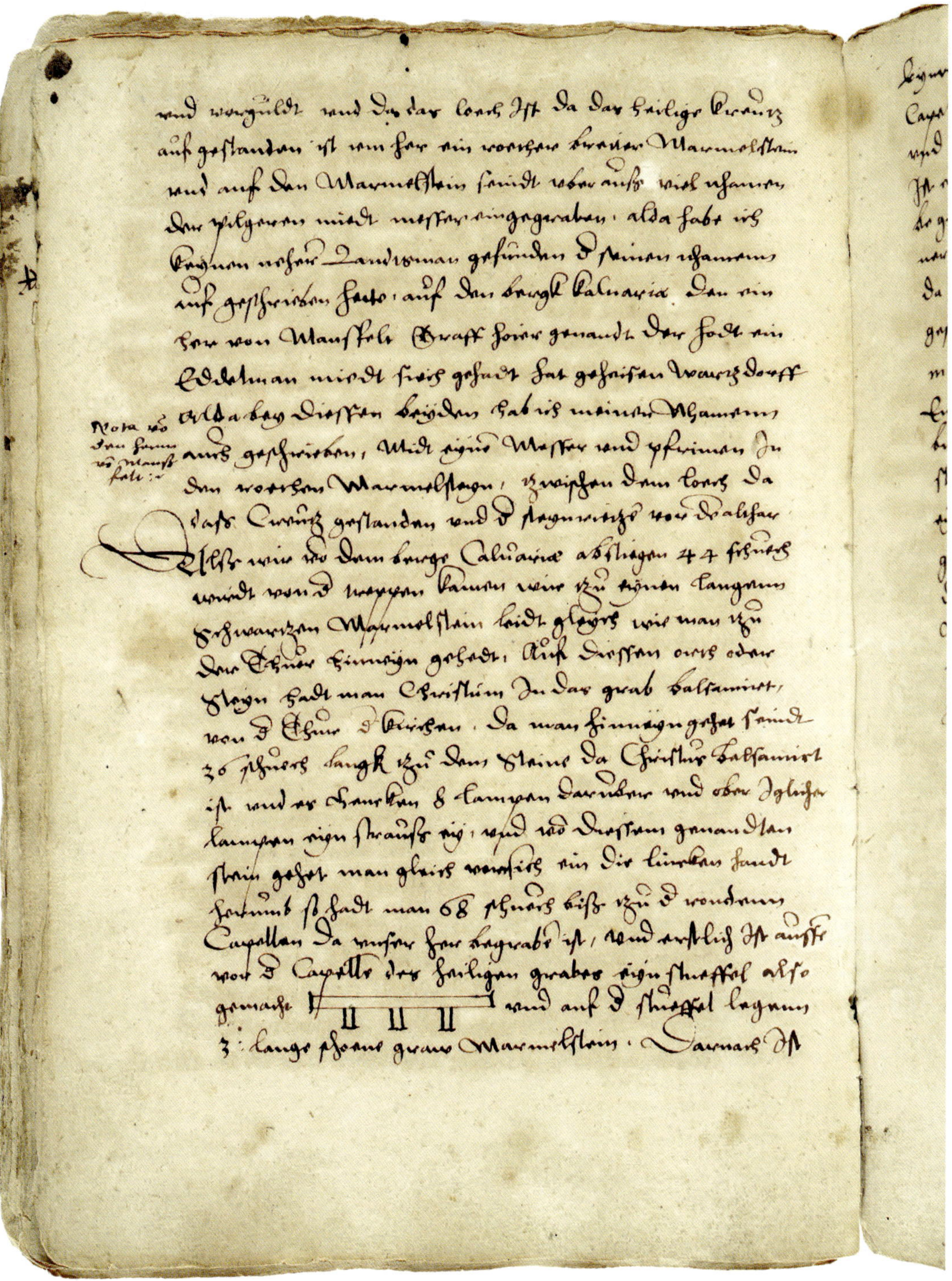

17 Handschrift Holtzwirth, Seite 78, Beschreibung des Heiligen Grabes mit einer Skizze

gehet. In der kirchen, wen man hinneyn gehet auf der lincken handt im winckel stehet ein althar. Alda ist unser Her von den Jueden verßpottet wordenn. Den selbigen obent etwan um 23 Uhr, nachdeme wir in das chloster gingen, dem selbigen abendt etwan umb 23 Uhr (sic!) seindt unser pilgram 44, die weyl die Turcken midt denn eselnn und das geleidt vorhanden war, seindt wir auf die esel gesessen und seind nach dem Jordan gerietten. Die andere pilgram blieben im closter. Also seindt wir den selbigen obent gerietthen auf dem esel bis khenn Bethania. Alda haben wir die nacht auf dem felde geschlaffen bey 2 stunden. Darnach seindt wir die gantze nacht gerietthen. Die orsach, das wir gemeiniglichen des nachts rietthen, das es am tage also [S. 82] heiß war und wir die hietzen niecht gewont, musten des nachtes reysen. Waren wir die gantze nacht gerietthen von Bethania 9 meil italianisch. Von Bethania kamen kamen (sic!) wir tzu eynem alten kloster. Alda ist der orth oder refir[595], da Joachim, Unser Lieben Frawen vater bey seinen hirten blieb, nachdem ehr von dem priester vorschmeht miedt seinem opfer, als ein unfruchtbarer, bis der engel tzu im kam und im vorkundigt sein weyb Anna wuerde entpfangen und schwanger werden und ein tochter geberen, die solt Maria heißen. Die solte die geberrerin seyn unsers Hernn Jhesu Christ in Josepho.[596] Darnach riethen wir von diessem gebirge uber eytel wuesten, da kein wasser noch kein gewechts war 12 welsche meil von dem foriegen orth. Und kamen ahn ein ende das gebirge. Also rietthen wir den berg hinnab und khamen in den thael, alda leidt Jericho. Also quamen wir den 28 Augusti gantz frue ehr die sonne aufgange khen Jericho. Von Jericho hatten wir 6 welsche meillen tzu dem Jordan. Also ritten wir tzum Jordan und kamen midt aufgang der sonnen tzum Jordan, ahn den orth, da Christus getaufft ist worden und Johannes alda sein wonung gehabt und gepredigt. Camelskleider angehadt.

Der Jordan ist ein wasser im judischen lande, entpfangen von tzwen brunnen. Der eyne heist Joic, der ander Thar under dem berge Libano und [S. 83] scheidet Arabiam und Judeam. Und fleust niecht weyts von Jericho in das Tote Mher[597], Mare Mortuum, da Sodoma und Gomorra ist untergangenn. In diessem Jordan ist viel

---

595 Revier, Gegend, vgl. Grimm, Bd. 14, Sp. 851f.

596 Es muss sich um einen Ort im Wadi Qelt in der Nähe des seit 1878 neu errichteten Klosters St. Georg (Deir Mar Jariys) handeln. Ich danke Tomáš Rataj, Prag, für die Identifikation des Ortes. Holtzwirth hat sich auch hier an den Text Breydenbachs angelehnt: »Do selbet ist die heyd oder revier da Joachim unser lieben frauwen vatter ettlich tag by synen hyrten bleybe nach dem als er zu jherusalem ym tempel ward von dem obersten priester Abyathar verschemet mitt sampt synen opffer als ein unfruchtbarer und deshalb verfluchter ym gesatz Moysi [...] sunder uff disser heyden blybe er by synen hyrten so lange biß der engel gotts yme erscheyne und verkundet daz Anna syn huszfrauwe wurde von ym entpfahen und geberen eyn tochter die maria solt heyssen und werden ein gebereryn gottes etc. als sanctus Jeronimus do von wyter schribet.« Breydenbach 1486, image 113, vgl. Mozer 2010, S. 170–172.

597 Der ganze Abschnitt referiert den Text Breydenbachs: »Iordanis ist eyn edel wasser ym judeschen lande entspringen von zweyen brunnen welcher eyner jor der ander dan heysset dar her er jordanis genant wurdt. Er entspringt anfenglich under dem berg libano und scheydet judeam und Arabiam die zwey lande unnd nach vil umbgengen flüßt er nit verr von Jericho ynn das todt meer das yn auch gantz verslyndet.« Breydenbach 1486, image 114, vgl. Mozer 2010, S. 174.

wunder gesehen.[598] Es hadt auch eyser uber sich gehoben 4 buch regum cap. 6.[599] Item den außetzigen Naanion gereiniget.[600] Item Christus ist von S. Johannes getaufft worden. Auch ist die stimme des Vatters und des Heilige Geist alda uber dem Herrn erschienen, Luce cap. 2.

In diessem Jordan tzoegen wir uns alle auß und gingen in den Jordan und batten[601] uns. Der Jordan {fließt} am gebirge. Und ein welsche meyl auf der rechten handt von dem Jordan, von dem ort, da unser Her getaufft ist worden, leidt das Tode Mher. Das leidt tzwischen tzweienn bergen in einem thal. Alda ist Sodoma untergangen. In diessem Mare Mortuo ist keyne fiesch, allein die gifftigen schlangen, welche man heist tyri[602], von welchen man theriac machet.[603] Seindt eyner halben ellen langk und eynes fingers diecke, {mit} mancherley flecken und farben bespringet. Und ist bliendt. So eyner vonn diessen schlangen gebiessen wirt, kan kein artz mehr heillen. So man sie toetten wiel, schlegt man sie mit eynem ruedtlein, so wirdt sie tzornigk und schwildt im das heupt und der schwantz auß tzu sammenlauffen der giefft. Und wirdt also ploetzlich die beide geliedt abgehauwen, sonst were die giefft niechts werth. Aber der soldan leidt keine auß dem lande, alleinn tzu der artznei werden sie verkaufft etc.[604]

[S. 84] Nicht weidt von dem Jordan ist der orth, do Eliheus ist im feurigen wagen ken himmel gefharen.[605] Also wie vorgemelt baten wir im Jordan und ferner so man hinnein gehet ist es so tieff, das es eim an die axel gehedt. ~~und ist es so tieff das es eyn an die axel gehet~~ Und ist unden ahn dem boden gantz schleimig, das eyner die fuesse kaum heraußbringen khann. Wie ich wenig baß hinneyn gangen bin, hab

598 Breydenbach schreibt: »Diß wasser hatt vil edler fryheyten« (Scann 114) und zählt anschließend zahlreiche biblische Bezüge auf, die Holtzwirth nicht übernimmt, Breydenbach 1486, image 114, vgl. Mozer 2010, S. 174.

599 2. Kön 6,1–7 (Elischa machte eine eiserne Axt im Jordan schwimmend). »Item wyder natuer anderer wasser hub eß yssen vom grund uf und gab eß dem propheten wyder dem eß daryn was entpfallen.« Breydenbach 1486, image 114, vgl. Mozer 2010, S. 174.

600 2. Kön 5.

601 badeten.

602 Der Begriff »tirus« umfasste offenbar keine spezifische Schlangengattung, sondern ist ein Sammelbegriff für verschiedene Schlangenarten, vgl. Böhme/Böhme 2011, S. 9–14.

603 Theriak war ein seit der Antike bekanntes universelles Heilmittel. Ein Zentrum der Theriakherstellung war im Spätmittelalter und in der frühen Neuzeit Venedig, vgl. den Überblick bei Bettin 2020 mit weiterer Lit.

604 Der gesamte Abschnitt zu den Tirus-Schlangen ist eine Adaption des Textes von Breydenbach: »In dissem todten meer vindet man den slangen Tyrus genant von welchem man Tiriaca machet und ist der selbig slang gemeynglich eyner halben elen lang und eyns fyngerß dick mit maculen mancherley farben besprenget und ist blindt unnd voll so schedliches gyffts daz man keyn artzeney dar wyder mag haben dan daz man das glyde von stünd an abschnydet daz da mit wurdt vergifftet. Disser slang so man yn vahen sol wurt zu grossem zorn beweget besunder so er mit eym kleynen ruthlyn wurt geslagen. da von geschwilt yme syn haupt und swantz uß zusamenlauffung deß gifftes vom gantzen lyb ynn die selben glydder die ym dan auch vrblutzlingen mit eym eynigen streych werden ab gehauwen, sunst were das gifft nichts werdt das man dar uß nympt. keynen solichen schlangen mag man uß gebott deß Soldans anderswo verkauffen dan alleyn zu Alkayr [Kairo] da er selber wonet.« Breydenbach 1486, image 115, vgl. Mozer 2010, S. 178.

605 Zur Himmelfahrt des Propheten Elia vgl. 2. Kön 2,1–18.

ich niecht mher grunden[606] konnen in der mietten im Jordan, da wir batten. Ist ein huechlein[607], do stehet ein baum innen, der tregt xilo caraita, johannesbrott.[608] Unter diessem baum sol Christus getaufft sein worden. Ich brach eyn tzweig darvon, welchs ich noch ein stuecke dorvhon mit brachte. Und ich schatzte den Jordan etwas 6 schriette breidt von dem orth, da man hinnein stiege, tzu dem baum. Und darnach etwan 7 schriette biß von dem baum an den andern orth. Und er ist gar truebe wie eyns leympfuetzen. Ich habe mich dreymal eingedaucht under das wasser und bin 3 mhoel uber den Jordan geschwummen und widder heruber. Es gehedt gleich strenge, also daß ich niecht gleich uber schwimmen konte, sondern offtmals wol 6 schridt das mich das wasser miedt dem stram hinunter dreb[609] ahn das uber.[610] Als wir nhun bey einer stunde gebat hatten in dem Jordan, da wolten die 20 Turcken, welche uns geleittet, {uns} niecht lenger baden lassen, sondern hyben unß midt rueten auß dem wasser. Also [S. 85] muesten wir uns antziehen und sassen widder auf unser esel. Also waren wir sehr durstig nach dem bade. Also hatte des eddelmans diener Hanß Rechenbergk eyne große flasche miedt wein miedt siech auß dem closter genhommen. Also nam der edelman die flaschen, meinet es were wein dorinnen, also fandt er wasser dorinnen. Da lachten die Turcken. Do meindt der edelman, das die Turcken den wein außgetruncken hatte, weil[611] wir gebath hatten und wasser widder eingefullet. Also war ihr fielen widderfaren, wiewol die Turcken niecht ein tropffen wein trincken nach den Machomettische gebodt. Aber sie haltens wie die Papisten daß fleischessen in den fasten. Den ich den pabst tzuvhor ahm Karrenfreitag[612], da ich sein trabant[613] war, habe sehen von eynem caphon[614] essen.[615]

Also wir von dem Jordan ritthen und die sunne begundt auftzugehen, sahen wir auf der lincken handt, da wir widder nach Jericho rietthen, das Tote Mher, auß welchen ein grausam rauch und nebel den gantzen morgen aufging. Und roechte wie schwefel und bech.[616] Aber also die sonne begundt uber handt tzu nhemen, do vorging der rauch auch. Also sahen wir das Mare Mortuo beyseits. Und es leidt tzwitzem gebirge. Und das gebirge hinnauf sach man ein hauffen steine, alda Loiht sein weib tzu eyner saltzseulen worden.[617] Und von dem orth, da wir in batten, da fliest der Jordan etwan [S. 86] eyn halbe italianische meyl in das Mare Mortuum. Und die Turcken wolten uns niecht vollent tzu dem Toetten Mher lassen. Auf der lincken handt leidt ein alte

606 auf den Grund kommen.
607 Hügel?
608 Johannisbrot, griechisch ξυλοκέρατον, als lateinisches Lehnwort »xylocerata« oder »xilocarata«.
609 trieb.
610 Ufer.
611 während.
612 Am 3. April 1545.
613 Vgl. oben Anm. 169.
614 Kapaun, vgl. oben Anm. 407.
615 An dieser Stelle notierte eine spätere Hand drei Mal »N.[ota]B[ene]« an den Rand.
616 Pech.
617 Gen 19,26.

kyrchen ahm Jordan. Ist gar tzerstoeret. Alda ist S. Johannes baptiste gewondt.[618] Leidt 8 steynworf von dem Jordan. Man siehet auch, das im wintertzeidt daß das Jordan siech muessen ubergiessen[619], das er den locum Johannes wol ein welsche meyl eingenhommen hadt. Und schier biß kegen Jericho also weidt ist {das} wasser komen. Jericho leidt unten an der eben unter dem gebirge. Stehet.[620] Also seind wir widder kegen Jericho kommen etc. Es stehen tzu Jericho itz 3 alte heuser da. Leidt unten in eben felde. Auf der lincken handt tzu nehest ahn dem selbigen orth seindt wir vor des Zacharias hauß uber ubergangen (sic!).[621] Etwan drey steynworffe von dem hauß auf der lincken handt stehet ein alte bruegken von steynen gemacht. Darunter fleust ein frieschs klares bechlein. Alda bey der bruecken ist ein blinder gesessen, den der Here hadt sehen gemacht.[622]

Von der bruecken etwan drey acker felder weyth seindt wir kommen tzu eynem feygenbaum. Fleust ein schon friesch bechlein, welches unter dem Berge Quarentena[623] leidt. Kumpt auß eynen brun Helesei.[624] Welches wasser vorhin bietter und unfruchtbar ist gewesen, welches der prophet hat gesund gemacht, 4 buch regum, cap. 4.[625] Alda seindt wir unter dem feigenbaum abgesessen von den eseln. [S. 87] Und bey dem bach haben wir geßen. Und gewget zu magen[626] keß und brodt und melonen, feigen, so wier mith unß auss dem closter bracht hatten. Und auß dem dreyen heusern von Jericho brachten und die Arabier ums geldt weyntrauben und angurien.[627] Alda kaufft ich auch rosen von Jeriecho, wie wol sie tzu Jerusalem auch feile warenn. Welche rosen von Jeriecho ich auch heim gebracht, iglicher schwester ein geschenkt. Habe ehr noch 4.

Als wir nhun gessen hatten und die pelgram etliche schlieffen und ruegeten, den wir die nacht niechts geschlaffen 2 stunden. Und es ware sehre heiß, schlieffen sie unter den schatten am bach. Also waren etliche munche, drey munche, 4 welsche pilgerenn, darunter war ein spanischer edelman von Neapolis und meyn gesell, der beheem Ulriech Prefat, und ich. Und wir 9 person unterstanden uns, auf den Berik Quarantane {zu steigen}, darauf unser Her von den boesen geist gefueret ist worden und versuechet ist, die weyl der bergk nhahe war, ein halbe welsche meille vonn dem bach. Also kamen wir ersten unten, da sych der bergk ahnhebet auf der rechten handt. Alda stehet ein alte tzerstoerte kirchen. Alda hadt der Her an dem orth 40 dage und

618 »Von dannen ritten wir an das ende do ettwan sanctus Johannes Baptista hatt gewonet by dem Jordan yn der wüsteney. [...] Do selbet ist eyn kyrch gebuwen worden dar ynn kriechesch monch vor zyten haben gewonet. ist aber ytz gantz verlassen oder öde.« Breydenbach 1486, image 115, vgl. Mozer 2010, S. 178.

619 überschwemmen.

620 Offenbar ein defekter Satzanfang, der den übernächsten Satz einleiten sollte.

621 Zu der Erzählung vom Zöllner Zachäus in Jericho vgl. Lk 19,1–10.

622 Mk 10,46–52.

623 Der »Berg der Versuchung«, Ǧabal al-Quruntul bzw. Qarantal westlich von Jericho.

624 Gemeint ist der Prophet Elisa.

625 2. Kön 2,19–22.

626 Gemeint ist wohl: »und geuet / gehet zu Magen«.

627 Zu den Angurien, einer Melonenart, vgl. Anm. 408.

nachte gefast.[628] Der bergk heist Quarantena. Als wir nhun begunten den bergk hinnauf tzu steygen, war es sehre heiß, also das etliche niecht den 10{ten}[629] theil des berges hinnauf kamen, blieben sie do hinden. Nemlichs mein gesell Ulrich Prefatt und noch 2, die blieben hinden. Und unser [S. 88] 6, als wir ein wenigk unter ein steynklueft geruegt hatten, gingen wir alle 6 hinauff. Und ich fragte meinen gesellen, ob er auch miedt wolte, saget er, ich solte vorangehen, er wolte hinnach kommen etc.

Also gingen wir fort hinnauf unser 6 person. So wil ich das in warheit sagen, das ich alle meyn lebelang so ein greulichen, heßlichen bergk niecht gesehen habe. Den wir funden auf dem berge niecht ein gruen streuchlein oder dorreß, niechts den eytel stein. Und gleich auf sahen wir eyn maur. Und man muß hinnauff steigen wie ahn eyner leither. Die weyl ich nhun midt der gesellschafft wahren, kunthe ich niech allein widder tzurueck gehenn. Also stiegen wir fordt und ruegten mher den 20 moel, ehr den wir den berik hinnauf komen. So waren wir alle so mueth von der hietze, das wir moechten hetten vorschmachten. Auch machten wirs niecht so muede, allein ein schelmischer munch, der vor mir ging, der fragte miech ummer, ob ich vatter und muetter hette auf italianisch. Und er wolte viel miedt mir reden. Und ich war so muede, das ich kaum das maul kunte auf thun vor grosser hietze. Sprach der veltens[630] munch tzu mir, du erloesest auß dem fegefeur 10 seelen von wegen diesser mhue und erwirbest alles deine eltern und kindes kinden. Domith macht mir der munch so schellig[631], das ich meyn lebelang nicht keinen so luest habe ins angesiecht tzu schlagen gehadt als den munch. Ich hatte offt im willen, ich wolt in bey der kappen nhemen und wollte in den bergk [S. 89] hinab gestossen haben. Aber ich dachte, unser Hergodt, Christus, mein erloeser, ist auf dem berge vorsucht worden, so mustu es auch leiden. Alß wir den bergk hinauß[632] kamen, da fanden wier niechst oben, den ein 4eckets klein capellen, die war gar tzerfallen und kein dach, schlecht, ein alte mauren tzubrochen. Also konten wir niecht also viel schatten unter der mauren finden, das wir uns alle 6 unther der maur von dem ~~schatten~~ schein beschatten konnen. Und wir legeten uns mietten an die mauren und leichsten[633] wie die hunde, waren halb thodt. Also lagen wir bey einer stunden und fingen ein wenig athem. Es waren aber unter uns 6 keyn Deuscher, den ich, auch kein Niedderlender, den die andern 5 waren Italianer und Spannier, unter welche der munch war und ein dolmescher und ein barbir, Italianer. Als wir nhun geruhet hatten, ginge der turkische dolmetsz, der barbir und der schelmische munch vorhin.[634] Und wir wollten ein andern weg suechen, das wir moechten hinnab gehen. Als wir nhun eyner nach dem ander gehen und schier halb hinnab

628 Mk 1,12f.

629 Im Text steht nur »x«.

630 Wahrscheinlich abgeleitet von »Valentin«, »Velten«, dem Schutzheiligen der Epileptiker. Der Ausdruck steht für wahnsinnig oder verrückt.

631 wütend, vgl. Grimm, Bd. 14, Sp. 2501–2504.

632 hinauf.

633 Wohl eine Form von »lechzen«.

634 voran, vgl. Grimm, Bd. 26, Sp. 1200–1205.

kommen, so konten wir niecht weitter hinnab kommen, der bergk ging unterwertz wie ein mhaur. Und war tzu wissen, das man hinnab sach wie in die helle.[635] Und es war uber auß {?}.[636] Nhun wusten wir niecht, wie wir im thuen solten, den keinner wolte widderum den berg hinauff steygen. Also suechte ein ider sein vortel, eyner stiege hinnauf, der ander herunter. Und verloren uns alle 6 von einander, stiegen wie die [S. 90] gembse an den bergen. In dem sach ich in ein hoegel des steines ein wenig schattens. Alda leget ich miech hinnein. Alda sahe ich von fernest, das meyne gesellen etliche inn ein loech stiegen in dem bergk. Aber ich wolte niecht hinab gehen, den niemandt wuste, wo das loech hin ginge. Also macht ich miech allein auf und stiege denn bergk widder hinnauf. Und wolte den weg widderum suechen, den wir hinnauß[637] gangen warenn. Also konte ich den weg ~~sindt wir niecht widd[er] kome~~ niecht widder finden, dar wier herab gestygen waren. Und ich kam an eynen fels, der war etwan eyner ellen breidt. Und ahn dem felts ging der berg schieff abwertz und hinnunter wie eynner in die helle sehen. Also waren mir uberauß leide und bange, da ich gantz alleine war und moechte verdorst, vorschmacht sein. Auch in sonderheit besorgte ich miech, die andere pilgram an den bach wurden wegk sein. Wuste ich niecht vor grossem leide, was ich thun solte. Und hatte mich vorstiegen, das ich widder hinden noch vorwartz kunthe auf dem greulichen berge.

Also stunde ich und schrei elendt. Aber da hoeret ich niehmandt und sahe niemandt. Also bevhal ich mich dem almechtigen scheffer[638] und unserm Hern Jesu Christo, unserm mietler und erloeser. Dieweil mein erloeser auch alhie versuecht war worden, so wolde ich auch gnediglichen im bevholen sein. Und thet mein gebeth gantz inniglichen. Den in solchen noeten lernt eyner bethen. Und an dem orth war der felß so schmal, das [S. 91] das (sic!) ich niecht sietzen konte. Also muste ich mich wagen und aufwartz steygen wie ahn eyner mhauren. Wie ich nhun miedt eyner handt einnen stein erwuste und miedt der anderen auch an eynen stein grieff, also rieß der stein in der lincken handt auß und der steyn fellet. Also halff mir der barmhertziege Godt, das ich miedt der rechtenn handt miech feste halte und miet dem knie auf ein ander steyn tzu ruegen kommen. Und scheinbarlichen halff mir unser Godt, das ich den felsen hinnauf kham. Den wen ich midt der rechten handt den stein hette lassen gehen, were ich auf tausent stueck in die hoher hole bergk hinnein gefallen, so tieff, als ich mein lebelangk keinen thorm gesehen habe. Also ruget ich mher den 8 mael, ehr den ich hinnauß quam, {wo} die alte capllen stehet. Leget ich miech an die maur in den schatten und ich war so madt, das ich vor mattichkeyt entschlieff. Und ich niechts bey mir hatte, das ich miech erkuelete konnte. Khan auch niecht anders wissen, den das ich daß selbige mael in einer omacht[639] gelegen habe. Den da

635 Hölle.
636 Hier fehlt ein Wort.
637 hinauf.
638 Schöpfer.
639 Ohnmacht; zur Form vgl. Grimm, Bd. 13, Sp. 1222.
640 Wams.

ich widder tzu mir selbst quam, wust ich niecht, wo ich war. Also besan ich miech entlich, das ich auf dem orth war, da der teuffel unsern Hern Godt die reich der weldt getzeiget und er wolte im {die} geben, so er in anbetet.

Auff diessem berge ist nicht ein greßlein oder streuchlein, den eytel felß. In dem stande ich auf und machte forn meyn wammuß[640] auf vor angest. In dem entfelt mir drei angurienschalen auß dem buesen, die waren noch ein wenig naß. Da wusch [S. 92] ich miech midt unter dem angesiecht, das ich ich miech erquicket. Darnach dachte ich, almechtiger Godt, die pilgren, deine gesellen, werren gewislichen alda wegk seinn gerietthen und bist nhun alleynn in der wuesten. Also wuste ich keinne hulffe bey keynen menschin noch creaturen, alein mein trawen setz ich tzu Godt, welcher mhir dan an der steynklueffṫ auch geholffen hatte. In dem macht ich mich auf und suechte den wegk, den wir erstlichen hinnauf gangen warenn etc., konte in aber nicht finden noch treffen, den da mann keynen steig noch wegk erkenthen konte. Auch konthe ich von wegen der mattigkeit auf meyne fueße den bergk niecht hinnab steygen. Und der bergk gantz steynig war. Also setze ich mich midt laube[641] auf den hintern und huedtschedt[642] hinnab auf allen 4[643] den bergk hinab. Und brachte also tzwen stunden miette[644] tzu, ehe ich hinnab kham. Ich viel auch mher den 7 moel, das ich herunnter gaukelte[645] etwan ein elle oder 3. Also ich nhun ein wenig uber die helffte kham, also war auf der rechten handt, da ich den bergk hinnab huetzet[646] eyn gewelb in dem berge, das ~~ich~~ ist inwendig gemacht wie ein alte capelle. Die lagen vol ronder steyn wie eyn koepf groß. Alda rueget ich ein wenigk. Aber ich wuste niecht, was es whar, den als ich herunter kham, berichten mich die pilgram, es were der orth, da der teuffeln unsern Hern tzum andern moel vorsuechet und geßagt: bistu Gottes shoen, so sprich, das diesse steyne brodt werden. Nachdem ich ein wenig geruehet, kroch ich und huedtzedt vollendts herunter. [S. 93] Kham unten ahn die alten kyrchen, da unser Herr 40 tage und 40 nacht gefast hatte. ~~aha~~ Alda waren wir erstlich an der kirchen hinnauf gangen. Also ruegt ich aber eyn weyl. Und ich hatte keynen gantzen faden ahn meynem geseß und miech schiere wundt geruetz, den ich ein stargk ledern gesesß hatte von hierßhaudt.[647] Also stunde ich auf und ginge miedt gantzem traurigen mhuedt[648] widder nach dem bach, da der feygenbaum und der brun Helisei[649] war. Da die pilgram den morgen gessen hatten, dem ich schoen geschatz hatte, die pilgram weren wegk. Also freuhet ich mich niechts den des frieschen wassers. Als ich nhun etwan eyn steynworff oder drey forthgehe, sehe ich von ferns,

---

641 Erlaubnis, hier im Sinne von »mit Verlaub«, zur Form vgl. Grimm, Bd. 12, Sp. 290.

642 Hutschen, rutschen, vgl. Grimm, Bd. 10, Sp. 1993.

643 vieren.

644 damit.

645 Ungewöhnliche bzw. zwecklose Bewegungen machen, vgl. Grimm, Bd. 4, Sp. 1553–1560.

646 Hutschen, vgl. Anm. 642.

647 Hirschleder.

648 Mut, »mut bezeichnet die gesamtstimmung des menschlichen innern«, Grimm, Bd. 12, Sp. 2781–2794.

649 Der Brunnen des Propheten Elisa, vgl. Anm. 621f.

das die esel und pilgram noch dar waren. Da fiele ich auf meyne knie und dancket dem almechtigen Godt, und entpfing widder ein hertz. Aber wie ich nhun hintzu kham, ging ich gleych tzu ersten tzu dem bach tzu und leget miech miedt kleidern und angesiecht in den bach, den ich vor mattigkeit halb todt waß. Und ich war in der amacht und matticheit in dem bach ersoffenn, das ich niecht wuesste, wie mich in dem wasser geschach.

Also sieht miech der tuerkische pauer, welcher mir seynen esel vordingt hatte, darauf ich gerietthen war. Und er hatte mich miedt fleiß gesuecht. Wie miech der Turke sieht also in dem wasser liegenn, und das wasser war mir in das maul und nasen geflossen, laufft er eylendts tzu und hadt miech auß dem wasser gerueckt und schleppet miech in der amacht tzu meinen gesellen unter den feigenbaum. [S. 94] Als ich nhun ein wenigk tzu mir selbst kham, gabenn sie mir eyn bißlein brodt und eyn stuecke von einer angurien und tzu letz ein drunck weyn miedt wasser gemischet, welche die pelgram noch ein wenigk midt siech gebracht hatten. Also kham ich widder tzu macht.[650] Nhun waren meyne gesellen alle 5 widder gekommen, die midt mir auf dem berge gewesen wahren, biß auf eynen, das war eyn Italianer, unser barbir. Der war noch niecht kommen. Der kham noch mhier, klaget do so sehr als ich. Und die andern waren auch alle krangk, die midt mhir gewesen waren, lagen und schlieffen. Aber die pilgram waren gleichwoll der ehrn, hatten niecht wegk gewoltd, wier kerenen den alle widder. Also wir nhun alle beyeinander waren etwan umb 22 Uhr kegen abendt, sassen wir widder auf unsere esell und rietthen etwan eyn halbe italische meyl forth. Khamen tzu eynnem luestigen garten bey Jericho. Alda waren granadtöpffel und pommerantzenbeum, welches ich sonst in dem Heyligen Land niecht gesehen hatte. Allein sehre viel dadtelnbeume und oliven und feygen, die waren genuegk in dem lande. Und χilo caradtabeum.[651] Die weil aber die sonne noch niecht unther wahr und {es} sehre heiß whar, blieben wir bey 2 stunden in dem garthen unter den beuhmen liegen. Und etwan umb 24 Uhr, als die sonne unttergingk, sassen wir widder auf unser muckeri, das ist auf turckisch esell.[652] Und rietthen widder nach Jerusalem. Etwan ein welsche meil von dem genanthen garten alda hueb siech das gebirge ahn. Ist niechts den eytel steynegebirg und woesteney bis kegen Bethania. [S. 95] Etwan auf halbem wege sahen wir ein alth hauß auf der lincken handt. Das sol heissen das hauß der latrones[653], da der unter die latrones ist kohmmen, der us Jerusalem hadt nach Jericho tzogen.[654] Niecht weidt darvhon unden ahn eynem grunde ahn dem berge ist eyn brunen. Sagen sie, das unser Her midt seinen aposteln alda gewesen und getrunken und geruhet, wie er ist von Jerusalem tzum Jordan getzoegen, da

650 Im Sinne von »Kraft«, Grimm, Bd. 12, Sp. 1397f.
651 Johannisbrotbäume, vgl. oben Anm. 608.
652 Muccaro, italienisch für Eseltreiber, erscheint im Plural als arabisches Lehnwort: »mukari«, vgl. Wis 1955, S. 197.
653 die Räuber.
654 Vgl. Lk 10,25–37. Gemeint ist das sog. Gasthaus des barmherzigen Samariters; heute befindet sich an der Stelle das Museum of the Good Samaritan mit einer Ausstellung historischer Mosaiken.

er siech hadt wollen von Johannes teuffen lassen. Also seindt wir die nacht etwan bey 4 stunden auf dem felde geschlaffen und widder auf standen. Seindt wir kegen Bethanien kommen. Der Tuerck, der mir seyn esel geliehen hadt, ginge stette neben mir her. Und er hieß Machomedt. Ich schenckt ~~euch~~ ihm 3 mietzinger tzu dranckgelt, das er mich auß dem wasser gefhueret hatte.

Den 29 Augusti gantz frue, ehe die sonne aufging, {sind wir} kegen ~~beh~~ Bethania kommen. Und miedt dem sonnenaufgang seindt wir widder den berck Syon hinnauf geritthen, in unser closter ken Jerusalem kommen und haben alda ein iglicher pilgram dem geleid, so miedt uns sein gewesen, dem Turcken muessen gebenn ein ziekin. Und 3 muetziner vor die esel. Dem selbigen tag, wie whir gessen haben tzu morgen, hadt man uns in die stadt gefueret und die loca, so wir noch niecht gesehn haben, gewiesen.

Erstlich seindt wir auß unserm chloster gangen. Etwan eyn armborstschoeß[655] von unserm chloster seindt wir ahn das stadtthor kommen.[656] Darnach seindt wir tzu dem thoer hinnein gangen, welches thor und die stadtmauhr [S. 96] vhon Jerusalem tzu hoehest auf dem Berge Syon itzieger tzeidt von dem Turecken new gemacht ist worden seindt der tzeidt, das der turckische keyser[657] den soldan[658] vor jagt. {Ist?}[659] itziger tzeit ein schoene feste mhaur umb Jerusalem gemacht, doch niecht so ronth umbfangen, als vor tzeyten gewest. Den es ist itziger tzeidt die stadt vorruegkt, das wor vorhin der bergk Calvaria, welcher vorth{e}m auß der stadt gewesen ist, itz in der stadt {ist}. Wo wir tzu dem thor hinen khommen, stehet ein turckisch schloß auf der lincken handt miet stueffen thormen ahn der stadt mhaur.[660] Aber wir durfften niecht hinneynn gehen. Also gingen wir die gassen forth. Hinnein kamen wir erstlich ahn ein alten stein hauffe und alte mhaur wie eyn thoer. Alda ist die selbiege tzeidt die letzte porten gewest der stadt, da unser Her ist midt dem kreutz hinnauß gangen tzu dem berge Calvaria. Leidt itz schier mietten in der stadt, die porten, etwann ein halben steinworff darvhon auf der rechten handt. In der gassen ist ein hauß, seindt 3 stueffeln hinnauf.[661] Alda hadt unser Her sein heyliges antzlietz in ein thuech gedreuet, da er die Veronica gemacht hadt, da mhan itz tzu Rhom weyst die fest.[662] Etwan ein halben steinworff darvhon ahn eyner ecken auf der rechten handt ist das reychen manß hauß, darvhor Lazarus gelegen.[663] Ist tzu nehest dar ahn ist (sic!) ein schwiyboegen[664] uber die gassen. Do ist der orth, da die weiber gestanden

655 Zur Form »Armborst« für »Armbrust« vgl. Grimm, Bd. 1, Sp. 556f.

656 Zionstor.

657 Gemeint ist der osmanische Sultan Selim I., der auch Palästina eroberte.

658 Der Mamlukensultan Al-Aschraf Qansuh al-Ghuri wurde am 24. August 1516 in der Schlacht von Mardsch Dabiq durch das Heer der Osmanen geschlagen.

659 Ein Tintenfleck macht ein kurzes Wort am Satzanfang schwer lesbar. Wahrscheinlich stand hier ein »ist«.

660 Gemeint ist die Davidszitadelle neben dem Jaffator.

661 Das Haus der Veronika, heute die 6. Station der Via Dolorosa.

662 Gemeint ist die »Veronica« genannte Tuchreliquie, die in der römischen Peterskirche bewahrt wurde.

663 Das Haus des reichen Mannes verortet das neutestamentliche Gleichnis nach Lk 16,19–31.

664 Schwibbogen, zu den sprachlichen Varianten vgl. Grimm, Bd. 15, Sp. 2609.

seyn, also unser Herr das kreutz getragen hadt. Und sie geweinet, er aber gesprochen: »Weinet uber euch und uber ewere kinder etc«.[665] [S. 97] Tzu nehest dorbey gehedt man ein gassen hinnab. Alda ist eyn ecke, da hadt man Symon getzwungen, das er unsern Hernn das kreutz hadt nach getragen.[666] Die ecke hinnab auff der rechten handt, alda ist unser Herr midt dem kreutz kommen. Aber die gasse, die gleich vorsiech gehet, da ist Symon herkommen. Tzu nehest, wen man die ecke hinnab kompt, auf der rechten handt, alda ist der orth, da Maria umgefallen ist, als sie ihrenn sohn hadt gesehen tzum totte vororteillen. Stehet itz ein roßstall da. Etwan 12 schridt wartz von siech an der ecken, alda gehet ein gangk oben uber dem gang[667] wie ein tzweigboegen.[668] Alda stehen 2 viereckete steine.[669] Auf einem stehet: »Tolle, tolle«[670], auf dem andern: »Ecce homo«.[671] Seindt tzwen weise marmelsteine, seindt an den gangk gemauret. Alda oben ist Pilatus gestanden und den Her Christus als er tzu dem totte ist vorurteylt worden. An der ecken, wie man auf der lincken handt hinnauff gehet, do stehet Pilatus hauß.[672] Man lest aber niemandt von denn pilgern hinneyn. Kegen dem gange uber an der ecken, wen man gleych vor sich gehet, da stehet Herodis hauß, ist gantz wueste. Wir sahen oben uber die mhaur hinnein. Also wir nhun widder tzu rueck gingen, kamen wir in die stadtmaur. Alda ist das thoer, da man Stephanus hinnauß gefueret hadt und gesteinigt.[673] Auf der lincken handt ist {die} Porta Aurea, die ist tzu gemaurt. Item 10 schridt darvon, da {die] Porta Aurea {ist}, ist eyn grabe 4ecket, niecht sonderliech groß wie ein teych. Dorinnen ist ein wasser pfuetzen gar altfeters[674] umwaxen, itz war es schier gar außgedrogeth. [S. 98] Daß heyst mhan Piscina Brobatica.[675] Darinnen ist der Engel alle jar eyn mhal kommen und das wasser geweicht. Und welcher krancke der erste siech dorinnen gewaschen hadtt, ist gesundt worden.[676] Darnach seindt wir gangen und khomen tzu eyner newen kirchen, gehet man etliche stueffen hinnauff. Darin helt der Tuerck seinen machometischen glauben, hengen viel ampeln dorinnen. Dornach seindt mhir khommen in eyn kirchen, ist alt. Da muß mahn zu eynem loech hynneyn kriechen und tzum andern widder auß. Stehet ein friescher brunn darinnen. Ist Unse Liebe

665 Lk 23,28.
666 Nach Mt 27,32; heute die fünfte Station der Via Dolorosa.
667 Gemeint ist hier die Via Dolorosa.
668 Ecce-Homo-Bogen.
669 Bei dem Bogen handelt es sich um einen Teil des im Jahre 135 von dem römischen Kaiser Hadrian nach dem Sieg im Bar-Kochba-Aufstand errichteten Triumphbogens, dessen fragmentarische griechische Inschrift umgedeutet wurde.
670 Es handelt sich um ein verknapptes Zitat aus Luk 23,18 in der Fassung der Vulgata: »Tolle hunc, et dimitte nobis Barabbam.« (Nimm jenen und gib uns Barabbas). Prefát 2007, S. 267 assoziiert »Tolle, tolle, crucifige eum«, Joh 19,15.
671 Joh 19,5 in der Fassung der Vulgata.
672 An der Stelle der ehemaligen römischen Festung Antonia.
673 Löwentor oder Stephanstor.
674 Altväterisch, vgl. Grimm, Bd. 1, Sp. 274.
675 Piscina Probatica, also der Teich Bethesda.
676 Joh 5,1–18.

Fraw geboeren.[677] Do muß ein iglicher pilgeram dem Turcken eyn maithin geben. Niecht weidt darvhon ist ein orth, da man die stadt hinnauf gehedt. Da hadt der Her Maria Magdalena ihre sunde vorgeben. Darnach seindt wir tzu der Porta Speciosa kommen etc.[678] Letzlich seindt wir kommen tzu dem Tempel Salomonis.[679] Haben niecht weiter dorffen gehen den aussen auf 4 stueffeln, das wir den platz außwendig gesehen haben. Ist ein schoener platz ausem den tempel miedt marmelstein gepflaster. Außwendig stehets mhan midt runden wergken und griechische arbeit, gebawet miedt hiebschen polirten marmelstein. Ist sehre hoch und tzimlich weidt. Ist miedt blei bedecket. Darauf habenn die Tuercken ein halben mhont, der sehet von fernes als wer ehr vorfinstert.

Also seindt wir widder auß der stadt Jherusalem gangen und seindt widder in unser kloster khommen. Und haben tzu nacht gessen. Diessen obent seindt wir etliche eins worden unter den pilgram, das unser 11 auß dem pilgram durch unser dolmesch geleidt kriechten. Also uberquamen[680] wir von dem Turcken geleidt. [S. 99] Und rietten meyn gesell Ulrich Prefatt, Bohemus, und die tzwen deusche edeleuth und ich auch, noch 2 Spannier und drey Italianer. Sassen den obent auf die esel und die Turcken midt 4 pferden beleiten[681] uns. Und wir woltenn ken Ebron[682] tziehen.

Also khamen wir auf den wegk nach Bethlahem bey dem brun der Heilige Drey Konnige. Alda ist niecht weyth dorvon ein alte kirchen, da der prophet Helias ist geboren.[683] Niecht fern dorvon ist der refier, da der patriarch Jacob ein lange tzeidt gewonet. Alda ist ein eychenbaum, darneben sol des patriarchen Jacob sein weib begraben legen.[684] Tzu nehest darbey, do der engel den Abacuck bey den horen nham und fhuert im in Babilonia, liß in niedder in der hoelen des lewen, darinne Daniel der prophet saß, bracht in essen.[685] Also khamen wir den obent keyn Betlehem, dar wir tzu vor auch waren gewesen. Also blieben wir die nacht tzu Betlahem.

Den 30 Augusti frue, 3 stunden vor tage, seindt wir aufgestanden und den capitanien[686] von Bethlahem miedt uns genhommen. Der hadt uns beleidet biß kegenn Ebron selb20[687] tzu fueß. Aber wir rietthen auf eselnn eyn tag von Betlahem. Der heuptman rietthe miet 2 pferden. Also quamen wir von Betlahem auf der lincken handt, da steht ein olivenbaum. Alda ist Isaac beschnietten worden. Unter

677 Die im 12. Jahrhundert errichtete St.-Anna-Kirche wurde seit der Eroberung Jerusalems durch Saladin 1192 als Koranschule genutzt.

678 Gemeint ist das Goldene Tor an der Ostseite des Tempelbergs.

679 Gemeint ist die Al-Aqṣā-Moschee.

680 Das »uber« ist oberhalb des Wortes ergänzt.

681 geleiteten.

682 Hebron.

683 Gemeint ist wohl das Kloster Mar Elias. Ich danke Tomáš Rataj, Prag, für die Identifikation des Ortes.

684 Das Rahelgrab bei Bethlehem. Holtzwirth scheint den Bau nicht gesehen zu haben.

685 Dan 14,36f.; vgl. oben Anm. 455.

686 Prefát 2007, S. 275 schreibt: »auch ging mit uns der Vorsteher von Bethlehem (wir nennen ihn der Richter)«.

687 Mit 20 Begleitern.

wegen ist es sehre lustig von beumen und graß. Auch wachtzen vie{l} squilla[688] alda. Etwan um essens tzeidt khamen wir kegen Ebron. Alda stehet ein langer 4eckter stauffer thorn.[689] Seindt wir an den thorm herrab gerietthen und seindt ahn den platz kommen, do ist vortzeiten ein fontana oder[690] [S. 100] oder (sic!) prun ist noch. Bey diesser fontania ist Christus gesessen, da das weyb auß der stadt ist tzu im kommen: da mihi bibere Johan. 4.[691] Da seindt wir von den eseln sessen. Tzu nehest an dem orth kegen der fontana uber, kegen Niddergangk[692], da ist eyn weynngarten. Alda wolten die Saracener unß niecht hynneyn lassen. Wir musten 2 venedische schillingk ider gebenn. Darnach ~~spege~~ stiegen wir uber den tzaun hinneyn und gingen fast in die mietten des weingarthens. Da gehet ~~, an dem orth hatt unser Hergodt graben~~[693], ~~in dem~~ ein graben. {In dem} weingarten da leidt ein grosser stein in dem graben.[694] An dem orth hatt unser Hergodt ein erdenkloß genhommen, ein mensche darvhon formiret und in dem lewendigen Adam[695] eingeblasen. Darvon unser erster vatter ist worden und diesser orth heist Ager Damascenus.[696] Darnach, wenn mhan von dem steyne gehedt etwn 8 schriedt, alda stehet ein grosser weynstoeck, den Lodt[697] sol an dem orth den ersten weynstoeck gebauhet haben. Und hat sich volgetruncken, ist schlaffendt worden. Und sein son hadt in auf gedeckt gefunden und hadt gelacht. Die anderen in tzu gedeckt.[698] Tzu nehest bey dem genanthen stoeck, ein schridt darvhon, da stehet ein stoeck. Alda hadt Cayn Abel erschlagen.[699] Die weintrauben in diessem berge waren gleych weysse. Und {wir} kaufften] viel. Und hieß die Turcken essen weintraubn, aber keynen weyn torffen sie trincken nach dem gesetz Machomets. Als wir auß dem weyn garten gehen auf der linckenn handt, gehet man ein bergk hinauff. Alda stehet aber eynn bergk. Und auf dem weynberge stehet ein olivenbaum. Und unter dem baum stehet ein 4ecketer platz, weins niecht bewaxen. Legen geringst

---

688 Scillae bulbus, Weiße Meerzwiebel, mediterrane Pflanze, die auch in der Medizin genutzt wird.

689 Gemeint ist das Minarett der Abrahams-Moschee. PREFÁT 2007, S. 277 bestätigt dies, da er vom Turm der Kirche über den Gräbern der Patriarchen spricht.

690 Darunter von derselben Hand aber wohl mit zeitlichem Abstand ein Nachtrag, der sich unten auf S. 101 fortsetzt: »Vohn Ebron hetten mihr den rechten wegk gehadt kegen den bergk Synai und hetten inn 18 dagen auffs lengts konnen auff den bergk Synai komen. Und dannn von dem bergk Oreb [Horeb] und Synai inn berge dorch syd ist hohe bey dem Oreb hetten noch in 4 dagen ken Mathaherw [Matharea] das dorff 2 meill abe genß Alkair [Kairo]. Da ist der balßamgarten und der Nilus fleust da. [Fortsetzung auf S. 100 unten] Von Alkayr kahn mahn in 6 tagen auff dem waßer Nilo kegen Alexandria schiffen. Alda schiffet man widder kegen Venedigk.«

691 »Gib mir zu trinken!«, Joh 4,7.

692 nach Westen.

693 Einschub über der Zeile: »weingarten da leidt ein grosser steyn in der«.

694 Dieser Satz ist über der Zeile ergänzt. Das letzte Wort wurde mit Verweiszeichen am Rand nachgetragen.

695 Entweder wird hier mit dem Gleichklang von Atem und Adam gespielt oder Adam ist assoziativ verschrieben.

696 Vgl. zur Lokalisierung und Tradition des Ager Damascenus HILHORST 2007.

697 Darüber von späterer Hand »Noa«.

698 Die Erzählung bezieht sich auf Noah und seine drei Söhne, vgl. Gen 9,20–23.

699 Gen 4,8.

steinne heruhmmer. Der [S. 101] platz ist etwan 6 schriette weidt und breidt. Alda unter diessem baum ist Abraham[700] gelegen und geruehet auf dem ruecke. Und ehr hadt an eyner leither die engel in dem himmel und widder niedder steigen sehen.[701] Alda hadt Abraham gewoneth und es seindt 3 engel Gottes tzu im kommen. Und er hat sie gespeiset. Die haben tzu Abraham und tzu seynem weybe gesagt, sie worden schwanger werden. Aber sie hat hinter der thuer gestanden und gelacht.[702] Darnach seindt wir den bergk widder herab gangen. Seindt wier kommen in eyn gewelb. Als wir durch das gewelb kamen, gehen wir eyn wenig den bergk hinnauff. Alda kamen wir tzu eynem schoenen tempel, stehet gleich vor uns.[703] Also wollte man uns niecht hinneyn lassen, musten haussen[704] auf dem stueffenn bleiben. Da hingen 3 lampen ausen in der thuer und auf der lincken handt, ein schreidt von der thuer ist unten ein klein loech wie ein fenster. Kueketen wir hinnein, kunthen aber niechts sehen von wegen, das es finster war, den wie eyn gewelb oder keller. In diessem gewelbe leidt Abraham und Sara, Adam und Eva und Isaac, die patriarchen, begraben liegen.[705] Und man heist dieß gewelb spelunca duplex.[706] Auf der rechten handt, wen mhan tzum tempel gehet, stehet eyne fontania, da leuffet wasser auß den roehren. Und auf der lincken seyten stehet noch ein schoen pallast und hauß nehest am tempel. Darnach ginge wir widder tzu unserem brunnen oder fontania, da wir erst abgesessen waren. Und alda assen wir tzu mittage tzu nehest kegen dem weingarten uber. Darnach sassen wir am mittag widder auf unsere esell. Und ich uberkham[707] ein tuerckisch [S. 102] pferdt tzu reythen vor meynen esel. Also rietthen wir widder nach Jerusalem. Rama[708] leidt 9 italianische meyl von Jherusalem. Erstlich khamen wir auf eynen sehr hohen bergk. Da leidt eyn wueste hauß, heist Betzalta. Da bey noch auf eynem hohen berge eyn doerfflein Rama, ist niecht da{s} Rama, da wir erst lagen, getz[709] ist eyn stadt, diß ist ein dorff gewesen. Auf dießem berge siehet man das gebirge Arabia und den berg Sayr.[710] Und siehet von fernes die gelegenheit das Todten Mhers. Unter diessem berge lieffen die turckische pauren midt fiezboegen tzu uns. Wolten unß niecht tziehen lassen, wir musten innen den gelt geben. Der heuptman hodt mir

---

700 Darüber von späterer Hand: »Jacob«.

701 Gen 28,11–19.

702 Gen 16,1–18.

703 Die Abrahams-Moschee.

704 außen.

705 Tatsächlich liegen dort die drei Patriarchen Abraham, Isaak und Jakob mit ihren Frauen Sara, Rebekka und Lea begraben.

706 Doppelte Höhle.

707 bekam.

708 Gemeint ist wohl das Dorf Haram al-Rama, etwa drei Kilometer nördlich von Hebron. Mordechay Lewy hat meine Frage zur Identifikation des Ortes zu einem online veröffentlichten Beitrag angeregt, vgl. Lewy 2023.

709 In der Bedeutung von »jenes«?

710 Gemeint sein dürfte der Gebirgszug, der sich südlich des Toten Meeres bis zum Golf von Akaba zieht. In der Bibel erscheint die Gegend als Gebirge oder Land Seir (Gen 14,6; 36,8.9.30; Deut 2,1–12). Wohl weniger zu denken ist an das Dorf Sair, das acht Kilometer nordwestlich von Hebron liegt.

midt ihm des hembtis vorbitlichit.[711] Ich aber ranthe midt meynem pfertte dadurch, aber meyne geselle konten miedt den eseln niecht folgen. Also musten sie innenn geben ein halben zikin. An diesem orth hatte sich offtmals Davidt vor dem tzorn Absolon vorhalten.[712] Darnach kamen wir tzu eynem schoenen pallast und unten an dem pallast war ein 4ecketer teych, war schoen auf der seyten gemarmelt gewest. Darinnen war eyn wenig wasser. Alda sol der konig Salomo sein lusthauß gehadt haben und offt alda gebadt. Heyst noch der Teych Salomonis.[713]

Etwan um obent vur 24 {uhr}, da die sonnen wolt unter gehen, khamen wir nhahe unten ahn den bergk Sion. Die weil aber meyne gesellen auf den eseln langsam ritten, also ranthe ich midt meynem turkischen pferde den Bergk Syon an den Theych Besebea hinnauff und kham alleine in unser chloster. Als miech die andern pilgram sahen, fragten sie, wo die andern weren. So sagt ich, [S. 103] sie wheren alle gefangen von den Saracenern bey ehynem dorffe Rama. Und ich wer allein dovhon geranth. Und ließ sie auf der meynung bleiben. Aber sie erschrecken sehre und gelaubtens. Aber in dem kommen unsere gesellen midt dem esel hinnach. Also wardt ein groß gelecht und waren gueter ding. Diese weyse vorbrachten unser 11. Die andern pilgram blieben alle in dem chloster. Also assen wir tzu nacht in dem closter. Es muste ein iglicher unter uns 11 einen tziekin geben vor diesse reyse und 2 ß.[714]

Den 31 tagk Augusti frue gingen wir allesampt widder in die stadt in das Heilige Grab und waren etwan 2 stunden oder 3 dorinnen. Darnach seindt wir etlich 3, etliche 2 noch darinnen gewesen waren und genuegsam gesehen. Also gingen wir widder in unser chloster und assen tzu mittag.

Den ersten Septembris seindt wir alle bereidt gewesen und wollten widder tzu unserem schieffe kegen Joppa tziehen. Also stunden dem patron seltzame hendel vor, nemlichen eins Juden halben, welcher midt uns auf dem schieff kommen war. Und gab siech vor ein Christen auß. Und als wir tzu Jerusalem waren, entlieff er von unß. Dieweil aber uns der Tuerck alle getzaldt[715] hatte erßlich und darnach widder tzalte und vormiste einnen unter unß, so wolt er 100 kronen von dem patron haben.

Item den ging ein pilgram umb den andern tzu dem gewardian umb testimonia und briefe. Aber der gewardian des closters, Frater Francisci[716], wolte keinem ein bekentnuß geben oder brief, er muste im 2 zikin geben. Von eynem ahrmen nham er ein zikin. Diejennigen, so siech hatten tzu ritthern lassen schlagen, musten vonn den brieven geben 12 tzikin, vor eynnen adelsbrive [S. 104] 6 tziekin. Also must

711 Er forderte ihn auf, sein Hemd abzugeben.
712 Nach 2. Sam 17,24–27 könnte Mahanim gemeint sein, was aber geographisch nicht passt.
713 Die Becken (arabisch Birak Sulaimān) befinden sich südlich des palästinensischen Dorfes Al-Khader. Der Name »Teiche Salomos« ist bislang erstmals durch den Jerusalemer Franziskanerguardian Bonifaz von Ragusa in seinem Liber de Perenni Cultu Terrae Sanctae et de Fructuosa eius Peregrinatione, Venedig 1573 bezeugt; Holtzwirth wäre damit der älteste Zeuge für diesen Namen.
714 Schillinge.
715 gezählt.
716 Auch hier hat Wolfgang Holtzwirth den Namen verballhornt, denn der im Jahre 1546 als Vikar anstelle des Guardians amtierende Franziskanerpater hieß Felice da Venecia, vgl. Anm. 385.

ich erstlich vor denn bekendtnißbrif 2 tziekin geben und vor dem adelsbriefe oder wapenbrief 6 tzikin.[717]

Den andern Septembris waren wir pilgram vordrossen, das man uns aufhielt und wusten niecht, wan wir tzu schieffe tziehen sollten. Also kriegten wir noch mittag nach vespertzeit neuwe tzeitung, das wir auf solten sein. Desselbigen Donnerstag etwan umb 21 Uhr kamen unß die esel. Und sassen darauf und rietthenn den bergk Sinay[718] hinnab. Und liessen die stadt Jerusalem auf die rechten handt liegen. Als wir etwan ein buxenschoss weidth von der stadtmhaur waren, alda stehet ein turckische kirchen, ist midt eyner weysen steiern mhauren mith einem platz umher befestiget. Da hatten die Turcken bey 15 kleine huetten wie tzelt aufgeschlagen. Und inwendich in der kirchen in der maur hatte der uberste Turck, der in der stadt Jerusalem war[719], seyne tzeldt aufgeschlagen. Also wir nhun nach einander alda musten voruber reithen, wolte man unß niecht lassen voruber reithen. Muestenn also von den eseln absteygen und musten in dem platz der kirchen vor den Turcken kommen. Und als wir alle darinnen waren, schloeß man die thuer nach unß tzu. Und wir musten alle vor des turckischen hernn getzelt tretten. Also muste unser capetanier anfangen, eynen nach dem ander tzu lesen und rueffi eynen nach dem andern. Und der oberste Tuerk hatte eynen Juden bey siech, der kunte teusch, italianisch und turkisch.[720] Und er liß uns fragen einen nach dem anderen kegenwertig, von wannen[721] wir wehren und auß welcher stadt und welches hernn. Die weil wir aber tzuvhor beriecht waren [S. 105] von unserm patron und dolmesch, so nanthen wir Deuschen unß, wir werren Schweitzer von Jenefer[722] und gehorten unter denn Frantzosen. Die Nidderlender nenthen sich frantzoesischs von Pariß und Leon.[723] Die Spannier aber, die weil der Tuerck niecht wol stehet midt dem ~~fran~~ keyser und keynen unter den Christen geleiten wolte, so nanten sie siech, sie weren Italianer von Mantua, von Verona, Padua und weren unter den Venediegern. Und sagt unser keyner recht tzu, den wir waren also gelernet. Die Italianer aber bekanten, von wan sie weren und sagten recht.

Also machte der Tureck auß unß 2 hauffen, den ein iglicher selbst muste vor im stehen, eyner nach dem ander. Und so er unß ansach muste eyner, wy er midt dem finger weiste, stehen: etliche auf der rechten handt, etliche auf der lingken handt. Also waren wir pilgram sehre erschroecken, wusten niecht wie es hinnauß wurde gehen. Den er siech midt tzornigem geberde kegen uns ertzeigte. Und es war ein alter mhan, hiß Friderich, der vorstundt vor dem Turcken und konte die stadt niecht lang nhennen. Da ließ in der Turck an die erde werfen und liß in schlagen. Der eyne turckes knecht

717 Zu den unterschiedlichen Zeugnisbriefen vgl. die Einleitung, Anm. 330–342.

718 Irrtümlich für Sion.

719 Der Bey des Sandschaks Jerusalem.

720 Zu deutschen oder aus Westeuropa stammenden Juden, die als Dolmetscher, Diplomaten oder Ärzte in osmanischen Diensten standen, vgl. MÜLLER 2005, S. 200–211.

721 Woher, vgl. zur Form GRIMM, Bd. 27, Sp. 1898–1905.

722 Genf.

723 Gemeint ist wohl Lyon.

stackte eynen stecken, so er in der handt hadt, tzwischen das pilgram beyne und worf in an die erde. Do es unser capitanier von Venedig sahe, badt er durch den tolmesch, das er in niecht schluege. Als man uns nhun alle durchgelassenn hatten, liß er dy auf der rechten handt hinnauß. Aber die andern musten alle noch vor im, in sonderheit eynn iglicher tzu besehen. Also kam ich auch midt dem ersten hauf hinnauß. [S. 106] Alß nhun ein venedischer bischoff, welcher in Cipro auf unser schieff kommen und viele knechte midt sich hatte, die waren alle ubereyn gekleidet in graw rocke, der herre als die knechte. Die blieben alle bey dem hauffen in dem platz auf der lincken handt. Also ~~etzliche~~ hadt der bischoff unter im ein jungen gesellen, der auf in warthe[724], von 20 jaren alt, ahne pardt. Den hadt der Tuerck genhummen und binden lassen. Und hadt in miedt sich wollen gefangen fuhren in die stadt, auß keiner ander ursach, das er gemeinet hatte, er were etwas eynes großen herens kindt und wollte in schetzen.[725] Also hatte der capitanier und der bischof große mhue, das sie den gesellen widder loß machten durch den dolmesch. Entlich muste der bischoff vor im 20 zickin geben, also hatte in der Turcke lassen gehen. Und unser capitanier hadt dem Turcken die fuesse gekust und sich bedancket. Aber die pilgram furchten siech sehr von wegen des Turcken, den er eynen Jueden bey siech hatte, der viel sprache konte. Den wir besorgten, er wurde uns durch den Jueden in sunderheit fragen lassen. Den wir hatten tzu Jerusalem viel kundtschafft midt dem Juden gemacht. Den in der stadt Jerusalem viel wonen, welche in kurter tzeidt auß Deuschlant seindt vorjagt worden, die wonen alda.

Als nhun unser capitanier dem Turcken die fueß gekuest und siech von unser aller wegen bedanckt hadt, so kamen wir alle widder tzu sammen. Und sassen aussen der turkischen kirchen widder auf unser esel. Und rietten also die selbige nacht tzu dem orth und [S. 107] kirchen, da der prophet Jeremias geboren ist.[726] Alda stiegen wir abe und legten unß auf den acker unter den bloesen himmel. Und schlieffen etwan bey 3 stunden in dem acker. Und ein stein war meins haupt kuessen. Darnach stunden wir widder auf. Eine stunde vor tage sassen {wir} widder auf unsere essel und rietthen nach Rama.[727]

Den 3 Septembris frue vor mittag khamen wir vor essens kegen Rama, da wir erst gewesen warenn in unser pilgramhauß und herberge. Also blieben wier den Freytag tzu Rama. Tzu Rama kaufften wir alles wolfeyle vor ein halben maitin[728], das ist eyn halb turckisch esberlin[729], 2 venedische schilling. Das ist bey uns also 4 d.[730] Kaufft wir von dem Christianis de Cinctura[731] ein gekoecht huen und um ein halben maitin

---

724 Der ihm aufwartete, ihn bediente, vgl. Grimm, Bd. 1, Sp. 770–772.

725 Schatzen, ein Lösegeld verlangen, vgl. Grimm, Bd. 14, Sp. 2281f.

726 Vgl. oben Anm. 412.

727 Ramla.

728 Medino, Meidin = Bezeichnung für den Para in Ägypten, vgl Schrötter 1970, S. 384, zum Para vgl. ebd., S. 485.

729 Akçe = osmanische Silbermünze, sonst meist »Asper« genannt.

730 Denar = Pfennig.

731 Gürtelchristen, vgl. oben Anm. 395.

15 gekochte eyer. Item 5 auch 6 ronde weise brote wie ein teller vor ein halben maitin. In sumam es war alles wolfeile. Alein kein wein hatten wir da. Eynen kaphan[732] vor 2 maithin, eynen hanen vor eynen maitin. 4 venedische schillingk vhor angurien[733], feigen und weintrauben alles genueg und wolfeile etc.

Den 4 Septembris lagen wir tzu Rama stiell und kamen nirgents hin. Alda fandt ich in dem hause auf denn abent ahn der maur lauffen 4fusige thier, wie die stinci mari[734] groß. Die heist man salamander. Hatten ein seltzame arth und farbe an sich. Worauff es was, was farbe es was, so vorwante es die farbe auch.[735] Und es lebt allein von der luefft gwisak.[736]

[S. 108] Den 5 Septembris lagen wir noch tzu Rama stille. Und wir sahen niechts an unserm hause {als} oben in das andern Turcken hauß, wie er midt seynen weibern pflag tzu essen, den er hatte 7 weyber. Sassen alle umb in her an der bloß erden und assen etc.

Den 6 Septembris lagen wir noch tzu Rama stille und kamen nirgents hin, den[737] in den flecken gingen wir tzu den Turcken und sahen, wie sie hauß hilten. Es hatte mancher kaum ein hauß vor 10 ffl.[738] und hielte gleichwol 5 oder 7 oder 9 weiber. Sie gingen alle in hemden gantz nacket, beide weib und mahn. Und so wir in viel tzu dinste wollten thun, so gaben wir senckel. Das hiessen sie »pende« auf turckisch.[739]

Den 7 Septembris lagen wir noch stille tzu Rama. Aber die pilgram waren alle sehre unwilligk, das man niecht konten tzu schieffe kommen. Aber unser capitanier gab fur, der Turcke tzu Rama, der oberst[740], wolle unß niecht tziehen lassen, wir solten im den 30 ziekin geben etc.

Den 8 Septembris, an dem Mittwoche, gingen die pilgram frue tzusammen und beretten siech unter einander, wie sie im thetten, domidt sie auf unser schieff kemen. Und wir laßen den brieff, den wir von dem Signoria von Venedig entpfangen hatten, wie sich der patron unseres schiffs halten solte. Also retten wir den patron hardt tzu, er were vorpflicht solches gelt ~~von~~ vhor die pilgram tzu geben. Aber der patron und der capitanier wolt niecht und wir hatten also ein langen streidt. Etliche aber wolten, die pilgram [S. 109] auf ~~das~~ dem schieff musten das gelt außlegen, auf die condicio, so sie kegen Venedig kommen, wollen sie midt dem patron des schieffs rechen um die

732 Kapaun, vgl. oben Anm. 407.
733 Angurien vgl. oben Anm. 408.
734 Stincus marinus, Meerstinz oder Apothekerskink, eine in Nordafrika und Syrien heimische Echsenart, die als Heilmittel und Aphrodisiakum in frühneuzeitlichen Apotheken angeboten wurde.
735 Es handelt sich wohl um die in Palästina weitverbreitete Art des Gewöhnlichen Chamäleons (Chamaeleo chamaeleon). Prefát 2007, S. 300 schildert die Tiere ausführlich. Er kaufte in Ramla 2 Exemplare; eines starb auf dem Schiff und das andere ging verloren.
736 Das Wort ist deutlich geschrieben, der Sinn aber unklar.
737 Im Sinne von »außer«.
738 Florenen, d. h. Gulden.
739 Vgl. oben Anm. 417.
740 Ramla war im 16. Jahrhundert das Zentrum eines Unterbezirks (Nahiya), der von einem Disdar Aga befehligt wurde. Ich danke Mordechai Lewy, Bonn, für diesen Hinweis.

30 zikin. Weren sie darnach vorpflicht ~~wer~~ dar bey lassens wir bleiben. Also worden die 30 zikin von uns pilgram erlegt. Und umb veßpertzeidt kam der uberste Turck oder capitanier von Rama, entpfingk das geldt und ließ uns geleitten kegen Jaffa.

Also sassen wir etwan um 22 Uhr auf unser esel und ritten die nacht kegen Jaffa oder Joppen. Und khamen an das mher, welches Mare Mediterraneum heist, da unser schieff stundt ~~blieb~~ und wir erstlich abstigen waren. Also blieben wir die nacht ahn dem mher auf dem sandt ahm uber[741] bey eynem brunnen liegen und schlieffen die nacht alda.

Den 9 Septembris stunden wir auf. Und die Turcken, so uns darvhor, als wir auß dem schieff kwamen, tzalten tzalten (sic!) uns widder in das alte gehole unter dem berge tzu Jaffa hinneyn und tzalten uns widder auß. Dieweil sie aber eynen weniger funden, da muste unser patron im bescheidt darvon geben. Das war der Jude, der von uns tzu Jerusalem lieff. Darnach fhueret man uns ahn das mher. Da musten ein iglicher pilgram ein maitin den Turcken geben.

Also sassen wir in dem nhamen des Hern vor Jaffa dem Heyligen Lande widder auf unser kleine schiefflein ahn den den (sic!) Donnerstag und fhuren auf unser große schieff, welches heist die Napha de Leona.

Den 10 Septembris lagen wir noch stille in dem schiff vor ancker tzu Jaffa. Aber denselbigen abent tzu nacht kam der capitanier und der patron unsers schiefs auf ein [S. 110] junkelein und hatten ihren abscheidt genhommen von dem Turcken. Und es was auß dem schieff eyn schieffbuebe eynem pudtner[742] entlauffen, den schieckt der patron nach. Als man im gefunden hadt, hadt er gesagt, er wolle bey den Moren und Turcken im lande bleiben.

Den 11 Septembris auf den Sonnabent etwan 4 stunden vor tage fingen wir unser ancker auf tzutziehen. Und nach auftziehung des anckers schiefften wir midt wenig winde von Jaffa. Godt der almechtige helff weiter unß hinnein.

Den 12 Septembris an dem Sontag hetten wir windt, war halb widder uns, also schiefften wir niecht weidt den selbiegen tagk.

Den 13 Septembris hetten whir noch wenig windt am tage, aber jegen der nacht erhueb siech der windt ein wenig, aber es war doch nicht sonderlich groß und vor unß. Den selbigen abendt sahen wir das Heilige Landt niecht mher.

Den 14 Septembris an eynem Dinstag 2 stunden[743] vor tage ahm heyligen kreutz dage[744], hatte die wache oben in dem korbe auf dem obersten marßbaum auf dem korbe von fernes 4 siegel.[745] Und die schieffleut rusten tzu und sachten, es weren mherreuber. Als es nhun kegen den tag kham, sahen wir die segel ummer be-

741 Ufer.

742 Gemeint ist wohl der sonst als »pilotta«, »pellote«, »pedotta« bezeichnete Steuermann, vgl. Wis 1955, S, 213f.

743 Der Satzanfang wird in der Handschrift hervorgehoben.

744 Am 14. September wird das Fest Kreuzerhöhung (Festum in exaltatione Sanctae Crucis) gefeiert.

745 Segel.

scheidtlicher.[746] Und kamen altzeidt neher tzu unß. Tzu tzeiten liessen sie siech sehen, als wolten sie weychen, aber etliche khamen ~~sie~~ widder tzu unß. Den wir gar kleinen windt hatten und kunten midt unserm schieff niecht fort siegeln. Aber sie hatten galern und konten rudeln. Etwan umb 5 Uhr vor essenstzeidt khamen sie tzu uns. Die weil aber der trummelschleger niecht die weil hatte, hieß miech der patron, ich [S. 111] solte auf italianisch ein wenig die trummel schlagen, das sie uns hörten, das wir auch leuthe weren, die siech niecht vor inn furchten. In dem schieckt unser capitanier und patron und die 2 buxenmeyster, die auf unßerm schieff waren, alles tzu wege, lueden die puxen und was vor rustung im schieff waren und truegen steyne auf den obersten boden des schieffs, welcher wir viel unter im schieff hatten vor pallast. Item auch tzoegen wir unser jundelin, das kleine schiefflin auf, welcher wir 2 ahn unserem schieff~~lin~~ hattenn. Und stelten das grosse mitten auf den obersten boden des schieffs und gossens vol wasser auß besorg des feurs. Midt dem ließ{en} wir 2 geschuetz abe gehen, wie sie siech tzu unß neigten. Wie den der gebrauch auf dem wasser ist, das man mit schiessen ein schieff das ander salutirt. Und ertzeigten uns kegeen sie als freunde. Des gleichen liessen sie ihr schelmisch und vorreterische geschuetz auch in die weidt ab gehen 2 schoß etc. In dem sahen wir kegen uns von Cipro auch noch ein galern kommen. Da waren wir fro. Wir meynten, es wehren Christenn und wurden uns bey stehen. Als ~~wir~~ die andern 4 galern hinden uns waren, kam die capitanier ~~ge~~ galer midt den leuchten, welches man den amoral[747] heist. Und schiefften auf der rechten handt unter dem winde etwan ein buxen schoeß weidt von unß. Als wir das sahen, hueb der penneß[748] midt dem pfeifflin auf unserm schieff, der die schiefleudt regirt, tzu pfeiffen und sagt, wir solten niecht forchten, es weren freunde, den so es ~~den so es~~ [S. 112] feinde weren, liessen sie den vortheyl niecht und schiefften unter dem winde, den der windt ging uns auf der linckenn handt in das schieff. Aber als unser capitanier sahe, das sie gleych auf der rechten handt waren und unserem schieff gleich, kundt wir niecht vor inen vorsehen, ob sie freunde oder feindt wahren. Ward unser capitanier schellig[749] und befal dem buchßmeister, er solt ein groß stueck miedt der kuegel lassen auf sie jehen und innen midt dem fenlin wincken und ein tzeychen geben, das sy ~~sich~~ niecht vor unserem schieff voruber fhueren. Aber der penneß wolte niecht und sprach, mir solten uns niecht willig feindtschafft machen midt innen. In dem ließen mir daß schiessen nach. Entlich aber, wi mhir die capitanier galega der Turcken lassen vor uber schieffen und niecht schosen kegen sie, da fingen die andern 3 galeern auch ahn feindtlich tzu schieffen und tzu rudeln. Und fhuren, das sie kamen alle 4 ein nach der ander, kamen alle ober dem

746 deutlicher.

747 Der Flottenbefehlshaber oder Admiral, vom arabischen »amīr al-baḥr« abgeleitet; um 1500 im Deutschen meist »amiral«, vgl. Grimm 1983–2013, Bd. 1, Sp. 1517.

748 Im heutigen Italienisch ist der »pennese« ein Stuart. Prefát 2007, S. 52 spricht von dem »peneze« als dem Schiffsoffizier, der sich um den Vorderteil des Schiffes kümmert, also etwa um den Anker. Ich danke Tomáš Rataj, Prag, für diesen Hinweis.

749 wütend, vgl. Grimm, Bd. 14, Sp. 2502.

windt auf der lingken handt tzu gefharen. Und eylente nach unserm schieff tzu. Als nhun die ander galera, die kegen unß kham, die vormeynten, es weren Christen von Cipro, die begunten auch, alle sachte siech tzu unserm schieff nhaen. Also nhun die eyne galera etwas sehre nahe tzu unserem schieff hinden an der pumpen[750] {kam}, fing der penneß miedt dem pfeifflin ahn tzu schreyen und fragte sie auf griechich und turckisch, was sie begerten und was sie von uns habenn wolten. Also huben sie ahn tzu schreien, darmidt wirs pilgram auch vorstehen sollen auf italianisch: No habe paura, das ist: furcht euch nicht. Und schiefften und rudelten gleich wol immer neher tzu unserm schieff semptlich tzu. Als wir nhun die capitanier galeer [S. 113] midt der leuchten {sahen}, die vor unserm schieff gefharen. Und stelten siech, sie wolten nach der galega schieffen, die von Cipro kham und midt ihr streiten. Sie sagten vil von denn unseren, sie werden die galega, die von Cipro kumpt, erst angreiffen und midt ihr streiten. Und die galega, die wir vormeynten, sie were von Cipro und weren Christen, waren noch bey 2 welsche meilen von unserem schieff vhort. Also waren tzwen von unserem schieff auf der marß[751], die sahen von fernes, das die galeha so wir vormeinten von Cipro keme, und steigen herunter. Es {= sie} wer von der geselschafft, denn die furten ein tzeychen an ihrem fenlin. In dem stehet die turckische capitanier galega mit der leuchten stille. Und fingen ahn, ihre fenlin als roth und ~~weiß~~ gelb auf tzu stregken. Und begunten siech in dem streidt tzu ruessten. In dem kumpt die galera von Cipro ihre geselschafft ihre segel abe und rodelten auf die lincke handt in der fortel. Als nhun als nhun (sic!) die vorgenanten 4 galeren als nemlich die andern nach den leuchten die capitanier galega gantz nahe tzu unserm schieff kam, also das wir midt steynen auß unserm schieff in ihre galera hetten werfen konnen, also fing die galera stiel tzu stehen. Und wir hatten auch keinen windt, das wir unßer schieff nach unserem vortheil konnen riechten. Und musten also {wie} ein kethenhundt angebunden unser feinde wharnhemen. Und alles, was wir sie fragten auß unserm schieff, war niechts anders, das sie anthworten: no habe ~~hnea~~ paura, furcht euch niecht. Als nhun die capitanier galega midt der leuchten siech gerust hatten und siech das mir die andern galegen tzu [S. 114] rust so nahe kommen lasen, wendt siech die capitanier galega um und kumpt auf der lincken handt hardt uber den windt gerudelt. Und kumpt auch tzu nehest tzu unserem schieff tzu bey die andern galeren. In dem die andern tzwen galeren, die stille standen, sahen, das die galehen so nahe tzu uns khamen ungeschossen, huben sie hardt ahn tzu rudeln. Und die letzte, die wir vormeinten von Cipro {wäre}, eileten und kamen alle 5 tzu unserm schieff hardt nahe, das man miedt steynen sie konten erreichen. Und hilten alle gleich hinten ahn unser napha. Also wir das sahen, waren wir entlich erschrocken und schiekten uns miedt steynen, die unten im schieff lagen, schieckten[752] wir oben auf. Und schieckten uns tzu den puxschen und weren. Und hingen unser b{e}them und stramatzen[753] an den

750 Puppa, Poppa o.ä.: das Heck, der hintere Teil des Schiffes, vgl. Wis 1955, S. 216f.

751 Im Mastkorb.

752 schichteten.

bort des schieffs umher von wegen des Turckens pfeil und wher. Ermanten uns untereinander, das wir uns solten wehren aufs beste. Wi sy nhun alle 4 galehen so nahe bey unserm schieff stunden und wir niechtes von innen erpfaren kunten, wem sie tzu gehorten oder was sie wolten, allein das wir sahenn, das es Turcken wahren, wir aber so wir venedisch tzuvhor auß hingen S. Marcus[754], meynten wir es were friede midt dem Turcken und meinten, wir weren siecher vor innen. Also fingen sie ahn und wolten gesprach midt uns halten. Und die capitanier galern stunden auf der lincken handt hinden ahm schieff. Aber der windt ware gantz stylle, das wir midt unßerm schieff nicht wenden konten. Und die andern 3 auch tzu nehest aneinander hinden an unser puppa.[755] Entlich aber schicket unßer patron das kleine jundelem von unserm schiff midt dem patron[756] und tzwen andern schieffknechten midt in das turckischen capitaniers [S. 115] galera midt den leuechten und schiecket innen confect, kost und broth und etliche thuech tzum vortrage. Und meinten, sie wolten unß von des Turcken wegen beleitten. In dem fingen sie in des capitanier galeen ahn und ~~stieg~~ schriehen, wir sollen uns niechtes besorgen und niechts furchten. Und sie begerten von uns, wir solten unser segel nidder lassen, so wolten sie[757] uns friede tzu sagen. Aber wir gingen alle tzu sammen und berathschlagten. Aber entlich waren wir eins, wir wolten die segel niecht abe lasen, wie wol etliche von den unsern hetten gewilligt. Aber unser lieber Her Got durch seynen lieben soen Jesum Christum stunde uns bey, das wir die segel gespannet liessen, sonst hetten wir große noeth muessen leiden. Aber gleichwol ~~nehest~~ nichts[758] deste wenieger von wegen das wir in niecht gerne orsach gegeben hetten, liessen wir 4 große geschuetz abe. In das wenthen[759] wir und hueben nhur an tzu schreien und tzoegen unser bareth[760] abe. Das war ein tzeichenn, das wir sie salutirten und gerne fride midt innen gahadt hetten. Nach dem allen sahen wir widder {den} paron[761], den wir auß unßerem schieff sampt den 2 schieffleuthen, dy wir in des turckischen capitanier galeren geschieckt, das man sie verwaret. Und binden sie ahn kethen und behilten unser judelein sampt den 3 person bey siech. In dem dachten wir baldt, es wurde niecht anders doraus, den wir muesten miedt innen schermuetzeln.[762] Als nhun das alles geschach und sie alle fortel[763] sahen. Und hatten auch nhun an unserm schieff, das sie keinen [S. 116] feylschoeß in unsern schieff thuen. In dem gab der capitanier auf der galera midt der leuechten ein zeichen

753 Stramatze, Stromatze vom italienischen »stramazzo« = Strohsack, Bettsack, vgl. Wis 1955, S. 251.

754 Gemeint ist offenbar die Fahne mit dem Markuslöwen.

755 Das Heck, siehe Anm. 750.

756 Gemeint ist der »paron« = »baron« = Bootsmaat, vgl. Wis 1955, S. 102f. Eine Beschreibung seiner Funktion gibt Fabri: Evagatorium I, 124–125.

757 Das Wort ist über der Zeile ergänzt.

758 Wort über der Streichung ergänzt.

759 wendeten.

760 Hut, Kappe.

761 Vgl. Anm. 756.

762 Von »scaramuggia«, vgl. Wis 1955, S. 236f.

763 Vorteil.

dem andern midt einem schoß. Und sie hueben alle midt greulichem geschrei an tzu schreyhen. In dem hueben sie alle tzu gleich midt ihren 4 galeren tzu schieffen in unser schieff ungeferlich umb 18 Uhr. Midt dem schossen wir widder aufs allerbeste, das wir konthen. Und nach dem ich die trummel in der faust hatt, scheust nhun eyner midt eyner buxen durch die trummel dorch. Also liß ich die trummel legen und lieff tzu dem geschuetz. Aber gewißlich ist unser Her Godt bey uns gewest den tag, den sie ein großen vorteil hatten vor uns. Und ihrer waren 2 mhal mher den unser. Auch die weil sie solche schelmerey an uns beschlossen hatten, welches wir uns niecht vorsahen. Tzum drietten dar wir sie tzu nhan ahn unse schieff liessen. Midt dem allen weret das schiessen bey 2 stunden. Und die pilgram, die niecht buxen hatten und niecht schiesen konten, allein midt ihren weren standen, konten aber niechts midt aus riechten, es muste allein midt dem geschuetz gethan sein, die enthilten siech auf dem boden hinter dem schiefflein, da das wasser innen waß, enthilten siech auf der rechten handt, denn die Turcken hielten alle auf der lincken handt und midt dem pfietzpfeil[764], welche sie alle unser segel volschossen. Wo aber eyner midt eynem turgkischem pfeil geschossen war, dem lief das bludt auf und schwus[765], den sie vorgifftet waren. Nach dem das schiesen bey 2 stunden weret und lenger, so rudelten altzeidt 2 galeern midteinander ahn unser schieff und wie [S. 117] die tzwen galeern abgeschossen hatten, rudelten sie ein buxenschoß von uns und luden widder. In dem khamen die andern 2 galeern und schossen auch auf uns abe. Und wechtzelten also stedes abe. Und meinten, sie wollen uns alle erschiessen. Aber alle ihr schoß midt dem großen geschuetze geschaen alle ~~oben~~ nach dem maeßbaum.[766] Den so sy den mitter geschossen hetten, were es midt unserm schieff auß gewesen. Als ~~wir~~ nun[767] unser oberster buxmeystern sycht, das er midt dem obersten geschuetz niecht kan genueg schiessen, den sie tzu nahe waren. Aber midt dem kleynen geschuetz treffen wir weidtlichen in sie. Also steig der buechsenmeyster nundern auf den andern boeden, da die kuechen stehet. Alda standen auf iglicher seyten 3 große stueck auf redern. In dem rief miech der buchsenmeister und ein deuscher edelmann, Gunter von Hindtbiß, mhir solten innen helffen das geschuetz abe ~~und tzu~~ schauben.[768] Also thadt er drei schoeß und die capitanier galeer midt der leuchten stunden im gleich tzu fortel. Von diessen 3 schossen gerith in der mittel schoß gantz wol. Und schoß in der capitanier galleren hinden in {die} puppa[769], das wir bescheidt sahenn, das die manhafftigsten in der galera getroffen waren. Den er draff einen schosß in der galera und traff des Turcken geschuetz eines, das es auf stuecken sprang. Da sahe man, das die ahrm und koepfe von dem Turcken auf sprungen, also sprang diß stuecke um siech, denn unser

764 »Flitzepfeil« oder auch »fritschepfeil« ist ein Pfeil, der von einem Flitzebogen abgeschossen wird, vgl. Grimm, Bd. 3, Sp. 1809.

765 Wohl von »schwitzen«?

766 Mastbaum.

767 Wort über der Streichung ergänzt.

768 schieben.

769 Heck, vgl. Anm. 750.

groß stueck war sehre hardt geladen midt eyner eyßern kuegeln eyncs kopfs groß und viel stein hagel schoß. Auch hatten etliche von den unsen bescheidt gehordt, das sie auf ihre galera auf italianisch ihren [S. 118] capitanier getroffen wher worden und were dodt. Ich hatte mein buechlein, das ich geschriben habe, in meynem buesen. Also begunth man gewaltig auß unserm schieff tzu treffen dy galeern. Und die erste galeern begunthe tzu weychen und tzu fliehen. Und es war die auf der rechten handt, stundt hinter unserm schieffe. Dan beginnen sie eynem nach dem ander tzu flihen. Aber die capitanier galea bleib auf die letzte und werte sich hefftig. Aber etliche, die weil sie so sehr von uns beschedigt waren, begunten sich auch in das mher tzue fliehen. Als nhun dere puechsmeyster siehet, das die capitanier galern fleugt, so wil der puechsmeister noch eyn mael laden. Und ich und der edelman Hundtpiß stonde iglicher an der buxen und iglicher ahn eynem rade auf beiden seyten und wolten die buechsen tzu ruecke schauben.[770] Indem scheust eyner in der capitanier galeern tzu dem loeche herein midt eyner grossen kuegeln und triefft den puechsenmeister ahn den ahrm, das im der ahrm ein wenig hinge an der adern. Und trieft den deuschen edelman, der kegen mir ahn den andern rade schuebe, wie er siech buecket. Und scheust in in dem schoß den halben hirnschedel weg, das mir seyn gehirn unter ~~sein~~ mein[771] angesichte sprang. In dem gehet der schoß pulver, welche der buchßenmeyster laden wolt, auch ahn und huesschet in die hohe und stoeß den buchsenmeyster tzurueck und felt mir auf d~~as~~em halß. Also lief mir sein bluedt so heiß uber miech und das pulver hath mir mein hare auch gantz verbrentd. Und schluege mich vor die oehren, das ich niechtes hoeren konte. Auch meyn augesbron waren mhir gantz vor sengt. Also wardt ich so schwach [S. 119] schwach (sic!) und kranck, den ich auch tzuvhor in 4 tagen niecht viel gessen hatte. Und bliebe alda bey einer gantzen stunde wie in eyner anmacht liegen. Aber der buchsenmeyster lebet noch ein wenig. Den truegen sie wegk und legten in in ein beth. Und die schiefleudt stunden und murrheten und wolten keine pilgeren hinnunter in das schieff lassen, allein den bischoff, welcher in Cipro tzu uns khommen war. Ich aber bleib bey der buchsen legen ein weil. Den edelman tzeogen sie also todt oben auf die bort.

Also nhun die galeern von dem schieff bey 2 buechsenschoß {sich} begeben hatten, hilten sie sich niecht deste wenniger auf die lincken seyten des forteiles und schossen midt dem grosen geschuetz nach unß. Das weret schier bis inn die nacht. In dem das ich sahe von der andern galeern, welche große whar, die 5[772] galeha, welche wir erstlichen gesehen hatten, als queme sie von Cipro, die war auch von der geselschafft. Als die nhun langsam tzu unserm schieff quamen, war nacht. Sie stach midt gantzer macht forn an unser prola[773] des schieffs und setzten uns hardt tzu, die weil sie sahen, das wir die andern 4 vorjagt hetten. Und ich machte miech so lang kranck. Ich tradt

770 schieben.

771 Wort über der Streichung ergänzt.

772 Gemeint ist offenbar »die fünfte«.

773 Gemeint ist »proba« oder »prora«, italienisch für den vorderen Schiffsteil, den Bug, vgl. Wis 1955, S. 221.

widder auf und ermuntert miech uber nacht. Und ich hatte mein buechlein im bueßenn, das war mir vol bluedt, wie mans noch siecht, das schreibebuechlein meyner reiß. Als nhun die galea forn so hardt an uns setz, das wir forne genuch tzu weren hatten, in dem kommen noch von den andernn galeren 2, welche tzuvhor die ersten waren, die da floehen [S. 120] und warffen heimlich ein klein judelin auß ihre galera. Darinnen waren 4 Turcken, die hilten ein seyl unter dem wasser mith sich von ihrer galehen angebunden. Und wolten hinden ahn unser puppa ahn einer seylenlether[774] auf steigen. Das wardt ein munch gewhar und steiget hinten hinauf und wirfft midt großen steynen auf die Turcken, das sie von der leitter in das mheer fielen. In dem schreiet der munch, also lieffen viel pilgram von der prola tzu der puppa des schieffs und schossen {auf} die tzwen galeheren und trieben sie midt gewaldt widder abe. Als nhun das di forderst große galehe siehet, das die 2 galehern tzum andern mael widder abtzoegen und die galehern fast schade von uns entpfangen hatte, liß sie auch abe und khamen also Godt loeb die 5 galehrn von uns.

In dem wie nhun die nacht herbey kham, das man niecht mher sehen konte, also bewachten wir. Und die galeheren khamen so weidt von uns, das wir sie niecht mher sehen konten den Dinstag. Aber sie schossen niecht im abtziehen eyner in die hohen tzu rings midt dem grosßen geschuetz. Den abent staeck[775] das schieff und die segel so vol der frietzpfeilen, als were das schieff gespieckt. Die pelgram truegen ihre strausse[776] auf den heupternn, so aber die pfeile iner hoehe herunter fylen, so konten sie niecht durch die baumwolle oder stramatze[777] fallen. Die auf unserm schieffe den Dinstag in der erst erschossen thodt blieben und geschossen waren: Erstlich ein Greca, war des welsche hern auß Cipro koch, und eins edelmans knecht von Meylandt, der teusche edelman Junter von Hindtbiß, Waldtrausch ~~d~~ eyn[778] munch, ein Nidderlender, hiß Daniel. Diesse beide hatten siech lassen tzu ritther schlagen.[779] Item ein griegkisch schiefman, ein schneidar [S. 121] item ein schieffman in eynem schwartzen bardt, waren beyde auf der buola[780] erschossen, eyn italianischer schiffman, der wardt oben auf der kela[781] erschossen in der nacht, item einn Italianer, der den dyemandt[782] regieret.

---

774 Strickleiter.

775 steckt.

776 Holtzwirth meint offenbar, dass die Pfeile in den auf dem Kopf getragenen Matratzen wie Federbüsche oder Sträuße steckten.

777 Von italienisch »stramazzo« für Matratze, vgl. Wis 1955, S. 251.

778 Das Wort über der Streichung ergänzt.

779 Gemeint sind Jacob Humpiß und der Niederländer Daniel.

780 Gemeint ist offenbar der vordere Schiffsteil, die »prora« oder »proba«, vgl. Anm. 773.

781 Vgl. Anm. 363.

782 Der »Diamant« meint den Kompass. Der Ausdruck scheint mit den magnetischen Eigenschaften zusammenzuhängen, die man in der mittelalterlichen Literatur dem Diamanten zuschrieb, vgl. Stecher 1995, S. 51f.

18 Domenico dalle Greche (?): Seegefecht zwischen dem Pilgerschiff und Korsaren, Holzschnitt aus PREFÁT 1563, Nationalbibliothek der Tschechischen Republik, Prag, Sign. 54 B 324, gefaltet eingebunden nach Bl. V6v

a zemij Swatau/pokudž Malijř podlé ſpráwy přitő nebyw w to trefiti geſt mohl ꝛc

Diesse obgenannte 8 persoenen die waren alle in dem ersten schiessen tzu thodt geschossen, wie wol der eyne pilgram bleib die nacht lebendig, auch der von Meilandt auch. Aber sie sturben alle bide auf die Mittwochen. Und die totten waren alle sampt den obendt in der nacht in das wasser geworffen. Aber der deusche edelman den bandt sein schwager Hanß Reichenberger, den Hanß Rechenberger hadt Jacob[783] von Hindtbiß schwester. Und er wolte in niecht lassen außtziehen. Liß in also in seynen kleidern auf ein bredt binden und bath denn patron, er solte in lassen in dem schief, biß wir in Cipro kamhen. Aber er wolte niecht. Also wart er in seinem kleide und ein gulden ringk an seiner handt in das mher geworffen. Es waren auch noch sonst bey 8 oder 9 person geschossen, etliche midt buxen, etliche midt pfrietzenpfeilen und hardt vorwundt, welche auch hernach alle sturben.

Den 15 Septembris auf die Mittwochen frue, als der tag herfur brach, liessen siech die galehern alle 5 widder sehn. Aber wir rusten unß midt aller macht und steckten unser fenlin auf und das geschuetz midt allem fleiß. Und stiegen alle oben auf und liessen unß sehen. Aber wir beschlossen, wir wolten in niecht mher vortrauwen und sie in den vortheil kommen lassen. Also liessen sie siech alle auf der lingken handt sehen. Und kommen alle melich tzu unßerm schieff. Tzwen tzoegen sie widder tzu rueck auf ein seytenn [S. 122] und wanten sich widder von dem schieff tzu. Tzu tzeiten wanten sie siech von einander. Das weredt schier biß um essenstzeit. Und wir schworen alle tzu sammen, ehe wir uns wolten gefangen geben, so wolten wir alle sterben. Und welcher der letzte were, der solte ehe ins mher springen. Denn wir hetten muessen unser lebetag ahn den kethen in den galehen geschmidt muessen rudern. Darum wolten wir lieber sterben. In dem liß siech die capitanier gelehen sehen, als wolte sie auf die letzte tzu uns und wolte siech ihres schadens rechen, den sie den dagk tzuvhor von uns entpfangen. Aber wir waren altzeidt geruestet midt dem geschuetz, wen mir hetten gedaucht[784], das wir sie hetten konnen erreichen midt dem geschuetz. Aber gleichwol wolten sie ~~uns~~ sich niecht altzid nhahe tzu unserm schieff machen, den wir lissen uns sehen alle. Und dieweil sie vormergkten, das unser niecht viel wenniger waren den tzuvhor und hatten tzuvhor großen fortel[785], dachten sie villeicht, sei wurden uns niecht viel anhaben. Und uns geschach denn Mittwoch auf keiner seyten keyn schoeß. Also muste ein iglicher haben wie er hatte. Entlich aber umb den mittag begunde siech die capitanier galeha mit den leuchten auch widder tzu wenden. Und tzogen so midt aufgerichten segeln alle 5 galehen tzu ruecke widder nach Tripolii[786] und Barutha[787], da sie her kommen wahren. Auf ihren theil {wurden} mher den in die 7 person ins mher geworffen, auf unser seite etwan ahn allen midt 3 gefangenen person und die vorwundt waren 21 person. Darnach sungen wir alle das Te Deum Laudamus und wahren alle fro, aßen und.[788]

783 Nur hier nennt Holtzwirth den richtigen Vornamen, sonst schreibt er stets »Günter«.
784 Präteritum zu »gedüncken«, vgl. GRIMM, Bd. 4, Sp. 1984.
785 Vorteil.
786 Tripoli, libanesischer Hafen 85 km nördlich von Beirut.
787 Beirut.
788 Der Satz bricht hier ab.

[S. 123] Wir hatten aber gleichwol den selbigen tagk Mittwoche keynen windt gantz geringe, das wir gleichwol sorge hatten, die weil der wind so stille war und das mher, die galehen moechten widder kommen. Also hatten wir pilgram schieffwache 2 nacht. Die Mittwoch aber tzu nacht begundt der windt groß tzu werden und schiefften die nacht weidt etc.

Den 16 Septembris des Donnerßtages hatten wir den selbiegen tagk altzeidt wenigk windt und tzu nacht ward der windt groß.

Des 17 Septembris hatten wir halben windt, schiefften also den selbiegen obent, das wir lanth sahen. Aber wir konten midt dem winde niecht tzu lande schieffen.

Den 18 Septembris frue war der windt uns auf der seyten so stargk und triebe uns den tag und nacht so weith in das mher, das man schatzet, wir wehren Candi[789] so nahe als Cipro. Midt dem wanthen[790] die schiefleuth das schief uhm und schiefften nach Cipro.

Den 19 Septembris gantz frue uberkhamen mhir starken winth, schiefften den Sontag, da wir tzu nacht das landt, dy insel Cypro, sahen, schiefften also den selbigen obent biß in die nacht tzu dem lande bis auf 5 italianische meylen, das ist ein deusche meyl. Also ließ der wint eylents abe und konten niecht forth. Hatten die selbiege nacht keinen windt ~~niecht mehr~~. Den selbigen Sontag, etwan nach essenstzeidt, starb der eyne italianische eddelman von Venedig. Der war in eyn arßbagen geschossen und man kunte im das fever[791] niecht leschenn. Ist von eynem grossen geschlecht Contarin[792] von Venedich. Also wart im ein sargk gemacht und wardt darin gelegt. [S. 124] Dieweil wir so nahe an dem lande und {der} inseln Cipro waren, wolten sie in niecht in daß mheer werffen, wie woll schier eyn meuterey auff dem schieff dorauß wehre worden. Den Hanß Reychenbergk, der teusche edelmann, wolte {wie auch} auch die Nidderlender, die weyl ~~sie~~ die andernn wharen ins mher geworffen, so solte man den auch hinnein werffen. Aber der patron des schieffs gab guete wortt und erboeth sich, so wir in 24 stunden niecht in Cipro kommen, so wolt er den corper auch in das wasser werffen. Also musten wir deuschen tzu friden seyn etc.

Den 20 Septembris, am Montag, hatten wir noch keinen windt. Also ließ der patron die schieffknechte auf unser grossen jundelin in das mher abstreichen.[793] Und musten unser schieff dorahn binden und musten unß also tzu lande rudeln und unser schieff ahn das landt tziehen, biß wir konten angker werffen etc.

Also kamen wir nach essenstzeit in die insel Cipro ahn das ort heist Schalina.[794] Alda standen noch ein groß napha[795] von Venedigen, die war schoen geladen. Also furt man die pilgram, die siech mit dem patron in die kost vordingt hatten, tzu

789 Candia, also Kreta.

790 Von »wenden«.

791 Fieber.

792 Die Contarini gehören zu den ältesten und einflussreichsten venezianischen Familien.

793 Zum intransitiven Gebrauch von »abstreichen« vgl. GRIMM, Bd.1, Sp. 133.

794 Sonst meist »Salina«, der Hafen von Larnaka.

795 Ein großes Segelschiff im Gegensatz zur Galeere, vgl. WIS 1955, S. 200f.

lande. Aber wir andern musten bleiben. Und er wolte unßer keinen auß dem schieff lassen, den es solte im ein itzlicher 4 zickin geben vor die unkost, die er dem Turcken im Heiligen Lande und den galleren geschenkt hatte. Also welcher gelt hatte, der betzalte, die andern musten druben auf dem schieff bleiben. Die weil aber meyn gesell Ulrich Prefath midt dem edelman tzu lande waren gefharen, hatte ich kein geldt. Also leget der patron {mir} midt eynen Nidderlender [S. 125] eynen stoeck an das fuß. Und musten also die nacht in dem schieffe bleiben. Die andern schiefften tzu lande, die do betzalt hatten.

Den 21 Septembris um essens tzeit als wir beyde sehen, das wir niecht moechten loß werden konten, auch niecht solt geben wir beide so viel pfandt, und ich gab im meines vaters petzierring[796], ~~also li~~ und eyne kron. Also liß er miech loeß und fuert mich tzu lande. Es war auch noch den obent zuvhor der tote edelman hinnab gefueret und in ein bergk begraben, leith hart ahm mher, heist S. Sugnarius.[797] Die andern vorwunthen waren auch tzu lande gefueret und ich kam in ein herberg, da die deuschen lagen, meyn geselle.

Den 22 Septembris tzogen unser 8 tzu S. Cruce[798], leit auf eynen hohen mechtigen bergk in Cipro 18 italianische meylen von Scalina. So gingen wir hinnauf. Oben standt ein alte kirche und ein hauß darbey. In der kirchen ist ein kreutz gar midt kuepfer uber tzogen. Und es waren daroben 2 munch, hatten schwartze kleider ahn. Darnach assen wir darinne. Und das kreutz sol von den rechten schecher shein, die neben dem Herrn gestanden ist. Und wir gingen den tag widder herunter und kamen auf den nabent (sic!) um 22 Uhr widder nach Scalina.

Den 23 Septembris bliben wir tzu Shalina. Aber die andern pelgram tzogen ettlich kegen Fama Augusta.[799] Aber wir blieben und gingen in die kirchen. Da helt manß auf griechisch und man schlegt auf ein hole stangen, wen sie sollen in die kirch gehen, haben kein gloecken. [S. 126] Den 24 Septembris blieben wir noch tzu Schalina. Und um veßpertzeidt kam die pottschafft, es kham ein grosser galeen midt kriegestrustung. Und der heuptman tzu Schalina bliß midt der trommeten tzu roß und plasen das die galehen khomme. Also ~~p~~ gingen wir pilgram auch tzu mher auß unßer herberg, etwan 2 buechsenschoß vom mher von unser herberg. Also khamen wir tzu dem mher und sahen galehen kommen. Und der heuptman von Salina kham midt 30 pferden, Italianer und ein fenlein und kham tzum mher geriethen, der galern anß landt komhen. Und wir fragten von newer tzeitung auß Deuschlandt. Also waren sie

796 Petschierring, Siegelring, vgl. Grimm, Bd. 13, Sp. 1580.

797 Holtzwirth hat den Namen der Kirche offenbar verballhornt. Nach dem Bericht Ulrich Prefáts wurde der tote Pilger bei der Kirche des hl. Lazarus (Agios Lazaros) begraben, die nur gute 300 Meter vom Meer entfernt ist; vgl. Prefát 2007, S. 332. Ich danke Tomáš Rataj, Prag, für diesen Hinweis.

798 Gemeint ist das Stavrovouni-Kloster (Ιερά Μονή Σταυροβουνίου), das angeblich von der Kaiserinmutter Helena gegründet und mit einer Reliquie des Wahren Kreuzes ausgestattet wurde. Es wurde von den vielen Jerusalempilgern aufgesucht, die Zypern passierten, vgl. etwa den Bericht des Felix Fabri, Evagatorium I, 171.

799 Famagusta.

43 tage gesiegelt von Venedig. Sagten, der keyser hette~~n~~ in Franckenlande 30 tausendt person erschlagen, aber etliche {sagten, es} habe der keyser die schlacht verlohren.[800] Item die galeher bracht auch newe tzeitung, das eyn napha von Venedig hatte nach Cipro wollen schieffen, den hern tzu geherig, den unser schieff auch war Leona. Wy sy kommen sindt kegen die kegent Rodiß, alda seynt ~~wir~~ 2 festen[801] kommen ahn sy, gesehen haben sy in dem schieff geschossen. Und sie salutirt haben, wolten probieren, ob sie feinde oder freunde weren. Also haben die fuesten niecht widder wollen schiessen. Ist ein tzeychen der ~~freundtschafft~~ feindtschafft. Midt dem haben sie sich geruest und eyne thunnen pulver herauf gebracht aufs schieff. Also ist das pulver auß unhorsehen handt angetzundt worden und hadt die nacht {die} napha vorbrandt. Wie viel oder wher darvhon khommen ist, haben wir niecht konnen erpfaren. Etliche seindt auf dem selbigen schieff auf der galern gewesen. Disser galeenn [S. 127] ist khommen von Venediegen midt 50 italianischen soltaten und eynen heuptman, heist das schieff recht auf italianisch barzota.[802]

Den 26 Septembris ßeindt wir noch tzu Scalina kommen und geblieben. Und haben ahm mher gebadt und außgetreugt.[803]

Den 26 ~~Augustii~~ Septembris Sontages etwan um 23 Uhr seindt wir auf gewesen unser 8 und seindt getzoegen nach der heuptstadt Nicosia, leidt 8 cipriolische meylen von Scalina. Ein cypriotische meyl macht 4 italianische meilen. Wir blieben die nacht unter wegen. Alda fandt wir sehre viel baumwolle. Und die kern innwendig vor der baumwollen geben sie dem viehe essen.

Den 27 Septembris Montag khamen wir um essenstzeid kegen Nicosia. Blieben in eynem chloster, heist S. Francisco. Alda war der prior in dem chloster, der war neulich, den 10 Augusti tzu Venedich weggetzoegen und war midt auf der barzota kommen. Der sagt uns newe tzeitung midt alle heren und fursten midt sampt den selbigen, die mith in den engelischen vorbundtniß seindt beschrieben. Und sagt, das 1200 tausendt Nidderlender erschlagen weren aufs keysers seyten, 10 taustendt (sic!) Italianer, die der bapst dem keyser geschickt hadt, weren auch geschlagen. Der bischoff von Trent[804] midt 3 tausendt geschlagen. Item der keyser solte tzu Speier legen und solte midt dem evangelischen gebundtniß mid 2 mhal hunderttausent man belagert sein. Und er konte nicht rauß.

Nicosia ist ein große stadt, weidt aber niecht feste. Ist ein dhumkirchen, dorinnen stehet ein großmechtig grab innen, wie ein kasten von eytel jaßpis edelstein gemacht. Die kirch heist Sophia. [S. 128] Den 28 Septembris etwan um 20 Uhr seindt wir von

800 Die Nachrichten beziehen sich auf die – durch Karl V. vermiedene – Schlacht bei Ingolstadt Ende August 1546.

801 »Fusta« oder »Fuste« ist ein Schiff mit geringem Tiefgang, das mit Rudern und einem Segel bewegt wurde, gewissermaßen eine kleine Galeere, vgl. Wis 1955, S. 276f.; Eberenz 1975, S. 147–154.

802 Prefát nennt das Schiff »barciot«, wohl abgeleitet von »barca«, vgl. Wis 1955, S. 100f.; Eberenz 1975, S. 36–45.

803 »getreugt« ist das partizipiale Adjektiv zu »treugen«, also »trocknen«, Grimm, Bd. 6, Sp. 4521.

804 Trient. Gemeint ist Cristoforo Madruzzo, seit 1538 Erzbischof von Trient.

Schalina[805] widder wegk getzoegen auf Fama Augusta, leidt tzehen cipriolis meylen, ist 37 italianische meilen. Und wir blieben die nacht unterwegen.

Den 29 Septembris nach essenstzeidt khamen wir khen Fama Augusta. Ist ein jar ein feste stadt, die khaum mueglichen ist tzu gewinnen, es sey den, das man sie aushungere. Und sie hadt ein mhaur 22 schuech dieck herummer und eynen tieffen graben und ein schranckmaur und graben und ein wall außwendig. Die mhaur ist midt eynem whall umschuedt, das man die stadt niecht sehen kan, auch niecht hinneyn schiessen. Und unden in demm graben ist noch ein kleiner grabe, etwan eins mans tieff, das keiner darunter springen kan, er muß hinneyn fallen. Leidt an eyner seyten ahm mher. Hadt ein schloß ahm mher liegen. Ist auch die stadt midt eyner festen mhaur ahm mheer bewarth. Und konnen das mheer geringst um die stadtgraben lassen. Und die Venedieger halten stedes eynen obersten heuptman dar, der heldt stedes 500 italianische soltaten, seindt auch tzweien deusche darunter. Und sie haben alle monat 3 ducaten besoldunge, 45 dage vor eynen monadt. Aber waß brodt, wein, eyer, fleischs, huener, feygen, pommerantzen und tzuecker ist gantz wolfeyle da. Es hatte geringe muentze, gelten 4 eynen venedisch schilling, heist man cartza.[806] Und darnach moechel, heist man braneken, sindt etliche beschnitten. Hadt sehre starcke und liebliche roete- [S. 129] liche weintrauben da, wie malvasia, aber niecht so starck. Wir lagen dar bey eynem wirth, heist Jacob Morgant. Wie wir hinnhein kemenn sagt uns der wirdt new tzeitung, das wir dem turckischen galehen, den festen[807], hetten grossen schaden gethan. Wir hetten 70 person todt geschossen. Und dieselbigen galehen, die an uns seindt gewesen, seindt ahn der Venediger galehen, golehen großa genandt, welche in Schuria[808] waren geschiefft nach wortze.[809] Auch kommen welche, von den Cypreschen midt 2 leichten gelehen beleidth[810] waren worden. Und sie hatten siech geschieket, wie sie ahn sy kommen wolten. Also wo sy tzusammen khommen seindt, haben sie gesprech midt einander gehalten. Und die 3 person, so von unserm schieff gefangen waren worden, hatten gesehen und gebethen, sy sollten sie lassen, die weyl {sie} auch Venedische waren, den sie weren gefangen worden auff dem schieff de Leona der pilgram. Also haben diesse begerdt, sie solten diesse 3 perßonen ums geldt tzu loesen geben. Aber die fuesten haben niecht gewoldt. Haben in die antwort geben, sie wolten die 3 person behalten tzum wartzeichen, das unßer schieff der pilgram niecht ein venedisch schieff und midt pilgram sey gewesen, sonder es muste ein schieff der curßun[811] sein, ein raubschieff. Den wen es ein schieff mith pilgram where, hetten sie niecht so gewaltig geschutz dorinnen. In dem waren die venedische galehen große gerust gewesten und gemeindt, die turckische galehen

805 Gemeint ist Nikosia.
806 Zu dieser Münze »Carzia« = »Gazetta« vgl. Meyer 1984, S. 186.
807 Gemeint sind die »fusten«, vgl. Anm. 801.
808 Syrien.
809 Gewürzen.
810 geleitet.
811 Offenbar eine Form von »Korsar« = »Pirat«; sonst »Cursale«, »Curseyer«, »Kursari« o.ä., vgl. Wis 1955, S. 171f.

werden anfangen tzu schiessen, so wolten sie midt [S. 130] in scharmuetzelt haben. Aber sie waren abgesegelt, die gallehern des Turcken und gesagt, sie wolten das schieff haben, das innen so grossen schaden gethan hadt, oder wolten alle ihre gallehern dran setzen. Und vort von innen gesegelt etc. Gleych dem selbigen obent kam das geschrei, das man 7 galehen auf dem mher sehe vor Cipro, niecht weidt von Fama Augusta. Also geboedt der heuptman von Fama Augusta seyne reuther, welche sy stropuetzen[812] hieß, auf, schiket sie midt etlichen soltaten hinnauß. Also waren etliche Turcken von den galehen ahn lande und wolten wasser hoelen. Also hatten sie ~~gesagt~~ sy gejaget und hatten in viel turkische boegen abgejaget. Und brachten drey Turcken, so sie darvhon erhaschet, gefangen von den turckischenn galehern. Also besorgten wir unß, sy moechten unßer schieff vor Salma[813] auf dem mheer weg nhemen. Aber wir liessen das schieff bewaren midt soltaten, so der heuptman von Fama Augusta bey Salina tziehe tzu unserm schieff tzu bewahren. Also uberkam ich auch eynen turckischen boegen von unserm feinde, welchen ich noch habe. Und sy hatten noch 2 galehen zu den 5 uberkommen.

Den 30. Septembris ahn eynem Donnerstag gantz frue gingen 8 pilgram von Fama Augusta tzu S. Catharinen kirchen, leidt 2 cypriotiß meyl von Fama Augusta.[814] Als mir hinauß khamen, ginge ein soltat midt unß auß der stadt, tzeyhent uns unterwegen die althe mhaur und porten der althen stadt Fama Augusta, darnach etwa ein steinworff weist er uns den locum, da seindt 2 steynens seulen [S. 131] gestanden, da ist S. Catharina gemhartet worden. Darnach ein buechsenschoeß darvon, kompt mann in ein alth gemheur. Alda stehet ein klein kirchlein, ist oben ein glocken. Darinnen ist S. Catharina von ihrem vater hardt gepeinieget durch des Christen gelauben willen. Leidt hardt ein steyn darahn, sol von der seulen sein, darahn S. Catharina gemartert ist worden. Darnach gingen wier widder herauß. Bei 2 buxenschoeß von der kirchen ist ein fest gefengknuß und gewelb in eynen fels gehauen, da gehedt man erst tzu eyner thuer hinnein. Ist ein gewelb wie ein kirchen. Darnach schleust man noch ein thuer auf, dorin ist ein klein gewelblein. Darin stehet ein althar, darinnen ist S. Catharinen derin gefangen gelegen und haben ihr niechtes tzu essen noch tzu trincken geben. Alda fendt man noch ein rynnen, die gehedt durch den fels. Da haben die engel wasser hinneinn gelassen, das sie getruncken hadt. Wie wir widder herauß gangen seindt, hadt er uns 2 ronde berge[815] getzeugt. Auß eynen eben acker hueglein fleust tzu nehest ein wassers darunter, heist Constancia. Alda sol ein mhal so ein fruechtbar jar sein gewesen, das die pauren das korn haben auf hauffen gesschieckt. Und ein ahrm mensche voruber

812 Gemeint sind Albaner. Prefát spricht von »Albanezi« und widmet diesen venezianischen Hilfstruppen ein ganzes Kapitel, Prefát 2007, S. 337–343. Ich danke Tomáš Rataj, Prag, für diesen Hinweis. Der etymologisch unklare Ausdruck erscheint bei Holtzwirth bereits auf der Fahrt von Venedig nach Jaffa, vgl. Anm. 270.

813 Scalina/Larnaka.

814 In der Nekropole von Salamis westlich von Famagusta. Zu den Gedenkstätten der hl. Katharina auf Zypern vgl. Calvelli 2014.

815 Es handelt sich um hellenistische Grabtumuli in der Nekropole von Salamis. Ich habe Max Ritter, Mainz, für den Hinweis zu danken.

ist gangen, die pauren gebethen, sie solten ihm khorn geben von dem hauffen, es wers schoen kohrn. Also hadt der paur geanthwortet, so scy es eynn bergk. Also wardt aus dem kohrn 2 berge, siehet noch von ferne wie ein hauffen[816] korn. Tzu nehest ein buxenschoss hadt er uns wie ein alt gemheur geweist. Das sol Fortunatus hauß sein gewesen, midt dem seckel und wunsche huetlin.[817] Da gehet mann ein stein worff von dem platz, kumpt man under der erden [S. 132] tzu eyner alten kirchen tzu S. Barnabas.[818] Von dem Hause Fortunatii biß tzu diesser kirchen ist es als wollen loecher und graben und durch graben. Da suchen dy pauren und funden viel eddelgestein und golt in den grebern. Darnach hadt uns unser wirdt auß der stadt auf eynem esel essen und trincken geschieckt. Also haben wir in Sandt Catharinen kirchen gessen. Und wie die große hietz vorgangen war, gingen wir hardt ahn mher widder ken Fama Augusta. Kamen tzu {einem} 4ecketen alten thorm, heist der Laebennthorm.[819] Dar innen ist ein historia gesehen[820] midt dem schnabel des Fortunati.[821]

Niecht weith darvhon ist unter der erden ein alte kirchen, da sol vor tzeiten ein lindtworm darunthen gewesen seynn. Als wir nhun hardt ahn Fama Augusta khamen, hueb siech ein gewaltiger platzregen {an}. Dem selbigen obendt erfhuren wir, das dy galehen hetten unser patron ein klein schieflein genhommen miedt guetern, das er von Scalina kegen Fama Augusta hadt schiecken wollen. Und die turckische galeern weren nach Scalina geschifft, da unser schieff stunde.

Den 1 Octobris nach essenstzeidt musten die alten soltaten, die tzu Fama Augusta waren, und außgedienet hattenn, musten (sic!) in der ordenung in den pallatz tziehen und besoldigung empfangen. Darnach geboth man ihn dem selbigen obent und musten auß der stadt kegen Scalina {ziehen}. Und alda solten sie warten auf windt und in Schuria[822] faren. Kommen treu ken Trippioli[823] und Barutha[824], welches

816 Das Wort wurde über der Zeile ergänzt.

817 Hier wird auf den 1509 in Augsburg erstmals gedruckten Roman Fortunatus angespielt, dessen märchenhafte Erzählung von einem Mann aus Famagusta berichtet. Dieser unternimmt nach dem Verlust seines Erbes eine Reise, auf der ihm von einer »Glücksfee« ein Beutel geschenkt wird, der stets Geld in gängiger Währung enthält. Später erwirbt Fortunatus noch einen Glückshut, der es ihm erlaubt, an jeden beliebigen Ort zu reisen. Durch die Geschenke reich geworden, erbaute er in Famagusta »ainen kostlichen palast«, FORTUNATUS 1509, Bl. H4^{v}-I2^{v}. Zum Romanstoff und Kontext vgl. WIS 1962; KÄSTNER 1990; WIS 2012.

818 Das noch heute als Gebäude existente Barnabas-Kloster ist nach dem Auszug der letzten Mönche 1976 zu einem Ikonen-Museum umgewandelt worden.

819 Wohl das Hafenkastell, der heute sogenannte Othello-Turm. Der Ausdruck Löwenturm, der sich wohl von einem ehemals am Turm befindlichen Markus-Löwen ableitete, ist sonst nicht belegt. Ich danke Max Ritter, Mainz, für diesen Hinweis.

820 geschehen.

821 Weder in der Vorrede und im Kapitel 1, das die Jugend des Fortunatus beschreibt, noch in den Kapiteln 20 bis 24, die sich mit der Rückkehr und dem zweiten Aufenthalt in Famagusta befassen, gibt es eine Szene, die in einem Turm spielt oder in der ein Schnabel auftaucht. Deshalb bleibt unklar, welche Episode hier gemeint ist.

822 Syrien.

823 Tripoli.

824 Beirut.

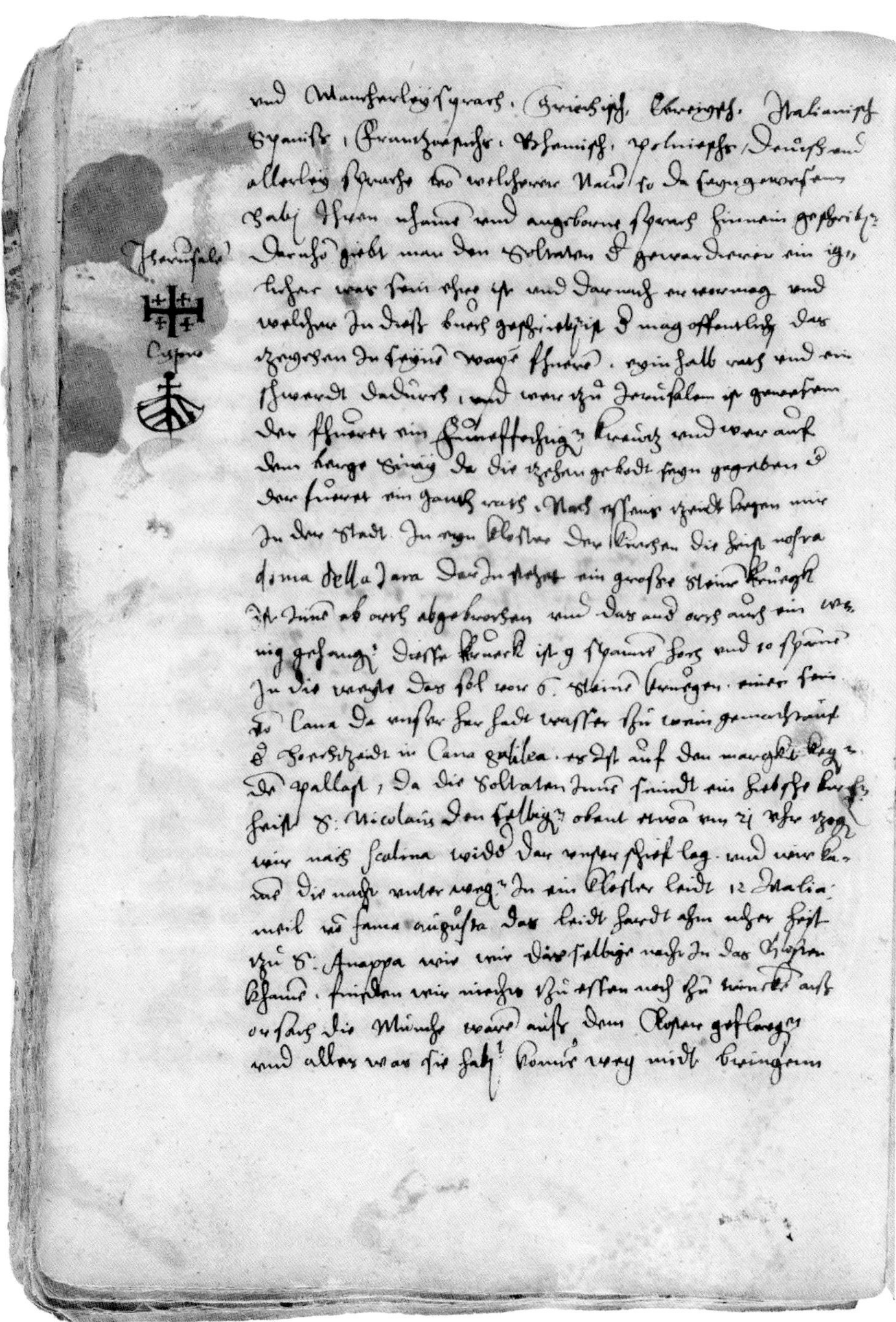

19 Handschrift Holtzwirth, Seite 134 mit der Zeichnung des Jerusalemkreuzes und des halben zyprischen Katharinen-Rades am linken Rand

niecht weith uber dem mher von Cipro leidt. Den wen es stille ist, kan mans von fehrnn das landt sehen. Und es ist der portus, da dic schieff muessen ahn kommen, die da wollen woertz [S. 133] und seydenwar tzu Damasco kauft. Ist laden, welchs auß Judea dohin kompt auf den chamelen. Und wirdt tzu Tripuli und Baruta geschieckt, auf die schieff geladen und kegen Venedig gefueret. Derhalben musten die soltaten miedt der parzota hin schieffen, dan die galehen großa der Venediger die waren da und lueden wortz und seiden ware vonn wegen der turckischen fursten und galehen, ob sie ahn sie schiefften, das sy in tzu huelf khommen. Auch wardt uns ein jageschiefelein geschieckt von Damasco, von eynem obersten der Venediger, welcher tzu den Damasco stes leidt und den Venediegernn einkaufft also facta.[825] Der ließ unß pilgram sagen, ehr khomme in erfarung, wie whir midt dem turckischen galeren gekriegt hetten. Derhalben, die weyl die Tuercken großen schadenn von uns empfangen, auch sonderlich ein mannhafftigers in der galehre geschossen war, so wolten sie siech rechen. Derhalben solten wir von Cipro niecht abschieffen, sondern warthen die 2 galehern groß, welche balt kegen Cipro khommen wurden. Die solten midt uns in geselschafft tziehen. Also warten wir die venedische galehernn. Nach esenstzeidt khamen drei soltaten auf[826] dem schloß oder pallast in unser herberge, unter welchen ein teuscher buechtzenmeyster waß. Die brachten ein sehr alt buech groß von pargament, darinnen stehen wol vor 4 hundert jaren aller pilgram nhamen, so sie es begerten, dorinnen geschrieben, welche auß dem Heiligen Lande gewesen und in Cipro ahn kommen, auch sonderlich welche den orth S. Catharienen besehen haben.[827] Die musten siech midt egener handt in das buech schreiben. In diessem buech steht manche handt [S. 134] und mancherley sprach: griechisch, ebreiysch, italianisch, spaniß, frantzoesichs, bhemisch, polnieschs, deusch und allerley sprache. Von welcherer nacion so da seyn gewesenn, haben ihren nhamen und angeborne sprach hinnein geschriben. Darvhon giebt man den soltaten den gewardieren, ein iglicher was sein ehre ist und darnach er vormag. Und welcher in dieß buech geschrieben ist, der mag offentlichen das tzeychen in seynem wapen fhueren, ein halb rath und ein schwerdt dadurch. Und wer tzu Jerusalem ist gewesenn, der fhueret ein fuenfseihtigen kreutz und wer auf dem Berge Sinay, da die tzehen gebodt seyn gegeben, der fueret ein gantz rath.[828] Nach essenstzeidt kehen wir in der stadt in eyn kloster der kirchen, die heist Nosra dama della Jara.[829] Darin stehet ein große steinern kruegk, ist innen ab orth[830] abgebrochen und das andre orth auch ein wenig gehangen. Diesse krueck ist 9 spannen hoch und 10 spannen in der weyte. Das sol vor 6 steinen kruegen einer sein von Cana, da unßer Her hadt wasser tzu wein gemacht auf der hoechtzeidt in

825 Gemeint ist wohl der venezianische Faktor in Damaskus.
826 Gemeint ist wohl »aus«.
827 Zu diesem Register vgl. Kraack 1997, S. 99–104.
828 Am Rand befindet sich eine Zeichnung des Jerusalemkreuzes und des halben Rades mit Schwert.
829 Es handelt sich um die Kirche Maria della Cava, eine bekannte Höhlenkirche an der Stadtmauer von Famagusta. Ich danke Max Ritter, Mainz, für diesen Hinweis.
830 »Ecke« oder »Stück«, Grimm, Bd. 13, Sp. 1350.

Cana {in} Galilea. Es ist auf den margkt kegen den pallast, da die soltaten innen seindt, ein hebsche kirchen, heist S. Nicolaus.[831] Den selbigen obent etwan um 21 Uhr tzogen wir nach Scalina widder, dar unßer schief lag. Und wir kamen die nacht unter wegen in ein kloster, leidt 12 italianische meil von Fama Augusta, das leidt hardt ahm mher, heist tzu S. Anappa.[832] Wie wir disselbige nacht in das chloster khamen, finden wir niechts tzu essen noch tzu trincken auß orsach, die munche waren auß dem closter geflohen und alles, was sie haben konnen, weg midt bringenn, [S. 135] auch das silber geschier auß der kirchen, und auf die berge gefuert. Alda blieben {sie}, biß die 7 galehen der Turcken voruber geschiefft waren. Auch soltu wissen, das sie des nachtes geringst vor der Insel an dem mher pflegt fewer an ~~den~~ tzunden auf den abent, das man von eynem tzum andern sehen kan. Und so ahn eynem orth auf den obent niecht fhewr angetzundt wirdt, ist es ein tzeychen, das sie feinde ahn dem orth gesehen haben. Also hatten diesse manche kegen obent kein fewer angetzundt gehadt, da sy die Turcken gesehen hatten. Den selbigen tag waren ettliche von den munchen widder in das kloster kommen, der halben funden wir niechtes tzu essen und musten wasser trinken, assen was wir mieth hatten.

Den 2 Octobris khamen wir um vespertzeit widder kegen Scalina, den wir von dem genanten closter 24 italianische meilen hatten. Als wir kohmen kegen Scalina, sagten uns die andern pilgern von unserm schieff, das am Freitage ~~das~~ 7 galehen oder fursten[833] waren gewesen, unter welchen unser 5 galehern unser feinde auch waren gewest, hardt an unßerm schieff nhahe an das landt gefharen und ein kleines schieflein midt dem hinwegk gefuert. Den selbigen abent wharen die soltaten von Fama Augusta tzu Scalina gewesen und wahren die nacht da, derhalben hatten siech die galehern gefurchtet.

Den 3. Octobris ahm Sontag da blieben wir tzu Scalina und den selbiegen abent fhuren die soltaten alle inn die bartzula midt irer ruestung und schiefften die nacht nach Scuria.

[S. 136] Den 4 Octobris gantz frue sahen wir die barzota noch ein gar wenigk von fernisch und sie hatten den Montag gueten windt nach Tripuli. Also wardt uns pilgram angetzeigt, wir soltenn tzu Scalina warten, biß die 2 galehern große[834] der Venedger und die barzota widder von Trippuli kehmen. Als den solten wir miedt einand nach Venedich schieffen, den die 7 galehern warten auf uns, godt wers ihn.

Den 5 Octobris blieben wir noch tzu Scalina, gingen an das mher spatziren.

Den 7 Octobris blieben wir tzu Scalina, khamen 2 schiefflin, eins von Alexandria, das ander von Trieppeln.[835] Und das schieff, das von Alexandria kham, da waren ettliche Turcken innen. Und der schieffer sagt, das die Turcken ahn sie kommen weren

831 Die ehemalige Nikolaus-Kathedrale, heute die Lala-Mustafa-Pascha-Moschee.
832 Agia Napa.
833 Vgl. oben Anm. 801.
834 Galea grossa oder Galeasse, eine Kombination aus Segel- und Ruderschiff.
835 Wohl Tripoli.

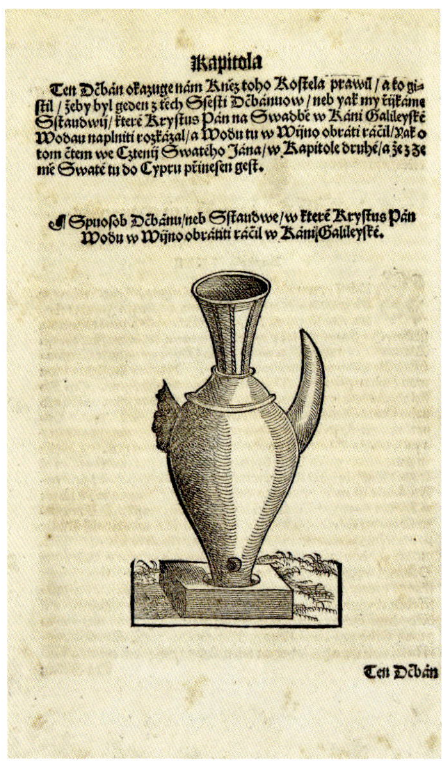

Kapitola

Ten Dčbán okazuge nám Kněz toho Koſtela prawil / a ko giſtil / žeby byl geden z těch Sſeſti Dčbánuow / neb yak my řjkáme Sſtaudwij / které Kryſtus Pán na Swadbě w Káni Galileyſké Wodau naplniti rozkázal / a Wodu tu w Wijno obráti ráčil / Yak o tom čtem we Cztenij Swatého Jána / w Kapitole druhé / a že z Země Swaté tu do Cypru přineſen geſt.

Spuoſob Dčbánu / neb Sſtaudwe / w které Kryſtus Pán Wodu w Wijno obrátiti ráčil w Káni Galileyſké.

Ten Dčbán

20 Holzschnitt mit der Darstellung des Kana-Krugs, möglicherweise nach einem Entwurf von Ulrich Prefát, aus Prefát 1563, Nationalbibliothek der Tschechischen Republik, Prag, Sign. 54 B 324, Bl. X5v

midt den galehern, und sie hatten innen muessen aus dem ihren geben.

8, 9, 10, 11, 12, 13, 14, 15 des Octobris. Diesse 8 tage ~~bib~~ bliben wir stedes tzu Scalina. Den 15 tagk {Oktobris}, an eynem Freitag, ward ein pilgram, welcher bey 14 tage kranck gelegen ahn difentaria[836], der ließ siech von Scalina in das schieff fueren und meinte, er wolte besserung dar uberkommen. Aber den abendt um 23 Uhr ist er im schieff gestorben.

Den 16 Octobris furet mhan den totten pelgram auf eynem kharn tzu Scalina in seine alte herberge. Darnach muste ich in selb4, die weil ich der jungste war, tzu grabe tragen in ein kirchen genanndt Sandt Rocka.[837] Der pilgram hiß Wilhem Wicheschier[838], burgemeister von Uteriech[839], Nidderlender.

Den 17 Octobris Sontag vor essens tzeit kommen die tzwen galehern großa midt wortz von Trippuli aus Schuria.

[S. 137] Den 18, 19 Octobris blieben wir tzu Scalina. Alda hoeret wir, das die parzola midt den soltaten sey widder kohmen.

Den 20 Octobris blieben wir tzu Scalina. Diessen abent kam die barza ~~od~~ und barzota, tzogen nach Limosia.[840]

Den 21, 22 Octobris blieben wir noch tzu Scalina. Freitag tzu abent fhuren wir in das schieff und den den selbigen abent kam guet windt und wier schiefften nach Limosia, leidt noch an der Insel Cipro. Khamen darnach kegen Limosia.

836 Diphterie.

837 Prefát 2007, S. 360f. nennt keinen Namen der Kirche, berichtet aber, dass die Kirche »den Römern«, also den Katholiken, gehörte. Der Niederländer Jean van Kootwyck beschrieb bei seinem Besuch Zyperns im Jahre 1599, also nach der osmanischen Eroberung der Insel, den Zustand von Larnaka. Dabei berichtete er, gegenüber dem Gouverneurspalast läge eine ehemalige christliche Kirche mit Namen St. Rocco, die aber nun als Handelshaus für Getreide genutzt werde; vgl. Gunnis 1936, S. 106. Ich danke Max Ritter, Mainz, für diesen Hinweis.

838 Schneider 1982, S. 276, Anm. 167 nennt einen Utrechter Bürgermeister mit Namen Willem Goertsze, der nach einer Epitaphinschrift in der Utrechter Buurkerk 1544 auf einer Jerusalemreise verstarb. Möglicherweise handelt es sich um dieselbe Person, über deren Tod Holtzwirth berichtet?

839 Utrecht.

840 Limassol.

Den 23 {Octobris} Sontag blieben wir tzu Limosia frue. Alda luden wir wasser auf unser schieff und ich fhur midt zu lande. Alda sahe ich etwan ein buxenschoß weidt viel tzueckerrhor und ich lief hin. Und die weil luden die ander wasser und ich schnitte etliche rohr abe und wolte sie midt in das schieff nhemen. Als ich nhun ein wenig gehe, so raust etwas hinter miech. Also sahe ich mich umb. So kommen 2 Grieheschen midt bloßen turckischen schebeln mhir nach gelauffen. Also die weil ich keyne were hatte, lief {ich} ahn das mheer und sie jaechten mich nach. Und sehe mein gesellen niecht unten ahm mher. Und sie meinten, sie hetten mich gewiß. Also sie aber sahen, das ich weidt for war, ruefften sie einen hirten, der lief mir entgegen. Aber ich stieß den hirten umb und kham tzu meynen gesellen, die entsatzten miech und jagten sie tzu ruegk, sonst hetten sie miech erwurgt.

Cypro ist ein schoene große Insel, ein konnigreich.[841] Hadt in der lenge hundert 76 paß[842], aber an der breite hundert und 26 taußent.[843] In diesser insel nach außweisung der historien had Japhedt, Nohe son, da gewonth, wie wol etliche sagen, sie solten vor der sundtfluß[844] da gewonth haben. Diesse insel heist auch [S. 138] heist auch (sic!) Cethim, wurdt auch genandt Paphon, von eyner stadt. Ist ein Venusbergck da, alda ist die Helena hin vortzueckt worden und von Parіß beraubt, darauß der kriech entspringe 10 jar tzwischen die Greci und Troianer.[845] An dem endt bey Papha ~~wirdt~~ ist gewest ein schoener luest garten, in welchenn pallas inne Venus. Welche sich getzanckt der schoenigkeit halben.[846] Item in der insel ist erstlich das silber geschmeidt erfunden. Ist reich von fruechtbarn, von regen, der sehre gudt und stargk ist. Item von getreide, zuecker und bauhmwolle. Und ist sehre unkeusch volgk in diesse insel und hadt schnel volck. Auch sagt man, das in die unkeuscheit sey angeborn. Diesse insel leith 300 meil von Rodiß. Ist vortzeiten ein stueck von Macedonia gewesen. Und ist entlich durch liest und verreterey unter die Venediger kommen. Den die gantze

841 Den Überblick zur Insel Zypern hat Holtzwirth Breydenbachs Bericht entnommen: »Cyprus ist eyn konigliche insel. nach der lenge hundert und funff und subitzig schritt habende. Aber an der breytte hundert und funff und tzwentzig tusent. In disser ynsel nach ußwyssunge der alten historien hat japhet noe sun zum ersten gewonet und sie erbuwet. wie wol die poeten sagen man hab dar yn gewonet vor dem gemeynen syndt fluß. Disse ynsel heyßet mit dem andern namen Cethym in der geschrifft. Sie wurd auch genant Paphon von eyner statt dar yn also geheyssen…«, Breydenbach 1486, image 85, vgl. Mozer 2010, S. 110.

842 »Passus« = »Fuß«.

843 Diese eigentümlichen Angaben stammen aus Breydenbachs Text, vgl. Anm. 841.

844 Sintflut.

845 Auch hier bietet Holtzwirth eine leicht gekürzte Paraphrase des Breydenbach-Textes: »… zu welchem tempel do helena uß grecia quam uber mer wart sye geraubt und verzucket von Parіß. dat uß der groß krieg zehen jar werende zwuschen den kriegschen und Troyanen eyn ursprung gewan.« Breydenbach 1486, image 85, vgl. Mozer 2010, S. 110. Zur Verortung der Helena-Tradion nach Zypern vgl. Reichert 2014a, S. 75f.

846 Hier komprimiert Holtzwirth ebenfalls den Text Breydenbachs: »An dem selbigen ende wurdt noch gezeugt veneris gartt yn welchem Pallas, juno und venus eyn gezenck hetten der schönheit halb als die gie gemeyn historis da von luttende ynhalt. By der selbigen statt liget eyn hoher berg wurt genant frauw Venus berg, wan da hatt sye gewonet.« Breydenbach 1486, image 85, vgl. Mozer 2010, S. 110. Zur Tradition des Venusbergs in der Pilgerliteratur vgl. Wis 1960.

insel und konigreich ist gestorben auf eyne junckfraw, des borgers[847] dochter, und auf ihre{n} bruder, welcher die tzeidt tzu Venedig ist gewesen.[848] Mith dem haben sie practica gemacht, das er seine eigen schwester[849] selbst hadt aufgelegen auß Cipro geholet. Den wie er den Venediegern tzu gesaget, innen die insel tzu uberanthworten, ist er midt viel galehen in Cipro kommhen. Als er ist kegen Salma[850] khommen, hadt er eilens von der galehen nach ßeiner schwester geschickt, das er todt krangk were. Also die schwester ist tzu im in die galehn kommen, hat er siech kranck gemacht und also lassen die segel auf tziehen und ist midt der schwester nach Venedig tzogen. Also seindt die andern galehen in der insel [S. 139] abstygen und haben die insel den Venedigern einnhomen. Also haben die Venediger die konnige ken Venedig midt irem bruder uberkommen. Und die kunnige leidt tzu Venedig in einer kirchen begraben.[851] Also haben die Venediger noch stets soltaten 500 tzu Fama Augusta und alle 3 jar furt man mehr soltaten hinnein und fuhret die andern rauß. Also tzoegen midt uns die alten soltaten, die 3 jarenn waren in Cipro gewesen, auf der barzola mit uns kegen Venedig.

Den 24 Octobris waren wir die vorige nacht komen, den wir und pfuren nach Papha[852] und hatten den tag tzimlichen windt. Aber es war centuri[853] und wir schiefften alle 5 midt einander von Limosia, nemlich die 2 große galehen, die barzuta und noch ein schieff und unser schieff etc.

Den 26 Octobris hatten wir di nacht uber die tzwen galleheren großa, die borza und barzota von unßerm schieff verlohren, das wir einander niecht sahen. Als nemlich nach der insel Cipro widder tzu lavirte und khamen alle 5 tzu sammen.

Den 27 Octobris Mittwoch khamen wir gantz frue in die jejent {von} Bapha.[854] Bapha ist der letzte orth an Cipro, wen man nach Venedich tzichet. Also blieben wir ein welsche meil ihn mir. Biß auf den abent umb 22 Uhr waren die galehen und wir auf, ehe wir recht die segel auftzoegen. Kham eyner fortina.[855] Und tzoge widder auf den orht und blieben die nacht da.

Den 28 Octobris, ahm Tage Simonis {et} Juda blieben wir noch bis um essenstzeit baß kegen Papha uber. Diesendt abent tzoegen wir die ancker auf und [S. 140] und (sic!) schiefften aber etwan ein deusche meil ins mher. Und wir krigten ein fortuna und tzoegen widder tzurueck nach Papha.

Den 29 Octobris frue furen wir widder von Bapha uber.

Den 30 Octobris hatten wir schlechten windt und wir sahen noch verner Bapha.

---

847 »Borger« kann sowohl Schuldner wie auch Leihgeber bedeuten, vgl. Grimm, Bd. 2, Sp. 242.

848 Gemeint ist Jakob II. von Zypern (um 1440–1473).

849 Gemeint ist Charlotte von Zypern bzw. Carlotta von Lusignan (1444–1487).

850 Gemeint ist wohl Salina, d. h. Larnaka.

851 Sie wurde in der römischen Peterskirche begraben.

852 Paphos.

853 Gemeint ist hier offenbar »contrari«, also entgegen.

854 Paphos.

855 »Fortun«, »Fortuna« o.ä., Sturm, Unwetter, vgl. Wis 1955, S. 272f.

856 Am Tag Allerheiligen.

Den eynendreytziegisten Octobris nach essens tzeidt haben wir Cipro niecht mher gesehen.

Den ersten Novembris in Die Omnium Sanctorum[856], ahm Montag frue, haben wir gesiegelt und es hadt sehre gerenget.[857] Vor essenstzeitt kham gueter windt. Aber in der nacht whar fortuna verloren die galehen.

Den andern Novembris Dinstag kam die parza und parzota tzu uns und wir fragten, ob sie die galehen großa sehen.

Den 3 Novembris schiefften wir frue, die weil der windt contrari[858] whar, widder nach Cipro. Und funden alda unßer galehen groß widder zu Papha. Also fueren etliche vhon unß den pilgram tzu lande ken Papha. Also konthen wir inn der gantzen stadt kein herberg uberkommen und wenig whein. Alda gingen wir {in} die stadt umher und sagten[859] ein alle tzu fallende kirchen. Da seindt die 7 schloffer unten gewest[860] unter der kirchen in eynem kleinen khueflei. Wir sahen auch ausser der stadt Papha ein schoenen garten. Darinnen wuchsen viell von der planta musa genanth.[861] Ist ein beumlin, hadt lange breite bletter. Als 2 oder 3 ellen lang seindt die bletter. Und tregt offel[862], dy haben auf eyner seyten ein biß. Sprechen diß gewechs sey auß dem paradiß kommen und man heist sie Adams Oepffel und midt den blettern sol sich Adam und Eva [S. 141] bedeckt haben.[863] Ich kauf solchen gewechtß aufs schieff, aber es vordarp auf dem schieff. Auch tzeuchet man kaneel[864] auf der insel. Ich wolte eins ein jungk kaneel vor ein goltkrohn gekauft haben. Aber der patron wolte mirs niecht aufs schieff nhemen. Auch wechtzet sehr viel tzucker in der insel in rohrren. Und wirdt auß dem rohr geprest und in große thonnen geschlagen und auf den schieffen kegen Venedig gefurth. Wir luden auch sehre viel tzuecker auf unser schieff. Auch findet man bey der insel im mheer viel perlenmueter[865], die seindt gestalt wie schneckenmaulen und inwendig, so man sie auf macht, seindt perlen dorinnen ein oder 4. In eyne malen auch fandt mhan in dem mheer doselbst mitd etlichen netzen oder instrument viel corallentzaveken.[866] Auch in sonderheit hadt es viel seidennwohrm in der insel. Auch leith ein steinbergk ahm mher bey Bapha, alda findet man schoene diamandt, welche man heist Diamandt de Papha, gleist wie stael kegen die sonnen.[867] Ich brachte bey 300 midt mhir, habe sie noch 8.

---

857 geregnet.

858 entgegengesetzt.

859 sahen.

860 Es handelt sich um die Kirche der Agia Solomoni, die Teil eines hellenistischen Grabkomplexes ist.

861 »Musa« = Bananen.

862 Äpfel, also Früchte.

863 Daher nannte man Bananen auch Paradiesfeigen oder Adamsfeigen, Grimm, Bd. 13, Sp. 1456.

864 Zimt.

865 »die perlenmuschel als mutter, als erzeugerin der perlen gedacht«, Grimm, Bd. 13, Sp. 1554.

866 Gemeint sind wohl »Corallenzapfen«, Grimm, Bd. 2, Sp. 637.

867 Es handelt sich um Analcim-Kristalle, die schon von Plinius als Diamanten bezeichnet wurden; der Name Paphos-Diamanten hielt sich bis in das 20. Jahrhundert hinein; vgl. Oberhummer 1903, S. 185f.

Den 4, 5, 6 und 7 Novembris blieben wir noch stille liegen tzu Papha. Den 8 Novembris frue, Montagk, schiefften wir von Papha wegh, den wir muesten des windes halben stiel liegen, den der windt contrari war.

Den 9, 10 und 11 Novembris waren wir alle 5 schieff, wie mir sahen niechts den himmel und wasser und hatten halben windt.

Den 12 Novembris frue, die weil unß der windt auf der seyten tzu starck was, treib unß nach Rodiß. Aber wir dorfften von wegen der Turgken niecht ahnlandenn ahn Rodiß. Also sahen wir 2 perge Rodiß, waren darvon 40 italianische meil, etwa 8 deusche meil, von Rodiß.

[S. 142] Darnach hetten wir noch 700 italianische meyl kegen Constantinopel gehadt. Haben gesehen auf den Mittag Staepia.[868] Und Staepia gehordt dem Turcken. Diessen abent khamen viel mheerschwein an unßer schieff. Und die nacht wenten[869] mhir gewiß ein fortuna, wie es den geschach. Und wir krigten starcken windt. Und war uns contrary, die weil wir Candia tzuruecke gelegt, so musten wir midt dem winde widder nach Candia.

Den 13 Novembris kegen mittag khamen wir kegen Candia ahn. Die weil uns der windt entkegen war, musten wir auf Candia. Sonst wehren mhir bey weg tzoegen neben Rodiß hin auf der rechten handt. Also fueren wir tzu lande.

Den 14, 15, 16, 17, 18, 19, 20, 21, 22 Novembris waren wir alle noch in Candia. Den Montag auf den obent gingen die pilgren auß der stadt Candia auf dem lande tzu dem orth des meers, da unser schieff lagk vor ancker in einer haffe[870], da man pflegt wasser tzu laden. Leidt 12 welsche meil von Candia, den wir konten in 8 dagen auf keynen jundelein tzum schieff kommhen.

Candia heist die stadt oder die insel. Ist Creta, gehoredt den Venedigern. Wechst uberschwenglich viel malvasia und muscatel darinnen. Sie haben stedes eynen italischen hintzueck.[871] Da diesse insel leidt in Grecia tzwischen Oriens und Occidens und leidt fast mietten in der welt.[872] Ist ein großer bergk, heist Ida. Wechts viel diptamis cretensis und laudanum da, wie vor angetzeigt ist.[873] Wie ein mans heupt haben die gotter viel gespentz[874] darauf gehadt. [S. 143] Diese insel ist vol aller wollust, das es mag ein paradiß genanth werden.[875] Auch gedenke man kein sterben[876], in diesser

---

868 Gemeint ist Karpathos/Scarpanto. Auch Prefát 2007, S. 375 nennt die Insel.

869 erwarteten.

870 Hafen.

871 Verschrieben aus »hertzoeg«. Bei Breydenbach, der auch hier die Vorlage bildet, steht »Sye pflegen auch allzyt eyn hertzog da haben eynen uß ynen dar zu erwelet.« Breydenbach 1486, image 68, vgl. Mozer 2010, S. 98.

872 Der folgende Abschnitt mit der Beschreibung Kretas wiederholt teilweise das bereits auf der Hinfahrt Berichtete, vgl. Handschrift Holtzwirth, S. 31.

873 Vgl. oben Anm. 334f.

874 Im Sinne von »Einbildung«, vgl. Grimm, Bd. 5, Sp. 4140–4146. Auch hier scheint der Text Breydenbachs im Hintergrund zu stehen: »Diß insel […] wart geheyssen vor zytten die erde und das land der gotter die auch in dißer insel haben gewonet. dar von die poeten gar vil sagen.« Breydenbach 1486, image 68, vgl. Mozer 2010, S. 98.

insel seindt 4 alte leudt uber 100 jar. In diesser insel ist erstlich die buchstaben und gesang erfundenn.[877] Item das erste schieff wergk, item das erste geschuetz und boegen, wapen und weren und was tzue kriegesrustung gehoerd.[878] Es hadt viel schaff und geiß und voegel, aber wenig gewiedt. Aber wolff, fuechs, solche schedtliche thier hadt die gar ihr kein niecht.[879] Kein giefftige whorm oder thier wechst darinn. Und so sie schlangen dar hin auß list gebracht worden, so mussen sie sterben, als balt sie in das landt kommen. Aber etliche giefftige spinnen wurden darinnen gefunden. Und in sunderheit ist niechtes so giefftig und schedlich, als wen eynem die weyber beysen oder kratzen, das kan mhan selden heilen. Das ist gewiß, diesse insel hadt 450 italianische meilen ahn siech, leidt 300 italische meyl an sych.[880] Leidt 300 italianische meil von Rodiß, 700 italianische meil von Venedig.[881] Der Jupiter und Saturnus hadt erst streidt da gefueret. Hadt noch ein schoene stadt, leidt 100 {italienische Meilen} von Candia, die heist Cania.[882] Es hadt vor tzeiten 100 stette in diesser insel geheist, davhon man sie genandt Centapolis.

Den 23 Novembris, Dinstags, gantz frue hatten wir eynen neugen mhon.[883] Also tzoeg der capitanier der galehen grossa die anker auf und wir dorfftenn niecht nhabei, dieweil die galehen auf wharenn. In dem waren wir das meiste theil pilgram in der stadt Candia. Auch viel von dem venedischen galeren. Als [S. 144] wir die ancker aufgetzoegen hatten und wolten auß dem haffen oder porto, den es sehre boese außlauffen ist von wegen der steinfelß{en}, welche nhahe daranthe seindt. Also feleth es khaum 6 schridt, das wir niecht wheren ausgelauffen, ahn eyn steyn felß. Aber die barzota, daß große schieff, das stunde noch mher ahn dem lande, also kundt es midt dem winde niecht miedt uns auß dem haffen lauffen. Also lissen wir die parzota in der porta bleiben und schiefften midt den andern fortdt. Den selbigen dagk war uns in Candia gesagt worden, wie 23 galehen oder fursten der Turcken siech gesamlet legen bey Zerigo[884] hinder der insel, die Tuercken. In dem wir 4 schieff midt wenigk. Und

875 Der erste Halbsatz stammt wiederum aus dem Text Breydenbachs: »Diß insel ist so vol alles wollustes…« ebd.

876 Sterben im Sinne einer Pandemie.

877 »Item sie hatt zum ersten die buchstaben gefunden oder geschrifft […]. Auch die kunst des gesangs uff seyten spylen und sunst ist zum ersten uß yr kommen und yn yr geübet worden.« Breydenbach 1486, image 74, vgl. Mozer 2010, S. 100.

878 »Item diße insel hatt zum ersten erfunden auch gebruchet bogen und geschutz. wappen und gewer. ruder und schiffgezug.« Breydenbach 1486, image 68, vgl. Mozer 2010, S. 100.

879 Der gesamte Abschnitt über die Tiere auf Kreta und über das »Gift« der Frauen stammt inhaltlich aus Breydenbach 1486, image 74, vgl. Mozer 2010, S. 100.

880 Die Angabe »Disse groß insel hatt ob vierhundert welcher mylen umb sich« stammt aus Breydenbach, ebd. Der zweite unsinnige Halbsatz scheint aus einer Zusammenziehung des ersten Halbsatzes und des nachfolgenden Satzes entstanden zu sein.

881 Die Entfernungsangabe »Von modon ist dryhundert welscher mylen biß gen Candia« stammt aus Breydenbach 1486, image 68, vgl. Mozer 2010, S. 98.

882 Chania ist etwa 130 km von Iraklion entfernt.

883 Am 23. November 1546 war Neumond.

884 Kythira.

schiefften vor Candia nhahe bey dem berge, der im mher leidt, S. Candia genanth[885], kegen Candia uber bey 20 italianisch meil. Also ~~kumeth~~ khamen erstlich unßer jundelein midt dem capitanier und brachten profhandt.[886] Aber ich {sah?} keyn pilgrams. Eyne halbe stunde darnach kham noch ein jundelein midt ettlichen von den unsern pilgram gefaren. Aber nach essenstzeidt sterckt sich der windt und wir schiefften darvhon. Also bleiben bey 12 pilgram von unßerm schieff auf dem landeß Candia. Funden wir 4 pilgram, welche in dem schieff gewesen waren, Leona genanth, welches vorbrandt war, wie fuer geschrieben darvhon, den unser schieff auch dem hern tzugehoert, die Leona.[887] Als das schieff angefangen tzu bawen[888], haben sie siech den tureckischen galehern geben[889] mueßen. Also sundt wir[890] den meisten teyl auf den tuerckischen galehernn kegen Rodiß gefuert worden. [S. 145] Und alle gefangen worden 2 gantze monath. Dieweil sie aber den Venediegern tzugehoert haben und die pilgram siech frantzoesischs genandt, so haben sie ihre gelt und habe vhon inn genhommen und haben sie loeß gelassen. Aber die venedische schieffknechte haben sie alle loeß gelassen uhm niechts. Aber der patron von demselbigen schieff ist getzoegen nach Constantinopel tzu dem turckischen keyser sich des tzu beklagen. Also seindt die andern alle ken Kardia[891] kommhen und seindt mid unß von Candia kegen Venedig geschiefft. Item bey dem hafen Candia, da unßer schieff vor angker gelegen ahnn dem berge Apicis Cochton[892], da finden wir an den felsen diamaten in den steinkluefften etc.

Den 24 Novembris, Mittwoch, war der windt tzu starck auf der seyten und dorbei uns tzusehr auf die rechte handt.

Den 25 Novembris Donnerstag hatten wir den gantzen dach guethen windt, schifften den dack und nacht sehre weyt, das man Zerigo[893] sahen auf der lincken handt. Und auf der rechten handt ein pergk, ein insel im mher, Milo[894] genandt. Sahen aber in mitternacht kam der windt widder midt ein fortuna, das war von wegen der grossen gefar der klieppen und insel. Ist auch ahn dem orth, da Pauly in actis apostol{orum}

---

885 Mit diesem Felsen scheint die Insel Dia Herakleiou gemeint zu sein, die allerdings nur etwa 10 km vom Hafen entfernt ist. Vergleicht man allerdings die wesentlich detailliertere Beschreibung des Auslaufens bei Prefàt 2007, S. 381f., so drängt sich der Eindruck auf, dass der Berg ein Hindernis direkt am Ausgang des Hafens war, etwa die Festung Rocca a Mar, die erst zu Beginn der 1540er Jahre ausgebaut wurde.

886 Gemeint ist wohl »proviant« bzw. »profiant«, vgl. Wis 1955, S. 222f.

887 Vgl. Handschrift Holtzwirth, S. 126.

888 Ist hier »brennen« gemeint?

889 ergeben.

890 sie?

891 Gemeint ist hier offenbar »Candia«, d. h. Iraklion.

892 Der gemeinte Berg ließ sich nicht identifizieren. Das zweite Wort ist offenbar mit einem griechischen »chi« und nicht mit einem lateinischen »x« geschrieben.

893 Kythira.

894 Die Kykladeninsel Milos liegt vom Kurs her östlich, kann daher nicht auf der linken Hand sichtbar gewesen sein. Wahrscheinlich ist die vor der Südküste von Kythira liegende Felseninsel Chytra (Χύτρα) gemeint.

seyn schieffbroch geliden[895] und do im la{n}de die schlang tzu in kriech.[896] Dorffte die nacht niecht fort schieffen, {also fuhren wir} tzu rueck widder.

Den 26 Novembris, Freitag frue, hatten wir gueten windt und sahen auf der rechte handt die insel Milo, den Turcken tzu gehoerig.[897] Vhon diesser Milo rechent man 300 italianisch meil biß kegen Constantinopel.[898] Diessent obent hueb siech ein groß [S. 146] ein groß (sic!) fortuna, also das die nacht dy wolcken in das schieff schluegen. Und die welen regeten den segelbaum, da die sygel anfehet. Und {wir} kriechten ein tzwirbelwindt[899], das wir mieth dem schieff umlieffen wie ein kreußel. Und die pilgram erschraken sehre. Und ahn diessem orth hadt Paulus ein schieffbruech gelietten, da er von Rama schieffte.[900]

Den 27 Novembris triebe unß der windt gantz sehre auf der lincken handt an der Turcken seyte leith, welches vor tzeiten die Trojaner geweßen ist.[901] Und Greeci dar innen gewest, Trojani genandt. Also blyben wir die gantze nacht in ein umkreiß des landes und konten nicht widder aus dem kreiß des landes kommen. Und wir verlohren die partza den tag von uns, allein die tzwen galeren groß wharen bey unß. Das land heist Talina[902] der Troier. In diesser nacht tzundt der zolia, das ist der schencke[903], die campana[904] midt eynem liechte ahn. Und wir muesten das schieff midt malvasier leschen, den wir wenig wasser im schieff hatten, mher wein den wasser.

Den 28 Novembris, Dominica[905] im Advent, war uns der wind contrary, entgegen. Und lavirten hin und widder, konthen auß dem umkreiß des troyansch landes niecht kommen. Und den mittagk sahen wir die galeha großa niecht mher.

Den 29 Novembris schiefften wir fhur aus dem troianischen lande in hoffnung gethan midt in nahe zu haben. Aber der windt whar alle contrari. Lavhirten den dagk hin und widder und khamen widder ken Zezerigo.[906] Auch also, das wir die insel Candia noch sahen von fernest.

---

895 Der Seesturm, der nach Apg 27,13–43 zum Untergang des Schiffes führte, auf dem der Apostel Paulus als Gefangener reiste, ereignete sich zwar hinter Kreta, die Schiffbrüchigen landeten aber wohl auf Malta.

896 Apg 28,1–6.

897 Wahrscheinlich die Insel Milos (Μήλος).

898 Sollte Milos gemeint sein, kann die Entfernung nicht stimmen, denn die Strecke beträgt mindestens 650 km. Von jeder anderen, weiter westlich gelegenen Insel gerechnet, wäre die Entfernung noch weiter.

899 Wirbelwind, in dieser Form sonst nicht belegt, vgl. Grimm, Bd. 30, Sp. 547.

900 Vgl. oben Anm. 895.

901 Dass das Schiff tatsächlich zum Eingang der Dardanellen oder an den heutigen Ort Dalyan gelangte, wo man das einstige Troja vermutete (vgl. Reichert 2014a, S. 76–78), ist ausgeschlossen. Prefát 2007, S. 386 spricht vom »sinus maris« und scheint damit die Küsten des südlichen Peloponnes zu meinen. Ich danke Tomáš Rataj, Prag, für diesen Hinweis.

902 Der Begriff ist unklar.

903 Ulrich Prefát nennt diese Person »skalko« = schalco und beschreibt seine Funktion als die des Küchenmeisters; auch wird von Prefát 2007, S. 386 die Feuersbrunst ausführlich beschrieben. Ich danke Tomáš Rataj, Prag, für diesen Hinweis.

904 Die Campagna bildet »den oberen Hintertheil des Schiffes, wo der Trompeter sitzet, und wo die Flagge wehet…«, Zedler 5 (1733), Sp. 446.

905 Sonntag.

906 Andikythira.

Den 30 Novembris, Dienstages ahn S. Andrea, whar schoen wetter ahm himmel, aber der windt war contrari [S. 147] und wenig vor[907] unß. Den 1 Decembris whar der windt nordtwest und vorkeret sich alle stunden. Als schiefften wir, als wolten whir nach Bruta[908] oder Sicilia schieffen.

Den 2 Decembris, Donnerstag, hadt wir noch den windt so sehr nach Sicylia oder Bruta schiefften, also in das mher kegen die lincke handt. Also uberkhamen wir diesse nacht windt und schiefften forth.

Den 3 Decembris, den Freytag, gantz frue sahen wir von ferneß des landt Modon. Und der muecker[909] stellet unser schief gleich auf Sancta[910] und gab uns pilgram ein gueten trost.

Den 4 Decembris frue uberkhamen wir guethen windt vor unß. Und waren gleich kegen Keron[911] uber tzu niehest das landt heist Maria.[912] Ein schloß auf dem berge heist Schietz.[913] Diessenn abent sahen wir die insel Sancta Maria de Striffa.[914] Und es war den Sonnabent, S. Barbara Dagk. Haben auch gesehen Torrens[915] auf der rechte handt.

Den 5 Decembris, Sontag, an S. Nicolai abenth gantz frue khamen wir tzu der insel Santa, da sich ~~ist~~ die insel ahnhebt. Diessen abent kham uns ein klein schiefflein entjegen von Sancta midt fessern. Der sagen, das hinter der insel Zerigo bei 15 turckischen galehern auf uns bey 8 tage gewartet. Aber in dem grosem winde und storm waren sy widder nach Rodiß geschiefft, also das die Turcken midt ihren galehern Godt loeb niecht an uns khamen, wie wol wir Goth loeb starg genueg weren gewesen, den 15 galehen hetten vortrieben.

Den 6 Decembris, in Diei (sic) Nicolai, khamen wir frue tzu der inseln Sancta und warffen ancker. Also khamen die galehern großa 2 gefharen und die parozeta geschiefft. Und wir pilgram schiefften zu lande. Und dy galehern großa [S. 148] khamen auch tzu lande der Venedieger. Diesse insel Sancta gehoert auch den Venedigern. Hadt viel pommerantzen und guethen wein, Revhal genandt auf unser sprach.

Den 7 Decembris, Dienstages frue sagten[916] mir die parzote, darauff unsern pilgram tzum teyl waren, welche in Candia geblieben waren. Und die cypriatische soltaten waren auch darauf. Und sie khamen auch tzu lande etc.

---

907 für.

908 Bruttium, in etwa das heutige Kalabrien.

909 Vgl. Anm. 370.

910 Zakynthos/Zante.

911 Koroni.

912 Ist hier Morea gemeint?

913 Prefát 2007, S. 389 nennt die Festung »Sunc«. Möglicherweise hat sich Holtzwirth den Namen der Insel Schiza/Σχίζα notiert und diesen später verwechselt?

914 Stamfani.

915 Prefát 2007, S. 390 spricht hier vom »castel Torneze«, verwendet also den italienischen Namen der Kreuzfahrerburg Chlemoutsi (Χλεμούτσι) im äußersten Nordwesten des Peloponnes. Ich danke Tomáš Rataj, Prag, für diesen Hinweis.

916 sahen?

Den 8 Decembris, Miettwoch lagen wir alle still zu Santa. Das[917] hatte korn geladen und schieffte nach Spanien und wolte erste auf Sicylia. In diessem schief regirt pestes.[918]

Den 9 Decembris, Donnerstag tzu nacht slossen[919] die galehen grossa der Venedieger, das ein igliecher siech solte widder auf sein schieff machen, den man die nacht wolte aufschieffen, den wir musten uns jar nach den 2 galehen groſsa der Venediger richten allesampt. Also war die 3 tage stets gueter windt for unß. Also tzoegen wir unser ancker in mitternacht auf, als wir alle tzu schieff waren. Und schiefften midt guetem winde. Und der windt niecht besser sein konth.

Den 10 Decembris, Freitag umb verspertzeit sahen wir von fernes den bergk und inseln Corphu 250 italianische meil de Sancta legent. Und die selbige insell leidt kegen des Turcken lande uber, das man auf beyten seyten landt sahe. Gehoered den Venedigern. Wirdt von der stadt Corphu also genandt, sonst heist sie Corzica, von eyner fraw, dy sy midt eynem bock erst erfunden hadt.[920] Dieselbbiege insel ist eyn anfang des griechischen landes. Hadt viel hohe berge und ist ein besserung der roemischen porten gegen Orent.[921] Hadt sy das Tyrens Mheer[922] und die [S. 149] Venediger halten starke warthe darauf, 2 hohe schlossern an der seyten. Der rechten handt hatten wir ein turckiß schloß ahnleidt.

Den 11 Decembris umb mittag wharen mhir 100 meylen italianisch von Corphu und sahen nach dem griechischen schloß des Turcken landt {eine} kleyn weyl.

Den 12 Decembris, Sontag hatten wir in der nacht groſse fortuna, das ist ungestuem. Aber der windt war miedt uns und denn morgen frue sahen wir die insel S. Andrea.[923] Sahen sehre viell delphin, das sind merschwein.

Den 13 Decembris, Montag Lucia hatten wir sehr gueten windt und vormeinten, die nacht kein Poratz[924] tzu schieffen. Den wir 2hundert italianische meil schatze noch kenn Parentz.[925] Aber der windt wande siech contraria und treib uns nach dem gebirge S. Andree.[926] Also lavirten wir im mher hin und widder. Aber die ander schieff und galehen bliben hinden.

Den 14 Decembris, Dinstag war der windt noch contrary, das wir den tag lavirten im mher hin und widder. Hatten starcken fortuna, also das das wasser midt gewaldt ins schief schlueg, das die pilgram schrien und meynten, das schieff hatte eyn loech kriegt. Srey[927] einer, man solte zu stopffen.

---

917 Hier fehlt ein Satz über ein weiteres Schiff, das wohl den Hafen von Zakynthos erreichte.

918 Es war die Pest ausgebrochen.

919 beschlossen.

920 Vgl. Handschrift Holtzwirth, S. 23.

921 Orient.

922 Das Mare Tyrrhenicum oder Tyrrhenisches Meer liegt allerdings auf der Westseite der Apenninenhalbinsel und beginnt hinter Sizilien bzw. der Straße von Messina.

923 Sveti Andrija.

924 Parenzo, Poreč.

925 Die Strecke beträgt tatsächlich knapp 300 km.

926 Gemeint ist das dinarische Küstengebirge.

927 schrie.

Den 15 Decembris, Mitt~~ags~~woch[928] frue uber khamen wir windt, welcher uns ~~k~~eyn wenig gueth gewhar, aber doch tzu stehen auf der seyten. Triebe uns nach Pulia[929],also das man von fernest den bergk S. Angeli[930] sahen, auch von fernest Parentz.[931] Mons S. Angeli leidt in Colobria.[932]

Den 16 Decembris, Donnerstag hatten wir kleinen windt und schiefften, das wir Sclavonia sahen auf der rechten handt.

[S. 150] Den 17 Decembris, Donnerstag hatten wir kleinen windt und wir sahen altzeit auf der rechten handt nach mitternacht landt etc.

Den 18 Decembris, Sonnabent frue khamen wir kegen Parentz. Alda lagen mhir vor angker. Etliche pilgram wolten niecht haren[933], den sie hetten noch 100 italische meilen kegen Venedig. Und sie mitten ein klein schiefflein und schiefften den obent wegk nach Venedig. Und wir hatten den tag viel delphin, das ist mher schwein, in dem mher gesehen. Die tzeichen gewißlich eyn fortuna, das ist ungewitter, ein stoerm in mher.

Den 19 Decembris frue, dieweil wir im Sontag mitternacht tzu Parentz waren abgeschiefft, ~~fei~~ wardt der windt sehre stargk und kriegten ein groß fortuna. Aber der windt war gleich midt uns. Also schlecht das wasser midt gewaldt in das schieff hinden und fhornn. Aber wir waren das wol gewonth. Gleichwol war es ein schoener heller tagk. Also sahen wir ~~also~~ um feßpertzeidt Venedich und {sangen} wir das Te Deum Laudamus und waren sehere fro, das ~~sie~~ wir schier von dem mher erloset wurden und zu lande kommen. Und um 22 Uhr kegen abent kamen whir kegen Malamoca[934], leidt 7 italische meil von Venedig. Da ~~let~~lest mhan ~~alda~~ alle wolgeladene schieff vor ancker stehen, den sie forthin niecht mher tieffe haben. Und laden dy schieff alda auß auf jundele. Den ~~kam~~ obent kamen wir[935] kegen Venedieg. Ich aber blieb noch die nacht auf den schieffe.

Den 20 Decembris, auf den Montag Thomasabent frue etwan um 3 Uhr nach dem venedischen seyger[936] vor essens[937] kham ich khen Venedig in den Schwartzen Adler, Aquilo nigro, {wo} ein deuscher wirdt {war}[938], miet meynen gesellen Ulrich Prephat, Poehem. Und wir rechente midt dem schifman, aber tzanckten siech.

[S. 151] Venedigk ist ein schoen wolbebawt schiffreich stadt, leidt gantz und gar in dem mher, das man auf ein deusche meil niecht auf dem lande khan hintzu

---

928 »woch« über der Streichung ergänzt.

929 Apulien.

930 Gemeint ist der Monte Gargano, das Wallfahrtsheiligtum des Santuario San Michele Arcangelo auf dem Vorgebirge Gargano.

931 Hier kann nicht Parenzo gemeint sein, das etwa 450 km Luftlinie vom Monte Gargano entfernt ist, sondern evtl. Pescara.

932 Kalabrien. Diese Angabe ist unzutreffend; der Berg liegt in Apulien.

933 ausharren.

934 Malamocco.

935 Die letzten zwei Worte über der Zeile ergänzt.

936 Die venezianische bzw. italienische »Uhr« meint die Tageseinteilung nach äquinoktialen Stunden, die ab Sonnenuntergang gerechnet werden, vgl. Dohrn-van Rossum 1992, S. 111.

937 Hier ist »[Essens]zeit« zu ergänzen.

938 Vgl. Anm. 140.

kommen. Auf dem platz S. Marco da stehet ein hoher 4ecker thorm, ist oben midt golde die spietzen gedecht.[939] Sieht mhan gantz Venedig bescheiden, wie es in dem mher leidt. Unden auf dem platz ist ein schoene kirchen, S. Marcks genandt undenn (sic!). In der kirchen ahn der erden[940] ist die kirchen midt eytel schoenen historien von marmelsteinenstuecken gemacht, allerley historien auß dem alten und newen testament. Desgleichen aber oben an der decken ist midt ungerischem golde alles uber guelt. Es stehen auch in der kirchen 4 ala{ba}sterseullen. Item es henget ein grosßer knoepf in der kirchen.[941] Unter dem knopff ist eyn fleck von marmelstein, siecht wie pfade stromen. Item auser der kirchen uber der thuer stehen 4 myssinger[942] groß roß, gegossen. Das sollen die Venediger dem keiser Maximiliano tzu spott machen lassen, das er gesagt, er wolle die Markuskirchen tzum pferdestael machen, so ers gewhon.[943] Item auf den platz hardt an der kirchen da ist das rathauß.[944] Vor dem rathauß unden stehet ein geriecht von tzweien marmelsteinen seulen. Da hengt man vor stunden die radtsperson hintzu, so man vormerckt vorreterey bey in. Auch steinen[945] noch 2 lange steinnen seulen, do man die andern, so den hals verlort, riechtet.

[Am Rande: »1546«] Den prozeß der pilgram midt den Venediegernn in Die Corporis Christi[946], 25 Junii[947] am Donnerstag frue seindt erstlich außgangen auß S. Marcus kirchen. Seindt erstlich person komen, gekleidet wi dy propfeten [S. 152] darnach das Jungst Gericht, seindt um den stuel gesessen kleine kinder wie engel gekleidet. Den hadt gefolget die helle, ist Lucifer gesessen und ein junger teuffel hinter im. Darnach das rota fo{r}tu{n}e[948], seindt 4 korbe[949] in geweßen midt knoten, sindt umgangen. Darnach alle hern des radts midt den pilgram midt der handt gefhuret. Letzlich alle kloster und mu{nc}he und man hadt also silber und golde geschmeide in der proceß umgetragen. Den ein igliecher seindt[950] geschmeide lest sehen und tragen.

Nota von Venedig ken Parentz 100 meyl, kegen Corphu 600, ken Santa 200, kegen Jericho[951] 350, ken Creta 50, {wo} die insell anhept, 100 meil Candia die stadt, von

939 Gemeint ist der Campanile di San Marco, dem 1510 eine Turmspitze aufgesetzt wurde, die seit 1517 eine mit vergoldetem Kupferblech beschlagene Statue des Erzengels Gabriel trug.

940 Hier im Sinne von: »an den Wänden«.

941 Man möchte hier an den großen Kreuzleuchter denken, der heute aus der Pfingstkuppel der Markuskirche herabhängt. Allerdings könnte Holtzwirth hier auch einen Vorgänger dieses Leuchters beschrieben haben, da der Kreuzleuchter 1604 erstmals zu belegen ist, vgl. Krüger 1995, S. 238f.

942 aus Messing, vgl. zu den Formen Grimm, Bd. 12, Sp. 2132.

943 Holtzwirth greift hier die Legende auf, dass Kaiser Friedrich Barbarossa in den Kämpfen mit Papst Alexander III. und den italienischen Kommunen geschworen hätte, die Markuskirche in einen Pferdestall zu verwandeln, und überträgt sie irrtümlich auf Kaiser Maximilian I. Zu dieser Legende vgl. Perry 1977.

944 Gemeint ist offenbar der Dogenpalast.

945 stehen.

946 Die Prozession mit den Pilgern am Tag Corporis Christi/Fronleichnam.

947 Die Datierung ist nicht exakt, Fronleichnam war am 24. Juni 1546.

948 Glücksrad oder Rad der Fortuna.

949 Körbe.

950 sein.

951 Cerigo, Kythira.

Candia 700 meil in Cipro. Von Cipro kegen Jaffa 200, alles seindt italianisch meillen. Auf dem wasser rechnet man 4 italinisch vor ein deusche, aufs landt 5 italianisch meil ein deuschs. Das ende der reyse des Heiligen Landes von Venedig aufs wasser biß widder kegen Venedigk seindt 600 deusche meilen.[952]

Anno 1547 vor dem Newenjarßtage, bin ich von Venedige kegen Padua getzoegen tzu eynem apoteker de pelegrina ahm marckte. Da war ich biß umb Osternn.[953] Und den tag do der hertzoeg Johannes Frideriek gefangen wardt[954], bin ich sehre von eynem Italianer verwundt worden in den kopffe, das mir der balbierer ein haffet dodt.[955] {Ich wurde} sehre krang und schlueg ein fiber mieth tzu. Aber ein doctor in cyrurgia heilet miech nehest Gott. Nach Pfingsten[956], als ich widder heile wardt, nham ich urlaub von dem apdeker. Und es kham des apotekers son von Willach[957], der nham miech ahn. Midt dem tzoege ich von Padua kegen Venedich. Als er erkaufft hatte, tzoegen wir von Venedick auf dem wasser [S. 153] tzwen deusche meil ken Portagraphar.[958] Darnach zogen wir auf dem lande auf Spietal[959] und khamen vor Villachen, ein schoen stedtlin. Ist 20 deusche meyl von Venedig im landt tzu Kernten. Ist die erste Nidderlage von dem geth[960] so mhan von Venedig auf den mauleseln bringet. Das landtvolck hirummer ist alles windisch, sclavonisch. Und haben alle große kropff pfritziges.[961] Zu Villach war ich bey der apodekerin, ein widtfraw. Hildt midt dem soene die apodeken.

Anno 1548 jar[962], da mein jar und dinst auß waß und hat miech noch ein jar versprochen. Also kham ein italianischer her von Neapolis auß dem landt der alten konnigen[963] von Polen, welche noch etlich landt hadt tzwischen Rhom und Neapolis.[964] Der hatte ein dolmesch, der starb tzu Villach. Also badt miech der herre sehre, die weil ich die sprache italianisch konte, ich solte mith im do{r}ch Deuschlandt ken Kroka[965] tziehen. Also nham ich urlaub von der apotekerin und ich sagt

952 Die letzten beiden Worte am Rand ergänzt.

953 Ostersonntag war der 10. April 1547.

954 Am 24. April 1547 nach der Schlacht von Mühlberg.

955 Der Ausdruck ist unklar. Ist hier gemeint, dass der Barbier ihm ein Pflaster (haffet) auflegte (dodt= tat)?

956 29. Mai 1547.

957 Villach.

958 Portegrandi.

959 Spittal an der Drau.

960 Die Form des Wortes ist unklar; gemeint ist offenbar »guth«, also Handelsgüter.

961 Das Wort ist unklar. Es gibt in Kärnten den Ausdruck »Kropfitsch« für Leute, die scheinbar keinen Hals haben.

962 Offenbar wollte Holtzwirth sagen, »im 1548ten Jahr«.

963 Mit der alten Königin ist Bona Sforza (1494–1557), Tochter des Herzogs Gian Galeazzo Sforza von Mailand und der Isabella von Aragón, Prinzessin von Neapel, gemeint, die ab 1518 durch Heirat Königin von Polen und Großfürstin von Litauen wurde. Da ihr Sohn Sigismund August bereits 1529, also noch zu Lebzeiten seines Vaters Sigismund I., zum neuen polnischen König gewählt wurde, wird sie hier als alte Königin bezeichnet.

964 Möglicherweise handelte es sich um ein Mitglied der Familie Sforza aus der Verwandtschaft der polnischen Königin.

965 Krakau.

ihr tzue, ich wolte ihr eynen andern apotekergesellen tzu schiecken. Also reyth ich midt dem italianischen heren von Willach auf S. Veith[966], Gretz[967], Newstadt[968], Wien in Ostereych. Ist ein große stadt, der Tuerck hadt davhors gelegen.[969] Darnach ritthen wir von Wien ober dy Tonnaw[970] auf Ulmietz[971] und khamen ken Croca in das landt tzu Polen. War uhm Martin.[972] Also bliben wir tzu Kraco. Da gab mhir mein her, der Italianer, 8 golt kronen und ich blibe tzu Krako.

Anno 1549 ahn der Heiligen Drei Konnige Tagk[973] sah ich tzu Krako den jungen konnig[974] eynreythen. Der brachte midt siech eyne von adel, welche er in Littaw[975] gefreihet hatte.[976] Aber die Polen wolten sy im nicht kronen. Sie lebet niecht ~~weiter~~ [S. 154] lenger den eyn jhar. Werdt sie vur Polen vergeben. Und ich war ein weyl bey eynem apoteker ahm margte, hiß Georg.[977] Die weil ich aber die polnische sprache niecht lust hatte tzu lernen, also zoeg ich auf der Weißel[978] aufs wasser auf flossen kegeen Merßa.[979] Da ist die alte konnigen[980] midt ihrem forgen.[981] Von Warßa auf Thurn[982], auf Dantzka[983], also kam ich uhm Ostern[984] kegen Danßka. Die weil ich aber niecht condicionem[985] da uberkommen {konnte}, so wolte ich auf dem mher oder sehe auf dem schiff kegen Revel zu Eyflandt. Also wie ich wolte tzu schieff gehen, so stehen unter wegen unser boßleuth[986] und worffen die peille[987] ~~tzu ruegk~~ eines nach

966 St. Veit an der Glan.
967 Graz.
968 Wiener Neustadt.
969 Hier wird auf die Belagerung von Wien 1529 angespielt.
970 Donau.
971 Olmütz, Olomouc.
972 11. November.
973 6. Januar 1549.
974 Sigismund II. August, seit dem Tod seines Vaters Sigismund I. am 1. April 1548 in Krakau Alleinherrscher.
975 Litauen.
976 Barbara Radziwiłł, zweite Ehefrau des polnischen Königs Sigismunds. Die Vermählung fand 1547 in Wilna statt.
977 Es handelt sich um den Krakauer Apotheker Georg Pipan (I), polnisch Jerzy Pipan (1496–1566), gebürtig aus Laibach/Ljubljana, der von 1527–66 die Alte Apotheke am Hauptmarkt (Rynek Główny), Haus Nr. 13B führte. Die Apotheke blieb in den Händen der Familie bis zur 2. Hälfte des 17. Jahrhunderts. Das Renaissance-Grabmal von Georg Pipan aus dem Jahre 1566 hat sich bis heute in der Kirche hl. Barbara erhalten, vgl. Stabrawa 2001, S. 30–35. Ich danke Tomáš Rataj, Prag, für diesen Hinweis.
978 Weichsel.
979 Warschau.
980 Bona Sforza, vgl. Anm. 963.
981 Gemeint ist wohl, dass auch der »vorige« König, Sigismund I., ihr Ehemann, sich in Warschau aufhielt, dessen Sohn Sigismund August bereits 1529 vivente rege zum neuen König gewählt worden war. Es könnte aber auch gemeint sein, dass die Königin von Krakau nach Warschau »fortgegangen« ist.
982 Torun.
983 Danzig.
984 21. April 1549.
985 »in condition stehen, eine stelle bei jemand haben«, Grimm, Bd. 2, S. 634.
986 Bootsleute?
987 Beile.

dem andern tzu stecken.[988] Indem springt das eyne beyl tzu ruecke und ferdt mir unter in meynen schenckel und spalt mir den knoechel entzwey. Also musten mahn miech auf eyner mistdrage in die stadt dragen tzu eynem balbierrer. Da lag ich bey 8 wochen. Darnach, do ich heile wart, schieffet ich vor Petro {et} Pauli[989] kegen Revell in Eyflandt. Als {wir} von Dantza tzu der leichtin[990] aufs schieff sassen, schieffen wir auf Bornholm, auf Godtlandt, auf Oesel[991], auf Revell. Khamen in 3 wochen auf dem wasser kegen Rewel kham (sic!). Da war der apoteker das jar gestorben.[992] Und es starb sehr in der stadt.[993] Also kam ich midt eynem deuschen edelman kegen Hapsel[994] zu eynem bischoff in Curlandt, hieß Munchhaussen.[995] Der war tzu Rom mein rothgeselle[996] gewest.[997] Und war neulich im lande bischoff worden. Bey dem war ich auf Osel tzu Arnßburch[998] und schieffte midt im vonn Arnßburch in Churlandt tzu Pilten.[999] Und er thet mir viel guets. Ich macht im claret[1000] und marcipan. [S. 155] Darnach kriegte ehr ein dragma[1001] unicornu[1002] von mhir. Da gab er mir 12 daler dafhuer und schancket mir ein hiebß[1003] offelspferdt.[1004] Dieweil aber des sauffen so groß war, hatte ich niecht lust tzu bleiben.

Anno 1550 jar ahn dem newen jar kham ich kegen Revell. Die alte fraw, die apotekerin schrieb mhir, ob ich lust ihr tzu dienen hette. Also dienet ich der widtfraw.[1005] Und ire freunde hilten harth ahn, und wolten sie mich freihen. Die weil sie aber ein weib bey 45 jharen whar, hatte ich keine lust tzu ihr. Darnach starb sie.

---

988 Offenbar handelt es sich um ein Wurfbeil-Spiel.

989 29. Juni 1549.

990 Der Ausdruck bleibt unklar. Es scheint sich nicht um eine Lokalität in oder bei Danzig zu handeln, also etwa einen Vorhafen. Ich danke Marcin Grulkowski, Danzig, für diese Auskunft. Auch die Annahme, dass es sich um einen Leichter, also ein Hafenschiff mit geringem Tiefgang, handelt ist unwahrscheinlich, da dieses Wort erst im 17. Jahrhundert in der deutschen Sprache auftaucht.

991 Ösel, Saaremaa.

992 Gemeint ist der Apotheker Sebastian Conrad, vgl. Seuberlich 1912, S. 133.

993 Zur »Pest«-Epidemie des Jahres 1549 in Reval vgl. u. a. Hahn 2015, S. 102; Brennsohn 1922, S. 84.

994 Hapsal, Haapsalu.

995 Gemeint ist Johann von Münchhausen (gest. 1572), der von 1540 bis 1560 als Bischof von Kurland und 1542–1560 als Bischof von Ösel-Wiek amtierte; vgl. zur Person Schirren 1881; Klocke 1952.

996 Rottgeselle, vgl. Grimm, Bd. 14, Sp. 1322.

997 Die sich nahelegende Aussage, Johann von Münchhausen habe gemeinsam mit Wolfgang Holtzwirth in der päpstlichen Garde in Rom gedient, ist unmöglich, denn dieser amtierte seit 1540 als Bischof von Kurland, vgl. Klocke 1952, S. 121. Daher kann sich diese Aussage nur auf den namenlosen Edelmann beziehen, der Wolfgang Holtzwirth nach Hapsal begleitete.

998 Arensburg, Kuressaare.

999 Gemeint ist die Bischofsburg Pilten, Piltene.

1000 Würzwein, vgl. Grimm, Bd. 2, Sp. 628.

1001 Drachma ist ein Apothekergewicht von etwa 3,5 Gramm, vgl. Schwarz 1981, bes. S. 27. Zum Wortgebrauch vgl. auch Grimm, Bd. 2, Sp. 1326.

1002 Einhorn; zu dessen medizinischer Verwendung vgl. Schönberger 1935/1936; Wehrhahn-Stauch 1958.

1003 hübsches.

1004 Wohl ein Apfelschimmel?

1005 Witwe.

Also kauffte der rath tzu Rewel die materialia[1006] tzu siech, denn das hauß und das corpus gehordt dem rathe. Und ein erbar rath nhamen mich ahn vhor iren apoteker, gaben mhir ein jar 40 thaler und ein freihen diesch, so guedt als ihr sindicus uber seynen tische hatte.[1007] Also {was} wax, pappir, dinten und aqua vite[1008] betraff, das war auch meyn, das ichs auf hundert ffl.[1009] ein jar brachte. Hilten mir einen gesellen und einen jungen, den kletten[1010] sie und bekostiget in. Also muste ich innen im jar ein new corpus[1011] anrichten. Und schieckten mir dasselbiege jar steinmetzen, das ich die apoteken liß in eyner ~~ellen~~ eylen machen midt welschen erckenir[1012], welches sonst keyne in dem lande waren gewest.[1013]

Daß 1551 jhar auf Trium Regum[1014] schiekten sie miech mit mherer geselschafft der kaufleuth nach Antorf[1015] und kauffte in frische materialia eyn. Also kauffte n sy mir ein pferd und ein littowisch schlitten midt aller tzu gehoerichen.[1016] Also fhuren sie selb4 in der geselschafft von Rewel auf Hapsel[1017], Padis[1018], Riga, Kurlandt, Kunßbergk.[1019] Von Kunßbergk furen wier auf dem eyse, heist das wasser weißmer.[1020] Und ich hatte mein pferdt zu Kunßberg vertauschet, [S. 156] den es sehre muede whar. Also ich auf die letz[1021] auf das eiß khommen, fhueren mein gesellen forhin. Und mein pferdt leufft beseits auß und viel ahn ein loech, dorinne die nacht gefischet war. Und wen ich nicht balt von dem schlitten gesetten und das pferdt bey dem tzuegel erwuschet, so were es unter daß eyß kommen und ich hette muessen ersauffen mith dem pferde.

Anno 1551[1022] an Unser Lieben Frauwen Liechtmeß[1023] waren wir tzu Dantzke in Preusen. Da lagen wir in der Herberg Tzu dem Christoffel. Und mein geselle hatte den tag sein pferdt scharff lassen beschlagen, war ein starkes henchst. Und ~~ist~~ die

---

1006 Gemeint sind die »materialia medicinalia«, also die pharmazeutischen Grundstoffe und ihre Zubereitungen.

1007 Zur Anstellung Wolfgang Holtzwirths am 18. September 1550 vgl. Seuberlich 1912, S. 133.

1008 Aquavit, mit Gewürzen abgezogener Branntwein.

1009 Gulden.

1010 kleideten.

1011 Die Lesung ist unklar, der letzte Buchstabe könnte auch als »g« gelesen werden; sinnvoller ist eine flüchtige Zusammenschreibung von »u« und »s«.

1012 Eine Variante von Erker, vgl. Grimm, Bd. 3, Sp. 871.

1013 Die Aussage bezieht sich wohl auf einen der beiden aus der Front des Hauses vorkragenden Kastenerker, die heute noch vorhanden sind. Zur Verbreitung der Erkerformen im 16. Jahrhundert vgl. Pilz/Fischer 1965. Die Bezeichnung »welscher Erker« scheint sonst nicht belegt zu sein.

1014 Dreikönigstag, 6. Januar 1551.

1015 Antwerpen.

1016 Ein »litauischer Schlitten« aus dem 17. Jahrhundert befand sich im Prussia-Museum in Königsberg, vgl. Katalog des Prussia-museums 1894, S. 47 mit Abb. 21.

1017 Hapsal, Haapsalu.

1018 Padise. Der Ort ist hier an der falschen Stelle angegeben, denn er liegt noch vor Hapsal.

1019 Königsberg.

1020 Das Frische Haff.

1021 als letzter.

1022 Die Schreibung der letzten Ziffer ist korrigiert, gemeint ist aber 1551.

1023 2. Februar 1551.

nacht ist mein pferdt loß worden und kumpt tzu dem henchst und {der} schlecht mid dem scharffen eysenn mein kloepfer[1024] eyn beyn entzwei. Also muste ich mein pferdt stehen lassen in der herberg und must ein anders keuffen, darmit ich midt der geselschafft fort queme. Also furen wir follent die weil noch viel schnee war auf unsern schlitten biß kegen Stettin in das lantze Pommern.[1025] Also hatte ich diß jar von Revel biß ken Stettin 200 deuscher meil auf den schlietten gefharen, wie unser wirth tzu Stettin uberrechnet.[1026]

Als wir 2 meil von Stettin khommen, hatt es gewaltig tzu schneien uber der loeth.[1027] Also gereuhet es unß, das wir unser schlietten vorlassen hetten, dan wir wolten baß khen Luebeck in dem schnee gefharen sey{n}. Von Stettin ritthen wir biß ken Rostoeck tzum Sunde[1028], khen Wismar, khen Luebeck. Tzu Luebeck lage ich bey Baxenbuesch in der herberge. Alda vorkaufften mhir unser [S. 157] pferde und fhueren auf dem heuerwagen[1029] forth kegen Laveborch.[1030] Lagen wir in der herberge bey einer widtfraw hardt bey der muele von Hanborg[1031] nach Staden. Seyn 5 meil auf Ferde[1032], 4 New Moele[1033], 3 Bremen, da bin ich bey Hertzbach in der herberge gelehen. Von Bremen, Delmenhorß[1034] 2 meil, Walthaußen[1035] 3 meilen, Haßlunge[1036] 3 meil, Hasenburg[1037] 3, Linden[1038] 3, Newenhauß[1039] 3, Hertenberg[1040] 5 meil. Tzu Hinß in der herberg gelegen. Auf Schwol[1041] 1 mheil, Hassel[1042] 1 meil. Von Hassel auf wasser

1024 Klepper, zur Form vgl. Grimm, Bd. 11, Sp. 1229.
1025 das Land zu Pommern.
1026 Die Strecke beträgt etwa 1200 km.
1027 Loethe ist der Name der Mäusegerste oder auch allgemeiner die Bezeichnung für die im Winter auf den unbestellten Feldern wachsenden Gräser, vgl. Grimm, Bd. 12, Sp. 1206. Der Ausdruck scheint hier für die befahrbaren Ackerflächen zu stehen.
1028 Meint hier die Warnow.
1029 ein gemieteter Wagen.
1030 Lauenburg.
1031 Gemeint ist wahrscheinlich Harburg. Die Reise erfolgte dann folglich ab Lauenburg auf der Südseite der Elbe.
1032 Gemeint ist wahrscheinlich Bremerförde, das erst seit dem 17. Jahrhundert den Zusatz »Bremer« erhielt, vgl. Niemeyer 2012, S. 91. Ich danke Niels Petersen, Göttingen, für den Hinweis.
1033 Neumühle lässt sich nicht in das Itinerar einordnen. Möglicherweise ist Giehlermühlen, ein Ortsteil der Gemeinde Vollersohlen, gemeint. Ich danke Niels Petersen, Göttingen, für den freundlichen Hinweis. Das Dorf Neumühle, heute ein Ortsteil von Viske, südwestlich von Bremen, könnte eine Reisestation zwischen Bremen und Wildeshausen gewesen sein.
1034 Delmenhorst.
1035 Wildeshausen.
1036 Hier kann nur Löningen gemeint sein, vgl. Bruns/Weczerka 1967, S. 366.
1037 Haselünne.
1038 Lingen. Bis hier entspricht das Itinerar der Flämischen Straße von Bremen nach Deventer. Nach der Überquerung der Ems bei Lingen zweigte die Reisegruppe nach Norden in Richtung Zwolle von der Flämischen Straße ab, vgl. Bruns/Weczerka 1967, S. 367–370.
1039 Neuenhaus.
1040 Hardenberg.
1041 Zwolle. Die Entfernungsangabe ist auffällig ungenau, denn Zwolle ist etwa 40 km von Hardenberg entfernt.
1042 Hasselt.

kegen Amsterdam seindt 12 meilen. Tzu der herberg Tzu Den 3 Konegen[1043] gelegen. Von Amsterdam ken Tergaw[1044] 3 meil. Zu Hassel seindt wir midt dem schifflin in das wasser gefallen ~~umb~~ und heist die Schwartze Bach.[1045] Waren baldt alle ersoffenn, wo sie nicht baldt tzu huleff gekhommen von dem stedtlin von Tergaw.[1046] Auf dem wasser alda fenget man die beste lax und sehre viel. Von Tergaw {gen} Iselmunde[1047] 3 meil. Tzu Tergaw[1048] da fleust der Reinstrom sehre breidt. Und hardt vor Tergaw fleust er in die sehe, der Reyn. Ahn diessem stedtlin 1 {Meile?} außen ahn dem Reyn ist ein wirdt gewest, der hadt 3 dochter gehadt. Und so ein gast in die herberge ist kommen, der geldt gehadt, so hadt das wirts tochter midt im gebuelet und bestelt, er solte die kammer auflassen, so wolle sie heimlichen zu im kommen. Und das nachtes, so der gast vormeint, die dochter kom, so ist {es} der wirdt selber gewesen und den gast erschlagen. Und sein fleisch eingesaltzen und den andern gesten tzu essen geben.[1049] Ist alda geriecht worden mith seinem dochter auf 4 stuecke gemacht entlich an dem Reinnstrom.

[S. 158] Anno 1551 von Tergaw ken Iselmunde.[1050] Tzu Terte[1051] muß durch die stadt ~~hch~~ gehen. Man muß erst vor die troge[1052] und muß im ein pitzschier[1053] auff den nagel den tunnenn trugen[1054] lassn. Und darnach lest[1055] mhan im andern thor das segel[1056] abe. Iselingen, 2 meyl von Isenlingen kegen Terte, 3 meylen von Newebuesch[1057], 2 meyl vhon Newenbuß kegen Antorf seind 7 meil auf dem lande.

Also kam ich des Montags vor Palmarum[1058] kegen Antorf. Lagk tzu der herberg in dem Newen Vlorian, da die Osterlinge alle liegen.[1059] Ist ein schoen hauß wy tzu Venedig das Fontigo ist gebauhet. Dieselbige woche hatten sie tzu Antorff ahn dem

1043 Zu den {Heiligen} Drei Königen.
1044 Tergouw, Gouda.
1045 Zwarte Water.
1046 Hier muss ein Fehler Holtzwirths vorliegen,
1047 Ijsselmonde, heute im Stadtgebiet von Rotterdam.
1048 Hier und im folgenden Abschnitt scheint Holtzwirth die Städte Gouda (Tergaw) und Terte, womit wohl Dordrecht gemeint ist, durcheinanderzubringen.
1049 Es handelt sich um eine Variante der Schülerlegende des hl. Nikolaus, vgl. Petzoldt 2002.
1050 Islemunde.
1051 Wahrscheinlich ist hier Dordrecht gemeint, für das auch die Form »Dort« bezeugt ist.
1052 Tore?
1053 Siegel: »petschier, n., früher auch pitschier, was petschaft und nun durch dieses verdrängt«, Grimm, Bd. 13, Sp. 1579.
1054 drücken.
1055 löst.
1056 Siegel.
1057 Es scheint sich um das Dorf Oudenbosch, südöstlich von Breda zu handeln. Benachbart war das Dorf Nieuwenbosch, das 1421 in der Elisabethenflut unterging. Von Oudenbosch gab es im 16. Jahrhundert eine bedeutende Fährverbindung nach Dordrecht. Ich danke Bart Holtermann, Göttingen, für diesen Hinweis.
1058 Palmsonntag war der 22. März, also am 16. März 1551.
1059 Vgl. zum Hansehaus/Oostershuis in Antwerpen Ewald 1941, bes. S. 67–69 (zur Situation vor dem Umbau der 1560er Jahre).

margkte vor dem radthauß ein schoen gebew gemacht. Do wardt ein loderiß[1060] wie mans heist, ein topf außgeteilt. Wer haedt ein ungerisch gelde[1061] auf ein pollitz[1062] oder tzeddel eingelegt, also waren etliche hundert gewin darinnen. Und der hoheste gewin war tausent keiseriche gulden erbliche tzinß eintzukommhen oder die gantze hauptsume[1063] 20 tausent keiserich gulden. Dy selbigen gewan ein thumpffaffe tzu Mecheln, hatte eingelegt 3 pilize. Und auf der tzedel, dy er eingelegt hatte, damidt {er} gewhon, stande: Fecit potentiam in brachio suo.[1064]

Dieweil ich aber mein dinck, die ware, vor den heiligen tagen niechts alle konthe beschiecken, so tzog ich die Ostern heilige tage spatzieren von Antorf kehn Mecheln 4 meilen. Alda sahe ich den landtgraven hinderß keisers pallast an der mhaur gefangen.[1065] Da sahe {er} oben tzu eynem fenster heraus. Und war stargk midt Spanniern bewarth. Es waren auch kurtz tzuvhor 2 edelleuth seint halben erstlichen [S. 159] von den Spaniern {hingerichtet} und darnach die totten corper vor 2 thoren an dem galgen gehenckt.[1066] Solches taten die Spanier den Deuschen tzu unehren, die weil sie den landtgrave hatten durch list wegkbringen von Memcheln[1067] ken Prußel.[1068] Da[1069] war des keisers schwester, welche den alten konig von Franckreych gehadt.[1070] Von Prussel tzoege ich auf Jehendt[1071], da der keiser Carolus geborn ist[1072], und von Jehendt widder kegen Antorf. Ahn den Palmentage[1073] haben die pilgram, so tzu Jerusalem sein gewesen, ein gebrauch, das sie in eyner proceß gehen.[1074] Und tregt ein ider ein palmenstrauch von den dadeln[1075] behnumen[1076], so man pflegt mith

1060 Lotterie; »lotterie, f. ein glücksspiel, die fortsetzung des glückshafens oder glückstopfes, S. d. das fremdwort zeigt sich zunächst im niederländischen des 16. jahrh. in einer allgemeinen bedeutung: loterije«, Grimm, Bd. 12, Sp. 1213.

1061 wohl »Gulden«.

1062 Von Police?

1063 Das verzinste Kapital.

1064 Aus dem Magnificat Luk 1,51 »Er übet Gewalt mit seinem Arm«.

1065 Am 29. Mai 1550 wurde der hessische Landgraf Philipp als Gefangener des Kaisers nach Mechelen verlegt und bewohnte dort ein Nebengebäude des Hauses der Margareta von York, vgl. Schädel 1890, S. 8.

1066 Zum gescheiterten Versuch, den hessischen Landgrafen Ende Dezember 1550 durch eine Entführung zu befreien, und zur Bestrafung der Täter und Mitwisser vgl. Mariotte 2018, S. 242–245.

1067 Mecheln.

1068 Brüssel.

1069 Nämlich in Mecheln.

1070 Maria von Ungarn, die 1505 geborene Schwester des späteren Kaisers Karl V., übernahm 1531 nach dem Tod ihres Ehemannes, des Böhmischen und Ungarischen Königs Ludwig Jagiello, die Funktion der Statthalterin in den Niederlanden.

1071 Gent.

1072 Kaiser Karl V. wurde am 24. Februar 1500 in Gent geboren.

1073 Palmsonntag.

1074 Es wird nicht deutlich, ob es sich um die Jerusalembruderschaft in Antwerpen, um jene in Brügge oder aber die in Mecheln handelt; für letzteres spricht der erwähnte Hans von Berge aus Mecheln. Zur Beteiligung der Brügger Bruderschaft an der Palmsonntagsprozession und dem dabei gehaltenen Gastmahl vgl. Schneider 1982, S. 152f., zu Antwerpen ebd., S. 164.

1075 Gemeint sind die Wedel der Dattelpalmen.

1076 genommen.

von Jerusalem {zu} bringen. Darnach muß alle jar ein iglicher, welcher am nehest tzu Jerusalem ist gewest und darauf vorkaufft gehadt, ein collacion[1077] zugeben. Also wardt ich auch gebetenn tzur collation. Und wir haben in die so geriecht gehabt und pasteyen[1078], item malvasia, confect. Als wen der keiser hadt sollen do essen, wer es genug gewesen. Also fandt ich viel von meyner geselschafft in der collation, damidt wir gewesen waren, auch sonderlich Hanß von Berge midt seinem weib und kindt mindt uns gewesen[1079], der alte man Friderich.[1080] Auch wardt die Marterwoche[1081] tzu Antorff ein gewaltiger reicher Italianer verbrant auf dem marck auf eynen stuel. In welcherm stuel er eynen Italianer seiner lanthleudt erwurget. Waren beide sehre reich. Einer hieß Simon Turck. Der verbrant wart, der hieß Simon de Doro.

Anno 1551 den 9 Aprilis, als ich meine dinge alle bescheiden und Ebart Ziridst[1082] von wegen der heren von Rewel den jungen mheurmeister materialis abbetzalet, do tzoeg ich den selbigen ~~nach~~ obent von Antorf biß zum Newesbuß.[1083] Und [S. 160] des morgents frue auf dem wasser nach Terte, da man die segel[1084] auf die thunnen drueckt. Und tzoeg fordt nach Amsterdam. Alda kaufft ich vor 10 schillingk flamisch, das ist 2 daler, 100 saur pommerantzen und liß sie midt dem guth von Amsterdam nach Hamburch schiecken. Also kam ich widder tzuruecke kenn Luebeck. Und mein guet wardt geschiefft von Antorf kegen Amsterdam, von Amsterdam kegen Hamburch auf die sehe und von Hamburch auß die see in die Elbe. Kham von Hamburch auf dem lande 8 meilen ken Luebegk. Tzu Luebeck schiffte ich das guedt auf die luebische bercke[1085], welche nach Revel lauffen solte.

Also fur ich von Luebeck nach Travemunde, da die schieffe legen, ein, 2 meyl von Luebeck. Und schiefften den 12 tag widder auf der Oestsehe kegen Revhel. Als ich widder kegen Rewel kam, war das gebeu der apoteken gar vollenbracht. Und brachte mhein buexen midt von Antorff und riechte die apodeken aufs neuhe ahn, das die heren ein wolgefallen hatten. Dieweil aber niechts sonderliechs von doctoribus in dem lande de medicina waren, wie wol siech die heren tzue Revel sehre beflissen um gelertte leudt, sonderlichen umb predicanden theologie, welche sehre wol in ehren da gehalten worden in den steten. Allein auf dem lande unter den westvelischen[1086] edelleuth und ordensheren ist ein tirannischer gebrauch, das sie die pauren hielten wie die hunde. Seindt jar ihr eigen. Und ich habe gesehen ein pauern einen edelman den andern vor ein windt[1087] vorkauffen oder sonst {um} einen schoenen hundt geben.

1077 ein Essen, vgl. Grimm, Bd. 2, S. 629.
1078 Pasteten.
1079 Vgl. oben Anm. 380.
1080 Friedrich aus Antwerpen, vgl. oben Anm. 286.
1081 Karwoche.
1082 Der Name ließ sich nicht identifizieren.
1083 Oudenbosch, vgl. Anm. 1057.
1084 Siegel.
1085 Barke.
1086 Westfälischen.
1087 Windhund.

Aber in den stetten, sonderlich Revell, Dorpte[1088], Narwen[1089] und Riga, da wirdt das wort Gottes lauter und rein gepredigt. Also beschloß ein erbar rath tzu Revel, als ich die apodeken new angeriecht, und schieckten mich auf ihre unkost und bevhel midt einer ~~unkost~~ volmacht. Und gaben mhir [S. 161] brieve an den Philippum Melanchtonum kegen Wittenbergk, das er eynen geschieckten medicum mochte vormache, den da der da (sic!) eynnem erbarn rath dienen wolten. Sie wolten im ierlich 100 thaler, freihe behausung und frey holtz geben.

Anno 1552, den Dinstag nach Pfingsten[1090], saß ich tzu Revel auf ein schieff und schieffte von Revel biß kegen Luebek. Also kaufft ich tzu Rewel von dem Reusen[1091] 80 tzimmer[1092] growergk[1093], tzu vorsehen, was es tzu Halle gelten moechte. Die nham ich mieth und tzoeg von Luebeck mith den kaufleuthen wegk. Und luedt die grawerck auf die wagen und kam midt den kaufleuthen am Tage Petri und Pauli[1094] kegen der Nawenburgk.[1095] Aber das grauwerk ließ ich von der Nawenburgk kegen Halle fueren etc.

Anno 1552 nach außgang des Nawenburgischen Petri Pauli Marckt kam ich kegen Eißleben. Alda vermacht ich meinenn schwager Jacop Paudernietz[1096], das er mir 100 taler auf tzinse liehe. Darnach tzoeg ich kegen Halle. Und wie ich kegen Hall kham, do starb es uberaus sehre in peste[1097], also das mein schwager fast alle von Halle tzoegen. Und mein mutter die war bey docter Wiehen[1098] in der kost. Also sagt mir doctor Wieh, mein schwager, wie das Hanß Kecke[1099] mheinen bruder Merten hette abgefertigt, die weil er in so großer schuldt were, Got sey es geklagt, er solte tzu mhir in Eyfflandt reyßen und die volmacht von mir uber kohmmen, das er moechte die pfannen vorkauffen. Den ich wurde mich villeicht niecht tzu Halle setzen. Also hette sie mein schwager, doctor Wiehe, auch gerne gehadt. In dem war mein bruder gleich noch in Eifflandt getzogen, wie ich von Lyfflandt herauß tzoege und etwan tzu Dantzka[1100] auf das wasser gesessen. So kam ich von Revel auf dem wasser ken Luebeck und traffen einander niecht an. Also ritthe ich von Halle kegen Wittenbergk und uberanthwortet dem Philippo [S. 162] die brife von wegen meiner hern. Und der Philippus der sagt mir tzue, er wolte mueglichen fleust[1101] an kheren, das er mir einen doctor vorschaffe. Dasselbige mhal lagen viel landtsknechte tzue Wittenbergk in der

1088 Dorpat, Tartu.
1089 Narwa, Narva.
1090 Pfingstsonntag war der 5. Juni, also 7. Juni.
1091 Reußen, Russen.
1092 Ein Zimmer ist ein Stückmaß von 40 Fellen, vgl. Grimm, Bd. 31, Sp. 1285.
1093 Grauwerk ist das graue Winterfell der russischen Eichhörnchen, Grimm, Bd. 8, Sp. 2233.
1094 29. Juni 1552.
1095 Naumburg. Zur Naumburger Peter- und Paulsmesse vgl. Heydenreich 1927.
1096 Vgl. oben Anm. 25.
1097 In Halle sollen 1552 ca. 3000 Personen und 1553 nochmals 1900 Personen an der Pest verstorben sein, vgl. dazu und auch zur weiteren Verbreitung der Seuche in Mitteldeutschland Bärensprung 1854, S. 10.
1098 Vgl. oben Anm. 30.
1099 Zu Hans (Johann) Kecken, vgl. oben Anm. 60.
1100 Danzig.
1101 Fleiß.

besatzung. Und heubtman den von Halle waren heuptman tzu Wittenbergk. Darnach riethe ich widder nach Halle. Also war doctor Wiehe ken Eißleben getzoegen vor dem sterben. Dasselbige mal starb Leborus, der pfarner tzu S. Morietz[1102], Epanus Curtz[1103] etc. Und ich zoegk kegen Eißleben tzu doctor Wie{, der war} bey seiner schwester in der Newstadt.[1104] Da war doctor Melcher Kling[1105] auch tzu Eißleben in der Newstadt bey dem cantzler[1106] tzur herberge. Alda wart ich erstlichen midt ihm bekandt auf ein hochtzeidt. Darnach rietthe ich widder kegen Wittenbergk. Und der Philippus war vor dem sterben von Wittenbergk kegen Torgaw getzoegen.[1107] Also rietthe ich von Wittenbergk kegen Torgaw tzum Philippo. Der tzeichnet[1108] mir nhun tzwene doctores ahn, die im hetten vortroestung geben. Aber also ich nhun bey 8 tagen darauf wartet auf antwort, da schreben sie alle beide doctores abe.[1109] Und kunte also keinen auf das Philippo vorschriefft bekomen. Also gab mir der Philippus ein antwort an meine hern. Und {ich} ritte widder kegen Halle und von Halle kegen Eißleben. Also kham mein bruder widder auß Eyfflandt und kham kegen Eißleben tzu mhir. Also waren wir eins in kegenwertigheit doctor Wiehes und Paudernietz. Und {ich} kaufet ihm sein theil, dy pfannen abe. Und gab im das grawergk, welches mir 100 taler wolte gelten tzu Eyßleben. Das gab ich im vor 100 ffl[1110] und rechnet midt im abe. Aber er hatte die selbige tzeidt niecht mehr den 1 pfanne deusch [S. 163] ein halb Meterisch.[1111] Und die andern 2 pfannen deusch waren der mutter Leipzeitt.[1112]

1102 Nach der Wortstellung möchte man vermuten, dass »der Pfarrer zu St. Moritz« eine Apposition zum vorausgehenden Namen ist. Allerdings hieß der 1552 verstorbene Pfarrer der Moritzkirche Johann Schlösser, vgl. Dreyhaupt 1749/1750, Bd. 1, S. 1086.

1103 Nicht identifiziert.

1104 Gemeint ist die 1511 gegründete Neustadt Eisleben.

1105 Der bedeutende Jurist war lange Zeit als sächsisch-ernestinischer Rat und Wittenberger Universitätsjurist tätig, bis er diese Funktionen durch den Schmalkaldischen Krieg verlor. Er ließ sich in Halle nieder, wo er als Beisitzer des Schöppenstuhls amtierte und auch im Dienst des Magdeburger Erzbischofs Sigismund stand, vgl. Lieberwirth 2004 mit weiterer Literatur. Wolfgang Holtzwirth heiratete 1554 dessen Tochter Catharina.

1106 Wahrscheinlich ist Georg Lauterbeck, seit 1535 Kanzler des Grafen Albrecht VII. von Mansfeld, gemeint. Zwar verlor er das Amt vorübergehend während des Schmalkaldischen Krieges und übte es erst wieder ab 1555 aus; er behielt aber seine Wohnung in Eisleben, vgl. Philipp 2015, Sp. 61; Scheible 1977–2021, Bd. 13: Personen L–N (2019), S. 80f.

1107 Melanchton kam am 3. August 1552 in Torgau an, vgl. Scheible 1977–2021, Bd. 6: Regesten 1550–1552 (1988), Nr. 6518, S. 331.

1108 zeigt.

1109 Im erhaltenen Briefwechsel Melanchthons haben sich die Schreiben der angefragten Mediziner nicht erhalten. Auch ergibt sich aus dem übrigen Briefwechsel kein Hinweis auf die Identität der beiden, vgl. die zeitlich einschlägigen Regesten bei Scheible 1977–2021, Bd. 6: Regesten 1550–1552 (1988).

1110 Gulden.

1111 Meteritz.

1112 Leibzucht. Die Beleibzüchtigung der Mutter mit diesen zwei Pfannen deutsch im Jahre 1509 sind dokumentiert in der *Spezifikation der Lehngüter im Thal zu Halle, mit welchen die Pfänner daselbst, zur Leibzucht für ihre Weiber, Kindern und Schwestern von den Erzbischöfen Ernst und Kardinal Albrecht beliehen worden, 1479–1526,* LHA Magdeburg Rep. A 2 Nr. 769. Ich danke Michael Hecht, Halle, für diesen Hinweis.

Die muste ich auf ein fall gewarthenn. Und nach der mutter todt muste ich Tomas Schueler 110 ffl abe lauffen lassen.

Anno 1552 als ich mich midt meinem bruder der pfannen vorgleicht, also blibe ich tzu Eißleben. Und reith kege Halle, von Halle midt schwager Hanß Keken kegen Wlamde.[1113] Da war er mieth mheyner schwester vor dem sterben {geflohen}. Darnach rietthe ich kegen Leiptzig auf den Michaelischen Marckt.[1114] Und Tomas Schueler halff mich vor 150 taler tuech kauffen. Das packt ich tzu Leipzig ein und schieckt es nach Luebegk. Und riehte also midt den kaufleuthen von Leiptziek auf Halle. Und ritthen widder kegen Luebegk. Zu Luebeck war das herbstschieff vestgemacht, das es solle kegen Revel segeln. Also lagen wir tzu Luebeck lang stille auf den windt. Und ich luede mein tuecher aufs herbstschieff. Und denn Mittwoche vor Martin[1115] furen wir von Luebeck kegen Tramunde.[1116] Und sassen den obent auf unser schieff. Und sigelten mieth starkem winde suedewest. Und khamen ahn S. Martinus Dagk[1117] kegen Gotlandt. Alda hatten wir ein grosen storm und der windt druge unß in die swedische scheren.[1118] Den an den schwedischen scherenn khamen viel schieffe uhm. Und wir hatten unß unserm leben gantz erwoegen. Und wir bunden uns midt stricken ahn und meynten alle augenblick, das das schief an die scheren stossen wurdt. Also musten wir schwimmen. Und vielen auf unßer khnie und bevhelen uns Godt dem almechtigen. In dem gab Gott gelueck, das siech der windt wante. Und wir quamen aus den schwedischen scheren in die offentliche sehe. Also half unß der [S. 164] almechtige Godt, das wir den Donnerstag nach Martin[1119] khen Revell khamen. Und es hatte gerengt[1120] sehr viel eiß und schnee in Eyfflandt. Also ich kegen Rewel kham, da uberanthwortet ich den herren des Philippi brieff und entschuldigte miech, das kein doctor hette willens midt in dy landth tziehen. Wie wol die heren niecht wol tzu frieden waren, also die weil ich keinen doctoren vermochte in das landt zu kriegen.[1121] Und ich muste practiciren und auch die apoteken vorstehen. So bedachte ich mich auch hin und her, die weil ich die pfannen von meinem bruder gekauft. Und solte auch stedes im lande bleiben vor einen gesellen. Das wolde auch niecht vor mich sein. Also beradt ich mich kortz mieth den hernn, ob sie mir die apoteken wolten vorkauffen oder vor ein genames gelt

---

1113 Nicht identifiziert.

1114 Der Michaelismarkt gehörte zu den drei Leipziger Messen, die durch Kaiser Maximilian I. und Karl V. privilegiert worden waren. Der Michaelismarkt wurde am Sonntag nach dem Michaelistag (29. September) eingeläutet. Er begann bereits eine Woche zuvor mit der »Vormesse« und dauerte insgesamt 3 Wochen, vgl. Denzel 2016, S. 202f.

1115 9. November 1552.

1116 Travemünde.

1117 11. November 1552.

1118 Gemeint sind die der schwedischen Küste vorgelagerten Schären, möglicherweise der Stockholmer Schärengarten.

1119 17. November 1552.

1120 geregnet.

1121 Im folgenden Jahr 1553 gelang es, den aus Kassel gebürtigen Matthias Friesner, der zuvor in Lübeck praktizierte, als Stadtarzt nach Reval zu berufen; er versah dieses Amt bis 1561, vgl. Brennsohn 1922, S. 181–183.

gereth[1122] tzu stehen lassen. So sagten sie mir tzu, wen sie die apoteken vorlassen[1123] wolten oder vorkauffen, so solte ich der nehest darzu sein. Darauf wolte ich nicht lenger dienen, sondern da mein tzeidt auß whar, da bath ich um urlaub. Und schafften ein andern apoteker ahn meine stadt.[1124] Also schencketen sie mir uber etc.[1125]

Anno 1553[1126] umb weinnachten, als ich mein orlob genhommen und die heren gaben mir ein ehrlich paßbort.[1127] Und schenckten mich uber mein besoldung 15 kreutzgulden[1128], das ich in die apoteken hatte angeriechtet. Also tzoege ich midt etlichen kaufleuthen auf den schlitten kegen die Narwe.[1129] Und nahm mein tuech, so ich tzu Leiptzig gekaufft hatte, mith mir. Und dar ich tzu der Narve nicht konte midt den Reusen[1130] vortauschen oder vorkauffen, so wardt ich midt etlichen kaufleuthen eins und mitten podawada[1131] von den Reusen herre zu Insanagutt.[1132] Die furten uns auf den schlitten dag und nacht auf der post wie da gebrauch ist und khamen in Reußlandt, in eine große heuptstadt heist Naphagrat[1133] [S. 165]. Ist die groeste kaufmansstadt in Reußlandt. Ist sehre groß, ein deusche meil lang. Und die stadt ist von eytel holtz gemacht und midt erden außgefult. Und die heußer in der stadt seint alle von dannenholtz. Allein die kirchen seindt midt steynen gemacht unde huebsch gewelbt. Die Reusen haben ein tracht wie die Turcken und haben eine glauben wie die Greci, ihre Godt ist Nicolaus. Also haben sie andern gebrauch. Wen sie hatern[1134] oder rechten und keiner dem andern weichen wil, so lest man sie kempfen. Und sie rustigen sich zum krigen einner midt pantzer aufs beste sie konnen. Und welcher den andern uberrendt, der hadt die sache auch gewonnen midt aller unkost. Die pauren aber, so sie kemffen, so tziehn sy siech nackent auß und schmieren sich mit warmen ther.[1135] Und hat ein iglicher ein buegel von holtz in de{r} feust. Und welcher gewandt[1136] oder mumen[1137] gild, der hatt[1138] ~~hever~~ {ver}lornt[1139] [schwer lesbare Streichung] sein sachen.[1140]

1122 Gerät, vgl. Grimm, Bd. 5, Sp. 3564–67.
1123 aufgeben, verkaufen.
1124 Der zuvor in Dorpat/Tartu praktizierende Apotheker Johanes Dick übernahm 1554 die Ratsapotheke, vgl. Seuberlich 1912, S. 177.
1125 Hier wurde offenbar ein Wort vergessen.
1126 Holtzwirth rechnet hier mit dem Nativitätsstil, wonach der Jahresbeginn auf Weihnachten (25. Dezember) fällt. Gemeint ist also das Weihnachten des Jahres 1552 nach dem heute allgemein gültigen Circumcisionsstil.
1127 Passport, Geleitsbrief.
1128 Nach Gruber 1747, S. 328, galt 1553 ein Kreuzgulden fünf Mark rigisch.
1129 Narva.
1130 Russen.
1131 Podwodde, eine Fuhre zum Transport von Sachen, vgl. Gutzeit 1858–1898, Bd. 2 (1898), S. 375.
1132 Ivangorod, am rechten Ufer der Narva. Ich danke Jürgen Beyer, Tartu, für die Identifikation.
1133 Nowgorod.
1134 hadern.
1135 Teer, Holzöl, zur Form vgl. Grimm, Bd. 21, Sp. 344.
1136 gewinnt.
1137 Ausdruck unklar.
1138 Über der Streichung ergänzt.
1139 Die Silbe »ver« ist durch die vorausgehende Streichung offenbar irrtümlich getilgt worden.
1140 Über der Streichung ergänzt.

Item in diesser stadt wirdt von wax, zobeln und raucheswar[1141], item flachs, reusche[1142] heutte grosse mennige gebracht. Es kommen Turcken, Littawer, Tatern, Teusche und allerley nation von kaufleuthen in die stadt. Also vertuschet ich mein tuecher sehre wol. Und kriget 150 zimmer[1143] grauberch[1144] und 6 schifflb[1145] heiligen flochß[1146], item mrintz und mincken[1147] davhor. Also das ich ein tuech, so wir tzu Leipzigk vor 5 ffl. kauft hatten, vor 12 ffl. auß{verkauften}. Und als ich die ware eingebagkt, kaufft ich noch ein weißbehrenhauth[1148] und weißfueschsfutter.[1149] Und baket es in ein ballen und furt es auf dem schlitten von Naphagradt kegen der Pleßka[1150], darnach kegen Torpte[1151], von Dorpte kegen Revel. Nawgarthen leidt 120 meil von Rewel. So quam ich die Woche Quasimodigeniti[1152] (sic!) auß Reußlandt khen Rewel. Und Mittwoch nach [S. 166] nach (sic!) Pfingsten[1153] schieffte ich mith meynem gueth von Revel auß Iflandt kegen Luebeck.

Anno 1553 kam ich widder ken Luebeck. Da erfur ich, das krieg in Deuschlandt war.[1154] Also vorkaufft ich mein wahr tzu Luebeck vor 300 taler und liß mir das geldt uberschreiben nach Antdorf. Also nham ich das tzedelin, die uberschreibung, tzu mhir und kaufft mir ein deusch pferdt und ritthe kegen Luenenborg.[1155] Da kam ich tzu eynem edelman, der hatte 7 pferde. Der wolte kegen Braunschweig tzegen tzu dem Margrafen.[1156] Also riethe ich mith im in der gesellschafft. Als wir keyn Giffhorn kommen, 2 meil von Braunschweig, da kamen wir in den walt. Also sagt unß ein pawer, das in dem torfe[1157] die nacht hetten 14 braunschweigische reuter gelegen. Also musten wir 2 {Pferde} in dem far[1158] Deula[1159] liße farnthe.[1160] Und wir musten 2 und 2 reithen und in großer gefahr. Als wir schier in die landtwer vor Braunschweig komen, da sahen wir auf eyne hoegel die braunschweigische reuter halten vor Wolffenbeuthel.[1161] Und da sie uns sahen, rietthen sie auf uns tzu. Aber wir hieben darauf unßes pferde

1141 Pelzwerk.
1142 russische.
1143 Vgl. Anm. 1092.
1144 Vgl. Anm. 1093.
1145 Schiffspfund.
1146 Heiliger Flachs, vgl. Gutzeit 1858–1898, Nachträge zu A–R, Riga 1992, S. 25.
1147 Möglicherweise sind Felle des »Menk« oder »Mänk«, eines kleinen Fischotters, gemeint, vgl. Gutzeit 1858–1898, Bd. 2 (1898), S. 233.
1148 Eisbärenfell.
1149 Polarfuchsfell.
1150 Pskow, Pleskau.
1151 Tartu, Dorpat.
1152 9. April 1553.
1153 20. Mai 1553.
1154 Gemeint ist der Zweite Markgrafenkrieg.
1155 Lüneburg.
1156 Markgraf Albrecht Alcibiades von Brandenburg-Kulmbach.
1157 Dorfe.
1158 wohl »Fähre«.
1159 Evtl. auch »Drula«; Ortsname nicht identifiziert.
1160 fahren lassen, aufgeben.
1161 Wolfenbüttel.

21 Handschrift Holtzwirth, Seite 167 mit dem späteren Nachtrag über den Besuch Wolfgang Holtzwirths in Prag zu Pfingsten 1570

und ranthen in die landtwere. Aber sie waren noch so weith von uns und iechten[1162] uns in die landtwere. Also kamen wir auf einen Sonnabent kegen Braunschweig.[1163] Auf den Sontag nach mittach kham das geschrey, das siech hertzoek Moritz[1164] und der marggraf geschlagen hetten. Und hertzoeg Moritz schieckte ein kuetzwagen[1165], wolt den doctor Schwartz[1166] lassen hoelen. Aber die heren[1167] wolten in niecht lassenn. Also wardt auf den Dinstag[1168] die meß und balsamung tzu Braunschweig in der apoteken[1169] zugeriecht, das man [S. 167] hertzoeg Moritz solte balsamirn, den er gestorben war.[1170] Auf den Midtwoch[1171] tzoge der hauf mith hertzog Moritz leiche vor Braunschweig voruber. Und ich machte mich des obents auf mein pferd von Braunschweig auf und kam den obent tzu dem hauffen. Also ritthe ich mieth hertzog Moritz hauffen biß kegen Halle.[1172] Also lagen die knechte tzu Halle ein weile tzu Paßdorf.[1173] Und ich ritthe von Halle nach Antorff kege Eißbergk[1174], ken Jehne[1175], kegen Jota[1176], Eysenach, Marckburg[1177] biß kegen Antorff.

1162 Ausdruck unklar.

1163 Am 8. Juli 1553, dem Vorabend der Schlacht von Sievershausen.

1164 Kurfürst Moritz von Sachsen.

1165 Kutschwagen.

1166 Es handelt sich um den von 1541 bis zu seinem Tode 1555 als Braunschweiger Stadtphysikus tätigen Antonius Niger; vgl. Fuhse 1926, S. 31f.; Arends/Schneider 1960, S. 97.

1167 Der Braunschweiger Rat.

1168 11. Juli 1553.

1169 In Braunschweig bestand in der frühen Neuzeit nur eine Apotheke, nämlich die Ratsapotheke, vgl. Arends/Schneider 1960, bes. S. 12–19.

1170 Der sächsische Kurfürst wurde in der für ihn siegreichen Schlacht verletzt, als die Kugel einer Handbüchse seine Panzerung am Rücken zerschlug und in den Leib eindrang. Der Zustand des Verletzten erschien am Morgen des 10. Juli 1553 noch stabil, aber am Nachmittag verschlechterte er sich. In der Nacht zum 11. Juli verstarb Herzog Moritz im Feldlager, vgl. Issleib 1887, S. 99–103; Herrmann 2006, S. LVII (mit Verweis auf die dort edierten Dokumente zum Tode von Herzog Moritz). Eine Balsamierung des Körpers in der Braunschweiger Apotheke wird dort nicht erwähnt.

1171 12. Juli 1553.

1172 Nach Issleib 1887, S. 103 ritten fünf Geschwader Reiter mit der Leiche des Kurfürsten über Wolfenbüttel, Halberstadt, Aschersleben, Halle und Leipzig nach Freiberg.

1173 Passendorf.

1174 Eisenberg.

1175 Jena.

1176 Gotha.

1177 Marburg.

[von derselben Hand, aber offenbar mit großem zeitlichen Abstand geschrieben]

Anno 1570 im Pfinstagk[1178] bihn ich zu Prag komen in Beheme und auff der Klynen Seyten in der herberge gelegen. Alda hadt mich des cantzlers dyner zu Prage[1179] auff der dreppe, da man auff das schloß gehedt[1180], in dy Alte Stadt zu Ulrich Prevaten, der meyn geschwore bruder ist gewesen in Palestina. Alda hadt er mich in das hauß des Ulrich Prefaten gefurtt[1181], welches ist noch bey der kirchen, da der kelch in der kirche stehett.[1182] Aber er selbst wahr gestorben und hatte zwene sone[1183], welche zvillinck waren nach ihm gelaßen. Und der eine hadt 6 finger, an der einen faust vier.[1184] Die seyn weib[1185] hatte widderumb gefreihett. Und er[1186] badt mich im Pfingstmondagk in seyn hauß zu gast. Alda warhen alle syne freundtschafft bey drey dische voll. Alda date[1187] ~~seyn~~ er mihr groß reverentz und schankte mich das behemisch reißbuch[1188], das ich noch habe. Alda setzt ehr mich auff [...][1189] 5 und 6 wol meynen namen zwey mhall. Und er hadt dy reiß in Palestina fleißigk drucken laßen. Und ich fur auff der Elbe vohn Praga uß kege Pirna und darnach ken Dr{esden}.

1178 14. Mai 1570.

1179 Gemeint ist wohl der Diener des Bürgermeisters der Kleinseite. Ich danke Jan Hrdina, Prag, für diesen Hinweis und weitere Auskünfte zu dieser Textpassage.

1180 Gemeint ist die (Nové) zámecké schody (Neue Schlosstreppe), die seit dem Hochmittelalter den Weg von der Kleinseite zur Burg bildete. Der Weg verbindet die heutige Thunovská-Straße mit dem Hradčanské náměstí (Hradschiner Platz).

1181 Es handelt sich um das Haus Nr. 621 (Masná Str. 621/10), rund 100 Meter nördlich der Teynkirche, das Prefát um 1545 kaufte, vgl. Prefát 1947, S. 355 und 357 sowie die Einleitung, Anm. 168.

1182 Gemeint ist die Teynkirche am Altstädter Ring. In ihrem Westgiebel war seit den 1460er Jahren ein großer vergoldeter Kelch als Symbol des Utraquismus angebracht, der vom Altstädter Ring aus gut sichtbar war.

1183 Söhne. Zu den beiden Söhnen Andreas und Thomas vgl. die Einleitung, Anm. 175–177.

1184 Zu historischen Nachweisen von Polydaktylie vgl. Hack 2019.

1185 Magdalena z Kynostu; zur Person vgl. die Einleitung, Anm. 174 und Anm. 201–205.

1186 Hier scheint der zweite Ehemann der Ehefrau Ulrich Prefáts gemeint zu sein.

1187 tat.

1188 Möglicherweise handelt es sich um das Exemplar, das Johann Gottfried Olearius erwähnt, vgl. Einleitung, Anm. 15.

1189 Unklares Wort. Möglicherweise bezieht sich die Aussage auf eine Stelle des gedruckten Reiseberichts Prefáts; nämlich auf Bl. C3v–C4r. Das römische Zahlzeichen »V« meint dann wohl das fünfte Kapitel, vgl. Abb. 22.

druhých/ Tolikéž we dne z těch ſſeſti /na kterých geſt bděnij / muſy
čaſto lijſti na horu geden / neb dwa do Koſſe / a pohleděti widijli
kde yaké Sſijſſy neb Gallee/a oznámiti Luggierowi/neb Patrono
wi/ též těch ſſeſt Pacholkuow / na které bděnij přijgde / cýdijwagij
Sentinu/očemž na před ſtogij. Geſt také obyčey těch Maryná=
řuo Pacholkuo/že když co w Nawi dělagij/wždycky křičij/ a bez kři
ku nic dělati ne vmégij. Potom bylo dwý Pacholat/ kteřij Pa=
tronowi a Heytmanu poſluhugij/a tak geſt bylo na Padeſáte oſob
Czeledi Patronowy / kterým wſſem Patron platij a Strawu dá=
wá/a nás Pautnijkuow na též Nawi wſſech bylo okolo Dewade=
ſáti oſob/ale z nás aſy okolo Sſedeſáti s Patronem gſme ſmlauwu
napřed položenau měli/a na geho ſtrawě byli / ale ginij z Pautnij=
kuow na Nawi/ſami na ſwé tráwili/a Patronowi toliko od woz=
by neb plawenij platili/Neb kdo chce na ſwé w Sſijſſu tráwiti / a
w Zemi Swaté za ſe ſám wſſecko platiti/tehdy Patron toho každé
mu přege a dopuſtij/gen toliko když s Patronem ſe ſmluwij/od pla
wenij co mu má dáti/aby ho dowezl z Benátek až k Zemi Swaté/
a zas až do Benátek přiwezl/A někteřij dáwali od plawenij / toliko
ſem y tam Deſet Korun/ někteřij wijce/někteřij mýně/ yak ſe kdo s
Patronem o to vrownati mohl: Giž pak co ſe Strawy dotýče /
každý ſe opatřil w Benátkách/Chlebem/Seyrem/Wijnem/ Wo=
dau ſladkau/a ginými wěcmi/a když gſme k kterému ginému Oſtro
wu přiſtali/tu ſobě opět na kaupil giných potřeb k gijdlu/ a tak kaž=
dý ſe opatřil Strawau yak neylépe mohl. Též každému tomu/kte=
rý na ſwé tráwil/ vkázal Patron w Sſijſſu mijſto kde by léhal / a
ſwau Truhlu s ſwými wěcmi chowal / tolikéž aby ſobě v Ohniſſtě
wařil/ač y kuchař gim wařil kteřij chtěli/a oni mu na ſpropitij dá=
wali. Též bylo na Nawi aſy deſet Mnichuow Pautnijkuow /
Boſákuow y giných Wlachuow/a Nydrlantuow/ti na ſwé tráwi
li. Bylo také Žen ſtarých (newijm co gſau byly Geptiſſkyli / čyli
Bekyně) Wlaſſek Pautnic okolo pěti/ty také na ſwé tráwily. Též
byl geden Nyderlender z Antorffu/genž ſlaul Jan Borman s ſwu
Ženau/a Synem malým Pacholátkem/aſy w ſſeſti Letech/ ten též
na ſwé tráwil. Tolikéž druhý Nyderlender/též z Antorffu/kterýž
ſlaul Tilman/s Dcerau děwčátkem malým/ten také na ſwé tráwil.
Byla též yakás Žena mladá Nyderlendka z Antorffu/která také
na ſwé tráwila. Také byl gedē Německ z Halli Saſké Země/a ſlaul
Wolff

22 Prefát 1563, Nationalbibliothek der Tschechischen Republik, Prag, Sign. 54 B 324, Bl. C3v-C4r. Auf diesen beiden Seiten wird Wolfgang Holtzwirth, ein »Deutscher, Sachse aus Halle« mehrfach erwähnt.

V.

Wolff holcwirt towaryſs muog/a y on na ſwé trawil/ Bylo y giných chudých Pautnijkuow Wlachuow několik/kteřij na ſwé trá-
wili/ Ty wſſecky Patron w Zemi Swaté/y ginde wſſudy opatro
wal/ a gim raden y pomocen byl/rowně co nás/ kteřij gſme s nim
ſmlauwu měli/ a na geho Strawě byli/ než že za nás platil/ a nám
Strawu dáwal/ ale oni ſami za ſebe w Zemi Swaté od Oſluow
na kterých gezdili/ Swatých mijſt k ohledowánij/ muſeli platiti/a
na ſwé w Sſijffu tráwiti/ač koli pak gſau méně vtratili/ ale wſſak
podlé mého zdánij lépe geſt s Patronem ſmlauwu mijti/ a na geho
Strawě býti/ pro mnohé přijčiny/ které by ſe na Moři přitreffiti
mohly. Mezy námi pak Pautnijky/ kteřij gſme s Patronem
ſmlauwu měli/a na geho ſtrawě byli/bylo neywijce Nyderlantůw
z Antorffu/z Mechel/z Priſel/a mezy těmi někteřij byli Kněžij/a ge=
den Kanownijk. Též bylo několik z Franſké Země Francauzůw.
Též y několik Wlachuow z Benátek/ z Medyolánu/ z Neapoli/ a
od ginud. Byli také Cztyřij Sſpanyelowé/dwa Kněžij / ſyc geden. Z Němec hořeyſſijch dwa dobřij lidé Rytijřſſtij z Sſwábſké
Země/geden ſlaul Jakob von hundtpis/který potom w ſſarwátce/
kterau gſme s Turky měli na Moři geſt zaſtřelen/ očemž na ſwém
mijſtě položijm/A druhý Hans von Reperg/ti měli s ſebau tři Pa-
cholky neb Služebnijky/ geden ſlaul Linhart Hoacher / vměl do=
bře Wlaſky/Druhý ſlul Hans ſchiling/Třetij Melcher Bok/A ſſe
ſtý Wolff Holcwirt z Halli/o kterém na hoře gſě dotekl/ale yá toli
ko ſám ſem byl mezy nimi Czech/ a nás ſedm gſme w towaryſtwu
ſpolu byli. Též byl s námi také w Nawi náſs tlumač / kterého
nám Knijže Benátſké Gehomiloſt/ a Radda přidali / aby od nás
na té wſſij Ceſtě tlumačil/ ten ſlaul Hermes, a vměl několikeru Rzeč.
A když gſme ſe pak od Benátek Plawili / bylo na naſſij Nawi s
námi několik Rzekuow / a giných z těch Oſtrowuow kterým gſme
měli přiſtáwati: Yako z Oſtrowu Corſu/a Zante/s Kandy/s Cy
pru/kteřij když gſme k těm Oſtrowuom přiſtali/w nich oſtali/ bud
že tu obydlij ſwé měli/bud že tu nětco činiti měli/ale ginj/kteřj do dal-
ſſijch Oſtrowuow ſe plawiti chtěli: Yako/ z Korſu do Zante / a z
Zante do Kandy/z Kandy do Cypru/do Nawe w cházeli / wſſak
gſau nebyli Pautnijcy/ale Kupcy / a neb obywatelé těch některých
Oſtrowuow/a ginij lidé/kteřij pro ſwé potřeby z gednoho Oſtrowu do druhého ſe plawij. Nás pak bylo vſtawičně na Nawi o-

C iiij kolo

ANHANG

1 Der Reiseweg Wolfgang Holtzwirths von Halle nach Rom im Jahre 1544

2 Die Reiserouten Wolfgang Holtzwirths in Italien 1545/46
grün: Die Rundreise Wolfgang Holtzwirths durch Italien vom 1. Juli 1545 bis zum 10. Oktober 1545
violett: Der Reiseweg Wolfgang Holtzwirths von Rom nach Venedig im Juni 1546

3a Der Reiseweg der Pilgergruppe von Jaffa nach Jerusalem und zurück im August/September 1546

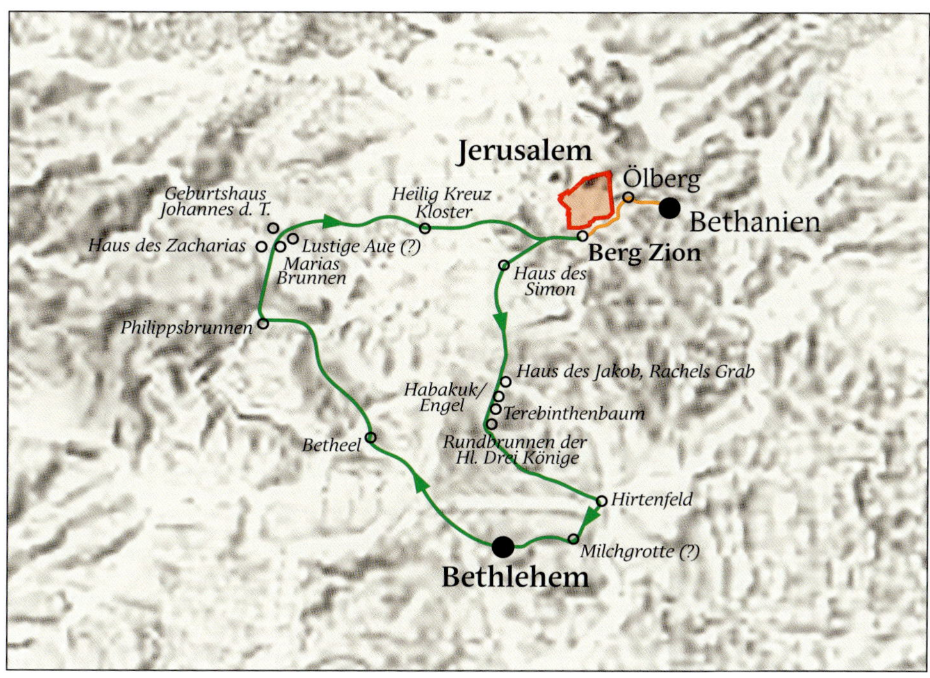

3b Der Reiseweg der Pilgergruppe vom Zionskloster nach Bethlehem und zurück am 22./23. August 1546

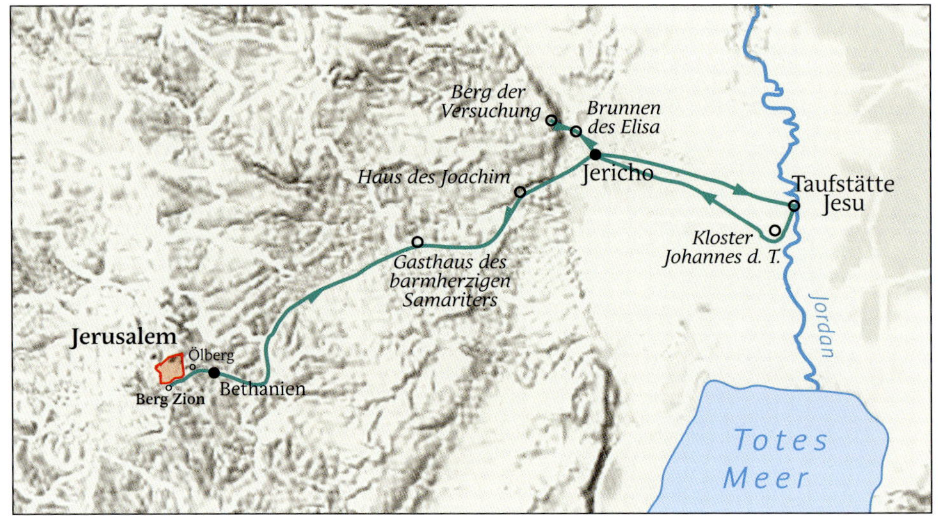

3c Der Reiseweg der Pilgergruppe vom Zionskloster zur Taufstelle Jesu am Jordan und zurück am 27./28. August 1546

3d Der Reiseweg der Pilgergruppe vom Zionskloster nach Hebron und zurück am 29./30. September 1546

4 Der Reiseweg Wolfgang Holtzwirths von Padua nach Reval (Tallinn) in den Jahren 1547–1550

5 Die Reiserouten Wolfgang Holtzwirths von Lübeck durch Mitteldeutschland (Juni bis November 1552)

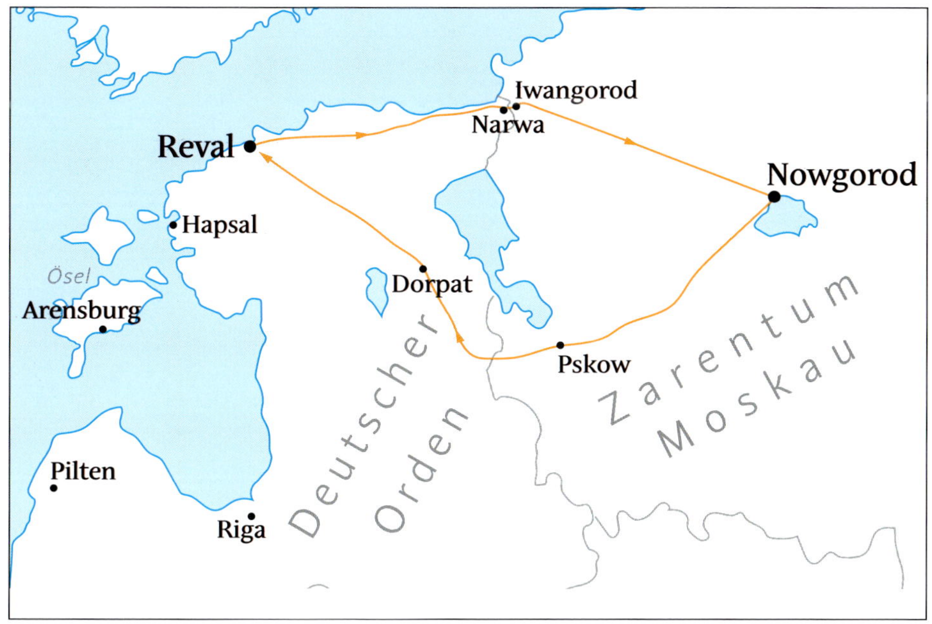

6 Der Reiseweg Wolfgang Holtzwirths von Reval (Tallinn) nach Nowgorod und zurück (Dezember 1552 bis April 1553)

7 Der Reiseweg Wolfgang Holtzwirths von Lübeck nach Halle im Juli 1553 und von dort weiter nach Antwerpen

Bibliographie

Abb/Wentz 1929: Abb, Gustav; Wentz, Gottfried: Das Bistum Brandenburg 1 (Germania Sacra A. F. Abt. 1: Die Bistümer der Kirchenprovinz Magdeburg), Berlin 1929 (Neudruck Berlin 1963).

Agricola 1527: Agricola, Johannes: Ein Christliche kinder zucht/ Ynn Gottes wort vnd lere. Aus der Schule zu Eißleben, Altenburg 1527 (VD16 A 977).

Anselmino 2003: Anselmino, Thomas: Medizin und Pharmazie am Hofe Herzog Albrechts von Preußen (1490–1568) (Studien und Quellen zur Kulturgeschichte der frühen Neuzeit 3), Heidelberg 2003.

Arends/Schneider 1960: Arends, Dietrich; Schneider, Wolfgang: Braunschweiger Apothekenregister 1506–1673 (Braunschweiger Werkstücke 25), Braunschweig 1960.

Bagenski 1914: Bagenski, Rudolf von: Geschichte der Familie von Selmnitz, Halle 1914.

Balbinus 1778: Balbinus, Bohuslaus: Bohemia docta, Pars II, hg. von Raphael Ungar, Prag 1778.

Bärensprung 1854: Bärensprung, Friedrich Wilhelm Felix von: Ueber die Folge und den Verlauf epidemischer Krankheiten: Betrachtungen aus der medicinischen Geschichte und Statistik der Stadt Halle, Halle 1854.

Bartoš 1944: Bartoš, František Michálek: Evangelický poutník k Božímu hrobu [Ein evangelischer Pilger zum Gottesgrab], in: Kostnické jiskry 26 (1944), S. 38f.

Bettin 2020: Reiseapotheke des Hans Porner, in: Kühne 2020, S. 240f.

Biedermann 1748: Biedermann, Johann Gottfried: Geschlechtsregister des Hochadelichen Patriciats zu Nürnberg, Bayreuth 1748.

Böhme/Böhme 2011: Böhme, Wolfgang; Böhme, Moritz: »Berus« und »Tirus«, zwei schwer zu deutende Schlangennamen aus vorlinnaeischer Zeit, in: Sekretär. Zeitschrift der Arbeitsgemeinschaft Literatur und Geschichte der Herpetologie und Terrarienkunde 11 (2011), S. 3–16.

Bonaventura 1484: Bonaventura, [Johannes]: Opuscula, Köln 1484 (GW 04644).

Brall-Tuchel 2012: Brall-Tuchel, Helmut (Hg.): Wallfahrt und Kulturbegegnung: das Rheinland als Ausgangspunkt und Ziel spätmittelalterlicher Pilgerreisen.; Beiträge des interdisziplinären Symposiums in Erkelenz am 14. Oktober 2011 (Schriften des Heimatvereins der Erkelenzer Lande 26), Erkelenz 2012.

Brandenburg 1904: Brandenburg, Erich (Hg.): Politische Korrespondenz des Herzogs und Kurfürsten Moritz von Sachsen, Bd. 2: Bis zum Ende des Jahres 1546, Leipzig 1904 (Neudruck 1983).

Brandt/Pohl/Sprague/Hörl 2012: Brandt, Hartwin; Pohl, Benjamin; Sprague, William Maurice; Hörl, Lina (Hg.): Erfahren, erzählen, erinnern: narrative Konstruktionen von Gedächtnis und Generation in Antike und Mittelalter (Bamberger historische Studien 9), Bamberg 2012.

Bräuer 2000: Bräuer, Siegfried: »... einige aber sind Natürliche, andere Göttliche, wieder andere Teuflische ...« Melanchthon und die Träume, in: Ders.: Spottgedichte, Träume und Polemik in den frühen Jahren der Reformation. Abhandlungen und Aufsätze. Mit einem Lebensbild von Helmar Junghans, hg. von Hans-Jürgen Goertz und Eike Wolgast, Leipzig 2000, S. 223–254.

Bräuer/Kohnle 2014: Bräuer, Siegfried; Kohnle, Armin (Hg.): Von Grafen und Predigern. Zur Reformationsgeschichte des Mansfelder Landes (Schriften/Kataloge der Stiftung Luthergedenkstätten in Sachsen-Anhalt 17), Leipzig 2014.

Brennsohn 1922: Brennsohn, Isidorus: Die Aerzte Estlands vom Beginn der historischen Zeit bis zur Gegenwart. Ein biographisches Lexikon nebst einer historischen Einleitung über das Medizinalwesen Estlands, Riga/Berlin 1922.

Breydenbach 1486: Breydenbach, Bernhard von; Roet, Martin; Reuwich, Erhard: Die heyligen reyßen gen Jherusalem zuo dem heiligen grab, Mit Widmungsvorrede des Autors an Berthold von Henneberg, Erzbischof von Mainz. Holzschnitte von Erhard Reuwich, Mainz 1486.06.21. [GW 5077 zitiert wird nach dem Exemplar der BSB-Ink B-911].

Brincken 1973: Brincken, Anna-Dorothee von den: Die »Nationes Christianorum Orientalium« im Verständnis der Lateinischen Historiographie. von der Mitte des 12. bis in die zweite Hälfte des 14. Jahrhunderts (Kölner Historische Abhandlungen 22), Köln/Wien 1973.

Bünz 2006: Bünz, Enno: Die Heiltumssammlung des Degenhard Pfeffinger, in: Tacke 2006, S. 125–169.

Bünz 2009: Bünz, Enno: Gründung und Entfaltung: Die spätmittelalterliche Universität Leipzig 1409–1539, in: Bünz 2009a, S. 17–325.

Bünz 2009a: Bünz, Enno (Hg.): Geschichte der Universität Leipzig 1409–2009, Band 1: Spätes Mittelalter und Frühe Neuzeit 1409–1830/31, Leipzig 2009.

Calvelli 2014: Calvelli, Lorenzo: Cypriot origins, Constantinian blood: The legend of the young Saint Catherine of Alexandria, in: Papacostas/Saint-Guillain 2014, S. 361–390.

Chytil 1913: Chytil, Karel: Oldřich Prefát z Vlkánova a Domenico dalle Crache, in: Památky archaeologické 25 (1913), S. 117–132.

Clemen 1912: Clemen, Otto: Janus Cornarius, in: Neues Archiv für Sächsische Geschichte und Altertumskunde 33 (1912), S. 36–76.

Cottin/Kunde 2017: Cottin, Marus; Kunde, Holger (Hg.): Dialog der Konfessionen: Bischof Julius Pflug und die Reformation (Ausstellungskatalog Vereinigte Domstifter zu Merseburg und Naumburg und des Kollegiatstifts Zeitz 2017), Petersberg 2017.

Cramer 1948: Cramer, Valmar: Pilgeratteste für Jerusalemwallfahrer seit dem Ausgange des Mittelalters, in: Das Heilige Land. Palästinabuch des Deutschen Vereins vom Heiligen Land 1948, S. 51–56.

Cramer 1949: Cramer, Valmar: Das Rittertum vom Heiligen Grabe im 16. Jahrhundert: der Übergang zu einem Ritterorden unter der Schutzherrschaft der Päpste, in: Palästinabuch des Deutschen Vereins vom Heiligen Lande 4 (1949), S. 81–159.

Delius 1953: Delius, Walter: Die Reformationsgeschichte der Stadt Halle a./S. (Beiträge zur Kirchengeschichte Deutschlands 1), Berlin 1953.

Denke 2001: Denke, Andrea: Venedig als Station und Erlebnis auf den Reisen der Jerusalempilger im späten Mittelalter (Historegio 4), Remshalden 2001.

Denke 2011: Denke, Andrea: Konrad Grünembergs Pilgerreise ins Heilige Land 1486. Untersuchung, Edition und Kommentar, Köln u.a. 2011.

Denzel 2016: Denzel, Markus A.: Die Leipziger Messen vom 16. bis zum frühen 19. Jahrhundert, in: Döring 2016, S. 199–229.

Dohrn-van Rossum 1992: Dohrn-van Rossum, Gerhard: Die Geschichte der Stunde. Uhren und moderne Zeitordnung, München 1992.

Döring 2016: Döring, Detlef (Hg.): Geschichte der Stadt Leipzig, Bd. 2: Von der Reformation bis zum Wiener Kongress, Leipzig 2016.

Dormeier 2012: Dormeier, Heinrich: Pilgerfahrten Lübecker Bürger im späten Mittelalter: Forschungsbilanz und Ausblick, in: Zeitschrift des Vereins für Lübeckische Geschichte und Altertumskunde 92 (2012), S. 9–64.

Dreyhaupt 1749/1750: Dreyhaupt, Johann Christoph von: Pagus Neletizi et Nudzici, oder ausführliche diplomatisch-historische Beschreibung des zum ehemaligen Primat und Ertz-Stifft, nunmehr aber durch den westphälischen Friedens-Schluß secularisirten Herzogthum Magdeburg gehörigen Saal-Kreyses und aller darinnen befindlichen Städte, Schlösser, Aemter, Rittergüter, adelichen Familien, Kirchen, Clöster, Pfarren und Dörffer, insonderheit der Städte Halle, Neumarckt, Glaucha, Wettin, Löbegün, Cönnern und Alsleben […], 2 Bde., Halle 1749f.

Dreyhaupt 1750: Dreyhaupt, Johann Christoph von: Beylage sub B. zum Zweyten Theil: Johann Christoph von Dreyhaupt: Genealogische Tabellen oder Geschlechts-Register sowohl derer vornehmsten im Saal-Creyse mit Ritter-Gütern angesessenen Adelichen Familien als auch derer vornehmsten alten und neuen, theils abgestorbenen, Adelichen, Patricien und Bürgerlichen Geschlechter zu Halle […], Halle 1750.

Dunkel 1753–1760: Dunkel, Johann Gottlob Wilhelm: Historisch-kritische Nachrichten von verstorbenen Gelehrten und deren Schriften, 3 Bde. mit je vier Teilen, Köthen 1753–1760.

Eberenz 1975: Eberenz, Rolf: Schiffe an den Küsten der Pyrenäenhalbinsel. Eine kulturgeschichtliche Untersuchung zur Schiffstypologie und -terminologie in den iberoromanischen Sprachen bis 1600, Frankfurt a. M. 1975.

Eberhard 1981: Eberhard, Winfried: Konfessionsbildung und Stände in Böhmen 1478–1530 (Veröffentlichungen des Collegium Carolinum 38), München u.a. 1981.

Eisermann/Reichert 2007: Eisermann, Falk; Reichert, Folker: Der wiederentdeckte Reisebericht des Hans von Sternberg, in: Herbers/Bünz 2007, S. 219–248.

Ellenblum/Shagrir 2007: Ellenblum, Ronnie; Shagrir, Iris (Hg.): Laudem Hierosolymitani: Studies in Crusades and Medieval Culture in Honour of Benjamin Z. Kedar, Ashgate 2007.

Empelen 2020: Empelen, Louis van: Kat.-Art. »Ansicht der Grabeskirche. Domenico dalle Greche Venedig, 1546/Prag, um 1563«, in: Kühne 2020, S. 246f.

Erler 1895: Erler, Georg (Bearbeiter): Die Matrikel der Universität Leipzig, Bd. 1: Die Immatrikulationen von 1409–1559 (Codex diplomaticus Saxoniae regiae 2,16), Leipzig 1895.

Eulner 1972: Eulner, Hans-Heinz, Art. »Hoffmann, Friedrich«, in: Neue Deutsche Biographie 9 (1972), S. 416–418.

Ewald 1941: Ewald, Wilhelm: Das Hanse-Haus zu Antwerpen, in: Köln und der Nordwesten. Beiträge zur Geschichte, Wirtschaft und Kultur des Rhein-, Maas- und Schelde-Raumes. Herausgegeben anläßlich der deutsch-flämischen Kulturtage Köln 1941 von der Hansestadt Köln, Köln 1941, S. 67–89.

Faix/Reichert 1998: Faix, Gerhard; Reichert, Folker (Hg.): Eberhard im Bart und die Wallfahrt nach Jerusalem im späten Mittelalter (Lebendige Vergangenheit. Zeugnisse und Erinnerungen. Schriftenreihe des Württembergischen Geschichts- und Altertumsvereins 20), Stuttgart 1998.

Fischer 1929: Fischer, Gerhard: Aus zwei Jahrhunderten Leipziger Handelsgeschichte 1470–1650 (Die kaufmännische Einwanderung und ihre Auswirkungen), Leipzig 1929 (ND 1978).

Förstemann 1841: Förstemann, Karl Eduard (Hg.): Album Academiae Vitebergensis: 1502–1602. 1: Ab a.Ch. MDII usque ad a. MDLX, Leipzig/Halle 1841.

Fortunatus 1509: Fortunatus (Wie sin lüngling geporen auß dem künigreych Cipern/ mit namen Fortunatus in frembd̃ñ landen in armůt vnd ellend kam … […], Augsburg 1509 (VD 16 VD16 F 1928).

Fouquet 2007: Fouquet, Gerhard (Hg.): Die Reise eines niederadeligen Anonymus ins Heilige Land im Jahre 1494 (Kieler Werkstücke. Reihe E. Beiträge zur Sozial- und Wirtschaftsgeschichte 5), Frankfurt a. M. 2007.

Freybe 2004: Freybe, Peter (Hg.): Frauen fo(e)rdern Reformation. Elisabeth von Rochlitz, Katharina von Sachsen, Elisabeth von Brandenburg, Ursula Weida, Argula von Grumbach, Felicitas von Selmnitz, Wittenberg 2004.

Friedrich/Seidlein 1984: Friedrich, Christoph; Seidlein, Hans-Joachim: Die Bedeutung Johannes (Hans) Valentins für die Entwicklung der Pharmazeutischen Wissenschaft, in: Die Pharmazie 39 (1984), S. 262–269.

FUHSE 1926: Fuhse, F.[ranz]: Hygiene und Heilkunst in der Stadt Braunschweig während des 16. Jahrhunderts, in: Niederdeutsche Zeitschrift für Volkskunde 4 (1926), S. 23–43.

GADEBUSCH 1777: Gadebusch, Friedrich Konrad: Livländische Bibliothek nach alphabetischer Ordnung, 3 Teile, Riga 1777.

GANTET 2010: Gantet, Claire: Der Traum in der Frühen Neuzeit. Ansätze zu einer kulturellen Wissenschaftsgeschichte (Frühe Neuzeit. Studien und Dokumente zur deutschen Literatur und Kultur im europäischen Kontext 143), Berlin u.a. 2010.

GATZ 1996: Gatz, Erwin (Hg.): Die Bischöfe des Heiligen Römischen Reiches 1448–1648. Ein biographisches Lexikon, Berlin 1996.

GATZ 2001: Gatz, Erwin (Hg.): Die Bischöfe des Heiligen Römischen Reiches 1198–1448. Ein biographisches Lexikon, Berlin 2001.

GINDHART 2017: Gindhart, Marion: Art. »Tatius, Marcus«, in: Frühe Neuzeit in Deutschland 1520–1620. Literaturwissenschaftliches Verfasserlexikon (VL 16), Band 6 (2017), S. 252–259.

GRAEPEL 1989: Graepel, Peter Hartwig: Die Zeitzer Apothekerfamilie Clement im 16./17. Jahrhundert, in: Beiträge zur Geschichte der Pharmazie 41 (1989), S. 9–12.

GRIMM: Grimm, Jacob/Grimm, Wilhelm: Deutsches Wörterbuch, 33 Bde., Stuttgart 1852–1971, Taschenbuchausgabe München 1999, online unter http://dwb.uni-trier.de/de/.

GRIMM 1983–2013: Grimm, Jacob; Grimm, Wilhelm: Deutsches Wörterbuch, Neubearbeitung A–F, 9 Bde., Stuttgart 1983–2013.

GRUBER 1747: Gruber, Johann Daniel: Der Liefländischen Chronik Erster Theil. Halle, 1747.

GUNNIS 1936: Gunnis, Rupert: Historic Cyprus. a guide to its towns and villages, monasteries and castles, London 1936.

GUTZEIT 1858–1898: Gutzeit, Woldemar von: Wörterschatz der deutschen Sprache Livlands, 5 Bde., Riga 1858–1898.

HACK 2019: Hack, Achim: Polydaktylie in der Vormoderne. Eine Spurensuche, in: JÜTTE/SCHMITZ-ESSER 2019, S. 173–209.

HAGEN 2007: Hagen: Christian Unser Reisender in Venedig: Reisevorbereitungen, Sehenswürdigkeiten und Merkwürdigkeiten, in: FOUQUET 2007, S. 57–70.

HAHN 2015: Hahn, Kadri-Rutt: Revaler Testamente im 15. und 16. Jahrhundert (Schriften der Baltischen Historischen Kommission 19), Berlin 2015.

HARFF 2009: Brall-Tuchel, Helmut; Reichert, Folker (Hg.): Rom – Jerusalem – Santiago. Das Pilgertagebuch des Ritters Arnold von Harff (1496–1498). Nach dem Text der Ausgabe von Eberhard von Groote übersetzt, kommentiert und eingeleitet, mit den Abbildungen der Handschrift 268 der Benediktinerabtei Maria Laach und zahlreichen anderen Abbildungen, 3., durchgesehene Auflage, Köln/Weimar/Wien 2009.

HEIN/SCHWARZ 1975: Hein, Wolfgang-Hagen; Schwarz, Holm-Dietmar (Hg.): Deutsche Apotheker-Biographie, Bd. 1: A–L, Stuttgart 1975.

HEINEMEYER 2000: Heinemeyer, Walter (Hg.): Richtlinien für die Edition landesgeschichtlicher Quellen, 2. Auflage Marburg 2000.

HERBERS/BÜNZ 2007: Herbers, Klaus; Bünz, Enno (Hg.): Der Jakobuskult in Sachsen (Jakobus-Studien 17), Tübingen 2007.

HERRMANN 2006: Herrmann, Johannes: Der Feldzug gegen Markgraf Albrecht und die Schlacht bei Sievershausen, in: HERRMANN/WARTENBERG/WINTER 2006, S. LIV–LVII.

HERRMANN/WARTENBERG/WINTER 2006: Herrmann, Johannes; Wartenberg, Günther; Winter, Christian: Politische Korrespondenz des Herzogs und Kurfürsten Moritz von Sachsen. Band VI 2: Mai 1552–11. Juli 1553. Mit ergänzenden Dokumenten zum Tod des Kurfürsten, Berlin 2006.

HERTEL 1883: Hertel, Gustav (Bearb.): Die ältesten Lehnbücher der Magdeburger Erzbischöfe (Geschichtsquellen der Provinz Sachsen und angrenzender Gebiete 16), Halle 1883.

Hertel/Hülsse 1885: Hertel, Gustav; Hülße, Friedrich (Bearbeiter): Friedrich Wilhelm Hoffmanns Geschichte der Stadt Magdeburg, 2 Bde., Magdeburg 1885.

Heyden/Lissek 2020: Heyden, Katharina; Lissek, Maria (Hg.): Jerusalem am Thunersee – Das Scherzliger Passionspanorama neu gedeutet, Basel 2020.

Heydenreich 1927: Heydenreich, Fritz: Die Geschichte der Naumburger Peter-Pauls-Messe, masch. Diss. Halle 1927.

Hilhorst 2007: Hilhorst, Anthony: Ager Damascenus: views on the place of Adam's creation, in: Warszawskie Studia Teologiczne 20 (2007), S. 131–144.

Hirsch 1876: Hirsch, Theodor: Art. »Dantiscus, Johann«, in: Allgemeine Deutsche Biographie 4 (1876), S. 746–750.

Hofmann 1625: Hofmann, Lorenz: Thaumatophylakion, sive Thesaurus Variarum Rerum Antiquarum Et Exoticarum […], Halle 1625 (VD17 39:117846H).

Irmisch 1862: Irmisch, Thilo: Über einige Botaniker des 16. Jahrhunderts, welche sich um die Erforschung der Flora Thüringens, des Harzes und der angrenzenden Gegenden verdient gemacht haben, in: Programm des Fürstlich Schwarzburgischen Gymnasiums zu Sondershausen 1862, S. 3–58.

Irmisch 1864: Irmisch, Thilo: Einige Mittheilungen über Valerius Cordus, in: Botanische Zeitung 22 (1864), S. 315–317.

Irmisch 1875: I.[rmisch], Th.[ilo]: Kunst und Wissenschaft – Sondershausen [Meldung zur Handschrift Holtzwirths], in: Regierungs- und Nachrichtsblatt für das Fürstenthum Schwarzburg-Sondershausen 3 (1875), Nr. 2 vom 5. Januar 1875, S. 7.

Issleib 1887: Issleib, Simon: Von Passau bis Sievershausen 1552–1553, in: Neues Archiv für Sächsische Geschichte 8 (1887), S. 41–103, wieder abgedruckt in Ders.: Aufsätze und Beiträge zu Kurfürst Moritz von Sachsen (1877–1907), Bd. 2, Leipzig 1989, S. 807–869.

Jäger 2012: Jäger, Franz: Die Inschriften der Stadt Halle an der Saale, gesammelt und bearbeitet von Franz Jäger (Die Deutschen Inschriften 85), Wiesbaden 2012.

Janáček 1987: Janáček, Josef: Rudolf II. a jeho doba (= Rudolf II. und seine Zeit), Praha 1987.

Jütte/Schmitz-Esser 2019: Jütte, Robert; Schmitz-Esser, Romediom (Hg.): Handgebrauch: Geschichten von der Hand aus dem Mittelalter und der Frühen Neuzeit, Paderborn 2019.

Kästner 1990: Kästner, Hannes: Fortunatus: Peregrinator Mundi. Welterfahrung und Selbsterkenntnis im ersten deutschen Prosaroman der Neuzeit, Freiburg i. Br. 1990.

Katalog des Prussia-museums 1894: Katalog des Prussia-Museums im Nordflügel des Königlichen Schlosses zu Königsberg i. Pr, Teil 3: Die Sammlungen der geschichtlichen Zeit, Königsberg 1894.

Kawerau 1881: Kawerau, Gustav: Johann Agricola von Eisleben: ein Beitrag zur Reformationsgeschichte, Berlin 1881.

Kindler von Knobloch 1905: Kindler von Knobloch, Julius: Oberbadisches Geschlechterbuch, Bd. 2: He–Lysser, Heidelberg 1905.

Kirchhoff 2012: Kirchhoff, Matthias: Gedächtnis in Nürnberger Texten des 15. Jahrhunderts: Gedenkbücher, Brüderbücher, Städtelob, Chroniken (Nürnberger Werkstücke zur Stadt- und Landesgeschichte 68), Nürnberg 2009.

Kirchhoff 2012: Kirchhoff, Matthias: Macht – Anspruch – Memoria. Zur Gattung Gedenkbuch am Beispiel des Memorials Berthold III. Tuchers, in: Brandt/Pohl/Sprague/Hörl 2012, S. 59–82.

Klocke 1952: Klocke, Friedrich von: Aus Lebensgeschichte und Verwandtschaftskreis des Weserländers Johann von Münchhausen, Bischofs von Kurland und Administrators von Oesel (1540/41–1560), in: Norddeutsche Familienkunde 1 (1952), S. 121–124.

Knape 2007: Knape, Rosemarie (Hg): Martin Luther und Eisleben (Schriften der Stiftung Luthergedenkstätten in Sachsen-Anhalt 8), Leipzig 2007.

Koch 2004: Koch, Ernst: Felicitas von Selmnitz – eine unangepasste Witwe, in: Freybe 2004, S. 128–143.

Kraack 1997: Kraack, Detlev: Monumentale Zeugnisse der spätmittelalterlichen Adelsreise. Inschriften und Graffiti des 14.–16. Jahrhunderts (Abhandlungen der Akademie der Wissenschaften in Göttingen. Philologisch-Historische Klasse/Folge 3 Nr. 224), Göttingen 1997.

Kraack 2002: Kraack, Detlev: Die Magie des (Wallfahrts-)Ortes und der Zwang zur Verewigung: Religiöse und profane Mobilität im Spiegel vormoderner (Pilger-)Graffiti, in: Kühne/Radtke/Strohmaier-Wiederanders 2002, S. 51–61.

Kraack 2002a: Kraack, Detlev: Von Wappen und Namen. Konstitution, Selbstdarstellung und Fremdwahrnehmung von Individuum und Gruppe im Spiegel der monumentalen Zeugnisse der spätmittelalterlichen Adelsreise, in: Selzer/Ewert 2002, S. 189–210.

Kramm 1981: Kramm, Heinrich: Studien über die Oberschichten der mitteldeutschen Städte im 16. Jahrhundert. Sachsen, Thüringen, Anhalt, 2 Bde. (Mitteldeutsche Forschungen 87,1–2), Köln u.a. 1981.

Krocker 1925: Krocker, Ernst: Handelsgeschichte der Stadt Leipzig: die Entwicklung des Leipziger Handels und der Leipziger Messen, von der Gründung der Stadt bis auf die Gegenwart, Bielefeld 1925.

Krüger 1995: Krüger, Jürgen: Rom und Jerusalem. Kirchenbauvorstellungen der Hohenzollern im 19. Jahrhundert, Berlin 1995.

Krüger 2020: Krüger, Jürgen: Die Vorstellungen von Jerusalem in Spätmittelalter und Früher Neuzeit, in: Heyden/Lissek 2020, S. 195–237.

Kühne 2007: Kühne, Hartmut: Religiöse Mobilität in der Grafschaft Mansfeld am Ausgang des Mittelalters, in: Knape 2007, S. 265–305.

Kühne 2017: Kühne, Hartmut: Zum Bildmotiv des Gottesurteils auf dem Karmel im Kontext des Hoffmann-Epitaphs, in: Rodekamp 2017, S. 62–67.

Kühne 2020: Kühne, Hartmut (Bearbeiter): Pilgerspuren: Wege in den Himmel/Von Lüneburg an das Ende der Welt, Petersberg 2020.

Kühne/Bünz/Müller 2013: Kühne, Hartmut; Bünz, Enno; Müller, Thomas T. (Hg.): Alltag und Frömmigkeit am Vorabend der Reformation in Mitteldeutschland. Katalog zur Ausstellung »Umsonst ist der Tod« [Mühlhäuser Museen, Museum am Lindenbühl, 28. September 2013 bis 13. April 2014; Stadtgeschichtliches Museum Leipzig, 28. Mai 2014 bis 7. September 2014; Kulturhistorisches Museum Magdeburg, 7. November 2014 bis 15. Februar 2015], Petersberg 2013.

Kühne/Radtke/Strohmaier-Wiederanders 2002: Kühne, Hartmut; Radtke, Wolfgang; Strohmaier-Wiederanders, Gerlinde (Hg.): Spätmittelalterliche Wallfahrt im mitteldeutschen Raum: Beiträge einer interdisziplinären Arbeitstagung, Eisleben 7.–8. Juni 2002, Berlin 2002.

Kühne/Roth 2020: Kühne, Hartmut; Roth, Gunhild (Hg.): Andacht oder Abenteuer. Von der Wilsnackfahrt im Spätmittelalter zu Reiselust und Reisefrust in der frühen Neuzeit (Jakobus-Studien 23), Tübingen 2020.

Květová – Tošnerová 2020: Květová, Miroslava; Tošnerová, Marie: Morové epidemie v českých raně novověkých městech optikou narativních pramenů (= Die Pestepidemien in den tschechischen Städten der frühen Neuzeit aus der Sichtweise der narrativen Quellen), in: Opera historica 21 (2020), S. 153–169.

Leers 1912: Leers, Rudolf (Hg.): Cyriakus Spangenberg: Mansfeldische Chronik. Der dritte Teil. Stammenbaum und Geschlecht-Register der Wolgebornen und Edlen Herrn und Graffen zu Mansfelt: beneben Bericht eines jeglichen Regierung und Thaten, was ein jeder an oder von der Herrschaft gebracht, von ihren Gemaheln, Kindern, Sitz oder Wonung, Absterben und Begrebnissen, Eisleben 1912.

Lemmens 1925: Lemmens, Leonhard: Die Franziskaner im heiligen Lande, 1. Teil: Die Franziskaner auf dem Sion (1355–1552), zweite Auflage, Münster 1925.

Leng 1996: Leng, Rainer: getruwelich dienen mit Buchsenwerk. Ein neuer Beruf im späten Mittelalter: Die Büchsenmeister, in: Rödel/Schneider 1996, S. 302–321.

Lewy 2003: Lewy, Mordechay: »Jerusalem unter der Haut«. Zur Geschichte der Jerusalemer Pilgertätowierung, in: Zeitschrift für Religion und Geisteswissenschaften 55 (2003), S. 1–39.

Lewy 2020: Lewy, Mordechay: Konfessionelle Konfrontation und Ambiguität zwischen protestantischen Pilgern und katholischen Mönchen im Jerusalem des 17. Jahrhunderts, in: Kühne/Roth 2020, S. 269–316.

Lewy 2020a: Lewy, Mordechay: Pilgertätowierungen im Heiligen Land, in: Kühne 2020, S. 252–255.

Lewy 2023: Lewy, Mordechay: How Jeremiah's prophecy on Rachel's tomb and her mourning in Rama became subject to Jewish - Christian polemics, online veröffentlicht unter academia.edu am 24. März 2023.

Lieberwirth 2004: Lieberwirth, Rolf: Melchior Kling (1504–1571) – Lehrer und Praktiker des Rechts, in: Jahrbuch für Hallische Stadtgeschichte 2 (2004), S. 169–173.

Lütolf 1859: Lütolf, Alois: Die Schweizergarde in Rom, Einsiedeln 1859.

Marwinski/Marwinski 2017: Marwinski, Felicitas; Marwinski, Konrad: Reyse Wolffen Holtzwirdts nach Jherusalem sambt allem, waß sich zugetragenn, in: Sondershäuser Beiträge. Püstrich, Zeitschrift für Schwarzburgische Kultur- und Landesgeschichte 32, NF 18 (2017) S. 168–187.

Mayer 2007: Mayer, Hans E.: Der Prophet und sein Vaterland: Leben und Nachleben von Reinhold Röhricht, in: Ellenblum/Shagrir 2007, S. 233–242.

Merhout 1934: Merhout, Cyril: Městiště Valdštejnského paláce před jeho výstavbou (= Der Raum des Palais Waldstein vor seinem Aufbau), in: Časopis společnosti přátel starožitností českých (= Zeitschrift der Gesellschaft der Freunde der tschechischen Antiquitäten) 42 (1934), S. 6–21, 55–67, 132–138, 167–184.

Meyer 1984: Meyer, Hans: Die Münzen der Republik Venedig, Aachen 1984.

Mock 2006: Mock, Markus Leo: Syphilis und schöne Frauen. Erzbischof Ernst von Magdeburg und sein Auftrag an Hans Baldung Grien, in: Tacke 2006, S. 282–295.

Möller 1997: Möller, Bernhard (Bearbeiter): Thüringer Pfarrerbuch, Band 2: Fürstentum Schwarzburg-Sondershausen, Neustadt an der Aisch 1997.

Morace 2019: Morace, Rosanna: Art. »Tasso, Bernardo«, in: Dizionario Biografico degli Italiani (DBI). 95, Rom 2019, S. 128–132.

Mozer 2010: Mozer, Isolde (Hg.): Bernhard von Breydenbach: Peregrinatio in terram sanctam. Eine Pilgerreise ins Heilige Land. Frühneuhochdeutscher Text und Übersetzung, Berlin 2010.

Mück 1910: Mück, Walter: Der Mansfelder Kupferschieferbergbau in seiner rechtsgeschichtlichen Entwicklung, Bd. 1: Die Geschichte des Mansfelder Bergregals, Eisleben 1910.

Müller 1912: Müller, Nikolaus: Die Funde in den Turmknäufen der Stadtkirche zu Wittenberg, Magdeburg 1912.

Müller 1986: Müller, Irmgard: Art. »Diptam«, in: Lexikon des Mittelalters, Bd. 3 (1986), Sp. 1100f.

Müller 1996: Müller, Ernst: Häuserbuch zum Nienborgschen Atlas. Beiheft zum Nienborgscher Atlas. Description über die Grund-Legung und in richtigen Abriß gebrachte berühmte Handels-Stadt Leipzig (Quellen und Forschungen zur sächsischen Geschichte 11), Berlin 1996.

Müller 1999: Müller, Hermann-Josef: Eulenspiegel im Land der starken Weiber, der Hundsköpfe und anderswo: Fünf unbekannte Eulenspiegelgeschichten in einem jiddischen Druck von 1735, in: Röll/Neuberg 1999, S. 197–226.

Müller 2005: Müller, Ralf C.: Franken im Osten: Art, Umfang, Struktur und Dynamik der Migration aus dem lateinischen Westen in das Osmanische Reich des 15./16. Jahrhunderts auf der Grundlage von Reiseberichten, Leipzig 2005.

Müller 2006: Müller, Ralf C.: Prosopographie der Reisenden und Migranten ins Osmanische Reich 1396–1611 (Berichterstatter aus dem Heiligen Römischen Reich, außer burgundische Gebiete und Reichsromania), 10 Bde., Leipzig 2006.

Niederhäuser/Schmid Keeling 2019: Niederhäuser, Peter; Schmid Keeling, Regula (Hg.): Querblicke: Zürcher Reformationsgeschichten, Zürich 2019.

Niemeyer 2012: Niemeyer, Manfred (Hg.): Deutsches Ortsnamenbuch, Berlin, New York 2012.

Oberhummer 1903: Oberhummer, Eugen: Die Insel Cypern, Eine Landeskunde Auf Historischer Grundlage, Teil 1: Quellenkunde und Naturbeschreibung, München 1903.

Oehmig 2022: Oehmig, Stefan: Hans Lufft als Wittenberger Buchdrucker und Bürger, in: Oehmig/Rhein 2022, S. 99–161.

Oehmig/Rhein 2022: Oehmig, Stefan; Rhein, Stefan (Hg.): Wittenberger Bibeldruck der Reformationszeit, Leipzig 2022.

Olearius 1667: Olearius, Gottfried: Halygraphia topo-chronologica: das ist: Ort- und Zeitbeschreibung der Stadt Hall in Sachsen, Halle 1667 (VD17 39:127563L).

Olearius 1674: Olearius, Gottfried: Coemiterium Saxo-Hallense Das ist/ Des wohlerbauten Gottes-Ackers Der Löblichen Stadt Hall in Sachsen Beschreibung […], Wittenberg 1674 (VD17 12:126107A).

Opel 1880: Opel, Julius Otto (Hg.): Denkwürdigkeiten des hallischen Rathmeisters Spittendorff (Geschichtsquellen der Provinz Sachsen und des Freistaates Anhalt 11), Halle 1880.

Papacostas/Saint-Guillain 2014: Papacostas, Tassos C.; Saint-Guillain, Guillaume (Hg.): Identity/Identities in Late Medieval Cyprus: Papers given at the ICS Byzantine Colloquium, London 13–14 June 2011, Nikosia 2014.

Perry 1977: Perry, Marilyn: Saint Mark's Trophies. Legend, Superstition, and Archaeology in Renaissance Venice, in: Journal of the Warburg and Courtauld Institutes 40 (1977), S. 28–34.

Petzoldt 2002: Petzoldt, Leander: Art. »Nikolaus, Hl.« in: Enzyklopädie des Märchens Bd. 10 (2002), Sp. 38–42.

Philipp 2015: Philipp, Michael: Art. »Lauterbeck, Georg«, in: Verfasserlexikon Frühe Neuzeit 2015, Sp. 60–70.

Pölnitz 1963: Pölnitz, Götz Freiherr von: Anton Fugger 2. Band 1536–1548 (Teil 1: 1536–1543), Tübingen 1963.

Pölnitz 1967: Pölnitz, Götz Freiherr von: Anton Fugger 2. Band 1536–1548 (Teil 2: 1544–1548), Tübingen 1967.

Prášek 1894: Prášek, Justin V.: Oldřicha Prefáta z Vlkánova cesta na východ r. 1546 a význam její, in: Časopis českého muzea 68 (1894), S. 353–378.

Prášek 1903: Prášek, Justin V.: Art. »Prefát z Vlkánova Oldřich«, in: Ottův slovník naučný [= Ottos Enzyklopädie] Bd. 20, Prag 1903, S. 614.

Prefát 1563: Prefát, Ulrich: Cesta z Prahy do Benátek a odtud potom po moři až do Palestyny, to jest do krajiny někdy Židovské, země Svaté, do města Jeruzaléma k Božímu hrobu, kteraužto cestu s pomocí Pána Boha všemohúcího šťastně vykonal Voldřich Prefát z Vlkanova léta Páně MDXXXXVI, Prag 1563.

Prefát 1947: Hrdina, Karel (Hg.): Cesta z Prahy do Benátek a odtud potom po moři až do Palestyny, to jest do krajiny někdy Židovské, země Svaté, do města Jeruzaléma k Božímu hrobu, kteraužto cestu s pomocí Pána Boha všemohúcího šťastně vykonal Voldřich Prefát z Vlkanova léta Páně MDXXXXVI., Prag 1947.

Prefát 2007: Bočková, Hana (Hg.): Prefát z Vlkanova, Oldřich: Cesta z Prahy do Benátek a odtud potom po moři až do Palestiny, Prag 2007.

Rehberg 2010: Rehberg, Andreas: Il Liber decretorum dello scribasenato Pietro Rutili. Regesti della più antica raccolta di verbali dei consigli comunali di Roma (1515–1526), Roma 2010.

Reichert 1998: Reichert, Folker: Untersuchungen zur Pilgerfahrt Eberhards im Bart 1468, in: Faix/Reichert 1998, S. 9–59.

Reichert 2001: Reichert, Folker: Erfahrung der Welt. Reisen und Kulturbegegnung im späten Mittelalter, Stuttgart 2001.

Reichert 2011: Reichert, Folker: Ein cleins ringlein, an allen heilgen stetten angerürt. Zur materiellen Überlieferung der Heiliglandfahrten im 15. Jahrhundert, in: Deutsches Archiv für Erforschung des Mittelalters 67 (2011), S. 609–623.

Reichert 2011a: Reichert, Folker: Nabel der Welt, Zentrum Europas und doch nur Peripherie? Jerusalem in Weltbild und Wahrnehmung des späten Mittelalters, in: Zeitschrift für historische Forschung 38 (2011), S. 559–584.

Reichert 2012: Reichert, Folker: Wallfahrt zu Gott: Der Sinai als Pilgerziel, in: Brall-Tuchel 2012, S. 172–187.

Reichert 2014: Reichert, Folker: Asien und Europa im Mittelalter: Studien zur Geschichte des Reisens, Göttingen 2014.

Reichert 2014a: Reichert, Folker: Wanderer, kommst du nach Troja. Mittelalterliche Reisende auf den Spuren Homers, in: Reichert 2014, S. 59–80.

Reichert 2017: Reichert, Folker: Protestanten am Heiligen Grab, in: Zeitschrift für Kirchengeschichte 128 (2017), S. 41–71.

Reinitzer 2020: Reinitzer, Heimo (Hg.): Alexander von Pappenheim, Reichserbmarschall (1530–1612). Autobiographie, Bd. 1: Die Autobiographie nach der Handschrift der Württembergischen Landesbibliothek Stuttgart (HB V 63), Bd. 2: Reisebericht nach Rom und Jerusalem (1563/64) nach der Handschrift der Universitätsbibliothek Gießen Nr. 164 (Studien zur Geschichtsforschung der Neuzeit 105), Hamburg 2020.

Rodekamp 2017: Rodekamp, Volker (Hg.): Luther im Disput. Leipzig und die Folgen, Leipzig 2017.

Rödel/Schneider 1996: Rödel, Dieter; Schneider, Joachim (Hg.): Strukturen der Gesellschaft im Mittelalter: Interdisziplinäre Mediävistik in Würzburg, Wiesbaden 1996.

Röhricht 1900: Röhricht, Reinhold: Deutsche Pilgerreisen nach dem Heiligen Land, Innsbruck 1900.

Röhricht/Meisner 1880: Röhricht, Reinhold; Meisner, Heinrich: Deutsche Pilgerreisen nach dem heiligen Lande, Berlin 1880.

Röll/Neuberg 1999: Röll, Walter; Neuberg, Simon (Hg.): Jiddische Philologie: Festschrift für Erika Timm, Tübingen 1999.

Rotmarus 1782: Rotmarus, Valentin: Annales Ingolstadiensis Academiae. 1: Ab Anno 1472. Ad Annvm 1572, München 1782.

Sames 2017: Sames, Arno: Der Naumburger Bischofsstreit, in: Cottin/Kunde 2017, S. 68.

Scheible 1977–2021: Scheible, Heinz (Hg.): Melanchthons Briefwechsel. kritische und kommentierte Gesamtausgabe, bisher 40 Bde. und Teilbände, Stuttgart-Bad Cannstatt 1977–2021.

Schirren 1881: Schirren, Carl: Bischof Johann von Münchhausen, in: Baltische Monatsschrift 28 (1881), S. 1–37.

Schmid 1957: Schmid, Josef: Luzerner und Innerschweizer Pilgerreisen zum Heiligen Grab in Jerusalem vom 15. bis 17. Jahrhundert (Quellen und Forschungen zur Kulturgeschichte von Luzern und der Innerschweiz 2), Luzern 1957.

Schmid 2019: Schmid, Barbara: Der Jerusalempilger Peter Füssli und seine Rose von Jericho, in: Niederhäuser/Schmid Keeling 2019, S. 183–188.

Schmidt/Weber 2008: Schmidt, Peer; Weber, Gregor (Hg.): Traum und res publica. Traumkulturen und Deutungen sozialer Wirklichkeiten im Europa von Renaissance und Barock (Colloquia Augustana 26), Berlin 2008.

Schneider 1982: Schneider, Wolfgang: Peregrinatio Hierosolymitana: Studien zum spätmittelalterlichen Jerusalembrauchtum und zu den aus der Heiliglandfahrt hervorgegangenen nordwesteuropäischen Jerusalembruderschaften, Berlin 1982.

Scholz 1998: Scholz, Michael: Residenz, Hof und Verwaltung der Erzbischöfe von Magdeburg in Halle in der ersten Hälfte des 16. Jahrhunderts (Residenzforschung 7), Sigmaringen 1998.

Schönberger 1935/1936: Schönberger, Guido: Narwal-Einhorn. Studien über einen seltenen Werkstoff, in: Städel-Jahrbuch 9 (1935/1936), S. 167–247.

Schöttle 1909: Schöttle, G.[ustav]: Ravensburgs Handel und Verkehr im Mittelalter, in: Schriften des Vereins für Geschichte des Bodensees und seiner Umgebung 38 (1909), S. 37–62.

Schreiner 1994: Schreiner, Klaus: Maria. Jungfrau, Mutter, Herrscherin, München/Wien 1994.

Schrötter 1970: Freiherr von Schrötter, Friedrich (Hg.): Wörterbuch der Münzkunde, 2., unveränderte Auflage Berlin 1970.

Schulz/Schuchard 2005: Schulz, Knut; Schuchard, Christiane: Handwerker deutscher Herkunft und ihre Bruderschaften im Rom der Renaissance: Darstellung und ausgewählte Quellen (Römische Quartalschrift für christliche Altertumskunde und Kirchengeschichte. Supplementheft 57), Rom 2005.

Schwarz 1981: Schwarz, Holm-Dieter: Das Nürnberger Apothekergewicht, in: Deutsche Apotheker-Zeitung 121 (1981), S. 99–105.

Schwennicke 1988: Schwennicke, Detlev (Hg.): Europäische Stammtafeln. Stammtafeln zur Geschichte der europäischen Staaten, NF 5: Standesherrliche Häuser 2, Marburg 1988.

Seebass 1994: Seebaß, Gottfried (Hg.): Andreas Osiander. Schriften und Briefe 1549 bis August 1551 (Andreas Osiander Gesamtausgabe Bd. 9), Gütersloh 1994.

Selzer/Ewert 2002: Selzer, Stephan; Ewert, Ulf Christian (Hg.): Menschenbilder – Menschenbildner. Individuum und Gruppe im Blick des Historikers (Hallische Beiträge zur Geschichte des Mittelalters und der Frühen Neuzeit 2), Berlin 2002.

Seuberlich 1912: Seuberlich, Erich: Liv- und Estlands älteste Apotheken. Beiträge zu deren Geschichte gesammelt und bearbeitet von Erich Seuberlich, Riga 1912.

Simonsfeld 1887: Simonsfeld, Henry: Der Fondaco dei Tedeschi in Venedig und die deutsch-venetianischen Handelsbeziehungen, 2 Bde., Stuttgart 1887.

Speer 2007: Speer, Christian: Von Görlitz nach Rom. Regesten zur Geschichte der Pilgerfahrt in der Oberlausitz, in: Neues Lausitzisches Magazin NF 10 (2007), S. 93–132.

Speer 2010: Speer, Christian: Von Görlitz nach Rom: Regesten zur Geschichte der Pilgerfahrt in der Oberlausitz, in: Neues Lausitzisches Magazin NF 13 (2010), S. 137–142.

Spehr 1877: Spehr, Ferdinand: Art. »Ernst der Jüngere, Herzog von Braunschweig-Grubenhagen«, in: Allgemeine Deutsche Biographie 6 (1877), S. 258f.

Stabrawa 2001: Stabrawa, Anna: Z dziejów dwóch aptek w kamienicy nr 13 przy Rynku Głównym w Krakowie (część 2) (= Aus der Geschichte der zwei Apotheken im Haus Nr. 13 am Hauptmarkt in Krakau (Teil 2)), in: Krakowski rocznik archiwalny 7 (2001), S. 25–60.

Stammtafel 1893: Stammtafel des mediatisierten Hauses Rechberg, [Stuttgart] 1893.

Stecher 1995: Stecher, Gudrun Theresia: Magnetismus im Mittelalter: Von den Fähigkeiten und der Verwendung des Magneten in Dichtung, Alltag und Wissenschaft, Göppingen 1995.

Steichele/Schröder Zoepfl 1934–1939: Steichele, Anton von; Schröder, Alfred; Zoepfl, Friedrich: Das Bistum Augsburg, historisch und statistisch beschrieben, Bd. 9, Das Landkapitel Kirchheim Augsburg, 1934–1939.

Steinbicker 1934: Steinbicker, Richard: Zum 375jährigen Bestehen der Löwen-Apotheke in Halle a. d. Saale, Halle [1934].

Storchová 2020: Storchová, Lucie (Hg.): Companion to Central and Eastern European Humanism, Bd. 2: Czech Lands, Teil 1, Berlin/Boston 2020.

Straka 1919: Straka, Cyril: Zápisky Oldřicha Prefáta z Vlkanova [=Die Notizen von Oldřich Prefát von Vlkanov], in: Listy filologické 46 (1919), S. 345–351.

Stübel 1879: Stübel, Bruno (Hg.): Urkundenbuch der Universität Leipzig von 1409 bis 1555 (Codex diplomaticus Saxoniae regiae 2,11), Leipzig 1879.

Surchat 1991: Surchat, Pierre-Louis: Zu den Anfängen der päpstlichen Schweizergarde, in: Römische Quartalschrift für christliche Altertumskunde und Kirchengeschichte 86 (1991), S. 113–123.

Svátek 2018: Svátek, Jaroslav: Tschechische Übersetzungen deutscher Reiseberichte im späten 15. Jahrhundert. Der »Traktat über das Heilige Land« und das »Leben Mohammeds«, in: Bohemia 58 (2018), S. 324–342.

Tacke 2006: Tacke, Andreas (Hg.): »… wir wollen der Liebe Raum geben«. Konkubinate geistlicher und weltlicher Fürsten um 1500 (Vorträge der III. Moritzburg-Tagung in Halle/ Saale vom 31. März–2. April 2006), Göttingen 2006.

Theuerdank 1517: Die geuerlicheiten vnd einsteils der geschichten des loblichen streytparen vnd hochberümbten helds vnd Ritters herr Tewrdannckhs, Nürnberg 1517 (VD16 ZV 22337).

Teige 1903: Teige, Josef: Art. »Praha«, in: Ottův slovník naučný (= Ottos Enzyklopädie), Bd. 20, Prag 1903, S. 397–529.

Timm 2006: Timm, Frederike: Der Palästina-Pilgerbericht des Bernhard von Breidenbach und die Holzschnitte Erhard Reuwichs. Die ›Peregrinatio in terram sanctam‹ (1486) als Propagandainstrument im Mantel der gelehrten Pilgerschrift, Stuttgart 2006.

Tobler 1867: Tobler, Titus: Bibliographica geographica Palaestinae, Leipzig 1867.

Truc 1958: Truc, Miroslav (Hg.): Album Academiae Pragensis Societatis Iesu 1573–1617 (1565–1624), Praha 1968.

Truhlář/Hrdina 1918: Truhlář, Antonín; Hrdina, Karel: Rukověť k písemnictví humanistickému, zvláště básnickému v Čechách a na Moravě ve století XVI. (= Handbuch zur humanistischen Literatur, insbesondere Poesie, in Böhmen und Mähren im 16. Jahrhundert), Bd. 1, Prag 1918.

Tschudi 1606: Tschudi, Ludwig: Reyß und Bilgerfahrt zum Heyligen Grab deß Edlen und Gestrengen Herren Ludwigen Tschudis von Glarus […], Rorschach 1606.

Uffer 1982: Uffer, Leza M.: Peter Füesslis Jerusalemfahrt 1523 und Brief über den Fall von Rhodos 1522 (Mitteilungen der Antiquarischen Gesellschaft in Zürich 50, H. 3), Zürich 1982.

Valentin 1947: Valentin, H.[ans, eigentlich Johannes]: Aus dem Leben eines thüringischen Renaissance-Apothekers Wolf Holtzwirth, in: Die Pharmazie 2 (1947), S. 472–474.

Vasold 1991: Vasold, Manfred: Pest, Not und schwere Plagen, München 1991.

Vercruysse 2000: Vercruysse, Jos E.: Die Kardinäle von Paul III., in: Archivum Historiae Pontificiae 38 (2000), S. 41–96.

Verniero di Montepeloso 1930–1937: Verniero di Montepeloso, Pietro: Croniche ovvero Annali di Terra Santa, hg. von Girolamo Golubovich, 5 Bde. (Biblioteca Bio-Bibliografica della Terra Santa 6–10), Quaracchi 1930–1937.

Wehrhahn-Stauch 1958: Wehrhahn-Stauch, Liselotte: Art. »Einhorn«, in: Reallexikon zur Deutschen Kunstgeschichte 4 (1958), Sp. 1504–1544.

Weiss 2008: Weiß, Ulman: Traumglaube und Traumkritik im älteren deutschen Luthertum, in: Schmidt/Weber 2008, S. 227–256.

Weisshaar-Kiem/Weisshaar 2011/12: Weißhaar-Kiem, Heide; Weißhaar, Franz: Drei Zeugen Wittelsbachischer Stadtherrschaft in der Stadtpfarrkirche Mariae Himmelfahrt: Herzog-Albrecht-Fenster, Hochaltarbilder von Antonio Triva, Grabmal für Cyriacus Weber, in: Landsberger Geschichtsblätter 110 (2011/2012), S. 47–64.

Wiessner 1997/98: Wiessner Heinz: Das Bistum Naumburg, Teil 1,1–2: Die Diözese (Germania Sacra N. F. 35,1–2), Berlin/New York 1997/1998.
Winter 1895: Winter, Zikmund: Oldřicha Prefáta z Vlkanova pře o dědictví [Oldřich Prefáts von Vlkanov Steit um das Erbe], in: Časopis českého muzea 69 (1895), S. 114–117.
Winter 1897: Winter, Zikmund: Oldřicha Prefáta z Vlkanova poslední vůle [Oldřich Prefáts von Vlkanov Testamentsstreit], in: Časopis českého muzea 71 (1897), S. 82–84.
Wis 1955: Wis, Marjatta: Ricerche sopra gli italianismi nella lingua tedesca: dalla metà del secolo XIV alla fine del secolo XVI, Helsinki 1955.
Wis 1960: Wis, Marjatta: Ursprünge der deutschen Tannhäuserlegende. Zur Geschichte mittelalterlicher Pilgertradition, in: Neuphilologische Mitteilungen 61 (1960), S. 8–58.
Wis 1962: Wis, Marjatta: Zum deutschen Fortunatus, in: Neuphilologische Mitteilungen 63 (1962), S. 5–55.
Wis 1980: Wis, Marjatta: Fortunatus, in: Verfasserlexikon. Die Literatur des deutschen Mittelalters, Bd. 2 (1980), Sp. 796–798.
Wolff 1906: Wolff, Georg Arnold (Bearbeiter): Die Matrikel der Universität Ingolstadt 1472–1550: Festgabe der Königlichen Ludwig-Maximilians-Universität München zur Jahrhundertfeier der Annahme der Königswürde durch Kurfürst Max Joseph, München 1906.
Yerasimos 1991: Yerasimos, Stefanos: Les voyageurs dans l'Empire Ottoman (XIVe–XVIe siècles). Bibliografie, itinéraires et inventaire des lieux habités, Ankara 1991.
Zedler: Zedler, Johann Heinrich: Grosses vollständiges Universallexicon Aller Wissenschafften und Künste […], 68 Bde., Leipzig 1731–1754.

Ortsregister

Personenregister

Hartmut Kühne, Enno Bünz
und Peter Wiegand (Hg.)

Johann Tetzel und der Ablass

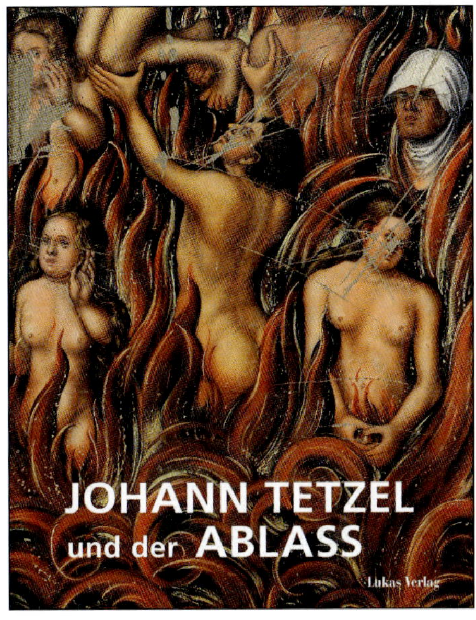

Johann Tetzel gehört zu den bekanntesten Figuren des Reformationszeitalters. In der frühen Neuzeit zur Gegenfigur Martin Luthers stilisiert, ist seine historische Gestalt in der populären Wahrnehmung unter zahlreichen Legenden verschüttet. Zwar hat die Forschung seit Ende des 19. Jahrhunderts ein differenziertes Bild seines Lebens und seiner kirchlichen Wirksamkeit gezeichnet, doch wurde dies über einen kleinen Kreis von Spezialisten hinaus kaum bekannt.

Die Reformationsdekade bot den Rahmen, sich erneut mit Tetzels Person, aber auch den Ablasskampagnen der Jahre um 1500 zu beschäftigen, als deren prominentester Vertreter er gilt. Stadt und Kirchgemeinde Jüterbog haben diesem Vorhaben einen Ort gegeben, da Tetzels Auftreten in der damals zum Erzstift Magdeburg gehörenden Stadt den Anlass für Luthers Thesenanschlag im nahen Wittenberg bot.

Das Buch dokumentiert die Ergebnisse einer in Jüterbog im April 2016 veranstalteten Tagung. Zugleich ist es Begleitband zur Ausstellung »Tetzel – Ablass – Fegefeuer«, die vom 8. September bis zum 26. November 2017 im Mönchenkloster und der Nikolaikirche Jüterbog gezeigt wird. Auf breiter Quellengrundlage dokumentiert es die Lebenswelt Johann Tetzels, zeigt bisher wenig beachtete Facetten seiner Persönlichkeit und versucht, ihn als Repräsentanten der vorreformatorischen Ablasspraxis einer breiten Öffentlichkeit nahezubringen. Alle wichtigen zeitgenössischen Dokumente zum Wirken des sächsischen Dominikanermönchs, darunter einige Neufunde, werden mit Bild und Kommentar präsentiert.

Klappenbroschur, 21 × 28 cm, 432 Seiten, 204 meist farbige Abbildungen
ISBN 978-3-86732-262-1 € 29,80

Hartmut Kühne, Johannes Mötsch (Hg.)

Der »Gute Conrad« von Weißensee

Judenmord und Heiligenverehrung zwischen Spätmittelalter und Reformation

Im Jahre 1303 löste der Fund eines toten Jugendlichen die grausame Vernichtung einer jüdischen Siedlung in Thüringen aus. Die in der abendländischen Gesellschaft verbreitete Obsession, Juden würden Christen rituell töten, kostete mehr als einhundert Juden in Weißensee, Gotha, Kölleda und Tennstedt das Leben. Der tote Junge hingegen wurde unter dem Namen »Guter Conrad« als Heiliger verehrt. Er fand sein Grab in der Peter- und Paulskirche von Weißensee, wo ihn Hilfesuchende und andere Wallfahrer aufsuchten. Der Ort war damit einer der ganz wenigen in Mitteldeutschland, wo ein einheimischer Heiligenkult entstand. Auch wenn die römische Kirche diesen Kult niemals formell anerkannte, erlebte die Verehrung des »Guten Conrads« um 1500 sogar noch einmal einen besonderen Aufschwung.

Die Verehrung endete erst mit der Einführung der Reformation 1539 und ist seither weithin in Vergessenheit geraten. Doch neue Quellenfunde initiierten in den letzten Jahren wissenschaftliche Forschungen zu den Weißenseer Vorgängen des Jahres 1303, zum lokalen Heiligenkult und zu dessen Zerstörung im Zuge der Reformation. Eine Rolle spielten hierbei auch archäologische Funde, die im Rahmen der umfangreichen Sanierung der Peter- und Paulskirche gemacht wurden.

Der Band dokumentiert eine auf Einladung der Evangelischen Kirche in Mitteldeutschland und des Thüringer Landesamtes für Archäologie am 13. November 2015 in Weißensee veranstaltete Tagung, deren Vorträge die einschlägigen Forschungen der letzten Jahre zusammenfassten.

Klappenbroschur, 15,8 × 23,5 cm, 102 Seiten, 29 meist farbige Abbildungen
ISBN 978-3-86732-280-5 € 24,90